HISTOIRE DES PRÉJUGÉS

Citation en couverture :
TLFi : Trésor de la langue française informatisé
http://www.atilf.fr/tlfi, ATILF-CNRS & Université de Lorraine.

Les Arènes,
17-19, rue Visconti, 75006 Paris
Tél. : 01 42 17 47 80

Pour découvrir nos nouveautés, rendez-vous sur notre site arenes.fr.
Retrouvez les vidéos inspirées de nos livres sur la chaîne YouTube
« Les Arènes du Savoir ». Et suivez-nous sur les réseaux sociaux !

@les_arenes

SOUS LA DIRECTION DE
JEANNE GUÉROUT ET XAVIER MAUDUIT

HISTOIRE DES PRÉJUGÉS

LES ARÈNES

Tout le monde convient que les préjugés
sont la cause et la source féconde
des égarements de notre esprit.

Armand-Pierre Jacquin,
Les Préjugés, 1760

La raison et le jugement viennent lentement;
les préjugés accourent en foule;
c'est d'eux qu'il faut se préserver.

Jean-Jacques Rousseau,
Émile ou De l'éducation, 1762

Introduction

LES PRÉJUGÉS SONT DES OPINIONS A PRIORI, DÉFAVORABLES, parfois favorables, des appréciations formulées par avance. Ils se construisent sur l'ignorance, la rumeur, l'apparence, ou encore la différence de l'autre. Par nature, ils sont donc condamnables, mais ils ont la vie dure car ils structurent notre imaginaire collectif : « Nous naissons, nous vivons, nous mourons dans l'atmosphère du mensonge », écrit en 1923 Antonin Artaud en préface de *Au fil des préjugés*, un recueil de textes du docteur Édouard Toulouse, pionnier de la psychiatrie. « Ce sont ces vices et ces déformations, vices de nature et vices de forme, ces toxines de notre activité mentale, que le monde appelle généralement des préjugés », précise Antonin Artaud.

Dans cette *Histoire des préjugés*, historiennes et historiens se sont confrontés aux préjugés malveillants, ceux qui dénigrent et stigmatisent des groupes, ceux qui condamnent et fustigent. Il s'agit d'accusations qui, dans leur formulation, se présentent de manière plutôt simple, par l'association d'un défaut – voleurs, violents, paresseux, fourbes, excentriques, hystériques, parasites, arrogants... – à un ensemble d'individus – les Tsiganes, les Mexicains, les Indiens, les Chinois, les Anglais, les femmes, les pauvres, les Français... Ces préjugés qui perdurent dans nos sociétés sont le fruit, pourri, d'une longue histoire. On les retrouve énoncés au fil des siècles avec de subtiles nuances. Pour renforcer la stigmatisation, il arrive que le groupe soit présenté au singulier : « Le Noir ne pense qu'au sexe » ou « l'Arabe est violent », mais le pluriel lui confère l'aura de la multitude : « Les roux sentent mauvais » ou « les Allemands sont des ploucs ». Parfois, « tous » ou « toutes » souligne encore le caractère systématique du préjugé : « Tous les homosexuels sont efféminés » ou « toutes les femmes sont hystériques ».

Les préjugés sont partout, exprimant des distinctions raciale, sexuelle, sociale. Tout le monde ou presque en est victime, des banlieusards aux belles-mères, des gauchers aux gros. Chaque groupe pointé du doigt peut d'ailleurs être lui-même porteur de préjugés sur les autres, avec parfois des mises au ban intracommunautaires, comme c'est le cas avec les Aborigènes, qui évaluent leur appartenance au groupe en fonction de subtiles distinctions de coloration de peau. Derrière chaque polémique contemporaine se retrouvent des préjugés, qu'il s'agisse des vaccins, des végétariens, des écologistes ou encore des artistes... Ils peuvent même cibler autre chose que des groupes humains, tels que les animaux, les couleurs, l'alimentation, les arts, la langue, ou encore les périodes historiques.

Les préjugés s'apparentent aux stéréotypes, aux partis pris, aux clichés. Ils se présentent comme des vérités universelles, intemporelles, sans aucune nuance possible sinon celle de l'exception, qui évidemment confirme la règle : « Tous les Tsiganes sont des voleurs, sauf un que j'ai croisé et qui était très honnête. » Ils se distinguent des idées reçues ou des idées fausses, qui ont été écartées de ce livre en quête de l'histoire de préjugés dépréciatifs : que les Européens aient ou non découvert l'Amérique, ou que la peur de l'an mil ait ou non existé, ne porte préjudice à personne, ou pas grand monde.

Les préjugés se distinguent également des superstitions, qui germent dans l'univers de la crédulité, de la naïveté et du religieux. En 1767, dans son *Discours sur l'influence des grands écrivains sur l'esprit de leur siècle*, le moraliste Chamfort considère que « quiconque a détruit un préjugé, un seul préjugé, est un bienfaiteur du genre humain. Quelle reconnaissance n'aurait-on pas due à celui qui aurait anéanti l'usage absurde des épreuves, le ridicule entêtement de l'astrologie, la manie des possessions ? ». Par la démonstration scientifique, les savants luttent contre les superstitions, avec des résultats significatifs à travers les siècles, sans qu'il ne faille jamais baisser la garde : nombreux sont ceux qui pensent que la Terre est plate et que l'homme n'a jamais marché sur la Lune.

Il est cependant plus délicat de renverser les préjugés qui s'appuient sur des représentations sociales. Ils se glissent de manière insidieuse dans la lecture que nous faisons du monde de tous les jours, sans que nous sachions d'où ils viennent et qui nous les a inculqués. Ils portent pourtant en eux leur propre contradiction, mais nous ne voulons pas la voir : nous savons que les femmes qui se parfument ne sont pas forcément dangereuses et que les artistes ne sont pas forcément des parasites, mais par une perversion mentale jaillit parfois : « enfin, un peu quand même », « ce n'est pas tout à fait faux », « il n'y a pas de fumée sans feu »... Il est d'ailleurs surprenant de constater que de grands auteurs se font l'écho de ces affirmations péremptoires : chez Voltaire, « les femmes ressemblent aux girouettes, elles se fixent quand elles se rouillent » (*Le Sottisier*, publié à titre posthume en 1880) ; chez Guy de Maupassant, « en Afrique, les filles foisonnent, mais elles sont toutes aussi malfaisantes et pourries que le liquide fangeux des puits sahariens » (*Marocca*, 1882) ; chez Diderot, « quoiqu'en général les Nègres aient peu d'esprit, ils ne manquent pas de sentiment » (*Encyclopédie*, 1772), ou encore chez Zola, où l'on découvre « un groupe tumultueux, toute une juiverie malpropre, de grasses faces luisantes, des profils desséchés d'oiseaux voraces, une extraordinaire réunion de nez typiques, rapprochés les uns des autres, ainsi que sur une proie, s'acharnant au milieu de cris gutturaux, et comme près de se dévorer entre eux » (*L'Argent*, 1891). Replacer ces citations dans leur contexte historique et social est certes une obligation, mais elle ne suffit pas à comprendre d'où viennent les préjugés qu'elles expriment. Ils s'inscrivent dans un passé lointain, une longue histoire. Tantôt ils varient selon les générations, tantôt ils sont conservés tels quels, avec, pour beaucoup, une résonance jusqu'à nos jours. Comment sont-ils nés et quelles en sont les racines ? Quelles étonnantes variations ont-ils connues et comment se sont-ils adaptés à des contextes différents et aux critiques qui – parfois – leur ont été opposées ?

Cette histoire des préjugés est aussi une histoire des dominations, celle des hommes sur les femmes, celle des maîtres sur les esclaves, celle des colonisateurs sur les colonisés. Rabaisser l'autre pour justifier une prétendue supériorité. Dans tous les cas, on se heurte à une méconnaissance, réelle ou savamment entretenue, voire à des constructions intellectuelles fallacieuses. Établir une liste exhaustive des préjugés serait chose impossible, tant ils sont innombrables, multiformes, mouvants. Ils varient dans le temps, selon le regard que l'époque porte sur le genre, la nationalité, le peuple, mais aussi sur les couleurs, les animaux, la gastronomie.

Est-il dangereux d'énoncer des préjugés venimeux, au motif qu'on entend les dénoncer ? Dans un temps où la polémique surgit à chaque instant, ne serait-ce pas entretenir, voire légitimer ces préjugés en s'en faisant l'écho, en leur donnant une importance qu'ils ne méritent guère ? Convient-il de réactiver des discours de haine d'un autre âge qui objectivement font froid dans le dos, et d'humilier de nouveau, même de façon inconsciente ou par omission, les populations qui en ont fait les frais à travers l'histoire ?

C'est précisément parce que ces préjugés sont peut-être plus actifs que jamais, à l'heure du complotisme, des réseaux sociaux, des *fake news* ou autres infox et de la flambée mondiale des populismes, qu'il est urgent de réagir et de proposer un véritable regard historique sur leur genèse, leurs mutations et surtout leur permanence. Prendre de la distance est nécessaire face à la montée en puissance des débats sur le séparatisme, face aux pièges de l'identité, aux polémiques sur le « wokisme » et sur la *cancel culture*. Il n'est possible de combattre que ce qui est identifié et conscientisé ; plutôt qu'un illusoire oubli et un chimérique effacement, mieux vaut faire acte de mémoire et de contextualisation. Si cette prise de distance permet au lecteur de déconstruire quelques-uns de ces préjugés, ce livre n'aura peut-être pas été totalement inutile.

Il s'agit donc, par une approche historique, de constituer une sorte de manuel d'autodéfense intellectuelle pour aider à lutter contre le sexisme, l'homophobie, le racisme et les discriminations. Il ne faut pas minimiser le danger : les préjugés sont des opinions si profondément ancrées et répandues qu'elles peuvent tuer à force de stigmatiser. Il s'impose de remonter à leur source, non pas pour nourrir une nostalgie délétère du monde d'avant le politiquement correct (« c'était mieux avant », « on ne peut plus rire de rien »), mais afin de chercher à comprendre d'où ils viennent et pourquoi ils ont la peau si dure.

JEAN-PAUL DEMOULE

Les hommes et les femmes préhistoriques vivaient comme des bêtes

DE NOS JOURS, QUALIFIER UN OBJET OU UN COMPORTEMENT de « préhistorique » n'est pas un compliment. Pourtant, en ces temps écologiques, il n'est pas rare de voir exalter ces périodes (très) anciennes, que ce soit pour des « régimes alimentaires paléo » (en référence au paléolithique, synonyme savant de « préhistoire ») que proposent certains habiles nutritionnistes ou dans les reproches adressés à la « révolution néolithique » et à l'invention de l'agriculture sédentaire, censées avoir été la pire décision de l'histoire humaine – comme l'affirme par exemple l'historien Yuval Noah Harari dans son best-seller *Sapiens*.

En réalité, nos préjugés sur les temps préhistoriques n'ont jamais cessé d'évoluer. Lorsqu'il a fallu admettre, en 1856, l'existence de l'homme de Néandertal, découvert dans la grotte allemande du même nom, puis en 1859, grâce aux trouvailles d'outils très anciens dans la vallée de la Somme, celle d'humains plus anciens encore, l'image qu'on s'en faisait était alors des plus primitives. Comme l'on pensait alors, à la suite de Charles Darwin et de son *Origine des espèces* parue cette même année 1859, que « l'homme descend du singe », ces formes humaines très anciennes ne pouvaient être que des sortes d'hommes-singes, violents et velus. En 1931 fut érigée devant le musée de préhistoire des Eyzies, en Dordogne, une statue de « l'homme primitif » plus grande que nature. Due au sculpteur Paul Dardé et inaugurée par le ministre des Beaux-Arts, elle continue, selon le grand préhistorien André Leroi-Gourhan, « d'illustrer, massivement, l'ensemble des erreurs de la paléontologie humaine et le complexe millénaire de l'homme-singe » !

Ce préjugé sur la primitivité de l'homme préhistorique était tel que, lorsqu'on découvrit en 1875 les premières peintures pariétales dans la grotte d'Altamira, en Espagne, les savants laïcs, à front renversé, crièrent à la supercherie, tandis que les savants catholiques se voyaient rassurés : pour peindre de si belles choses, cet homme préhistorique avait nécessairement une âme. Il fallut attendre 1902 et d'autres découvertes pour que le préhistorien toulousain Émile Cartailhac publie son « *mea culpa* d'un sceptique » et que soit reconnu enfin l'art paléolithique. Mais, comme l'on cherchait toujours le « chaînon manquant » entre le singe et l'homme, on le découvrit justement en 1908, près du village de Piltdown, dans le sud de l'Angleterre. C'était bien l'homme-singe idéal, avec un crâne plutôt développé, mais une mâchoire inférieure plutôt simiesque, et il figura pendant un demi-siècle dans tous les manuels d'anthropologie sous le nom savant de *Eoanthropus dawsoni* – jusqu'à la mise au point, dans les années 1950, des datations par le carbone 14. Le crâne de Piltdown était bien celui d'un humain moderne, mais du Moyen Âge, et la mandibule était celle d'un singe, un orang-outang moderne ! Le faussaire auteur de cet assemblage n'a jamais été démasqué, même si les soupçons se portèrent fortement vers le découvreur, Charles Dawson, mais aussi vers le père Teilhard de Chardin, encore étudiant à l'époque, et même vers Conan Doyle, le créateur de Sherlock Holmes, qui avait une maison non loin de là.

L'homme ne descend donc pas du singe, mais il est un proche cousin des grands singes, et leur ancêtre commun, avant séparation des deux lignées, vivait il y a près de dix millions d'années. On ne peut pas non plus parler de « l'Homme » comme d'une entité invariable, car il n'y a pas une lignée unique en file indienne, pourtant si souvent illustrée, depuis le singe accroupi jusqu'à l'homme blanc barbu fièrement redressé, mais plutôt des buissonnements et métissages permanents, au point qu'il y a cent mille ans plusieurs espèces humaines cohabitaient sur Terre, et se mélangeaient. Nous autres, Européens, avons aussi des gènes néandertaliens, tout comme les Asiatiques ont des gènes des Dénisoviens, une espèce principalement asiatique et récemment identifiée grâce à son ADN. S'il y a eu mélange, et si les barrières entre espèces étaient aussi poreuses, il ne devait pas non plus y avoir de grandes différences intellectuelles ou psychomotrices. Néandertal n'était donc pas la brute traînant sa femme par les cheveux, tel qu'on a longtemps imaginé l'homme préhistorique. Reste que, malgré ces métissages, toutes les autres espèces humaines ont disparu, nous laissant seuls sur Terre, que nous ayons, ou non, éliminé les autres.

Lorsque l'écrivain belge Joseph Boex, dit Rosny Aîné, publie en 1912 son roman *La Guerre du feu*, celui-ci n'est fait que de sauvagerie et d'impitoyables guerres entre hommes préhistoriques aux techniques rudimentaires, tout comme le *Grisly Folk* de H. G. Wells, en 1921. Mais quand, en 1981, Jean-Jacques Annaud réalise un film très librement inspiré du roman de Rosny, tout change et le héros plutôt néandertalien Naoh y est guidé par la pédagogique *Sapiens* Ika sur la voie du couple, de la transcendance et de la position du missionnaire. Trois ans auparavant, le paléontologue finlandais Björn Kurtén avait de même publié *Den svarta tigern* (traduit en anglais sous le titre de *Dance of the Tiger*), où des Néandertaliens à la peau claire, pacifiques et matriarcaux, interagissent avec des *Sapiens* à la peau sombre et parfois agressifs. De fait, des analyses de pollens dans une tombe néandertalienne de la grotte de Shanidar, en Irak, ont montré la présence d'une jonchée de fleurs bleues sous le corps, ce qui permit au fouilleur états-unien Ralph Solecki, en phase avec les années 1970, de qualifier ses Néandertaliens de « *first flower people* », autrement dit les premiers hippies.

Aussi, à partir des années 1970-1980, deux conceptions des sociétés préhistoriques vont s'affronter, notamment du point de vue de l'existence, ou non, de la violence interne ou externe en leur sein, ainsi que sur d'éventuelles richesses et inégalités sociales chez les humains préhistoriques. L'un des enjeux était alors constitué par les sociétés contemporaines de chasseurs-cueilleurs observées par les ethnologues, et dont le mode de vie pouvait rappeler les chasseurs-cueilleurs du paléolithique : étaient-ils, ou non, de « bons sauvages » ? Dans un livre marquant de l'anthropologue états-unien Marshall Sahlins, *Stone Age Economics*, traduit en français en 1976 par le titre plus frappant d'*Âge de pierre, âge d'abondance*, l'auteur arguait que si on définit l'abondance non pas dans l'absolu, mais dans le meilleur rapport entre les efforts et leurs résultats, les sociétés de chasseurs-cueilleurs, préhistoriques ou récentes, auraient été les seules véritables sociétés d'abondance. Leurs membres ne travaillaient en effet, d'après lui, que trois ou quatre heures par jour pour acquérir leur nourriture. Le reste était du temps libre. On était donc loin de la semaine de trente-cinq heures ! L'édition française du livre de Sahlins avait été préfacée par l'ethnologue Pierre Clastres, qui lui-même avait fait grand bruit avec la publication deux ans auparavant de *La Société contre l'État*. À partir de ses enquêtes sur les Amérindiens d'Amazonie, il montrait que ces sociétés simples avaient à leur tête ce que nous nommerions un « chef », mais que tout était fait pour éviter qu'il ait un pouvoir excessif.

Avec Sahlins, Clastres peut donc être considéré comme un fondateur de ce qu'on appelle « l'anthropologie anarchiste », au sens où celle-ci s'intéresse aux mécanismes de résistance au pouvoir (*archê* en grec ancien) dans les sociétés, et dont les tenants les plus récents sont notamment David Graeber, James Scott, David Wengrow ou Alfredo González-Ruibal. Est-ce à dire que les sociétés préhistoriques étaient égalitaires ? N'a-t-on pas trouvé parfois des tombes plus riches que d'autres, comme à Sungir en Russie ? On connaît même des sociétés de chasseurs-cueilleurs esclavagistes, comme les Amérindiens de la côte nord-ouest de l'Amérique du Nord.

Même chose pour la guerre. Certains arguent qu'il y a peu de preuves de violences anciennes. Mais les aborigènes d'Australie, qui ont toujours été chasseurs-cueilleurs, passaient leur temps à se faire la guerre pour enlever des femmes ou perpétuer des vendettas ancestrales. Le préhistorien états-unien Lawrence Keeley, en référence à la guerre du Vietnam et aux deux attitudes opposées des dirigeants de son pays à l'époque, classe ses collègues préhistoriens respectivement en « colombes » et en « faucons » selon leurs inclinations vis-à-vis des guerres préhistoriques, lui-même se plaçant dans le second groupe.

Débats importants aussi concernant la domination masculine. On a, à juste titre, dénoncé les clichés traditionnels montrant les hommes vêtus de peaux de bêtes rapportant le lourd gibier dans la grotte, où des femmes assises par terre préparaient la nourriture ou allaitaient. Mais la répartition sexuelle du travail, notamment pour la chasse, est un constat universel de l'ethnologie, tout comme la domination masculine, même si l'oppression des femmes est variable selon les sociétés. Les preuves récemment proposées pour les Amériques de femmes préhistoriques chasseresses ne sont pas vraiment convaincantes, et on ne saurait défendre une cause juste, celle du statut des femmes, avec des arguments préhistoriques mal fondés. Il y a eu certes des femmes guerrières, notamment chez les Scythes de l'Ukraine actuelle ou chez les Vikings, mais il s'agissait de sociétés beaucoup plus complexes.

Enfin vint la « révolution néolithique », c'est-à-dire l'invention de l'agriculture sédentaire, indépendamment en diverses régions du monde, il y a quelque douze mille ans, quand prit fin la dernière période glaciaire. Cette invention a tout changé en permettant une nourriture plus sécurisée et la sédentarité : la démographie humaine est passée en à peine dix millénaires (soit 4 % de la durée de l'histoire d'*Homo sapiens*) de deux millions à huit milliards d'individus.

Longtemps considérée comme un progrès décisif dans une évolution continue des productions de l'esprit humain, l'agriculture a commencé à être vue d'un œil plus critique lorsque, au cours de ces toutes dernières décennies, sont apparus les angoisses écologiques et climatiques et les débats sur l'anthropocène. On a alors souligné que l'agriculture avait lancé l'humanité dans une course sans fin au progrès technique pour nourrir toujours plus de bouches, mais avec toutes les conséquences désormais visibles sur l'environnement ; souligné aussi que les tensions entre communautés territorialisées n'ont cessé depuis de provoquer des conflits toujours plus meurtriers dans des sociétés toujours plus inégalitaires. Il en va ici comme de toute invention : cela dépend des usages que l'on en fait. Mais la nostalgie d'un paradis perdu imaginaire où auraient vécu de « bons sauvages » est bien là.

Faut-il en conclure, dans un relativisme parfois qualifié de postmoderne, que tout ne serait que préjugés en accord avec l'air du temps ? Certes, les archéologues sont aussi des membres de leur société. Reste que l'archéologie accumule des faits matériels, en eux-mêmes incontournables. Qu'il y ait débat sur leur interprétation est tout naturel, et les sciences dites « dures » n'en sont pas exemptes, de la physique des particules à l'astrophysique. Dans tous les cas, quelle que soit l'interprétation qu'on en donne, le passé ne pourra jamais réparer le futur !

BIBLIOGRAPHIE

— Jean-Paul Demoule, *Les Dix Millénaires oubliés qui ont fait l'histoire. Quand on inventa l'agriculture, les chefs et la guerre*, Paris, Fayard, 2019.
— Jean-Paul Demoule, *La Préhistoire en 100 questions*, Paris, Tallandier, 2021.
— Jean-Paul Demoule, Dominique Garcia, Alain Schnapp (dir.), *Une histoire des civilisations. Comment l'archéologie bouleverse nos connaissances*, Paris, La Découverte, 2018.
— David Graeber, David Wengrow, *Au commencement était... Une autre histoire de l'humanité*, Paris, Les Liens qui libèrent, 2021.
— Marshall Sahlins [1976], *Âge de pierre, âge d'abondance. L'économie des sociétés primitives*, Paris, Gallimard, 2017.
— Alain Testart, *Avant l'histoire. L'évolution des sociétés, de Lascaux à Carnac*, Paris, Gallimard, 2012.

VOIR ÉGALEMENT

On se croirait revenu au Moyen Âge !
Les écologistes sont contre le progrès
Les Indiens vivent dans la crasse

BRUNO DUMÉZIL

Les barbares sont des vandales

TRAITER VOTRE VOISIN D'OSTROGOTH NE COMPTERA jamais pour un compliment, pas plus que de qualifier de vandale l'inconnu qui a tagué votre mur de clôture. L'arrivée impromptue de votre belle-famille prendra peut-être le nom de « grandes invasions » tandis que les dévastations du petit dernier appelleront une comparaison avec Attila le Hun, dont on dit que même l'herbe ne repoussait pas après son passage. Plus largement, quiconque commet une destruction ou un crime qui dépasse la mesure sera qualifié de barbare. Le terme peut au choix désigner un ennemi extérieur, qui menace les frontières, ou un péril intérieur, qui semble saper les bases de l'ordre social. Ostrogoths, Vandales, Huns... Autant de peuples disparus depuis des siècles. Alors que l'histoire de la fin de l'Antiquité est assez peu connue du grand public, les termes qui apparurent à cette époque restent bien vivants : les connotations péjoratives qu'ils véhiculent continuent d'irriguer notre imaginaire, au prix parfois de simplifications excessives.

À l'origine, le mot *barbaros* désignait une personne qui ne parlait pas la langue grecque, mais, peu à peu, il en vint à désigner tous ceux que l'on jugeait étrangers aux mœurs du monde hellénique. À mesure que se développa l'idée d'une communauté de sang chez les Grecs, ce barbare devint un Autre dans toute sa personne. Les guerres médiques du Ve siècle avant notre ère radicalisèrent encore l'opposition entre les deux mondes : à Athènes, les temples dévastés par l'invasion perse de 480-479 av. J.-C. ne furent pas reconstruits, de façon à garder un témoignage de l'impiété des barbares. Comme les Grecs vivaient dans un cadre de cités-États, la plupart des peuples extérieurs étaient généralement perçus comme des nomades inconstants et incapables de respecter les choses sacrées, qu'il s'agît d'édifices ou de serments. Ignorant la ville (*polis*), ils étaient jugés étrangers à la politique comme à la politesse.

Ces préjugés populaires contribuèrent à alimenter le discours savant sur la barbarie. Au IVe siècle av. J.-C., Hippocrate, père de la médecine, expliquait par le climat le penchant à la violence qui aurait été le propre de certains peuples : une alternance marquée des saisons pouvait susciter des comportements versatiles. Aristote, quant à lui, distinguait les barbares du froid, courageux mais stupides, de ceux du chaud, mous et fourbes.

Certains penseurs mirent plutôt en avant la différence des régimes alimentaires. Par rapport aux Grecs, amateurs de vin et de céréales, les peuples de la steppe consommaient en abondance viandes et laitages ; voilà qui aurait expliqué leur tempérament sanguin. Hérodote affirmait pour sa part que les Scythes transformaient les crânes de leurs ennemis en coupes à boire. Même si aucune preuve archéologique ne vient confirmer cette anecdote, l'image fit mouche : plusieurs auteurs anciens reprirent l'histoire du crâne à boire pour décrire les festins des Gaulois, des Lombards ou des Bulgares ; on la retrouve encore dans *Astérix et les Normands* ! En somme, le barbare des Grecs est assez proche de l'animal : être hybride comme le centaure, il paraît mal détaché de la nature brute. Les premiers géographes situaient les peuples sauvages à mi-chemin entre la Méditerranée, demeure de l'humanité civilisée, et les bords du fleuve Océan, peuplés de monstres. Ajoutons que la civilisation grecque cultivait une certaine image de la beauté de l'homme, qui devait être fondée sur l'harmonie et le respect du corps : la littérature classique diffusa sa haine des musculatures excessives, des pilosités débridées ou encore des tatouages. Rien de surprenant, donc, à ce que les gangs de motards de l'après-guerre aient été perçus comme les « nouveaux barbares » : les Pagans ou les Mongols cultivaient jusque dans leurs noms les stéréotypes de l'altérité.

Les Romains reprirent l'essentiel du discours grec, tout en insistant sur le spectre de l'invasion. La ville de Rome avait été prise par les Gaulois en 390 av. J.-C. : ce sac constitua un traumatisme fondateur. Par la suite, les armées de Carthage faillirent investir la ville. Tout devait être mis en œuvre pour éviter que cela ne se reproduise :

pour les Romains, chaque nouvelle guerre contre les peuples extérieurs constituait une opération défensive. Au besoin, on changeait l'identité de l'adversaire pour justifier un conflit : ainsi, alors qu'elle était de culture grecque et compagne d'un triumvir romain, Cléopâtre fut qualifiée d'« Égyptienne », autant dire une de ces retorses barbares des climats chauds. Les empereurs comprirent que l'élimination des barbares pouvait constituer un important vecteur de légitimité. Jusqu'au début du IIIe siècle, ils eurent tendance à mettre en avant des périls extérieurs, réels ou supposés, pour conforter leur trône. Pour cela, il fallait rendre le barbare tangible pour l'opinion publique. Le « bon empereur » se précipitait vers les frontières pour défendre le sol romain. À son retour, il célébrait un triomphe où étaient exhibés des prisonniers exotiques. Sur les bas-reliefs et sur les monnaies, il montrait les vaincus massacrés ou prostrés par la défaite. En pratique pourtant, le monde romain sut conserver une approche mesurée de l'altérité : le barbare constituait certes un ennemi, mais, le jour où il était intégré par la négociation ou par la conquête, il devenait un citoyen comme un autre.

Il existait donc un front pionnier de la civilisation : le *limes*, cette frontière qui constituait moins une ligne de défense qu'une série de routes permettant d'accéder aux territoires entourant le monde romain. De façon exceptionnelle, ce *limes* pouvait prendre la forme d'une fortification continue. C'était le cas du mur d'Hadrien, qui barrait le nord de la province de Britannia contre les menaces venues de l'actuelle Écosse. Les premiers archéologues surévaluèrent l'importance de ce mur et il en résulta l'idée que le monde romain constituait une citadelle assiégée par les hordes barbares. Ce fantasme alimente encore la littérature de *fantasy*, si l'on songe par exemple au Mur de *Game of Thrones*, mais aussi à la terreur de certains habitants des États-Unis, qui rêvent d'une barrière étanche les protégeant d'un déferlement de migrants venus du Sud.

Dans la plupart des cas, le *limes* de l'Empire constituait une zone de contact beaucoup plus qu'une ligne de séparation. Le monde romain envoyait des produits manufacturés chez les barbares et recevait en retour des matières premières et des esclaves. Les mercenaires circulaient aussi de part et d'autre de la frontière. Les cavaliers germains embauchés par Jules César eurent ainsi un rôle considérable dans la conquête des Gaules. Peu à peu, la pratique du mercenariat tendit à transformer les tribus de la frontière en groupes guerriers qui apprirent les techniques romaines et développèrent des systèmes politiques inspirés des modèles méditerranéens. Ces barbares travaillant à temps partiel dans l'Empire découvrirent également l'usage de l'écrit : les runes germano-scandinaves apparaissent vers le Ier siècle de notre ère dans un milieu très romanisé.

Les auteurs latins se demandèrent bientôt pourquoi les barbares du Nord disposaient de meilleurs soldats que l'Empire civilisé. Vers la fin du Ier siècle de notre ère, Tacite expliqua que la valeur des Germains venait justement de leur éloignement de la culture gréco-romaine : ignorant la débauche, l'usage de l'argent et la consommation de vin, ils étaient plus primitifs et donc plus « purs » que les habitants de l'Empire. Ce thème de la vertu des barbares fut repris au XVIe siècle par les luthériens, qui estimèrent être les héritiers des antiques Germains dans leur lutte contre une Rome éternellement corrompue.

L'idée se diffusa encore à l'époque romantique, avec des connotations racialistes : les peuples blancs du Nord seraient meilleurs, sur le plan physique et moral, que les populations métissées du bassin méditerranéen. En somme, le barbare destructeur serait en réalité un purificateur, appelé à régénérer la civilisation occidentale. Dignitaire nazi, Himmler a fondé la mystique de ses troupes sur ce fantasme et il choisit deux runes pour figurer le signe de la SS. Partiellement éteint pendant l'immédiat après-guerre, ce rêve de la pureté du barbare a ressurgi dans les années 1970, d'abord sous des formes anciennes au sein des mouvements néonazis, mais aussi parfois sous des incarnations nouvelles dans la nébuleuse survivaliste. En 1981, le film *Conan le Barbare* remporta un immense succès populaire en diffusant un message assez proche.

Si l'on en revient à l'Antiquité, Rome connut une crise profonde au IIIe siècle de notre ère : les guerres civiles se multiplièrent et les meilleures troupes furent envoyées vers le front perse. Plusieurs coalitions de langue germanique en profitèrent, tels les Francs de la mer du Nord, les Alamans entre Rhin et Danube et les Goths sur la mer Noire, qui se livrèrent à des expéditions de pillage, suscitant l'angoisse des Romains. Ces drames donnèrent naissance au mythe des « grandes invasions », expression trompeuse car il ne s'agissait pas de migrations de peuples mais de razzias opérées par des groupes très composites. Au XVIe siècle, les historiens catholiques attribueront à ces barbares la destruction des grands monuments antiques, ce qui permettra de créer un parallèle insultant envers les protestants.

On sait aujourd'hui que la plupart des édifices romains disparurent davantage en raison du manque d'entretien et de la récupération des matériaux. Dès le début du IVe siècle, Rome avait rétabli ses frontières, et le mercenariat reprit. L'Empire eut désormais tendance à inviter des groupes barbares composés d'hommes, de femmes et d'enfants à venir s'installer dans des régions dépeuplées. De véritables migrations eurent donc lieu vers le monde méditerranéen, mais elles furent généralement organisées par les autorités romaines ; les populations concernées restaient assez peu nombreuses, sans doute quelques centaines de milliers d'habitants au maximum. Les relations entre les habitants des provinces romaines et les nouveaux venus semblent avoir été variables.

Si le discours dominant resta toujours méprisant à l'égard des barbares, on observa des amitiés personnelles et même des mariages mixtes, de sorte qu'au bout de quelques générations il devint très difficile de savoir qui était romain et qui ne l'était pas : comme plus de la moitié de l'armée impériale était d'origine étrangère, les hommes qui menaçaient l'Empire et ceux qui le défendaient se ressemblaient beaucoup. Bientôt, des descendants de migrants devinrent généraux, consuls et même empereurs ! Magnence, maître de l'Occident romain de 350 à 353, était ainsi né de parents « barbares ». Parfois, les mercenaires travaillant pour l'Empire s'estimaient mal payés ou mal considérés. Il en résultait des révoltes. En 410, le Goth Alaric s'empara de la ville de Rome dans l'espoir de contraindre l'empereur Honorius à lui octroyer un contrat d'embauche plus avantageux. Ce sac de Rome, qui fit assez peu de dégâts matériels, rappela toutefois aux vieux Romains les souvenirs de l'invasion gauloise : Alaric, général de l'armée romaine, fut dépeint comme un pur barbare.

Au ve siècle, l'affaiblissement de la partie occidentale de l'Empire romain entraîna l'effacement progressif de l'autorité centrale. Les provinces passèrent sous le contrôle des armées, lesquelles étaient dirigées par des chefs d'origine étrangère. Une certaine légalité présida ainsi à l'établissement d'un royaume wisigoth en Aquitaine ou d'un État ostrogoth en Italie. Dans quelques cas toutefois, il y eut une véritable invasion. Ainsi les Vandales pillèrent-ils la Gaule et l'Espagne avant de passer en Afrique où ils fondèrent un royaume, autour de Carthage, à partir de 439. Si cette conquête semble avoir été en elle-même violente, le véritable problème fut religieux. Les Vandales étaient chrétiens, mais d'une confession différente de celle des habitants de l'Afrique romaine; ils tentèrent d'obliger leurs nouveaux sujets à passer à leur religion, d'où résulta une persécution du catholicisme: des églises furent confisquées ou saccagées.

Le souvenir de ces profanations fut entretenu par le clergé catholique, et sur cette base, en 1794, l'abbé Grégoire inventa le mot de «vandalisme» pour fustiger les destructions de biens d'Église par les révolutionnaires. De leur côté, les Huns du milieu du ve siècle menèrent des raids à travers toute l'Europe de façon à obtenir des empereurs de Rome et de Constantinople le paiement d'énormes tributs. Leur roi Attila en retira une sulfureuse réputation, même s'il fut plus un maître chanteur qu'un destructeur; deux siècles plus tard, on le qualifia de «fléau de Dieu», ce qui contribua à enraciner sa légende. Reste que la plupart des autres chefs barbares fondèrent des royaumes pérennes qui étaient à leur manière les héritiers de la civilisation romaine: on y parlait latin et les procès y étaient réglés selon un droit écrit. Ce fut le cas notamment des derniers généraux francs de l'Empire, qui devinrent les premiers rois d'un territoire que l'on appela bientôt la France.

De ces « temps barbares », les érudits de la Renaissance ne virent que des siècles obscurs : pour qu'il y ait « renaissance », il fallait que l'Antiquité soit morte, assassinée par des envahisseurs étrangers. En Europe, le mot de barbare servit à fustiger tout ce que l'on considérait comme monstrueux. Pendant la Première Guerre mondiale, les Alliés l'utilisèrent pour dénoncer les crimes commis par l'armée allemande en Belgique occupée : les Germains seraient revenus pour commettre pillages et destructions. La Seconde Guerre mondiale consacra l'expression de « barbarie nazie », d'autant plus facilement que les idéologues du Troisième Reich revendiquaient une continuité avec l'Antiquité germanique.

Aujourd'hui, le terme de barbare est devenu ambigu : le migrant invité par l'Empire romain du IVe siècle, le criminel de guerre du XXe siècle et l'actuel tagueur de banlieue ont-ils un quelconque point commun ? Derrière ce mot demeure, sous-jacente, l'idée grecque que ces êtres sont mauvais parce qu'ils viennent d'ailleurs, parce qu'ils ont d'autres valeurs, voire qu'ils sont plus proches de l'animal que de l'homme. On peut déplorer ces préjugés ou admirer leur extraordinaire résilience : l'image du barbare, fabriquée il y a plus de deux mille cinq cents ans, est encore vivante, et chaque société semble avoir été capable de la reprendre pour l'adapter à ses propres besoins. Fustiger le vandale ou insulter l'ostrogoth permet de dire ce que l'on n'est pas, ce que l'on ne veut pas être ou, parfois, ce que l'on souhaiterait redevenir.

BIBLIOGRAPHIE

– Magali Coumert, Bruno Dumézil, *Les Royaumes barbares en Occident*, Paris, PUF, 2010.
– Bruno Dumézil (dir.), *Les Barbares*, Paris, PUF, 2016.
– Hervé Inglebert, *Atlas de Rome et des barbares,* IIIe-VIe *siècle. La fin de l'Empire en Occident*, Neuilly-sur-Seine, Atlande, 2009.
– Sylvie Joye, *L'Europe barbare, 476-714*, Paris, Armand Colin, 2010.
– Bryan Ward-Perkins, *La Chute de Rome*, Paris, Alma, 2014.

VOIR ÉGALEMENT

Les Allemands sont des ploucs
Les Arabes sont violents
Les immigrés veulent islamiser l'Europe

JEAN-PAUL DEMOULE

Les Gaulois sont râleurs et bagarreurs

LES GAULOIS RÉFRACTAIRES, RÂLEURS ET BAGARREURS, ne le sont, en vérité, que depuis à peine plus d'un siècle, lorsqu'ils devinrent par la même occasion « nos ancêtres ». Il fallut pour cela une défaite, celle de Sedan, le 2 septembre 1870, qui redoublait celle d'Alésia et entraîna deux jours plus tard la proclamation de la République (troisième du nom), laquelle allait fonder l'école laïque, gratuite et obligatoire, et instituer le roman national français.

Sous l'Ancien Régime, l'aristocratie prétendait descendre des Francs, et la lignée des rois aurait remonté à un légendaire Francion, rescapé de la guerre de Troie, l'*Iliade* étant alors le texte européen le plus ancien connu. Les Gaulois, décrits par les historiens grecs et romains comme des barbares avinés, combattant nus, ne se rasant pas (contrairement aux Romains qui s'épilaient), mangeant de manière malpropre et finalement vaincus, ne représentaient guère des ancêtres recommandables.

La défaite de Sedan permettait de rendre celle d'Alésia pensable, et inversement. Mais cette défaite, en 52 av. J.-C., et la conquête romaine qui s'ensuivit permirent aussi de justifier la colonisation de l'Afrique qu'entreprenait la Troisième République. Ainsi, Ernest Lavisse affirmait en 1884 dans *La Première Année d'histoire de France*, à propos des Romains :

> Comme ils étaient très civilisés, ils civilisèrent les Gaulois. Avant les Romains, les Gaulois habitaient de pauvres villages, composés de huttes en terre ; ils vivaient grossièrement. Au temps des Romains de belles villes furent bâties, avec des monuments, dont plusieurs existent encore. Les riches Gaulois habitèrent de belles maisons élégantes. Ils étaient instruits.

Et Gustave Hervé et Gaston Clemendot de renchérir en 1904 dans un manuel à l'usage des écoliers des cours élémentaires et moyens :

> En somme, nos ancêtres gaulois étaient des sauvages aussi peu avancés que le sont, à l'heure actuelle, beaucoup de nègres en Afrique. [...] Aujourd'hui, quand les soldats français ou anglais se battent contre des nègres africains, ils finissent toujours par les vaincre, car ils ont sur eux l'avantage d'avoir de meilleures armes. De même, les soldats romains qui envahirent la Gaule

devaient finir par battre les Gaulois, car ils étaient beaucoup mieux armés.

Et pourtant, les Gaulois ne furent jamais des ancêtres vraiment crédibles. L'expression « nos ancêtres les Gaulois » fait sourire, quand ce n'est pas la « gauloiserie », et les aventures dessinées d'Astérix fonctionnent comme un mythe consolateur, dont personne n'est dupe. Il a fallu l'archéologie pour en apprendre beaucoup plus, grâce aux grandes fouilles préventives, notamment sur le tracé des autoroutes ou des lignes ferroviaires. Elles ont révélé une Gaule beaucoup plus déboisée qu'aujourd'hui, et d'ailleurs les Gaulois ne mangeaient pas de sangliers. Les campagnes étaient quadrillées par de grandes exploitations rurales, avec une agriculture prospère, qui exportait ses charcuteries réputées vers Rome. Dès le IIIe siècle avant notre ère émergèrent de véritables villes, le plus souvent fortifiées (les *oppida*), les principales étant chaque fois capitales d'un petit État indépendant, soit une soixantaine d'États sur l'actuel territoire français. Les noms de cités, soit du peuple (les *Parisii* ont donné Paris), soit de la ville (*Burdigala* a donné Bordeaux), se sont transmis jusqu'à nos jours. Chacun de ces États disposait d'institutions organisées, le plus souvent avec un sénat et des magistrats, même si des tensions pouvaient exister au sein de la classe dirigeante, tout comme à Rome, d'ailleurs.

Ces États avaient également développé une véritable économie monétaire. Leurs monnaies s'inspiraient au début de modèles grecs, mais au fil du temps les artistes donnèrent libre cours à leur imagination en créant des motifs de plus en plus déconstruits et originaux. L'art celtique, statues, monnaies, parures ou objets du quotidien, est d'ailleurs tout à fait original et bien éloigné des canons de l'art gréco-romain. Dans le quart sud-est de la Gaule, la valeur des monnaies est alignée sur le denier romain, sorte de monnaie commune avant l'heure. Les sociétés gauloises n'étaient donc pas très différentes des sociétés méditerranéennes, grecque, étrusque ou romaine. Une forte porosité culturelle existait et les jeunes gens des élites allaient se former à Rome. Les Éduens, qui occupaient une partie de l'actuelle Bourgogne, avaient été proclamés « frères du peuple romain » par le sénat de Rome, et les maisons de leur capitale, Bibracte (l'actuel mont Beuvray), s'inspiraient directement de modèles romains bien avant la conquête. Ils se rangèrent d'ailleurs la plupart du temps aux côtés de César durant la guerre des Gaules.

C'est pourquoi la conquête romaine ne détruisit pas les sociétés gauloises, au contraire de ce que firent plus tard les Européens dans une grande partie de l'Afrique et des Amériques. C'est pourquoi aussi on peut parler d'une civilisation gallo-romaine, même si les mœurs romaines, et jusqu'à la langue (qui a donné la nôtre), s'imposèrent partout – ce qui fait que la langue gauloise (ou les langues gauloises) n'est connue que par des noms de lieux ou de personnes, et quelques très rares inscriptions. De fait, les élites gauloises se rallièrent rapidement au nouveau mode de vie, avec son architecture, ses spectacles, ses thermes, etc. Les divinités gauloises et romaines ont fusionné sans problème, et il y eut très peu de révoltes ultérieures, ce qui ne témoigne guère d'un esprit gaulois réfractaire. Aussi, la première grande exposition archéologique sur les Gaulois, à la Cité des sciences de la Villette en 2011-2012, s'intitule-t-elle « Gaulois, une exposition renversante », tant, en effet, elle renversait les clichés.

Mais alors, pourquoi « bagarreurs » ? Grâce aux comptoirs littoraux installés par les marchands grecs, étrusques puis romains, les notables gaulois importaient des biens très prisés, et notamment du vin – seuls la bière et l'hydromel étaient connus jusque-là. En échange, ils proposaient métaux, bois, salaisons, mais aussi esclaves. Pour cela, il leur fallait faire des prisonniers. C'est pourquoi tous les petits États qui se partageaient la Gaule ne cessaient de guerroyer les uns contre les autres pour capturer des individus à revendre. Exactement comme les royaumes africains au temps de la traite atlantique. Au bout du compte, la comparaison avec l'Afrique n'était pas si décalée – mais pas comme l'entendaient les anciens manuels scolaires...

BIBLIOGRAPHIE

– Olivier Buchsenschutz, *L'Europe celtique à l'âge du fer (VIIIe-Ier siècle)*, Paris, PUF, 2015.
– Jean-Paul Demoule, *On a retrouvé l'histoire de France. Comment l'archéologie raconte notre passé*, Paris, Gallimard, 2013.
– Dominique Garcia, *Les Gaulois à l'œil nu*, Paris, CNRS Éditions, 2021.
– François Malrain, Matthieu Poux (dir.), *Qui étaient les Gaulois ?*, Paris, La Martinière /Inrap, 2011.

VOIR ÉGALEMENT

Les barbares sont des vandales
Les Français sont arrogants et mal élevés
Les Arabes sont violents
Les banlieusards sont des racailles
Les Mexicains sont des criminels violents

MICHEL PASTOUREAU

On se croirait revenu au Moyen Âge !

LES IDÉES REÇUES ONT LA VIE DURE, SURTOUT QUAND elles concernent tel ou tel domaine du savoir facilement accessible au grand public et relayé par différents imposteurs ou bonimenteurs. Les sciences dures y échappent le plus souvent, car elles demandent des connaissances étroitement spécialisées et un outillage technique inaccessible au commun des mortels. L'histoire, en revanche, en est la première victime, particulièrement le Moyen Âge, qui semble ouvert à tous les mauvais vents des préjugés et du charlatanisme. Combien d'idées absurdes circulent encore à son sujet, que les historiens ne parviennent pas à éradiquer, soit parce qu'elles viennent de trop loin et qu'elles sont trop profondément enracinées, soit parce que les remettre en question heurterait sévèrement nos systèmes de valeurs et nos modes de sensibilité ? Citons pour exemples les allégations sur la vie misérable des paysans, la violence et la cruauté des seigneurs, la justice impitoyable et expéditive, la condition inférieure des femmes, le recul général des connaissances, la crédulité de l'ensemble de la population, l'omnipotence et le fanatisme de l'Église.

À ces assertions fausses ou simplistes, largement diffusées en France par les manuels scolaires de la Troisième République, on peut ajouter quelques sujets dont le grand public est friand et auxquels les médias actuels accordent une importance disproportionnée par rapport à leur rôle véritable dans les sociétés médiévales. Ils sont tous plus ou moins ésotérisants : les templiers, les cathares, les bâtisseurs de cathédrales, la symbolique des nombres, l'alchimie, le Graal, le bestiaire fantastique, sans oublier bien sûr le Diable, les croisades et la sorcellerie. Or depuis longtemps les historiens ont remis le Diable à sa juste place, relativisé l'importance accordée aux croisades, et rappelé comment la sorcellerie concernait presque exclusivement l'époque moderne. Si les premières affaires mettant en scène des sorciers apparaissent vers 1430, les grands procès datent des XVIe et XVIIe siècles et concernent tout autant l'Europe protestante que l'Europe catholique. Tous les historiens le savent, mais le grand public et la presse l'ignorent, ou du moins paraissent vouloir l'ignorer. Le Moyen Âge doit être un repoussoir avec ses pestes, ses famines, ses brutalités et son prétendu « obscurantisme ». Le politiquement correct l'exige.

Une expression chère aux médias est particulièrement douloureuse aux oreilles des spécialistes : « On se croirait revenu au Moyen Âge », expression employée à la radio ou à la télévision chaque fois qu'une catastrophe épouvantable ou qu'un événement particulièrement barbare fait irruption dans l'actualité. Comme si le Moyen Âge était l'archétype du malheur et des atrocités. Idée sans fondement, de toute évidence, d'autant qu'en matière d'atrocité et de barbarie le XXe siècle a battu tous les records de l'histoire. En outre, le Moyen Âge européen dure mille ans, du moins selon nos découpages pédagogiques traditionnels : il est impossible de mêler dans un même temps long l'époque des rois mérovingiens, celle de François d'Assise ou de Saint Louis et celle qui a vu apparaître en Occident la gravure et le livre imprimé. À laquelle de ces trois époques se réfère-t-on quand « on se croirait revenu au Moyen Âge » ? Et quelles comparaisons légitimes peut-on établir entre les oubliettes féodales ou le bûcher de Jeanne d'Arc et les camps d'extermination nazis ? Aucune.

Au demeurant, même si nous laissons de côté le XXe siècle et tous ses crimes – non seulement abominables, mais inhumains –, ce n'est pas au Moyen Âge que les populations européennes ont été les plus malheureuses et les plus misérables, c'est au XVIIe siècle, qu'en France on appelle bien à tort le « Grand Siècle ». C'est une période noire et mortifère, tant sur le plan social et religieux que sur le plan moral et symbolique. Malgré la vie de cour et les fêtes brillantes, malgré la création artistique et littéraire, malgré les progrès de la science et des connaissances, l'intolérance est partout, le despotisme aussi, et la misère plus encore. Aux malheurs de la guerre, aux conflits religieux, au poids des impôts s'ajoutent le dérèglement climatique, la crise économique et démographique, la survivance des pestes et des épidémies, le retour des grandes peurs et des famines. La mort est omniprésente. Jamais depuis la haute

Antiquité l'espérance de vie n'est tombée aussi bas : partout en Europe, on vit bien plus longtemps au XIIIe qu'au XVIIe siècle. Jamais également, depuis le Néolithique, les hommes, les femmes et même les animaux domestiques n'ont été d'aussi petite taille. La population est sale, y compris dans les milieux les plus favorisés. Plus personne ne se lave, on pratique la « toilette sèche », la plupart des médecins soulignant les méfaits de l'eau trop fréquemment appliquée sur le corps. De nouvelles maladies font leur apparition, de nouvelles formes de vices et de criminalité également. L'envers du « Grand Siècle » est sombre, très sombre.

BIBLIOGRAPHIE

— Sophie Brouquet, *Idées fausses et réalités du Moyen Âge*, Rennes, Éditions Ouest-France, 2020.
— Félix Gaiffe [1924], *L'Envers du Grand Siècle*, Paris, Eurédit, 2018.
— Marcel Lachiver, *Les Années de misère. La famine au temps du Grand Roi*, Paris, Fayard, 1991.
— Régine Pernoud [1979], *Pour en finir avec le Moyen Âge*, Paris, Le Seuil, 2014.
— Nicolas Weill-Parot, Véronique Sales, *Le Vrai Visage du Moyen Âge. Au-delà des idées reçues*, Paris, Vendémiaire, 2017.

VOIR ÉGALEMENT

Les hommes et les femmes préhistoriques vivaient comme des bêtes
Les Français sont arrogants et mal élevés
Les écologistes sont contre le progrès
Les Indiens vivent dans la crasse

OUSMANE TRAORÉ

Les Noirs sont serviles par nature

AU COURS DU MOIS DE JUIN 2022, LE BRÉSILIEN NELSON Piquet, trois fois champion de Formule 1, alors âgé de 70 ans, faisait les titres des journaux pour avoir traité Lewis Hamilton, le Britannique septuple champion de course automobile, de « petit nègre ». Devant les vives critiques contre ses propos, il se défendit en expliquant que ses propos avaient été sortis de leur contexte langagier car, dit-il, « au Brésil et dans la langue portugaise, un tel propos est courant, acceptable, et n'aurait pas fait autant de bruit ». Mais cette façon d'éviter de s'excuser après une injure raciale en tentant de la justifier ne diffère guère du propos utilisé par Jean-Paul Guerlain. Le descendant du fondateur du célèbre parfumeur, présentant en 2010 sur un plateau de télévision la sortie d'un nouveau parfum, se permit cette digression : « J'ai travaillé comme un *nègre*... Je ne sais pas si les *nègres* ont toujours tellement travaillé. » Après l'indignation provoquée par de telles déclarations et la procédure judiciaire qui s'ensuivit deux ans plus tard, Guerlain se justifia ainsi : « La première partie de ma phrase est une phrase que j'ai entendue toute ma jeunesse quand je travaillais dans le jardin de mon grand-père... c'était une expression courante à l'époque. » Il poursuivit : « Quant à la deuxième partie, c'est une imbécillité de ma part... je suis tout sauf raciste. »

Dans les deux injures raciales contre le Noir, prononcées en portugais et en français, il y a une ressemblance au niveau du terme utilisé, « nègre », qui définit le Noir comme un être inférieur, et il n'y a qu'un pas pour le considérer comme un esclave, celui qui a été toujours soumis. Ce préjugé sur le Noir s'est imposé dans l'imaginaire populaire des sociétés occidentales et moyen-orientales, judéo-chrétienne ou musulmane, depuis l'Antiquité et dans les Amériques à partir du XVIe siècle. Il permet que les propos racistes ne soient plus perçus comme tels et finit par banaliser l'injure raciale, au point de la normaliser dans le langage quotidien. Ce que révèlent les propos de Guerlain et de Piquet à l'historien, c'est à quel point le préjugé du Noir perçu comme l'esclave de toujours a été perpétué par l'éducation, au point qu'il n'y a pas de différence entre la personne qui assume son racisme et celle qui déclare « je suis tout sauf raciste » mais qui utilise l'injure raciale normalisée, « nègre ». Quelle est l'origine historique du préjugé selon lequel les Noirs ont toujours été des esclaves ? Comment ce préjugé, né d'un mythe issu des religions révélées, fut-il perpétué jusqu'à donner naissance aux deux plus grandes traites d'êtres humains de l'histoire : les *traites négrières* transsaharienne et transatlantique ? Ces traites raciales, en plus de celle de l'océan Indien, ont causé la déportation de plus de trente millions de Noirs d'Afrique vers les terres de l'islam, ou vers les terres chrétiennes des Amériques et des Caraïbes.

Le préjugé du Noir naturellement destiné à devenir esclave trouve ses origines dans un mythe, celui de la malédiction de Cham par son père Noé. Toutes les religions révélées, le judaïsme, le christianisme et l'islam, placent dans leur livre sacré ce passage, tel que le présente la Genèse dans la Bible : « Les fils de Noé, qui sortirent de l'arche, étaient Sem, Cham et Japhet. Cham fut le père de Canaan. Ce sont là les trois fils de Noé, et c'est leur postérité qui peupla toute la terre. Noé commença à cultiver la terre, et planta de la vigne. Il but du vin, s'enivra, et se découvrit au milieu de sa tente. Cham, père de Canaan, vit la nudité de son père, et il le rapporta dehors à ses deux frères. Alors Sem et Japhet prirent le manteau, le mirent sur leurs épaules, marchèrent à reculons, et couvrirent la nudité de leur père ; comme leur visage était détourné, ils ne virent point la nudité de leur père. Lorsque Noé se réveilla de son vin, il apprit ce que lui avait fait son fils cadet. Et il dit : Maudit soit Canaan ! qu'il soit l'esclave des esclaves de ses frères ! Il dit encore : Béni soit l'Éternel, Dieu de Sem, et que Canaan soit leur esclave ! Que Dieu étende les possessions de Japhet, qu'il habite dans les tentes de Sem, et que Canaan soit leur esclave ! »

D'après l'historien persan du IXe siècle al-Tabari, la malédiction inclut aussi bien Cham que Japhet, tous deux coupables d'avoir ri de la nudité de leur père. En conséquence, le peuple dans les terres de Cham, mais aussi le fruit qui devait y pousser, sont devenus noirs, d'où l'origine du raisin noir, et du peuple noir condamné à devenir esclave. Ce passage de la Torah, de la Bible et du Coran donna lieu au développement du racisme contre le Noir.

L'analyse épistémologique et littérale des textes religieux – écritures rabbiniques, bibliques et coraniques – qui se réfèrent à ce passage montre que le concept d'esclavage fut très tôt associé à la noirceur de la peau. Il était devenu la norme dans les institutions religieuses, sociales et politiques des sociétés musulmanes d'Afrique du Nord. Le préjugé du « Noir esclave » s'est propagé par l'éducation religieuse, puis a été validé par une idéologie politique dans le but de soutenir une entreprise économique de grande envergure, d'abord contrôlée par les musulmans – les traites négrières se sont produites après l'expansion musulmane en Afrique du Nord, dans le Sahara et vers l'Afrique subsaharienne entre le VIIe et le XVe siècle – puis plus tard par les Européens à travers la traite négrière atlantique. Dans les deux cas, l'idéologie religieuse, économique et intellectuelle qui légitimait l'esclavage du Noir était déjà bien ancrée. C'est dans ce sens qu'en 1685 le roi Louis XIV prend un décret appelé le Code noir, qui légitimait l'esclavage des Noirs. Ainsi, le Noir, en tant qu'esclave, devenait un bien meuble. Il pouvait être vendu, loué, cédé ou hérité. Son maître avait droit de vie et de mort sur lui.

Une conséquence de cette longue période d'asservissement fut l'adoption d'une norme intellectuelle, devenue universelle, selon laquelle les Noirs n'ont ni histoire ni civilisation. L'éducation autour du mythe religieux fut suivie d'une idéologie raciste, et toutes les deux légitimèrent l'altérité du Noir dans les textes sacrés comme dans les textes scientifiques des pays d'Europe ou du Moyen-Orient. Ces deux approches renforcèrent la perception du préjugé sur le Noir, qui est l'équivalent de *abd* (esclave en arabe) et de *nègre*, termes péjoratifs pour rappeler son infériorité et son statut naturel d'esclave dans les langues arabe et latines. En effet, l'argument religieux qui a rendu légitime l'esclavage s'accompagne de critères biologiques – la couleur de la peau – et géographique. Dans l'idéologie arabe et musulmane, il existait une zone géographique où il était légitime de se procurer des esclaves. Cette zone fut baptisée de la couleur de la peau du peuple qui y habite : le *Bilad al-Sudan*, c'est-à-dire la terre des Noirs. Ses habitants, réductibles à l'esclavage du fait de leur couleur de peau, furent appelés *abd*. Cette désignation raciale fut aussi bien utilisée par les musulmans que par les chrétiens d'Europe. *Bilad al-Sudan* fut traduit pour la papauté en langue italienne *li Affricani nigri*. Les cosmographes et géographes arabes et européens prolongèrent cette démarcation géographique en décrivant et hiérarchisant les populations selon la religion musulmane ou chrétienne, qui devinrent critères de civilisation. L'Afrique noire fut ainsi perçue comme un continent habité de mécréants descendants de Cham et, par conséquent, une terre d'esclaves. Grecs et Romains, plus tard les Arabes et les puissances maritimes d'Europe de l'Ouest, instituèrent ainsi la couleur de peau et la physionomie comme critères de différenciation vis-à-vis des populations qu'ils y rencontrèrent.

Le summum de la construction du mythe du « Noir qui a toujours été un esclave » fut sans doute la controverse de Valladolid de 1550-1551. L'enjeu de ce débat religieux organisé en Espagne sous l'égide de Charles Quint et de la papauté était de décider de l'arrêt ou de la poursuite de la traite des Indiens d'Amérique par l'Empire espagnol. Deux camps s'opposaient, celui du frère dominicain Bartolomé de Las Casas, défenseur des Indiens d'Amérique, et, d'autre part, celui de Juan Ginés de Sepúlveda, partisan d'une soumission par la force des armes de tout peuple dont l'état de nature est tel qu'il doit obéissance aux autres peuples, et s'il refuse sa soumission l'usage de la force est permis. Sepúlveda avait fait sienne cette assertion d'Aristote selon laquelle, parmi les peuples barbares, il existe une catégorie fondamentalement sauvage, incapable de se gouverner, et « esclave par nature ». En désaccord avec Aristote sur ce principe, le frère dominicain Bartolomé de Las Casas se rendit célèbre en dénonçant la mise en esclavage des peuples indiens d'Amérique. Reste que Las Casas, en 1516, signa en compagnie d'autres frères chrétiens – tels que Pedro de Córdoba, Tomas de Berlanga, Domingo de Betanzos – un traité religieux qui autorisait les Européens à importer des Noirs aux Amériques, une traite qui avait déjà commencé dès 1503. Cette contradiction dans l'attitude religieuse de Las Casas montre à quel point le mythe à la base de la construction du « Noir équivalent d'esclave », véhiculé dans les religions révélées, était accepté comme une évidence. Las Casas s'inscrit dans une pratique séculaire de l'esclavage des Noirs, dont la déportation en Amérique a déjà commencé avant ses écrits, un esclavage qu'il dénonce, hélas sur le tard.

Beaucoup d'historiens parmi lesquels Ibn al-Jawzi (1116-1201) ont rejeté le mythe de la malédiction de Cham, qu'ils ne considèrent ni comme prouvé ni comme correct. Quant au sociologue, philosophe et historien arabe Ibn Khaldoun (1332-1406), il trouve le mythe de la malédiction ridicule et atteste, au contraire, que la couleur de la peau est seulement déterminée par le climat. Khaldoun, cependant, pousse la réflexion à propos de ce passage biblique plus loin. Il écrit que le peuple noir est le descendant de Koush – l'Éthiopie –, qui était le fils de Cham. Il ajoute aussi que les Coptes d'Égypte – descendants des anciens Égyptiens – sont les fils de Mizraim, lui-même fils de Koush. Ibn Khaldoun de même que Yuhanna al-Asad, dit Léon l'Africain, concluent, comme c'est le cas dans les textes du Talmud, que Cham et Sem étaient les ascendants des peuples noirs, par conséquent d'Afrique noire.

Dans la Torah, la Bible et le Coran, la malédiction du Noir ou de Cham apporte un éclairage sur l'histoire antique biaisée et transformée par idéologie. Ce passage, replacé dans son contexte historique et littéraire, change de portée. Avec Ibn Khaldoun et Léon l'Africain, nous découvrons que les anciens Égyptiens, responsables d'une des plus brillantes civilisations que l'humanité ait connues, avaient la peau noire et étaient les descendants de Cham et de Koush. S'il faut conserver une lecture religieuse de cette histoire, Moulay Ismaïl, sultan du Maroc de 1696 à 1727, rappelait que « nous sommes tous des enfants d'Adam et par conséquent frères et sœurs ; seule notre affiliation religieuse nous différencie ».

BIBLIOGRAPHIE

– Henry de Castries [1903], *Moulay Ismaïl et Jacques II. Une apologie de l'Islam par un Sultan du Maroc*, Paris, Hachette BnF, 2013.
– Constantin de Volney [1787], *Voyage en Syrie et en Égypte*, dans *Œuvres*, t. III, Paris, Fayard, 1998.
– Constantin de Volney [1822], *Les Ruines ou Méditations sur les révolutions des empires*, Paris/Genève, Slatkine, 1979.

– Juan Friede, Benjamin Keen, *Bartolomé de las Casas in History: Toward an Understanding of the Man and his Work*, DeKalb (Illinois), Northern Illinois University Press, 1971, p. 284.
– David M. Goldenberg, *The Curse of Ham: Race and Slavery in Early Judaism, Christianity, and Islam*, Princeton (NJ), Princeton University Press, 2003.
– John Windus [1725], *A Journey to Mequinez / Un voyage à Meknès*, Paris, Geuthner, 2005.
– Natalie Zemon Davis, *Trickster Travels: A Sixteenth Century Muslim between Worlds*, New York, Hill & Wang, 2006

VOIR ÉGALEMENT
Les Noirs ne pensent qu'au sexe
Les Noirs sentent fort et les Blancs sentent la mort
Les Africains n'ont pas d'histoire
Les Indiens d'Amérique sont paresseux

JEAN-NOËL FABIANI-SALMON

La syphilis est un mal italien

LE 1ER SEPTEMBRE 1494, LE ROI DE FRANCE CHARLES VIII entre en Italie à la tête d'une armée composée pour la plus grande part de mercenaires de tous les pays d'Europe. Après être restée près d'un mois à mener grande débauche dans Rome, c'est une armée aux mœurs et à la discipline relâchées qui se dirige en janvier 1495 vers Naples, suivie d'une cohorte de gueux et de prostituées et, à distance plus respectueuse, par les troupes ennemies peu désireuses en réalité d'en découdre.

Les Napolitains, qui en ont vu bien d'autres, tentent d'abord de fraterniser avec ces nouveaux occupants. Mais bientôt, la conduite infâme des soudards et autres reîtres qui composent les troupes françaises oblige le roi à quitter la ville en toute hâte après deux mois d'occupation. « On avait espéré trouver dans les Français toute sainteté, foi et bonté ; ce n'était que désordre, pilleries et débauches », écrit le diplomate français Philippe de Commynes, présent en Italie.

On s'aperçoit alors rapidement qu'un intrus récolté à Naples accompagne la retraite des Français. Il s'agit d'un mal nouveau qui commence par un chancre sur les « parties honteuses » et se poursuit par une éruption de pustules sur le corps, s'accompagnant de grandes douleurs dans les membres. « Si repoussant est l'aspect de tout le corps, si grandes sont les souffrances, la nuit surtout, que cette maladie surpasse en horreur la lèpre généralement incurable ou l'éléphantiasis, et la vie est en danger », commente Benedetto, médecin vénitien présent à la bataille de Fornoue, près de Naples, en juillet 1495. Ainsi, les mercenaires de Charles VIII démobilisés pendant l'été 1495 vont répandre ce mal nouveau en regagnant leurs pays respectifs après l'avoir copieusement répandu en Italie et en France.

Mais cette peste sans nom doit pourtant bien être nommée. Pour les Français, c'est incontestablement le « mal napolitain », se référant au lieu où elle est apparue. Pour les Italiens, c'est le « mal français », évoquant ceux qui l'ont disséminée dans toute la péninsule. Si bien que le fléau se répand comme une traînée de poudre aux quatre coins du monde, sans que personne soit prêt à en reconnaître l'encombrante paternité. Dès le début, c'est l'horreur. Le mal frappe partout, principalement les prostituées et les hommes de troupe, mais aussi les seigneurs et les bourgeois des villes.

La médecine de l'époque est impuissante à enrayer le fléau. La maladie peut évoluer à son aise, et chaque pays nouvellement touché ne manque pas de donner au mal le nom du voisin, suspecté d'avoir été le contaminateur.

C'est mesurer d'emblée la variété des appellations : les Russes parlent du « mal polonais », les Polonais du « mal des Allemands », les Allemands du « mal français » – ce dernier terme recueillant en outre les suffrages des Anglais qui le baptisent *French pox*. Quant aux Flamands, aux Hollandais et aux Maghrébins, ils l'appellent « mal espagnol », les Portugais « mal castillan », tandis que Japonais et populations des Indes orientales diront « mal portugais »... Dieu reconnaîtra les siens !

Et les Espagnols, que disent-ils ? Ils ne disent rien justement. Bizarre... non ? Étrange silence qui vaut en fait signature. Vingt ans après son apparition, les chroniqueurs révèlent en effet que ce sont probablement les hommes de Christophe Colomb ou ceux de Cortès qui ont rapporté d'Amérique l'agent de la syphilis, le tréponème pâle. L'épidémie y sévit chez les Indiens et donc aussi chez les Indiennes. Car, depuis le début, on est frappé par une évidence : il s'agit bien d'une maladie vénérienne.

Ainsi, si de nombreux Amérindiens meurent à cause des virus européens, essentiellement celui de la petite vérole (ou variole) qui fait des ravages chez les Aztèques, les Indiennes repassent gaillardement aux Espagnols ce que le peuple nomme déjà la « grosse vérole », celle du tréponème pâle, qui, lui, est endémique en Amérique et inconnu en Occident. Transmis aux conquistadores, le germe débarque en Europe, transite par Naples, alors propriété de la Couronne d'Espagne, arrive en France au cours de la première campagne d'Italie et décime l'Europe pendant les siècles suivants. Cet échange des virus de la petite vérole contre ceux de la grosse vérole, c'est ce qui s'appelle en langage courant un prêté contre un rendu...

Le nom de « syphilis » est utilisé pour la première fois par Girolamo Frascatoro en 1530 dans son ouvrage *Syphilis sive de morbo gallico*, où il décrit l'histoire d'un berger nommé Syphilus qui aurait été le premier à contracter la maladie pour avoir mis les dieux en colère.

D'ailleurs, cette colère des dieux est couramment admise comme cause de tous les maux, sans oublier bien entendu les Juifs, classiques responsables des épidémies depuis le Moyen Âge. Ambroise Paré, toujours prompt à jouer le moralisateur, ne voit qu'une raison à cette horreur : « L'ire de Dieu, lequel a permis que cette maladie tombât sur le genre humain pour réfréner sa lascivité et débordée concupiscence. »

Solidement ancrée en Europe depuis le XVIe siècle, la syphilis a poursuivi son sinistre chemin, conservant le palmarès des maladies vénériennes et même longtemps considérée comme la seule. Égalitaire, elle a touché les manants comme les rois, les riches comme les pauvres, sans distinction et sans préférence. Prosélyte, elle a cherché sans discontinuer de nouveaux adeptes, du soudard à la prostituée, de la prostituée au bourgeois et du bourgeois à sa fidèle épouse...

Au XIXe siècle, comme la plupart des artistes sont touchés (Manet, Flaubert, Baudelaire, Maupassant...), on ne manque pas de trouver dans la syphilis la source de leur génie. Maupassant, qui meurt à 43 ans d'une syphilis tertiaire touchant le cerveau, écrit en mars 1877 à son ami Pinchon :

> Tu ne devineras jamais la merveilleuse découverte que mon médecin vient de faire en moi. Jamais, non jamais. Comme mes poils tout à fait tombés ne repoussaient pas

> [...], j'ai pris mon médecin au collet et j'ai dit : « Bougre, tu vas trouver ce que j'ai, ou je te casse. » Il m'a répondu : « La vérole. » J'avoue que je ne m'y attendais pas. [...] J'ai la vérole, enfin, la vraie ! pas la méprisable chaude-pisse, l'ecclésiastique cristalline, pas les bourgeons crêtes-de-coq ou les légumineux choux-fleurs, non, non, la grande vérole [...], la vérole majestueuse et simple, l'élégante syphilis [...].

Maupassant est traité par le mercure, comme tous ceux qui l'ont précédé et ceux qui le suivront jusqu'à la découverte de la pénicilline. Ce traitement au mercure, qui s'avère en réalité plutôt plus dangereux que le mal, n'est alors discuté par personne. On l'administre sous toutes les formes, en pilules, en bain, en emplâtres ou même en fumigations. L'intoxication est ainsi totalement assurée. « Une nuit dans les bras de Vénus mène à une vie entière dans ceux de Mercure », peut-on répéter en s'amusant encore de cette vérole qu'on ne parvient toujours pas à prendre au sérieux. Ce qui est normal pour un mal italien, comme si l'on jouait dans la commedia dell'arte !

À partir de 1905, la vérole devient enfin un problème médical réel quand l'Allemand Erich Hoffmann isole le tréponème pâle, agent de la syphilis. L'ennemi est enfin démasqué, mais il faut réussir à dépister ceux qui en sont porteurs et qui continuent à propager amoureusement le mal. Les années suivantes voient la mise au point du test de Bordet-Wassermann, le fameux BW, qui permet le diagnostic de la maladie dans le sérum des malades. Bien entendu, cela ne guérit personne, et l'on ne dispose toujours que de ce bon vieux mercure pour tartiner les vésicules...

La syphilis devient en outre un fléau social grâce à la Société française de prophylaxie sanitaire et morale, fondée par Alfred Fournier, qui réclame des mesures publiques. Des campagnes de sensibilisation (ou plutôt de culpabilisation !) s'adressent alors aux jeunes, considérant que le tréponème pâle risque de décimer l'humanité : 200 000 Français en meurent tous les ans ! Les prostituées, mises en carte depuis déjà longtemps, sont soumises à la visite médicale obligatoire, ce qui conduit les tenancières de maisons closes à devenir expertes dans le maquillage des lésions de la vérole. Il convient de faire échapper les filles à l'hospitalisation et au traitement par le divin mercure, obligatoire pour les « blanchir » avant qu'elles ne retournent au travail. En 1942, sous le régime de Vichy, l'insistance du Dr Alexis Carrel et de ses conceptions eugénistes amène à créer le certificat prénuptial indispensable pour se marier, lequel comporte obligatoirement le fameux BW. Il faudra attendre 2008 pour que ce certificat ne soit plus obligatoire.

La vérole n'est pas la seule maladie à être l'objet de préjugés. Tant s'en faut ! Nombreuses sont les maladies qui portent leur cortège d'idées reçues. La grippe qui a tué plus de cinquante millions de personnes dans le monde en 1918 aurait été d'origine espagnole. En réalité, le virus, originaire d'Asie, touche d'abord les troupes américaines cantonnées au Kansas. Et les braves soldats yankees, venus pour soutenir leurs alliés européens, les contaminent avec une célérité incontrôlable dès qu'ils débarquent en Europe. C'est alors que tous les pays en guerre décident de censurer les informations sur cette grippe pour ne pas affecter le moral des populations et surtout « l'esprit combatif des troupes». Aussi, quand en mai 1918 la grippe atteint l'Espagne, la presse espagnole est la première à en décrire les effets. Malheur à celui par qui le scandale arrive! La grippe devient espagnole alors que les braves Ibères n'y sont objectivement pour rien.

Autre exemple: le sida, qui serait une maladie d'homosexuels! Certes, les premiers signes de l'épidémie remontent à la fin des années 1970, lorsque des médecins de New York et de San Francisco s'aperçoivent que beaucoup de leurs patients homosexuels souffrent de fatigue anormale, voire d'une forme rare de cancer, le sarcome de Kaposi. Mais, rapidement, il faut admettre que les voies de contamination sont multiples: sexuelles (homo ou hétéro), sanguines, touchant les drogués aussi bien que les hémophiles et les transfusés, mais encore de la mère à l'enfant (soit *in utero*, soit lors de l'accouchement ou même de l'allaitement).

On peut encore évoquer la goutte, qui serait la maladie des obèses alcooliques, alors qu'en vérité l'hérédité y joue un rôle important. De même, la pleine lune favoriserait les accouchements, les taches cutanées de naissance seraient liées au désir des mères enceintes (café au lait, framboise ou lie de vin...) et on attraperait un rhume en prenant froid...

Les maladies ne connaissent ni nationalités, ni frontières, ni classes sociales, sinon dans les esprits et les représentations.

BIBLIOGRAPHIE

– Ariane Bayle, *Le Siècle des vérolés. La Renaissance européenne face à la syphilis*, Grenoble, Jerôme Millon, 2019.
– Camillo Di Cicco, *History of Syphilis. A Night with Venus, a Lifetime with Mercury*, Scotts Valley (CA), CreateSpace Independent Publishing Platform, 2014.

— Mirko Grmek, *Histoire du sida*, Paris, Payot, 1995.
— Guy de Maupassant [1897], *Le Horla*, Paris, Gallimard, 2014.
— Claude Quétel, *Le Mal de Naples. Histoire de la syphilis*, Paris, Seghers, 1986.

VOIR ÉGALEMENT

Les Italiens ne savent pas se battre
Les vaccins sont dangereux pour la santé

LAURENT VIDAL

Les Indiens d'Amérique sont paresseux

OCTOBRE 1492 : À PEINE CHRISTOPHE COLOMB A-T-IL « découvert » des îles sur sa route atlantique qu'il baptise ses habitants « Indiens » (le mot apparaît à quatre reprises dans la lettre qu'il adresse en février 1493 aux Rois Catholiques d'Espagne) – premier préjugé ! Un préjugé qui naît de la projection d'un désir unique : trouver un chemin occidental pour rejoindre les Indes. Il ignore dès lors la diversité complexe des ethnies indigènes du bassin des Caraïbes.

Dans la même lettre, au détour d'une phrase, Colomb relève qu'il lui « semble que les femmes travaillent plus que les hommes », la fertilité de leur pays faisant d'ailleurs « qu'ils n'ont pas besoin de travailler beaucoup pour s'assurer leur nourriture ». Le couperet ne tarde pas à tomber, par la plume de Pierre Martyr d'Anguiera, inventeur en 1493 de l'expression « Nouveau Monde ». Dans une lettre à Frédéric III d'Aragon, roi de Naples, datée du 9 mai 1500, d'Anguiera affirme sans hésitation : « Il est manifeste que ce peuple est paresseux. » À sa suite, bien d'autres chroniqueurs des colonisations reprennent cette antienne. Ainsi Gonzalo de Oviedo y Valdés décrit-il, dans son *Résumé de l'histoire naturelle des Indes*, en 1526, les Indiens comme « naturellement paresseux et vicieux, mélancoliques, lâches, et en général un peuple menteur et fainéant » ; Garcilaso de la Vega ne le dément pas dans son *Histoire de la Floride* en 1605 : « Les peuples de Cuba sont naturellement paresseux. » Deuxième préjugé, qui naît une fois encore de la projection d'idées préconçues en Europe.

Cette paresse décrétée, s'appliquant à un peuple tout entier rangé sous la catégorie attrape-tout des *Indiens*, interroge. Pour en décrypter la généalogie, il convient de revenir en Europe, d'où sont originaires les *découvreurs*. Au XVe siècle, deux discours, l'un religieux, l'autre économique, se rencontrent. Le discours religieux concerne le débat des théologiens chrétiens sur les péchés capitaux et vise à encadrer les émotions collectives et la vie sociale. Parmi ces péchés, l'acédie, autrement dit, la paresse : à l'heure de la mise au travail des sociétés, tous ceux qui n'entrent pas dans ce modèle de civilisation sont pointés du doigt, tels les moines *ocieux* (oisifs), dénoncés pour céder au démon de midi. La paresse, sous toutes ses formes, se confond avec le gaspillage du temps, « l'un des biens les plus précieux que Dieu a accordés à l'homme », selon le théologien Guillaume Peyraud, auteur de l'un des traités des vices et vertus les plus influents du XIIIe siècle.

Le discours économique est pour sa part en lien avec l'ouverture du « temps du monde », selon l'expression de l'historien Fernand Braudel. Les premiers traités de commerce, publiés au XIVe siècle en Italie, précisent en effet que, pour être porteurs d'enrichissement, les échanges au long cours doivent être réalisés avec promptitude. Cette valorisation de la *promptitudo* va configurer la trame rythmique des temps modernes en Europe. Elle va même servir de référence à la construction du modèle de l'homme civilisé, présenté comme efficace et prompt.

Imprégnés de morale chrétienne, les premiers conquérants européens « découvrent » donc une humanité nouvelle dont ils décrètent unilatéralement la paresse, tant échappent à leur entendement ses modalités d'organisation sociale. En peu de temps, le terme bascule ainsi d'une rive à l'autre de l'Atlantique et d'un univers social à un autre – finis les moines ocieux, voici les Indiens paresseux ! Le modèle anthropologique est cette fois expérimenté à l'échelle d'un continent. La colonisation européenne du Nouveau Monde s'est traduite par l'imposition d'une trame rythmique nouvelle. Dictée par les temporalités de la religion et du travail, elle associe efficacité sociale et promptitude. Les rythmes qui en diffèrent ont dès lors été dévalorisés et discriminés, qu'il s'agisse de ceux des groupes amérindiens ou de ceux des premiers esclavisés africains (ces *pièces d'Inde* emmenées de force pour travailler dans les plantations sucrières), aussitôt qualifiés d'indolents ou de fainéants.

S'il fallait un symbole pour démontrer cette inadaptation des autochtones américains à la civilisation moderne, ce pourrait être l'usage du hamac, ce « lit pendu en l'air » qui fascine tant les premiers Européens. Ils ne cessent de l'évoquer dans leurs récits, ou de le dessiner pour occuper les vides de leurs cartographies balbutiantes du Nouveau Monde. Et quand le hamac est occupé par un homme et une femme, ils associent alors paresse et concupiscence. Se retrouve dans ces gravures la même trame narrative que celle qui a été à l'origine de la dénonciation des moines ocieux, dont on supputait que le démon de midi affectait à la fois le corps (un corps alangui ou léthargique) et l'esprit (un esprit inoccupé, où s'insinuaient de mauvaises pensées). C'est, en somme, l'humanité incomplète des *Indiens* que ces adjectifs disqualifiants pointent du doigt, d'où la nécessité de les civiliser – notamment par l'évangélisation.

L'argument est toutefois réversible : après les indépendances des États-nations américains, la démarche romantique des voyageurs et naturalistes européens fut de se mettre en quête d'un bon sauvage qui n'aurait pas été dénaturé par la civilisation. Ainsi, Chateaubriand, dans son *Voyage en Amérique*, en 1827, note que « l'Indien se fait une vertu de son imprévoyance et de sa paresse, en se mettant sous la seule protection du ciel ». Accomplissant un rêve d'enfant (« J'étais encore très jeune lorsque je conçus l'idée de faire l'épopée de l'homme de la nature ou de peindre les mœurs des Sauvages »), l'écrivain rêve d'une vie sauvage faite de liberté et d'insouciance. Bien d'autres après lui ont succombé aux charmes fantasmés d'une vie qui n'aurait pas été gâtée par la civilisation : évoquons le peintre François-Auguste Biard en 1860, alors en Amazonie brésilienne, qui réalise une huile sur toile qu'il intitule *Deux Indiens en pirogue*. On y voit un couple sur une pirogue, environné par une nature luxuriante : l'homme, à demi allongé, fume du tabac et pagaye mollement, pendant que la femme, le regard perdu, tient dans ses bras, en guise de voile, des branchages. Cette exotisation de l'*Indien*, loin de faire disparaître le stigmate, contribue à l'essentialiser un peu plus, en attribuant à l'ensemble des groupes amérindiens des traits de caractère que l'on présente comme innés.

Dès lors, si une disposition morale similaire est identifiée dans une autre culture, le stigmate est aisément transposable : certains, tel le préhistorien et botaniste Boucher de Perthes en 1835, n'hésitent pas à considérer que les rapprochements entre « les peuplades appelées sauvages et certaines familles ou classes qui naissent et meurent au centre de la civilisation : les lazzaroni, à Naples, les matelots des docks de Londres, le peuple des cabarets de Paris, et les crétins de nos villes de fabrique, ne manqueraient pas si l'on tentait d'approfondir cette question ». À l'inverse, d'autres peuvent s'emparer du stigmate pour en faire un argument subversif. C'est le cas des gamins des rues de Paris, qui ont pris le nom d'« apaches » pour faire peur à la société bourgeoise au début du XXe siècle. S'ils ont choisi ce nom, c'est qu'à la même époque, Buffalo Bill était en tournée en Europe pour mettre en scène devant des spectateurs éblouis une conquête de l'Ouest rêvée : avec force bisons et *Indiens*, il rejouait les oppositions traditionnelles entre archaïsme et modernité, sauvage et civilisé.

Ce préjugé sur la paresse, considérée comme le signe tangible d'une humanité incomplète, a ouvert la porte à toutes sortes de discriminations. Dès ses débuts, la société de consommation s'est emparée de la figure de l'Indien sauvage ou naïf pour vanter des produits de haute technologie auxquels ils ne comprendraient rien. Ainsi, sur une affiche publicitaire de 1908, l'entreprise Michelin représente-t-elle un *Indien* aux dents acérées peinant à mordre à pleines dents dans un pneu. Par son échec, il atteste qu'il est impossible à percer. Un siècle plus tard, le fabricant de téléphones portables Nokia mettra en scène un couple d'*Indiens* qui n'arrivent pas à déchiffrer des signaux de fumées, jusqu'à ce que vibre dans la poche de l'homme son téléphone, où une photo transférée par MMS le prévient de l'arrivée d'un troupeau de bisons.

Au XXIe siècle, ces stéréotypes sont encore fortement implantés. Quelques exemples suffisent pour s'en convaincre. En 2011, les États-Unis ont baptisé l'opération militaire secrète destinée à exécuter Ben Laden du nom de code « Geronimo », chef légendaire de la rébellion apache au XIXe siècle, suscitant de vives protestations du Congrès national des Indiens américains, ou encore de la conseillère en chef du comité aux affaires indiennes du Sénat des États-Unis, Loretta Tuell : « L'utilisation déplacée d'icônes de la culture indienne est trop répandue dans notre société. Ses conséquences sur l'esprit des enfants indiens et non indiens sont dévastatrices. » Toujours aux États-Unis, lorsque Elizabeth Warren annonça, début 2019, qu'elle entrait en campagne pour la présidence, le président Trump réagit par un tweet : « Aujourd'hui, Elizabeth Warren, que j'appelle souvent Pocahontas, a rejoint la course à la présidence. Fera-t-elle campagne en tant que première candidate amérindienne, ou a-t-elle décidé qu'après 32 ans, ça ne marche plus si bien ? À bientôt sur la PISTE, Liz ! » Cette piste, écrite en lettres majuscules, renvoie à la Piste des Larmes (*Nunna daul Isunyi*, en cherokee, « La piste où ils ont pleuré »), nom donné au déplacement forcé de peuples premiers des États-Unis, entre 1831 et 1838, en application du décret *Indian Removal Act*. Au Brésil cette fois, en 2018, lors de sa campagne victorieuse en vue de l'élection présidentielle, Jair Bolsonaro a déclaré que s'il était élu il mettrait fin aux réserves indigènes et aux communautés quilombolas (populations afro-descendantes vivant sur des terres collectives) : « J'ai été dans un quilombo. L'Afro-descendant le plus léger pesait cent kilos. Ils ne font rien. Je crois que même pour procréer ils ne servent pas [...]. Si j'arrive à la présidence [...] ces vagabonds devront travailler. » Une fois élu, installant en janvier 2020 un Conseil de l'Amazonie destiné à coordonner notamment les actions pour protéger les terres indigènes, le président Bolsonaro explique que « chaque jour un peu plus, l'Indien est un être égal à nous » ! Ses propos prennent place dans une longue généalogie, à laquelle peut aussi être raccroché, *mutatis mutandis*, le discours de Dakar prononcé par le président français Nicolas Sarkozy en 2007, dont la formule choc est tout autant boursouflée de suffisance : « L'homme africain n'est pas assez entré dans l'Histoire. »

La France, par l'action de ses représentants, fait preuve de la même arrogance lorsqu'il s'agit de traiter avec les peuples autochtones de Guyane. En janvier 2019, après un recours des Nations autochtones de Guyane contre le projet gouvernemental français d'exploitation d'une mine d'or, « l'ONU somme la France de suspendre le projet Montagne d'Or et de recueillir le consentement des peuples autochtones selon leurs modalités de consultation », estimant que leur opposition a jusqu'ici été « totalement ignorée » alors qu'ils sont « les premiers concernés » par le projet. Il est possible de cumuler des exemples de discriminations entre anciennes puissances coloniales et anciens pays colonisés : d'une rive à l'autre de l'espace atlantique, elles demeurent encore fortement enracinées. Ainsi, au Chili, le stéréotype des Mapuches paresseux et alcooliques a inondé les réseaux sociaux de *fake news* incitant en septembre 2022 à voter non à la nouvelle constitution, laquelle accordait justement des droits aux autochtones. Certes, les actes de contrition ne manquent pas non plus : une résolution du Congrès américain, signée en décembre 2009 par Barack Obama, « demande pardon pour le comportement du gouvernement du peuple des États-Unis contre tous les autochtones, pour les différentes manifestations de violence, de maltraitance et de négligence ». Au Canada, l'Église catholique a également demandé pardon aux populations autochtones pour avoir mis en place un « système qui a conduit à la suppression des langues, de la culture et de la spiritualité autochtones, sans respecter la richesse de l'histoire, des traditions et de la sagesse des peuples autochtones ». Le pape François s'est même rendu, en juillet 2022, sur le site d'un ancien pensionnat canadien pour dénoncer « un génocide » et renouveler cette demande de pardon.

De ces exemples puisés dans plus de cinq siècles d'histoire, il est possible de formuler au moins deux constats : le premier est que l'usage en contexte colonial du préjugé de la paresse a permis aux Européens de renforcer la discrimination des groupes colonisés : Amérindiens, Africains (esclavisés, mais aussi colonisés à partir du XIXe siècle), sans oublier les Asiatiques. Tous sont affublés d'un manque (l'ardeur au travail) et perçus comme inadaptés à la cadence des temps modernes. L'altérité, pour les Européens, est aussi une affaire de rythme. Cette narration n'a pas disparu après les indépendances et autres décolonisations : elle est aujourd'hui reprise par bien des messages publicitaires qui, sous l'argument de l'exotisme, invitent les touristes des pays développés à venir « se la couler douce » ou « se dorer la pilule au soleil » sur les rivages paradisiaques des pays tropicaux. Bien souvent, l'image idyllique d'une plage déserte, environnée d'une nature luxuriante où pend mollement un hamac entre deux cocotiers, sert à renforcer l'invitation. C'est à ce prix-là que l'on paresse en Europe !

BIBLIOGRAPHIE

– Sophie Bessis, *L'Occident et les autres. Histoire d'une suprématie*, Paris, La Découverte, 2001.
– Nastassja Martin, *Les Âmes sauvages. Face à l'Occident, la résistance du peuple d'Alaska*, Paris, La Découverte, 2016.
– André Rauch, *Paresse. Histoire d'un péché capital*, Paris, A. Colin, 2013.
– Jean-François Staszak, « Qu'est-ce que l'exotisme ? », *Le Globe*, t. 148, 2008, p.7-30.
– Tzvetan Todorov, *La Conquête de l'Amérique. La question de l'Autre*, Paris, Le Seuil, 1982.
– Laurent Vidal [2020], *Les Hommes lents. Résister à la modernité (xve-xxe siècle)*, Paris, Flammarion, 2022.

VOIR ÉGALEMENT

Les Noirs sont serviles par nature
Les Américains sont puritains
Les Mexicains sont des criminels violents

CHRISTELLE TARAUD

La Mauresque s'en va toujours seins nus

NÉE AVEC LA CONQUÊTE DE L'ALGÉRIE DANS LES années 1830-1900, la figure de la « Mauresque aux seins nus », qui oscille entre vision orientaliste et iconographie racialisée, devient avec le temps l'un des grands motifs de l'érotisme exotisé et de la pornographie coloniale, en particulier chez les populations d'hommes issus des mondes coloniaux. Il s'agit en effet de produire sur une très vaste échelle une nouvelle figure attractive de la « féminité orientale » adaptée à ce nouveau contexte de production qu'est la colonisation du XIXe siècle. Les clichés photographiques de « Mauresques aux seins nus » réalisés dans les années 1860-1880 sont ensuite massivement reproduits et diffusés à des centaines de milliers d'exemplaires, tant dans les colonies que dans les métropoles coloniales, et pas seulement en France, grâce à l'industrie de la carte postale ethnique, prolifique jusque dans l'entre-deux-guerres, après quoi son commerce se tasse. Sa diffusion massive est adossée au développement de l'industrie des loisirs et du tourisme dans l'empire colonial, et en particulier au Maghreb, dont la proximité géographique avec la France rend les circulations plus aisées et plus importantes que vers le Moyen-Orient ou plus encore vers l'Extrême-Orient. Le marché de la carte postale exotico-érotique se développe de manière exponentielle entre 1880 et 1930. La massification de cette figure est aussi liée à une politique d'accaparement symbolique des femmes autochtones, comme le montre, dès la Belle Époque, l'existence de collectionneurs passionnés de « Mauresques aux seins nus ».

Du fait de sa diffusion massive, aussi bien en France continentale que dans les différentes parties de l'empire, cette idée reçue qui consiste à figurer les femmes algériennes (et plus largement maghrébines) en « Mauresques aux seins nus » – comme s'il était usuel et banal de les retrouver ainsi dévêtues dans les médinas, dans les villages, dans les oasis, dans les villes de garnison... – rompt avec la réalité de femmes globalement inaccessibles. La manipulation ethnographique se retrouve dans le concept plus général de « scènes et types », qui consiste à donner une caution scientifique au mythe érotique. Elle participe d'une volonté d'ancrer dans la réalité anthropologique une figure qui ne fut, dans la plupart des cas et des milieux, que le produit de la fantasmagorie masculine et coloniale, si on excepte la prostitution réglementée, où sa présence est clairement attestée. Le mouvement quasi anthropophage qui consiste à s'approprier symboliquement *toutes* les femmes « indigènes » par le biais de la photographie et plus encore de la carte postale – pratique finalement peu coûteuse permettant la constitution de véritables « harems virtuels » parfois constitués à des fins d'excitation sexuelle solitaire – ne peut être perçu autrement que comme un effet collatéral de la colonisation elle-même. Ce que l'écrivain algérois Ernest Feydeau traduisait, dès 1862, par la formule : « Les Français arrivent à Alger affamés de Mauresques. » On pourrait ajouter, pour être tout à fait précis, de « Mauresques aux seins nus »...

Triplement dominées, comme femmes, comme colonisées et souvent comme prostituées, les « Mauresques aux seins nus » traduisent donc bien une forme d'accaparement exemplaire. Il n'est en effet pas anodin de choisir, pour présenter des femmes de « mauvaises mœurs », une appellation justement synonyme d'une vieille aristocratie urbaine qui s'enorgueillit de l'invisibilité et de la claustration de ses femmes. Présenter des images de Mauresques dénudées (*sîtr*), n'est-ce pas, dès lors, refuser une réalité de femmes voilées (*tajahûr*) et interdites (*haram*) qui, tout en entretenant le fantasme érotique (soulever le voile et rencontrer la Shéhérazade des *Mille et Une Nuits*), relègue la sexualité coloniale intercommunautaire dans l'illégalisme, en particulier prostitutionnel, où les « Mauresques aux seins nus » sont légion ?

Au XIXe siècle, la « Mauresque aux seins nus » – objet offert, objet achetable, objet inséré dans une économie capitaliste et colonialiste du sexe – est une figure intermédiaire dans les images sexuées de femmes algériennes et maghrébines véhiculées jusque-là tant en France qu'en

Europe. Elle se substitue au très ancien type de l'odalisque ou de l'almée, qui se trouvait au cœur de la vision orientaliste de l'époque moderne, en particulier aux XVIIe et XVIIIe siècles, et est ensuite remplacée, sans disparaître totalement. Au moment de l'indépendance de l'Algérie, dans les années 1950-1960, la figure de la « Mauresque aux seins nus » – alors insérée dans les thèmes plus larges de la prostitution coloniale, de la collaboration charnelle et de la mixité sexuelle, tous trois très fortement condamnés par les nationalistes du FLN, qui imposent un tournant moral à la révolution algérienne – matérialise la contamination et la corruption de la société algérienne par le colonialisme.

Les photographies et les cartes postales de « Mauresques aux seins nus », dont les modèles sont souvent des prostituées ou des auxiliaires de la prostitution portraiturées par des photographes français ou européens qui officiaient en Algérie dès le second XIXe siècle, manifestent, au passage, la surexposition des Algériennes dans les corpus iconographiques à disposition par rapport aux Tunisiennes et plus encore aux Marocaines. L'ensemble de la société algérienne s'en trouverait ainsi humiliée, domestiquée et soumise. Un thème qui est repris par l'écrivain algérien Malek Alloula dans le premier livre phare sur la question, *Le Harem colonial. Images d'un sous-érotisme*, paru pour la première fois en 1981.

L'image des « Beurettes », massivement véhiculée dans la pornographie ethnique d'aujourd'hui, est incontestablement une nouvelle forme de la « Mauresque aux seins nus » de l'époque coloniale. Elle associe puissamment, elle aussi, racialisation et sexualisation. Le stéréotype de la « Beurette » est entré dans le langage commun en y désignant une partie spécifique de la population féminine – en l'occurrence les jeunes Françaises issues de l'immigration algérienne et maghrébine –, qu'il décline en deux registres de la représentation : d'un côté une forme d'érotisme exotique héritée de la colonisation et incarnée par des néo-Shéhérazade qui mobilisent tout un registre de l'imaginaire sexuel associé aux femmes orientales des *Mille et Une Nuits* ; et, de l'autre, la sexualité « racaillisée » des filles des quartiers. La figure de la « Mauresque aux seins nus » ne peut pas non plus être perçue et comprise sans son *alter ego* fantasmatique, la femme voilée, que l'on retrouve dans la pornographie coloniale d'hier et dans celle qui s'adosse aujourd'hui à la « guerre contre le terrorisme islamique », sous la forme de la « pute jihadiste » ou de la « chienne kamikaze ». Ces deux dernières figures ont maintenant une place centrale dans l'industrie pornographique tant française que globalisée. Elles incarnent en effet des scripts sexuels très *hard*, dans lesquels des femmes aux visages voilés mais aux corps totalement dénudés – parfois pourvues d'armes de combat – sont réduites aux fantasmes sexuels des hommes qui les dominent.

Au-delà de la violence sexiste et raciste des représentations proposées de ces nouvelles esclaves sexuelles – « porno-odalisques », « salopes des cités », « putes jihadistes », dont on rappelle à dessein la « soumission naturelle » aux hommes –, les liens supposés entre sexualité, émancipation et intégration doivent être ici questionnés. L'image des femmes colportée par l'industrie érotico-pornographique – mais aussi par d'autres relais puissants comme les médias, la publicité, la télévision, le cinéma, la littérature – accentue en effet la dichotomie entre modernité et tradition, y compris dans le domaine de la sexualité, qui en est un enjeu majeur. Entre les filles voilées, prétendument asexuées ou frustrées/frigides/pudibondes – et donc forcément archaïques, car se retranchant ou étant retranchées de la démocratie sexuelle dont l'un des principes fondateurs est le droit au plaisir –, et les prétendues beurettes/toutes positions/libérées sexuellement qui en seraient l'un des symboles les plus édifiants, il y aurait donc un hiatus majeur. Associer, voire superposer sans précaution aucune, liberté sexuelle et libération sexuelle peut être dangereux, surtout si le but final est de démontrer que l'égalité entre les hommes et les femmes doit nécessairement passer par l'établissement d'une véritable démocratie sexuelle, ce qui reste partout une utopie.

Très insérée dans le contexte de l'Algérie coloniale, la « Mauresque aux seins nus » possède pourtant des avatars dans d'autres parties de l'empire colonial français. Sans doute, la figure qui fut la plus diffusée après elle, tant en photographies qu'en cartes postales, fut celle de la compagne « indigène » d'un Européen, la congaï (ou bien de la Tonkinoise, ou de l'Annamite), produite au sein de la société coloniale indochinoise, de la fin du XIXe siècle à l'entre-deux-guerres. Bien que les contextes coloniaux soient aussi différents que les sociétés colonisées elles-mêmes, la congaï possède un certain nombre de caractéristiques communes avec la « Mauresque aux seins nus », en particulier l'exotisation, l'érotisation et la chosification. C'est ce qui apparaît, par exemple, dans cette correspondance, datée de 1881, du capitaine Jules Petitjean Roget à son frère : « Il y a ici des femmes avec des beaux yeux noirs qui seraient beaux partout, même en France, et ce qui est charmant, c'est que pour une modique somme variant de 50 à 500 francs, tu peux les acheter et les épouser en toute propriété ; ce qui est plus charmant encore, c'est que lorsque vous faites mauvais ménage, tu peux la revendre et quelquefois à bénéfice. »

De même, Claude Farrère écrit dans son livre *Les Civilisés*, publié en 1905, que la congaï est une « fillette annamite, moitié servante, moitié épouse, qui complète indispensablement le mobilier d'un Européen d'Indochine ». Ce stéréotype apparaît également dans un grand succès de la variété, *La Petite Tonkinoise*, sur une musique de Vincent Scotto, créé en 1906 par Polin : « Pour que j'finisse mon service / Au Tonkin je suis parti / Ah ! quel beau pays, mesdames / C'est l'paradis des p'tites femmes / Elles sont belles et fidèles / Et je suis dev'nu l'chéri / D'une petite femme du pays / Qui s'appelle Mélaoli ».

À l'inverse de la « Mauresque aux seins nus », qui est, comme nous l'avons vu, essentiellement une figure fantasmatique sans grande incarnation anthropologique en dehors du milieu de la prostitution, la congaï est une femme du réel, dont le statut de « ménagère » n'empêche nullement la production de stéréotypes sexistes et racistes à son encontre. Au premier rang de ceux-ci, les congaïs – ces « femmes-enfants » à la silhouette androgyne dont parle à l'envi la littérature romanesque coloniale – sont considérées comme des « petites-épouses » dociles à la maison et soumises au lit. Un préjugé colonial qui a, encore aujourd'hui, la peau dure et trouve son terrain d'expression privilégié tant dans le marché matrimonial que dans le tourisme sexuel globalisé.

Bien qu'extrêmement problématique, la figure de la « Mauresque aux seins nus » est régulièrement utilisée aujourd'hui. Elle fait ainsi l'objet d'un intense commerce parmi les collectionneurs de photographies et de cartes postales ethnographiques, tant érotiques que pornographiques. On la retrouve aussi, en France, reproduite dans certains cafés et restaurants où elle s'affiche ostensiblement sur les murs, alors qu'au Maghreb, y compris en Algérie, elle agrémente plutôt l'intérieur de certaines maisons cossues. Elle est, de surcroît, l'une des figures récurrentes d'un merchandising ethnique, très en vogue en ce moment, qui utilise son image pour vendre une gamme très étendue de produits tels que coussins, pochettes, boîtes illustrées, ici comme là-bas d'ailleurs... Cette objectivation capitalistique très contemporaine ne fait, bien évidemment, aucun cas de ce que furent vraiment, d'un point de vue symbolique et politique, les « Mauresques aux seins nus » dans les sociétés de l'Algérie française et du Maghreb colonial. Jusqu'au début des années 1990, celles-ci ne faisaient d'ailleurs que rarement l'objet, tant dans les productions culturelles que médiatiques, d'une lecture critique.

Dans le champ de la production académique, la remise en cause de l'utilisation de ces images de « Mauresques aux seins nus » est bien présente, accompagnant celles d'autres catégories de femmes aujourd'hui aussi controversées : odalisques, almées, « Beurettes »... C'est aussi une image régulièrement déconstruite dans le monde artistique, en particulier par des plasticiennes féministes, comme le montre le travail de l'artiste franco-marocaine Souad El Maysour. Autant analyse du présent que réflexion sur le passé, son œuvre devient aussi « réparatrice » au travers de « dispositifs » qui, partant de cartes postales coloniales de « Mauresques aux seins nus », les recadre, et ce faisant, en mettant – littéralement – en lumière leurs visages, leur restitue identité et humanité dans le but de contrer l'imaginaire (néo)colonial encore à l'œuvre autant que le regard prédateur de l'orientalisme d'hier et d'aujourd'hui.

BIBLIOGRAPHIE

– Pascal Blanchard, Nicolas Bancel, Gilles Boëtsch, Christelle Taraud, Dominic Thomas (dir.), *Sexe, race et colonies. La domination des corps du XVe siècle à nos jours*, Paris, La Découverte, 2018.
– Sarah Diffalah, Salima Tenfiche, *Beurettes, un fantasme français*, Paris, Le Seuil, 2021.
– Leïla Sebbar, Christelle Taraud, Jean-Michel Belorgey, *Femmes d'Afrique du Nord. Cartes postales (1885-1930)*, Paris, Bleu Autour, 2011.
– Christelle Taraud, *Mauresques. Femmes orientales dans la photographie coloniale (1860-1910)*, Paris, Albin Michel, 2003.
– Jennifer Yee, *Clichés de la femme exotique. Un regard sur la littérature coloniale française entre 1871 et 1914*, Paris, L'Harmattan, 2000.

VOIR ÉGALEMENT

Les femmes sont hystériques
Les femmes qui se parfument sont dangereuses
Les musulmans ne peuvent pas vivre sans calife
Les Arabes sont violents

MICHEL PASTOUREAU

Les roux sont faux et sentent mauvais

SI DE NOS JOURS, POUR UNE FEMME, AVOIR LES CHEVEUX roux est souvent considéré comme un signe de beauté, il n'en a pas toujours été ainsi ; et pour un homme, il s'est presque toujours agi d'une disgrâce physique. Longtemps, les roux, tous les roux, hommes et femmes, ont eu mauvaise réputation : laideur, fausseté, cupidité, trahison. De tels préjugés viennent de loin. On les rencontre déjà dans l'Antiquité et ils s'amplifient au Moyen Âge, avant de se prolonger à l'époque moderne. Dans les traditions gréco-romaines, la chevelure rousse est fréquemment prise en mauvaise part. La mythologie grecque, par exemple, la place sur la tête de Typhon, être monstrueux, fils révolté de la Terre, ennemi des dieux et particulièrement de Zeus.

Diodore de Sicile, historien grec du Ier siècle avant notre ère, raconte comment on sacrifiait des hommes roux à Typhon pour apaiser sa colère. Cette légende est peut-être venue de l'Égypte pharaonique, où Seth, dieu souvent assimilé au principe du Mal, passait lui aussi pour être roux et pour recevoir le sacrifice de jeunes gens aux cheveux de même couleur.

Les cultes sont moins sanglants à Rome, mais les roux n'y sont pas moins dévalorisés. Le terme *rufus* («roux») y est à la fois un surnom teinté de ridicule et une des injures les plus courantes. Elle le reste tout au long du Moyen Âge, surtout dans les milieux monastiques où, très banalement, on n'hésite pas entre moines à se traiter de *rufus* ou de *subrufus* («roussâtre»). Dans le théâtre romain, la chevelure rousse ou les ailes rousses attachées aux masques désignent les hommes laids et les bouffons: être roux est dégradant ou ridicule.

Les traités de physiognomonie tiennent des propos semblables, mais vont souvent plus loin que la disgrâce physique ou l'apparence risible: ils présentent les hommes roux comme des êtres hypocrites et cruels. Lorsqu'une comparaison est avancée avec un animal, c'est presque toujours au renard, le plus fourbe de tous les animaux, qu'est comparé l'homme roux, tandis que les blonds passent pour fiers et magnanimes comme le lion, et les bruns, forts et solitaires comme l'ours.

La couleur rousse n'est pas au Moyen Âge totalement assimilable à notre orangé moderne. Certes, il s'agit d'un mélange de rouge et de jaune, mais la première de ces deux couleurs domine, et s'y ajoute souvent une pointe de brun. Le roux est plus sombre et plus saturé que l'orangé. C'est une teinte négative, aussi bien dans les images que dans les pratiques sociales. La symbolique médiévale l'associe aux idées d'hypocrisie et de félonie. C'est pourquoi, dans l'art et la littérature, un certain nombre de traîtres sont roux, à commencer par Judas, l'apôtre félon, l'homme roux par excellence : à partir du XIIe siècle, il est presque toujours doté d'une chevelure et d'une barbe rousses. Toutefois, Judas n'a pas le monopole de la rousseur. Celle-ci est aussi l'attribut de Caïn, meurtrier de son frère Abel, et de Dalila, qui trahit Samson et provoque sa mort. Ou encore de Ganelon, le traître de la *Chanson de Roland* : par vengeance et jalousie, il n'hésite pas à envoyer au massacre Roland (pourtant son parent) et tous ses compagnons. Il en va de même des fils rebelles, des frères parjures, des oncles usurpateurs, des chevaliers félons, des femmes adultères et de tous ceux qui se livrent à une action malhonnête ou criminelle.

Certes, dans les millions d'images que le Moyen Âge nous a laissées, tous ces personnages ne sont pas toujours roux, tant s'en faut. Mais être roux constitue un de leurs caractères iconographiques les plus remarquables, au point que peu à peu cette pilosité rousse s'étend parfois à d'autres catégories d'exclus et de réprouvés : hérétiques, juifs, musulmans, lépreux, infirmes et miséreux de toutes espèces. La rousseur dans l'image rejoint ici les marques et les insignes vestimentaires de couleur rouge ou jaune, voire rouge et jaune, que ces mêmes catégories sociales ont réellement dû porter, à partir du XIIIe siècle, dans certaines villes ou régions d'Europe occidentale. Elle apparaît comme le signe premier de l'exclusion et de l'infamie.

Recevant un si long et lourd héritage, l'époque moderne ne pouvait que le faire sien et l'accentuer. Son originalité propre paraît résider dans l'association de la rousseur et de la luxure. Certes, comme dans l'Antiquité et au Moyen Âge, être roux, c'est encore être cruel, menteur ou ridicule ; mais à partir du XVIe siècle cela devient aussi être lubrique, surtout pour les femmes. Pour les hommes, c'est encore et toujours être faux, trompeur ou déloyal. Plusieurs proverbes et expressions s'en font l'écho, qui invitent à fuir les hommes roux, car « en eux, il n'y a pas de fiance » (il n'est pas possible de leur faire confiance). Les superstitions ne sont pas en reste, qui considèrent que croiser sur son chemin un homme roux est un mauvais présage, et que toutes les femmes ayant les cheveux de cette couleur sont des sorcières ou des prostituées.

Depuis longtemps, historiens, sociologues, anthropologues ont tenté d'expliquer ce rejet de la rousseur dans les traditions occidentales. Pour ce faire, ils ont avancé différentes hypothèses, y compris les plus contestables : celles qui sollicitent la biologie et qui présentent la rousseur des poils ou de la peau comme un accident de pigmentation lié à une forme de « dégénérescence ethnique ». Qu'est-ce qu'une dégénérescence ethnique ? L'historien reste perplexe, pour ne pas dire inquiet, devant de telles explications, faussement scientifiques. Pour lui, le discrédit de la rousseur est une attitude sociale : dans la plupart des sociétés européennes (ce n'est pas le cas en Irlande ni en Écosse ou en Scandinavie), le roux, c'est d'abord celui qui n'est pas comme les autres, celui qui appartient à une minorité et donc qui dérange, inquiète ou scandalise. Être différent s'accompagne toujours d'un risque d'exclusion. S'y ajoute peut-être une autre discrimination, elle aussi venue de loin : être roux, c'est avoir la peau semée de taches et donc participer d'une certaine animalité. La sensibilité médiévale a horreur de ce qui est tacheté. Pour elle, le beau c'est le pur, et le pur c'est l'uni. Le rayé est toujours dévalorisant et le tacheté, particulièrement inquiétant. Rien d'étonnant à cela dans une société où les maladies de peau sont fréquentes et redoutées, et où la lèpre, qui en représente la forme extrême, place ceux qui en sont atteints au ban de la société.

À tous ces préjugés qui ont la vie longue, l'époque contemporaine en a ajouté un autre, particulièrement odieux : les roux sentent mauvais. Jamais les sociétés anciennes n'avaient véhiculé une telle idée. Le sectarisme, le rejet, la discrimination, l'ostracisme y ont cours et reposent sur différents critères liés aux origines, à la religion, aux apparences ou aux disgrâces physiques, mais jamais à l'odeur. Celle-ci est une invention de la modernité et, comme la plupart des formes de racisme, elle est le fruit du colonialisme et du capitalisme : comme les Africains et les Asiatiques, les roux ne sentent pas bon.

BIBLIOGRAPHIE

— Claire Bessède *et al.*, *Roux. L'obsession de la rousseur, de Jean-Jacques Henner à Sonia Rykiel*, Paris, Le Seuil/Éditions du Musée national Jean-Jacques-Henner, 2019.

— Xavier Fauche, *Roux et rousses. Un éclat très particulier*, Paris, Gallimard, 1997.

— Ruth Mellinkoff, « Judas's Red Hair and the Jews », *Journal of Jewish Art*, vol. 9, 1982, p. 31-46.

— Michel Pastoureau, « Tous les gauchers sont roux », *Le Genre humain*, vol. 16/17, 1988, fasc. 1, p. 343-354.

VOIR ÉGALEMENT

Les femmes qui se parfument sont dangereuses

Les gauchers sont maladroits

Les criminels ont une sale gueule

Les Noirs sentent fort et les Blancs sentent la mort

Les gros manquent de volonté

FLORENT QUELLIER

La gastronomie est une affaire d'hommes

DEPUIS 2011 EST DÉCERNÉ LE PRIX VEUVE CLICQUOT DE LA meilleure cheffe de cuisine au monde, afin de faire reconnaître la place des femmes dans le milieu encore très masculin de la haute restauration. Cette tenace association du monde de la gastronomie à la personne des hommes remonte à la genèse italo-française du discours gastronomique moderne.

Les premières pierres en ont été posées par l'humaniste Platina dans son *De honesta voluptate et valetudine* (De l'honnête volupté et de la bonne santé), publié à Rome vers 1470. L'œuvre crée un nouveau genre, celui de l'écriture gastronomique sérieuse. De fait, les trois siècles de l'Ancien Régime connaissent, de part et d'autre des Alpes, un processus d'intellectualisation du fait culinaire, un mouvement qui tend à élever la cuisine au rang des beaux-arts. Or, en Italie comme en France, les livres de cuisine imprimés avant le XIXe siècle étaient exclusivement signés par des hommes, contrairement au monde germanique ou anglais, mais ne dit-on pas que les Anglais ne savent pas cuisiner ? C'est donc affaire entendue : le génie créateur, en matière de cuisine comme pour les autres arts, ne saurait être que masculin, une femme pouvant prétendre, tout au plus, à reproduire une recette à la perfection. Ce postulat sera largement repris au XXe siècle dans les émissions culinaires télévisées, qui montrent, pour l'essentiel, des chefs hommes s'adressant à des femmes pour leur enseigner la cuisine.

Quant aux premiers restaurants gastronomiques créés à Paris à la fin de l'Ancien Régime, comme *La Grande Taverne de Londres* ou *Les Trois Frères Provençaux*, le personnel en cuisine et en salle y sera masculin, suivant l'usage des hôtels aristocratiques et de la cour ; le roi est servi par des hommes, les officiers de bouche de l'aristocratie sont également des hommes. Dans ces hauts lieux de la création gastronomique, les femmes sont soit absentes, soit cantonnées à des tâches marginales et invisibilisées, également effectuées par les enfants de cuisine, tels l'épluchage des légumes ou le plumage des volailles.

Ainsi exclues des sphères de la haute cuisine, les femmes sont en revanche associées à la cuisine bourgeoise, à l'exemple de *La Cuisinière bourgeoise* (1746) ou de *La Cuoca cremonese* (1794). Au XIXe siècle, des hommes signeront même sous des pseudonymes féminins des livres de cuisine domestique. Cette signature garantira alors une cuisine moins onéreuse, plus simple et moins ostentatoire que celle, plus créative, des hommes.

Lorsqu'au début du XIXe siècle paraissent les œuvres maîtresses du discours gastronomique français, l'*Almanach des Gourmands* de Grimod de La Reynière et la *Physiologie du goût* de Brillat-Savarin, la messe est dite. La gastronomie est une affaire sérieuse, une affaire d'hommes ; le dessert, une concession faite aux femmes. Porté par l'hégémonie culinaire française, ce préjugé s'impose sur la plupart des tables réputées de l'Ancien et du Nouveau Mondes.

Cette dévalorisation culinaire des femmes s'appuie également sur un pseudo-fondement physiologique : elles auraient une inaptitude congénitale à apprécier la bonne chère, à l'exception d'une appétence *naturelle* pour le sucre et les sucreries, appétence qu'elles partagent avec les enfants et les vieillards. Inné, le goût pour le sucre ne nécessite aucun apprentissage. Il convient donc parfaitement à des êtres perçus comme faibles ou immatures. En revanche, les autres saveurs requièrent une initiation, elles relèvent donc du masculin.

Il en est de même des vins, d'autant que la sobriété est gardienne de la vertu féminine. Tout comme le sommelier, l'œnologue est historiquement une figure masculine. « Le vin. Sujet de conversation entre hommes », écrira Gustave Flaubert dans son *Dictionnaire des idées reçues*, publié à titre posthume en 1913. Les connaissances sur les alcools et la capacité à tenir la boisson accréditent la virilité.

Non seulement la femme ne saurait élever ou apprécier un vin, mais en plus, lors de ses menstrues, elle le ferait tourner. Présente chez Pline dans le livre VII de son *Histoire naturelle* (Ier siècle), cette croyance est encore avérée au XXIe siècle. Les femmes indisposées ne sont pas toujours les bienvenues dans les caves. L'anthropologue

Alain Testart y voit une analogie entre le sang des femmes et le sang des vignes (le vin), une forme d'interdit sociétal de cumuler le sang menstruel avec un autre sang. Lors de leurs règles, les femmes sont également suspectées de gâter les salaisons, selon une correspondance vin/sel, et, plus spécifiquement en France, d'empêcher de monter une mayonnaise (l'œuf symbolise la fécondité).

Et pourtant, le premier cuisinier à avoir obtenu deux fois trois étoiles… fut une cuisinière, Eugénie Brazier, en 1933. Elle n'était pas appelée « cheffe » – la féminisation des fonctions n'avait alors pas cours –, mais « mère » ; un terme loin d'être anodin tant il indique une vision masculine d'une cuisinière forcément mère protectrice et nourricière. Quel que soit son talent gastronomique, la cuisinière est renvoyée au domestique, pas le cuisinier.

BIBLIOGRAPHIE

– Henry Notaker, *A History of Cookbooks: From Kitchen to Page over Seven Centuries*, Oakland, University of California Press, 2017.
– Florent Quellier, *Gourmandise, histoire d'un péché capital*, Paris, Armand Colin, 2010.
– Florent Quellier (éd.), *Pour une histoire des cuisiniers et cuisinières / Towards a History of Cooks*, *Food & History*, vol. 15, n° 1-2, 2017.
– Alain Testart, *L'Amazone et la Cuisinière. Anthropologie de la division sexuelle du travail*, Paris, Gallimard, 2014.

VOIR ÉGALEMENT

Les femmes sont hystériques
Les Chinois mangent du chien
Les végétariens sont des gens tristes

CLÉMENT FABRE

Les Chinois sont fourbes

MONTMORENCY, 1761. DANS SA *NOUVELLE HÉLOÏSE*, JEAN-Jacques Rousseau fustige le Chinois « poli, complimenteur, adroit, fourbe et fripon ; qui met tous les devoirs en étiquettes, toute la morale en simagrées, et ne connaît d'autre humanité que les salutations et les révérences ». San Francisco, 1855. Alors que s'élève une xénophobie croissante contre la diaspora chinoise aux États-Unis, un recueil de chansons californiennes reproduit les paroles de « John Chinaman » : « Je m'imaginais, John, / Que tu dirais la vérité sous serment, / Mais je m'aperçois que tu voles et que tu mens. » Shanghai, 1890. Les *Chinese Characteristics* du missionnaire protestant Arthur H. Smith érigent le goût des apparences, de la dissimulation et du mensonge en traits distinctifs du caractère national chinois. Londres, 1912. Le romancier Sax Rohmer crée avec le personnage de Fu

Manchu, maître en déguisement qui trame dans l'ombre des complots à l'échelle du monde, une incarnation de la menace chinoise, popularisée à l'écran par Hollywood à partir de 1929.

À la lumière de cette chronologie rapide, l'histoire du stéréotype selon lequel les Chinois sont fourbes, cliché qui affleure dans les contextes les plus divers, semble tenir à l'essor conjoint des théories relatives au caractère national et de la sinophobie occidentale. Le siècle des Lumières connaît d'intenses réflexions sur le « caractère national » – l'expression est employée déjà par l'abbé Dubos en 1733 –, expliqué par les effets entremêlés du climat, du politique et de l'histoire, auxquelles Rousseau participe au même titre que Montesquieu. L'intérêt des romantiques allemands pour le *Volksgeist* (le génie ou l'esprit des peuples), puis l'essor des psychologies ethnique et coloniale renforcent au XIXe siècle l'évidence d'un caractère national au tour nettement racial, dans lequel s'inscrit en 1890 l'ouvrage d'Arthur H. Smith. Le portrait à charge qu'il dresse du caractère national chinois prolonge par ailleurs une sinophobie qui, dans la seconde moitié du XVIIIe siècle, a progressivement pris le pas sur l'admiration de la Chine.

Cette sinophobie est encore renforcée au XIXe siècle par l'hostilité qui, tout autour du Pacifique, se dresse contre les diasporas chinoises, accusées de charrier avec elles des maladies redoutables, de voler les emplois et de projeter la ruine de l'Occident, qu'elles empoisonneraient de leurs fumeries d'opium. Il en résulte un écheveau de craintes qui culmine au tournant du XXe siècle sur un péril jaune protéiforme, dont Fu Manchu devient l'incarnation. Saisie au niveau des imaginaires occidentaux, l'histoire de la « fourberie chinoise » est donc celle de l'hostilité et des craintes occidentales croissantes envers la Chine, exprimées du XVIIIe au XXe siècle dans le langage du caractère national. Craintes qu'exacerbe encore un hermétisme qui serait la marque du monde chinois : on déplore que le pays soit fermé, ses femmes inaccessibles, ses visages impassibles, sa langue indéchiffrable. La Chine apparaît comme le pays par excellence de la façade, de la dissimulation, et la fourberie – où s'entremêlent hypocrisie, mensonge, dissimulation, déguisement et complot –, comme l'une des murailles qui en interdisent l'accès.

Il n'est que de mentionner la manière dont l'épidémie de Sars-Cov-2 a ressuscité les paranoïas anciennes – indissociablement sanitaires et politiques – du péril jaune, en même temps que les dénonciations d'opacité et les soupçons de complot chinois, pour conclure que cette histoire n'est pas encore close. À ceci près toutefois que la seconde moitié du XXe siècle, marquée après le traumatisme de la Seconde Guerre mondiale par une prise de distance vis-à-vis des théories raciales et des caractères nationaux qu'elles sous-tendent, a fait perdre à ce stéréotype le crédit savant qu'il avait encore au début du siècle. En 1935 déjà, dans ses « Aventures de Tintin en Extrême-Orient » – reprises ensuite sous le titre *Le Lotus bleu* –, Hergé dénonçait l'absurdité de ce stéréotype. Parmi les nombreuses idées caricaturales dont Tintin rapportait à Tchang qu'elles avaient cours en Europe sur la Chine, il évoquait, au grand amusement de son jeune ami, parmi la natte, les supplices, les pieds bandés, l'infanticide et les œufs pourris, le fait que « tous les Chinois sont des hommes fourbes et cruels ».

Faire l'histoire du stéréotype selon lequel les Chinois sont fourbes, serait-ce donc seulement en retracer l'essor, du XVIIIe aux premières décennies du XXe siècle, puis les rémanences jusqu'à nos jours ? À y regarder de plus près, on découvre toutefois une histoire plus complexe, nourrie de l'expérience des voyageurs et des résidents occidentaux en Chine. Revenons à la *Nouvelle Héloïse*. Pourquoi l'amant de Julie focalise-t-il sa dénonciation de la fourberie chinoise sur « l'étiquette » et les « simagrées » ? Comme l'étiquette des cours européennes, qu'il pourfend aussi, l'étiquette chinoise est pour Rousseau une politesse de pure façade, bien loin de la politesse véritable que prônent alors les manuels de civilité. Or cette critique de l'étiquette chinoise, qui affleure à la même époque chez Montesquieu dans *L'Esprit des lois*, ne se réduit pas à l'essor d'un regard plus critique sur la Chine dans l'Europe des Lumières. À la toute fin du XVIe siècle, on trouvait déjà dans la *Descrizione della Cina* du jésuite Matteo Ricci, reconnu pourtant comme l'un des pionniers de la sinophilie européenne, une description proche : « Ceux qui attachent beaucoup d'importance à ce qui est à l'extérieur font peu de cas de ce qui est à l'intérieur », si bien que « presque toutes les affaires en viennent à se résoudre dans un bel et vain apparat [destiné] aux yeux seuls ». Si la dénonciation de l'étiquette chinoise vient nourrir dans la deuxième moitié du XVIIIe siècle le stéréotype de la fourberie chinoise, elle lui a donc préexisté.

Surtout, elle ne relève pas uniquement d'un discours sur la Chine, mais aussi d'enjeux éminemment pratiques. Comme Matteo Ricci s'en était déjà aperçu au cours de son long voyage jusqu'à Pékin, il incombe aux diplomates et missionnaires occidentaux du XIXe siècle de se familiariser avec l'étiquette chinoise, sous peine de compromettre, par un faux pas, leurs efforts d'ouverture – diplomatique, commerciale et évangélique – de l'empire des Qing. Aussi voit-on fleurir tout au long du siècle une abondante littérature pratique de synthèse des règles de l'étiquette chinoise à destination de ces acteurs de terrain. Apprise le plus souvent en même temps que la langue auprès de professeurs chinois, l'étiquette finit par faire l'objet, dans les *Language Schools* pour missionnaires novices qui se multiplient en Chine au tournant du XXe siècle, d'enseignements formalisés. Arthur H. Smith coordonne lui-même en 1918 un *Manual for Young Missionaries to China* où il est longuement question de l'importance pratique de l'étiquette.

Cet apprentissage tardif de codes corporels si différents de ceux dans lesquels les missionnaires et les diplomates ont été socialisés présente de sérieuses difficultés. Le missionnaire protestant Gilbert Reid reconnaît par exemple devoir répéter, avant toute entrevue avec des hauts fonctionnaires chinois, les gestes de l'étiquette, sous la surveillance d'un « aspirant à un emploi officiel » qu'il a embauché « pour qu'il [l']instruise sur les détails de l'étiquette et des expressions de respect ». Ces difficultés à se plier à un cérémonial pourtant si naturel aux populations chinoises constituent pour les voyageurs un véritable mystère, qui les pousse à faire de l'étiquette chinoise le symptôme d'une différence plus profonde : faut-il donc que les Chinois soient des maîtres en manipulation pour être capables d'un tel travail sur soi !

Ainsi, pour que les « simagrées » de l'étiquette viennent alimenter le stéréotype de la fourberie chinoise, il a fallu d'abord que son difficile apprentissage aiguillonne les curiosités des résidents occidentaux sur le terrain. C'est le propre des stéréotypes que de recycler en représentations collectives des motifs et des interrogations surgis d'abord dans d'autres contextes. Aussi convient-il d'extraire le stéréotype du seul domaine des représentations occidentales où il s'est cristallisé. Gare en effet à ne pas en réduire l'histoire à celle, occidentale, de l'infléchissement progressif des regards sur la Chine. C'est aussi une histoire chinoise. Les dénonciations d'une étiquette de pure façade, qui viennent alimenter le stéréotype de la fourberie chinoise, sont elles-mêmes nourries, sous les Qing, des critiques que lui adressent des lettrés soucieux de renouer avec l'esprit véritable du confucianisme originel. En retour, le stéréotype de la fourberie chinoise a des conséquences très concrètes dans la Chine du XXe siècle. Les *Chinese Characteristics* d'Arthur H. Smith, traduites en japonais par Shibue Tamotsu dès 1896, sont découvertes par les étudiants chinois partis étudier au Japon les secrets de sa modernisation réussie, après la défaite essuyée en 1895 par la Chine. Nombreux sont alors les réformateurs, tels Liang Qichao ou le poète Lu Xun, à prendre au sérieux ce tableau dépréciatif et à considérer que la Chine doit effectivement son déclin aux tares de son caractère national, qu'il lui faut transformer pour espérer se régénérer.

Cette certitude s'accroît encore dans les années qui suivent la révolution de 1911, alors que la toute jeune République, minée par les projets de restauration impériale, peine à s'implanter. Certains réformateurs n'hésitent pas alors à mettre en cause la duplicité chinoise, qui ne permettrait d'adhésion républicaine que de façade. Reste que les Chinois ne se contentent pas, pour autant, de reprendre à leur compte les stéréotypes occidentaux qui les visent. Là où ces stéréotypes servaient, sous des plumes occidentales, à naturaliser l'infériorité chinoise, ou encore à étayer les projets de conversion de la Chine au christianisme, ils présentent les tares de leur caractère national comme des maux remédiables, car tenant davantage aux conséquences de l'éducation confucéenne qu'à un atavisme racial.

Le régime républicain puis, après 1949, le régime communiste s'efforcent ainsi, tout au long du XXe siècle, de faire mentir les stéréotypes antichinois et de maîtriser enfin, à grand renfort de *soft power*, l'image de la Chine à l'étranger. La diplomatie médicale de la Chine en Afrique s'attaquait, dès les années 1960, aux visions caricaturales de la tradition médicale chinoise ; l'organisation grandiose, en 2008, des Jeux olympiques à Pékin mit un terme aux stéréotypes sur la faiblesse physique des Chinois ; quant à la « fourberie chinoise », elle a progressivement disparu des écrans à mesure que les mises en scène hollywoodiennes de la Chine, avec leurs acteurs blancs grimés en Fu Manchu, cédaient le pas au cinéma chinois.

BIBLIOGRAPHIE

– Matteo Ricci, *Descrizione della Cina*, cité dans Matthieu Bernhardt, *La Chine en partage. Les écrits sinophiles du père Matteo Ricci*, Genève, Droz, 2001, p. 209.

– « John Chinaman », *The California Songster*, 1855, cité dans Krystyn R. Moon, *Yellowface. Creating the Chinese in American Popular Music and Performance, 1850s-1920s*, New Brunswick/New Jersey/Londres, Rutgers University Press, 2005, p. 36.

– Arthur Henderson Smith [1890], *Chinese Characteristics*, Manchester, Eastbridge Books, 2018.

– Hergé, « Les aventures de Tintin en Extrême-Orient », *Petit Vingtième*, n° 22, 30 mai 1935.

– Antoine Lilti, *Le Monde des salons. Sociabilité et mondanité à Paris au XVIIIe siècle*, Paris, Fayard, 2005.

– Gilbert Reid, *Peeps into China*, Londres, Religious Tract Society, 1892, p. 123-126.

– Jean-Jacques Rousseau [1761], *Julie ou la Nouvelle Héloïse* Paris, Gallimard, 1993, p. 24.

VOIR ÉGALEMENT

Les Japonais sont suicidaires

Les Chinois mangent du chien

YANNICK RIPA

Les femmes sont hystériques

2007 : MOMENT FORT DE TOUTE ÉLECTION PRÉSIDENTIELLE, le débat télévisé entre les deux candidats encore en lice oppose, pour la première fois, un homme et une femme. Nicolas Sarkozy et Ségolène Royal cherchent à se déstabiliser par de petites phrases assassines, concoctées à l'avance. Face à la colère revendiquée de la présidentiable socialiste à propos de la scolarisation des enfants handicapés, le candidat de l'UMP lui assène, posément, comme on parle à une malade, un « calmez-vous ! », déplorant que son interlocutrice sorte « facilement de [ses] gonds ». En un aparté méprisant, il joue les étonnés : « Je ne sais pas pourquoi Mme Royal, d'habitude calme, a perdu ses nerfs. » La messe est dite : ce comportement, que chacun qualifiera promptement d'hystérique, est incompatible avec la plus haute fonction de l'État. Si le terme n'a pas, habilement, franchi les lèvres de Nicolas Sarkozy, il est dans toutes les têtes, tant il est connu et reconnu depuis toujours que « les femmes sont hystériques », et ce par leur nature même. Le fait que la médecine et la philosophie chinoises ne connaissent pas l'hystérie n'a jamais déstabilisé cette conviction répandue en Occident depuis l'Antiquité ; elle perdure bien que la science contemporaine ait prouvé son infondé.

C'est dans la Grèce du ve siècle av. J.-C. que naît notre préjugé. Le médecin et philosophe Hippocrate synthétise sa pensée sur la constitution féminine en une formule promise à un grand avenir : « Toute la femme est dans l'utérus ». Une conclusion qu'impose la théorie des humeurs. De l'équilibre entre elles – le sang, l'eau, la bile et le phlegme – dépend la santé, mais leur répartition dans le corps diffère selon le sexe. Par essence, la femme présenterait une constitution spongieuse ; aussi, seul un bon écoulement de ses flux la préserverait des maladies. Ce « constat » conduit à être particulièrement attentif à la régularité du cycle menstruel. Certes, on ignore – et pour longtemps – son fonctionnement et son rôle dans la gestation, mais qu'importe, l'équilibre féminin dépend de la matrice, et celle-ci est supposée avoir la capacité de capter les flux superflus. Sa mauvaise irrigation provoque des maladies dites « de femme », sans équivalent du côté des hommes. Toute l'économie de la femme est donc organisée en fonction de l'utérus, c'est là une loi de la nature.

En 360 av. J.-C., Platon précise ce déterminisme dans le *Timée* en une surprenante comparaison : l'utérus « est un animal au-dedans [des femmes] qui a l'appétit de faire des enfants. Et lorsque, malgré l'âge propice, il reste un long temps sans fruits, cet animal s'impatiente et supporte mal cet état; il erre partout dans le corps, obstrue les passages du souffle, interdit la respiration, jette en des angoisses extrêmes et provoque d'autres maladies de toutes sortes.» Ces affirmations, confortées par Aristote (384-322), puis par Galien (129-vers 201), ne sont en rien originales: elles font écho à celles de médecins égyptiens qui ont rendu cet organe responsable de perturbations physiques et morales; leurs diagnostics nous sont parvenus grâce à deux papyrus – le Edwin Smith et le Ebers – datant de 1900 et 1600 av. J.-C. Refus de se lever, de se laver, douleurs dans le cou et les yeux, dans les dents et les mâchoires, tout cela proviendrait d'un dysfonctionnement de l'utérus. Vivant et animalisé, celui-ci souffrirait à la fois d'inanition – d'où la nécessité de le «nourrir» par des substances fétides – et d'un positionnement trop élevé dans le corps, à la suite d'une migration; des fumigations vaginales devraient renvoyer à sa place ce rebelle. Cette lecture du féminin est encore validée par les philosophes des Lumières: Diderot, qui définit la femme comme la «femelle de l'homme», plaint ce sexe de dépendre à ce point de sa sensibilité. Et le XIXe siècle – qui se targue de scientificité – reprend à son compte ces présupposés.

Si l'immobilisme de cette lecture au cours du temps peut surprendre, il n'est pas dû à un manque d'intérêt pour «la nature féminine», loin de là! À son propos, penseurs de tout bois palabrent, la jaugeant toujours à partir d'une grille de lecture établie en fonction de leur propre sexe. Dès lors, l'«autre féminin» relève du hors-norme, possiblement confondu avec l'anormalité, cela d'autant plus que la femme fut longtemps considérée comme un homme raté. Si le XIXe siècle la reconnaît comme un être complet, la spécificité de son fonctionnement – menstruations, grossesses, allaitement, ménopause –, faute d'être comprise, permet d'affirmer la faiblesse du deuxième sexe ; d'où l'élaboration de théories qui nous paraissent aujourd'hui fantaisistes : nécessité du sperme à la vitalité féminine, capacité (positive) de l'ovaire droit à faire des garçons, règles considérées comme des équivalents féminins des hémorroïdes masculines.

Les lents progrès de la gynécologie ne bousculent guère ce préjugé, conforté qu'il est par une nouvelle discipline : l'aliénisme. Celui-ci a la vertu de pathologiser la folie et de la faire tomber dans le champ du curable. L'ancêtre de la psychiatrie a pour père fondateur Philippe Pinel (1745-1826), qui a, durant la Révolution, fait ôter les chaînes aux fous et aux folles. En immortalisant ce geste légendaire, deux tableaux imposent dans l'imaginaire collectif une vision genrée de la maladie mentale : sous les pinceaux de Charles Müller – *Pinel libérant les aliénés de leurs fers, 1792*, peint en 1848 –, les internés de Bicêtre regardent leur sauveur avec une calme reconnaissance, conservant par leur tenue une forme de respectabilité qui les montre plus misérables que déments. Rien de tel dans la peinture de Tony Robert-Fleury, lequel représente en 1886 Pinel libérant les aliénées de la Salpêtrière, haut lieu de l'enfermement féminin. L'une d'elles, agenouillée, baise les mains du grand homme tandis que l'autre demeure hagarde et indifférente, alors que tombent ses liens ; mais tous les regards sont attirés par celle qui gît au sol : elle se contorsionne, le poitrail dénudé, offert impudiquement à tous, dominée, assurément par son corps et plus sûrement par son sexe.

Telle est l'image de la folie féminine, indissociable de l'utérus. Hypersexualisé, il provoque, outre les gesticulations hystériques, nymphomanie et érotomanie, moralement condamnées. Cette conception culpabilisatrice traverse le temps et l'espace : elle domine la psychiatrie naissante, qu'elle soit créatrice de concepts, comme en Allemagne, ou importatrice de théories, comme dans les pays méridionaux. Elle s'échappe alors de la sphère médicale pour pénétrer les mentalités de tout un chacun, assimilant folie féminine et hystérie. Une comptine enfantine à la mode ne proclame-t-elle pas au XIXe siècle : « Toutes les femmes sont folles, excepté ma bonne qui fait des tartes aux pommes » ? Le préjugé de la femme hystérique est ainsi intégré dès le plus jeune âge. Les internées ne seraient, en quelque sorte, qu'un peu plus hystériques que leurs congénères... Et pourtant ! Derrière les hauts murs de l'asile, rien ne le confirme, au contraire.

Si, comme on pouvait s'y attendre, cris et agitations requièrent – faute de pharmacopée efficace – la camisole de force ou les bains à outrance, la majorité des asilisées demeurent prostrées et silencieuses, car atteintes de lypémanie.

Défini en 1838 par Dominique Esquirol, l'épigone de Pinel, ce terme chapeaute les états dépressifs mélancoliques, englobant les syndromes confusionnels, la catatonie et certains délires de persécution. Nulle trace d'hystérie dans cette maladie mentale. L'hystérie n'est pas alors une cause de placement, et si, rarement, les dossiers médicaux l'évoquent, c'est uniquement comme un symptôme, et non en tant qu'entité nosologique. Celui-ci est cependant suffisamment préoccupant pour envahir la littérature aliéniste, à la recherche de son origine et de sa prétendue exclusivité féminine. Les travaux – ceux, notamment, du docteur Hector Landouzy dans son *Traité complet de l'hystérie* en 1846 – se détachent lentement de la tradition, rendant la sphère génitale plus globalement cause de ce mal. L'hystérique n'en est que davantage enfermée dans son sexe, réduite à celui-ci. En 1859 pourtant, son confrère Pierre Briquet révolutionne l'appréhension de la maladie hystérique en la décelant aussi chez l'homme. Il remet du même coup en cause la théorie en vigueur « depuis Hippocrate jusqu'à nos jours », la considérant, sans mot dire, comme un préjugé : « Une erreur, écrit-il, ainsi prolongée sur un point de fait si facile à éclaircir, montre dans quel état d'esprit l'observation se pratiquait alors. Cette unanimité d'opinion pour consacrer une erreur prouve qu'on n'observait réellement pas, et qu'on se bornait seulement à tenir compte des faits qui se trouvaient en accord avec les idées prégnantes. » Reste que l'audace du médecin est limitée par ses propres idées reçues sur la différence des sexes.

À l'en croire, la sensibilité de l'hystérique ne serait que l'exagération de celle de toute femme, laquelle serait indispensable « pour remplir la grande et noble mission qui lui a été dévolue », à savoir enfanter. Aussi l'hystérie est-elle une menace constante : « Toute femme est faite pour sentir, et sentir c'est presque de l'hystérie. » De ce fait, un homme ne peut être hystérique que s'il possède un tempérament féminin, doté d'une sensibilité excessive, contraire à la virilité.

Face aux passions, celle-ci se manifeste par la violence ; colère et abattement reflètent la faiblesse d'un sujet mâle. Et Briquet de conclure : « Un homme hystérique, c'est le renversement des lois constitutives de la société ! »

Les progrès de la neurologie et l'invention de la psychanalyse assurent à notre préjugé une nouvelle jeunesse. Jean-Martin Charcot détache l'hystérie de l'utérus et l'attribue aux deux sexes, mais contribue à sa féminisation par la théâtralisation des crises des internées – auxquelles il prodigue ses soins depuis 1862 –, bien connue par le tableau d'André Bouillet, *Une leçon clinique à la Salpêtrière* (1887) et par la photographie. Or, les clichés ne captent que des phases convulsives féminines, et leur reproduction dans le monde entier, au cours des deux siècles suivants, relie le corps féminin et l'hystérie. Passant outre la complexité de la pensée freudienne et le rôle attribué à l'inconscient, la vulgarisation caricaturale de la psychanalyse remplace l'utérus par la libido comme facteur névrotique ; à l'instar des patientes viennoises et de Dora (Sigmund Freud, *Fragment d'une analyse d'hystérie*, 1905), toutes les hystériques sont des femmes... et réciproquement !

La persistance du préjugé, malgré l'accumulation de preuves qui détachent complètement l'hystérie de l'utérus et donc de la féminité, est due à son adaptabilité à de nouveaux contextes. Ainsi, si l'évolution des conceptions psychiatriques et psychanalytiques ainsi que la découverte, entre autres, de la bipolarité ont largement déféminisé l'hystérie, l'adage a survécu grâce à sa banalisation, renforcée par les médias et le Net ; il connaît même une forme vernaculaire – « toutes des hystéros ! » – qui associe dénigrement et injure.

Une telle longévité, alliée à une plasticité du préjugé, interpelle, alors même que d'autres idées reçues sur le corps féminin ont disparu au gré de l'évolution des mœurs : *exit* le préjugé qui, en plein XXe siècle, posait que toute femme, les jours de menstruations, ratait la mayonnaise et interdisait aux Bourguignonnes de descendre au saloir car tout y tournerait. Ces préjugés-là trahissent le dégoût, la peur, voire la haine, des flux féminins. Plus sociopolitique est la prétendue hystérisation de toutes les femmes ; telle est sa qualité principale, sa force. Elle a légitimé, par un label scientifique, la domination masculine, et conforté l'opposition entre sexe fort et sexe faible, ce dernier d'un équilibre si fragile qu'il faut le « protéger ». Cette « protection » provoque des exclusions : exclusion des grandes écoles, des lieux de création et, bien sûr, de tout pouvoir. L'hystérie de toutes les femmes a justifié, longtemps, de leur refuser le droit de vote et d'éligibilité, car elle rime avec dangerosité ; elle est brandie, de façon récurrente, pour leur dénier toute conscience politique.

Après la répression de la Commune en mai 1871, la littérature proversaillaise forge la légende noire des communardes, à la fois pétroleuses qui auraient mis le feu à la capitale et folles de leur sexe. Pour des motifs qui menèrent des fédérés à la prison, des communeuses furent internées ! Le même sort fut réservé à des républicaines espagnoles durant la guerre civile (1936-1939). Influencés par la psychiatrie française, les médecins franquistes estimèrent que leur engagement résultait non de convictions politiques, mais de l'emprise utérine sur le cerveau. Cibles privilégiées, comme on pouvait s'y attendre, les féministes sont toutes des hystériques, de Virginia Woolf aux suffragettes !

Faute de pouvoir détruire ce préjugé, devenu une injure partagée de par le monde, des militantes en arrivent à se l'approprier. En 1974, dans *Speculum de l'autre femme*, une œuvre qui connaît rapidement un succès international, la philosophe Luce Irigaray définit le féminisme comme « un je qui se dit nous et qui se vit, nous sommes toutes des hystériques ». Ces mots deviennent même un slogan dans les manifestations du Mouvement de libération des femmes. Au début des années 2000, l'artiste chilienne Voluspa Jarpa crée, quant à elle, une installation intitulée *L'Effet Charcot*, à partir des archives photographiques du neurologue ; les contorsions de 28 649 hystériques expriment les traumatismes sociaux subis. L'hystérie est alors le langage corporel de femmes contraintes de se taire.

L'une des victoires du combat contre le sexisme a été d'affaiblir la portée du préjugé, du moins en apparence : s'il devient difficile d'énoncer désormais que toutes les femmes sont des hystériques, le recours à cette injurieuse pathologie demeure, au XXIe siècle encore, l'arme ultime pour faire taire les empêcheuses de tourner en rond, pour invalider toute revendication, toute parole, tout geste féminins ou pensés tels (la foule peut être dite hystérique, mais non le peuple). Marine Le Pen transforme les Femen, à la nudité militante, en « une secte hystérique » ; face aux accusations de viol, le réalisateur Roman Polanski qualifie le mouvement *#MeToo* d'« hystérie collective » ; en 2020, la conseillère de Paris Alice Coffin, lesbienne, pro-LGBT et écologiste, se voit affublée du titre de « militante hystérique » pour avoir dénoncé les liens d'un de ses collègues avec l'écrivain Gabriel Matzneff, soupçonné de pédophilie. Une conclusion s'impose : chassez le préjugé, il revient au galop !

BIBLIOGRAPHIE

– Nicole Edelman, *Les Métamorphoses de l'hystérique. Du début du XIXe siècle à la Grande Guerre*, Paris, La Découverte, 2003.

– Mark S. Micale, *Approaching Hysteria. Disease and Its Interpretations*, Princeton, Princeton University Press, 1994.

– Yannick Ripa, *Les Femmes dans la société. Une histoire d'idées reçues*, Paris, Le Cavalier bleu, 2016.

VOIR ÉGALEMENT

La Mauresque s'en va toujours seins nus
La gastronomie est une affaire d'hommes
Les femmes qui se parfument sont dangereuses
Les belles-mères, toutes des peaux de vache !
Les homosexuels sont tous efféminés
Un homme, ça ne pleure pas

ANTOINE DE BAECQUE

Les aristocrates sont réactionnaires

DANS UN COURT LIVRE DEVENU CLASSIQUE, *LE PEUPLE ET les gros*, Pierre Birnbaum suit l'évolution des images fortes qui ont hanté l'univers politique et ont longtemps opposé un « bon peuple » à une poignée de « gros », vocable sous lequel il entend les détenteurs du pouvoir. Son étude porte essentiellement sur la fin du XIXe et le XXe siècle ; cependant, lorsqu'il remonte rapidement aux sources, Birnbaum trouve la Révolution : « Cette opposition fantasmatique, écrit-il, demeure malgré tout, hier comme aujourd'hui, au plus profond de l'idéologie française. Son origine remonte probablement à la Révolution française. À cette époque, en un seul mouvement collectif, le peuple – au sein duquel prétendait se fondre la bourgeoisie – part à l'assaut des puissants, des aristocrates et de leurs châteaux. »

De fait, entre 1787 et 1789, la cristallisation politique du discours « anti-gros » s'élabore autour de la dénonciation des nobles et de leurs privilèges, dénonciation qui prend une ampleur nouvelle. La figure du noble se trouve brusquement rejetée au moment où commence la Révolution, alors même que le siècle des Lumières avait connu une réflexion très intense et positive sur la condition noble, débat contradictoire mené le plus souvent par des nobles, qui avait parfois abouti à un rapprochement idéologique, autour de la valeur reconnue du mérite, entre une noblesse libérale, prête à remettre elle-même en cause la plupart de ses privilèges, et une « bourgeoisie à talents ». Une « élite » semblait alors pouvoir se mettre en place, réunion de tous ceux qui souhaitent et peuvent contribuer à la grandeur de la nation et à sa réforme.

En quelques mois, le discours manichéen des débuts de la Révolution fait voler en éclats toute possibilité de rapprochement entre les « élites » d'Ancien Régime qui auraient pu fonder une ère nouvelle. Désormais, il n'y a plus qu'une opposition : tiers état contre noblesse. Le vernis du discours éclairé, qui pouvait toujours recouvrir les divisions entre noblesse et bourgeoisie, craque à la première crise politique grave, en l'occurrence les prises de position contradictoires sur les modalités du vote aux États généraux : par tête ou par ordre ? Certes, une part non négligeable de la noblesse poursuit ce rêve d'une société d'élite raisonnable fondée sur le mérite, mais le tiers état, dans son ensemble, rejette alors tout compromis avec la noblesse.

Ce discours anti-noble s'appuie d'abord sur la dénonciation d'une « réaction aristocratique » propre aux privilégiés de la fin de l'Ancien Régime. Selon ce discours, une large part de la noblesse resterait fermement attachée à ses privilèges que les roturiers supportent mal, ceux qui relèvent de la « lignée » – arbres et études généalogiques en premier lieu. L'abbé Sieyès, dans son *Essai sur les privilèges* de 1788, souligne constamment ces blessures d'amour-propre : « Je le demande à tout privilégié franc et loyal, comme sans doute il s'en trouve quelques-uns : lorsqu'il voit auprès de lui un homme du peuple [...], n'éprouve-t-il pas, le plus souvent, un mouvement involontaire de répulsion, prêt à s'échapper sur le plus léger prétexte, par quelque parole dure ou quelque geste offensant ? » Cette défense d'une tradition et d'un style noble, qui passe par la revendication honorifique du port de l'épée, du blason sur le carrosse ou du banc à l'église, marque durablement les esprits et choque le tiers état. De multiples cahiers de doléances dénoncent les « restes de la barbarie féodale comme d'aller s'agenouiller devant une porte pourrie pour baiser avec respect un maillet sale et rouillé » (cahier du tiers état de Saint-Maixent).

Face à cette noblesse qui entend continuer de s'affirmer dans ses privilèges comme « un ordre à part », les frustrations rencontrées par une jeune élite intellectuelle roturière, tant psychologiques que financières et sociales, sont sensibles et marquées. Bloquée dans son ascension par les crispations traditionnelles de la noblesse, toute une génération roturière, une fois la liberté de parole acquise lors de la campagne qui précède les élections aux États généraux, déverse ses griefs dans des attaques très virulentes. On a parfois avancé que Sieyès, le principal pourfendeur de privilèges, s'était bassement vengé de n'avoir pu obtenir une abbaye de 12 000 livres de rente. Il aurait ainsi dénoncé en 1789 un système politique et social auquel il avait voulu s'intégrer quelques années auparavant. Dans *Bohème littéraire et Révolution,* l'historien Robert Darnton a bien mis en lumière les frustrations dont souffrirent cruellement les « Rousseau des ruisseaux », ces écrivains de second ordre longtemps prolétarisés, qui jouèrent un rôle si important avant et au début de la Révolution dans l'élaboration de la plupart des figures dégradantes attachées au personnage du noble. La mise en accusation réitérée de la noblesse, de son « parasitisme », de son mépris, de son oisiveté, est d'autant plus redoutable qu'elle s'alimente aux forces mystérieuses de l'humiliation sociale et culturelle.

L'homme du tiers se sent porteur de cet avenir que la rhétorique éclairée du XVIIIe siècle a tant réclamé, mais il ne tient pas à être confondu, même au sein d'une société d'élites, avec un noble dont l'image est résolument renvoyée vers la dégénérescence. Il existe une véritable spirale d'accélération du discours anti-noble lors de ces quelques mois des débuts de la Révolution. Même les gentilshommes, très actifs, nombreux, appartenant à cette frange « libérale et réformatrice » qui forge le nouveau régime, les Mirabeau, La Fayette, Liancourt, Custine, Noailles, le duc d'Orléans, et plus largement les quarante-sept nobles qui se rallient au tiers état le 25 juin 1789 dans le but de former l'Assemblée nationale, même ceux-là ne peuvent le faire qu'en s'inscrivant dans la rhétorique antinobiliaire. Hommes portés vers l'avenir, ils abandonnent titres et privilèges à un passé vilipendé, anticipant de quelques semaines l'abolition des privilèges lors de la nuit du 4 août 1789. Ils parlent eux aussi « au nom du peuple », luttent contre les « gros » et se moulent dans le discours anti-noble ambiant : d'Entraigues, Mirabeau, La Fayette, se rangent délibérément dans le camp des roturiers, Sieyès, Desmoulins, Robespierre ou Brissot.

La Révolution doit ainsi à la noblesse une bonne part de ses commencements. Comme l'écrit Chateaubriand dans ses *Mémoires* : « Les plus grands coups portés à l'antique constitution le furent par des gentilshommes. Les patriciens commencèrent la Révolution, les plébéiens l'achevèrent. » Le rôle politique du deuxième ordre, la noblesse, n'est pas négligeable au début de la Révolution, qu'il s'agisse de la conception des réformes de l'Ancien Régime, de l'appel à moderniser le système monarchique, de la confection de l'opinion publique, du travail parlementaire ou de la mise en place d'une nouvelle armée nationale. Ce rôle n'est pas seulement l'héritage de la traditionnelle opposition des nobles à la royauté absolue des Bourbons. Il s'appuyait aussi sur une crispation parlementaire visant essentiellement à préserver tradition et privilèges, à refuser l'impôt commun, à se distinguer des autres ordres. Ainsi, entre 1787 et 1791, la part la plus libérale et active de la noblesse donne bien des meneurs à la Révolution et participe à la grande réforme commune d'un royaume qui cherche à se régénérer et à se transformer en une monarchie parlementaire. Une nouvelle élite politique de « notables » joue le premier rôle, sans jamais revendiquer sa « part de sang bleu », de peur d'être rappelée à sa condition de « ci-devant ». Bien des gentilshommes devenus révolutionnaires ont d'ailleurs « roturié » leur patronyme, tel le marquis Louis-Michel Lepeletier de Saint-Fargeau devenu le citoyen « Lepeletier », député à la Convention, régicide, assassiné le 20 janvier 1793 pour avoir voté la mort du roi, ou Pierre-Antoine d'Antonelle de Saint-Léger, premier maire élu de la ville d'Arles sous le nom d'« Antonelle », président du club des Jacobins, membre du Tribunal révolutionnaire, rédacteur au *Journal des Hommes libres*, traversant toute la période avec une égale implication politique révolutionnaire jusqu'à la députation au Conseil des Cinq-Cents en 1798, sous le Directoire.

La noblesse est-elle majoritairement hostile à la Révolution ? Il y a environ 10 000 familles nobles en 1789, soit 120 000 à 140 000 individus, dont 40 000 adultes masculins. La participation aux assemblées de la noblesse en vue d'élire les députés aux États généraux, au début de l'année 1789, est assez massive, preuve d'une implication toujours vive dans la vie politique du royaume. Si la méfiance à l'égard de la nouveauté est réelle dans bien des familles, le long travail des idées des Lumières a cependant fait son œuvre. Ce qu'on peut appeler l'« antinobilisme nobiliaire » n'est pas un objet historique nouveau. Les écrits du marquis d'Argenson, du comte d'Entraigues, du comte de Mirabeau, ont marqué les esprits, y compris au sein de l'ordre privilégié. Les nobles ne se sont guère montrés plus circonspects que les autres vis-à-vis de la Révolution, participant à part quasi égale au combat contre les formes d'oppression traditionnelles et apportant ainsi leur contribution à la destruction du régime et de la société d'ordre qui était pourtant leur soubassement social.

Quel tribut la noblesse a-t-elle payé à la décennie révolutionnaire ? Sur les 3 000 guillotinés à Paris, environ 900 sont des nobles, ce qui souligne leur forte surreprésentation bien qu'ils soient minoritaires. La part s'affaiblit si l'on étudie les 10 000 guillotinés provinciaux, tombant à 10 %, et moins encore si l'on tient compte des 300 000 victimes des différentes répressions et guerres civiles internes à la

France (environ 5 %). Seul un bon millier de personnes, aristocrates les plus hostiles à la Révolution, meurt en émigration, ayant fui le pays entre 1789 et 1794. Le legs nobiliaire à la République semble au moins aussi important : le personnel politique qui met en place le nouveau régime est assez largement issu des rangs de la noblesse, de même que les officiers de l'armée nouvelle.

L'idée que les aristocrates sont hostiles par principe et par nature à la Révolution est donc un préjugé. Ce préjugé s'est construit dès 1789, avant de se perpétuer, principalement dans les innombrables Mémoires des princes, princesses et nobles hostiles au nouveau régime, lesquels opposaient un peuple ayant régressé vers la barbarie sous la conduite des meneurs sans-culottes et républicains à la nostalgie d'une douceur de vivre aristocratique d'Ancien Régime. La Révolution précipitant la noblesse vers la catastrophe est ainsi l'une des thèses majeures de la pensée contre-révolutionnaire, encore de nos jours. Mais cette idée fait fi de deux réalités historiques qui l'infirment : les privilégiés les plus traditionalistes ont été, dès la fin de l'Ancien Régime puis au début de la Révolution, les plus hostiles à la monarchie et à Louis XVI, cette dénonciation des faiblesses royales constituant le véritable ciment des contre-révolutionnaires ; une forte minorité des nobles a pris part à la réforme du royaume et s'est impliquée dans les institutions et les assemblées révolutionnaires, puis républicaines. La noblesse du mérite l'emporte ainsi dans son combat séculaire contre la noblesse du privilège.

Cette réputation réactionnaire de la noblesse française trouve son origine dans le creuset idéologique du tiers état, au moment où un portrait à charge s'élabore et se diffuse, portrait sur lequel vivra longtemps le discours politique français. La vision de l'homme oisif, paresseux, encombrant une société qui découvre avec force le prestige lié à l'utilité, hante littéralement pamphlets et journaux en 1789. Vue comme un poids mort économique (on sait qu'en réalité ce jugement est à nuancer fortement), la noblesse se trouve assimilée à un élément parasite, le plus souvent dans une vision organique de la société où elle devient une excroissance minant le « corps » social. Les dénonciations de ce genre sont nombreuses, la plus célèbre venant de l'abbé Sieyès, premier illustrateur d'une idéologie antinobiliaire qui assimile dans son *Essai sur les privilèges* la noblesse inutile, gonflée d'une « orgueilleuse oisiveté », à une déformation corporelle :

> Quelques peuples sauvages se plaisent à de ridicules difformités, et leur rendent l'hommage dû aux charmes naturels. Chez les nations hyperboréennes [civilisées], c'est à des excroissances politiques, bien plus difformes, et surtout bien autrement nuisibles, puisqu'elles rongent et ruinent le corps social, que l'on prodigue de stupides hommages. Mais la superstition passe, et le corps qu'elle dégradait reparaît dans toute sa force et sa beauté naturelle.

Dénonciation dont on peut trouver de nombreuses variantes dans la langue de 1789, par exemple sur le mode végétal dans le pamphlet anti-noble *Les Fous politiques* : « La noblesse ressemble assez à l'excroissance qui s'est attachée à un arbre ; elle n'est pourtant ni l'arbre, ni le fruit, mais elle y nuit beaucoup. » Un lieu commun prend ainsi solidement racine, qui va de la verrue à l'excroissance végétale en passant par la difformité, voire la sangsue : le noble est un parasite.

C'est donc bien le corps du noble, vicié, qui se trouve au cœur de ces attaques. Ce corps, prétendument supérieur par son sang bleu et pur, est en proie à une forme de « décomposition biologique ». L'idéologie raciale de l'aristocratie la plus traditionnelle se trouve ainsi détournée par ce portrait d'un noble déchu, isolé dans sa race maudite, s'accrochant désespérément à son nom et à son blason, maniéré dans ses expressions, déréglé dans ses passions, malade d'orgueil, personnage repoussoir que l'on retrouve souvent dans le discours révolutionnaire. Le sang noble n'est plus le sang bleu, le sang épuré, mais devient au contraire le plus ignominieux. C'est une race vieillie, dégénérée, qui se dessine alors, race maladive que les mésalliances et les tares sexuelles et vénériennes ont souillée. Les pamphlets et journaux révolutionnaires aiment à souligner ce processus de bâtardisation : « Aujourd'hui, la race des vainqueurs et celle des vaincus sont mêlées et confondues : il est impossible de distinguer les descendants des uns et des autres, et les familles des Grands pourraient tout aussi bien venir en droite ligne d'un esclave comme d'un conquérant », écrit Jérôme Pétion dans *Avis aux Français sur le salut de la patrie* en 1789.

Camille Desmoulins se fait une véritable spécialité de ces descriptions antinobiliaires mêlant le rire à la dénonciation politique : « C'est une singulière position qu'a le noble de donner la main à une princesse, le chapeau à un prince, des révérences à un roi. Comment peut-on faire un pareil métier ? Il s'imprime sur votre physionomie une courbure particulière à laquelle, et cela est très plaisant, on reconnaît suffisamment l'aristocrate », écrit-il dans *Révolutions de France et de Brabant* en décembre 1789. Ou encore, en mai 1790, apostrophant ce personnage avec indignation : « Tu as le corps tout déformé à force de te prosterner trois fois devant un sultan imbécile. Tu es indigne d'avoir ce front d'homme, ce front élevé vers le ciel, et ces deux pieds raides, faits pour soutenir droit le plus fier des animaux. Va marcher à quatre pattes à Versailles ou reste caché dans les antichambres des Tuileries. » La noblesse n'est plus une vertu, un mérite ou un privilège, mais est devenue une simple *maladie politique*, ainsi que Desmoulins, toujours lui, la désigne, une maladie « faisant des ravages dans les hôtels particuliers ».

> C'est surtout la gent aristocrate qui se trouve attaquée par cette peste, écrit-il en juillet 1790, dont tous les malades expirent dans des étouffements extraordinaires, comme d'une *aristocratie rentrée*. D'autres s'éteignent insensiblement dans les langueurs et la consomption. Ce *spleen* aristocratique mine également la duchesse septuagénaire et le maréchal édenté et la jeune vicomtesse qui se flattait de se séparer encore de l'ordre des vilains avec le privilège du rouge. Je vous conseille donc, puisque le vinaigre de Maille et tous les sels sont inefficaces contre les évanouissements, syncopes, migraines et attaques de nerfs que vous causent le décret du 19 juin [1789] et la suppression de tous les titres de noblesse, ou la nuit du 4 août et l'abolition des privilèges, de chercher le vrai remède dans une petite brochure intitulée : *Le Vrai Miroir de la noblesse française*. La partie historique surtout doit vous guérir radicalement. Prenez et lisez.

Dans la culture française, le noble demeure bien souvent une figure porteuse de cette image maladive, difforme, nuisible, parasitique ou dépassée.

BIBLIOGRAPHIE

— Antoine de Baecque, *Le Corps de l'Histoire. Métaphores et politique (1770-1800)*, Paris, Calmann-Lévy, 1993.
— Pierre Birnbaum [1979], *Genèse du populisme. Le peuple et les gros*, Paris, Pluriel, 2012.
— Rafe Blaufarb, « Une révolution dans la Révolution : mérite et naissance dans la pensée et le comportement politiques de la noblesse militaire de province (1789-1790) », *Histoire, économie et société*, vol. 33, n° 3, 2014, p. 32-51.
— François Bluche, *La Noblesse française au XVIIIe siècle*, Paris, Fayard, 2013.
— Guy Chaussinand-Nogaret [1976], *La Noblesse au XVIIIe siècle. De la féodalité aux Lumières*, Bruxelles, Complexe, 2000.
— Robert Darnton, *Bohème littéraire et Révolution. Le monde des livres au XVIIIe siècle*, Paris, Éditions de l'EHESS/Gallimard/Le Seuil, 1983.
— Ludmila Pimenova, « La noblesse à la veille de la Révolution française », *Annales historiques de la Révolution française*, n° 281, 1990, p. 364-366.

VOIR ÉGALEMENT

Les Gaulois sont râleurs et bagarreurs
Les artistes sont des parasites
Les pauvres vivent sur le dos des riches
Les riches gouvernent la France

GÉRARD NOIRIEL

Les pauvres vivent sur le dos des riches

LE SOCIOLOGUE MAX WEBER DISAIT QUE « L'HOMME heureux se contente rarement du fait d'être heureux [...]. Il veut aussi être convaincu qu'il "mérite" son bonheur, par comparaison avec d'autres, et il veut donc également pouvoir croire qu'en ne possédant pas le même bonheur, le moins fortuné n'a que ce qu'il mérite ». Cette réflexion est essentielle pour comprendre pourquoi, depuis l'Antiquité, les plus fortunés ont justifié leurs privilèges en opposant le bon et le mauvais pauvre. Cette dichotomie était déjà présente chez Homère dans le passage de l'*Odyssée* qui décrit les malheurs d'Ulysse devenu mendiant (chant XVII). Sa déchéance est vue à la fois comme le résultat d'une infortune – ce qui attire sur lui une certaine pitié – et comme la conséquence de ses fautes, notamment la paresse – ce qui lui vaut critiques et violences.

Au temps de Périclès, au Ve siècle av. J.-C., le même clivage se retrouve dans les discours opposant la « bonne » pauvreté – qui est admise car elle renvoie à l'infortune des existences humaines – et la « mauvaise », qui suscite la réprobation car elle stigmatise le mendiant comme un parasite. Toutefois, c'est surtout à partir du Moyen Âge que s'est imposée l'image du parasite confiné dans la pauvreté parce qu'il ne veut pas travailler. Jusqu'au XIe siècle, la pauvreté était perçue comme une condition sociale normale : elle concernait l'immense majorité de la population. S'ajoute à cela le fait que, dans les écrits de cette époque, le mot « pauvre » ne désignait pas une classe sociale, mais plutôt une situation, caractérisée par une condition durable ou temporaire de faiblesse, d'incapacité ou de dénuement.

Les hommes d'Église valorisaient même fréquemment les pauvres, car ils les associaient à l'image du Christ souffrant. Pratiquer l'aumône à l'égard des plus démunis était un devoir pour tout bon chrétien. La religion offrait du même coup aux élites les arguments dont elles avaient besoin pour justifier leurs privilèges. Le pauvre devenait indispensable à la réalisation des œuvres de charité, car sans lui les riches ne pouvaient pas prouver leur générosité aux yeux de tous.

À partir des XIIIe-XIVe siècles, la crise profonde qui frappa le continent européen favorisa le retour des discours péjoratifs sur la pauvreté ordinaire. L'histoire des ordres mendiants, qui prêchaient dans les villes et vivaient de la mendicité, ne doit pas faire illusion. Ce que valorise alors la chrétienté, ce n'est pas la pauvreté ordinaire, mais la pauvreté volontaire. On admire ces moines qui ont fait le choix d'abandonner leur richesse ou leur pouvoir, mais la plupart d'entre eux étaient des fils de riches bourgeois, avocats ou professeurs de théologie. Les pauvres de naissance n'avaient pas accès aux ordres mendiants, car la pauvreté ordinaire faisait l'objet d'une réprobation de plus en plus massive.

Au XIVe siècle, la Peste noire, les guerres et les famines jettent sur les routes un nombre croissant de mendiants et de vagabonds, ce qui a pour conséquence d'associer étroitement l'image du pauvre et celle du migrant venu d'ailleurs. La pauvreté devient alors une condition indigne. Certes, la charité est toujours présentée comme un devoir pour le chrétien, mais elle s'adresse uniquement aux bons pauvres, inaptes au travail en raison de leur âge, de leur infirmité, de leur maladie. Les mauvais pauvres sont ces hommes et ces femmes valides perçus comme des parasites. Pauvre et mendiant sont des termes de plus en plus souvent synonymes d'oisif, de vagabond et de criminel en puissance. On les accuse aussi de vivre dans le péché, en invoquant les passages de la Bible qui présentent le travail comme une pénitence que l'homme doit accepter s'il veut rejoindre le royaume de Dieu après sa mort.

À la même époque émerge un argument d'ordre civique lié au développement des villes. Vivre en communauté, c'est pratiquer un travail honorable qui crée une richesse pour le bien de tous. On reproche aux mauvais pauvres de transgresser cet idéal collectif et de vivre aux crochets des plus riches, par paresse et par égoïsme. En opposition aux bons chrétiens, ces pauvres sont rejetés dans la catégorie des « infâmes », souvent comparés à des bêtes sauvages ou à des insectes. Ainsi, alors que la communauté chrétienne du début du Moyen Âge mettait tous les pauvres sous la protection des puissants, cette nouvelle vision justifie l'exclusion d'une partie d'entre eux. Un peu partout en Europe, ces discriminations se concrétisent avec les premières expériences d'enfermement des plus démunis. Les hôpitaux, qui apparaissent au XIIIe siècle, deviennent alors les principaux lieux où sont parqués tous ceux qui sont présentés comme des « mauvais pauvres » : les vagabonds, les malades, les infirmes, les vieillards sans famille, etc.

Ces innovations urbaines sont relayées par le pouvoir d'État. La législation sur le travail et le paupérisme naît simultanément en France et en Angleterre, au lendemain de la Peste noire. En 1351, le roi de France Jean II le Bon prend la première ordonnance visant à mettre au travail les pauvres qui « se tiennent oyseux par la ville de Paris ». Quinze ans plus tard, une nouvelle ordonnance royale oblige les pauvres valides à réparer les fossés, sous peine d'être fouettés.

Les siècles suivants voient la répression des « mauvais pauvres » se traduire par la multiplication des lois réprimant le vagabondage et la mendicité. L'Angleterre se distingue néanmoins de la France sur ce point, car les lois sur les pauvres (*Poor Laws*) adoptées au XVIIe siècle tentent, pour la première fois, d'y éradiquer la mendicité et le vagabondage grâce à des mesures sociales contraignant les paroissiens aisés à financer la prise en charge des indigents dans leur paroisse de résidence.

L'industrialisation met fin à cette logique protectrice. Le triomphe de l'idéologie libérale et du capitalisme impose l'idée que le travail est le fondement de toute richesse. Le pauvre physiquement valide est à nouveau perçu comme un individu nécessairement immoral, paresseux ou simulateur, qui ne « mérite » donc aucune compassion et doit être traité avec la plus extrême fermeté. L'argument est mis en avant par les élites anglaises pour faire adopter une nouvelle loi sur les pauvres (*New Poor Law*) en 1834. Les démunis sont alors regroupés dans des lieux clos (*workhouse*) et l'assistance ne leur est accordée qu'en échange d'un travail. Cette *workhouse* est alors présentée comme « le surveillant le plus sévère et le pire des payeurs », avec pour fonction véritable le dressage et la rééducation de tous ceux qui n'ont pas pu s'imposer la discipline productive qu'exige désormais le système capitaliste.

À la fin du XIXe siècle, pourtant, le développement du mouvement ouvrier et du socialisme favorise l'émergence d'une nouvelle morale, selon laquelle les pauvres qui ne travaillent pas sont eux aussi des victimes qu'il faut protéger. Sont adoptées alors les premières lois sociales concernant la protection contre le chômage, les accidents du travail, l'aide aux vieillards et aux infirmes, les secours aux femmes en couches, etc. Reste que, loin de mettre fin aux préjugés sur les « mauvais pauvres », l'émergence de l'État social réactive le vieil argument médiéval sur leur incivilité. Vus comme des parasites qui profitent des aides sociales financées avec les impôts des plus riches, ils sont dénoncés désormais comme des « assistés », un stéréotype qui s'inscrit dans le nouveau cadre communautaire qu'est l'État-nation. Cette logique nationale renforce également le lien ancestral établi entre le pauvre parasite et le migrant. C'est aussi l'un des arguments sans cesse repris depuis plus d'un siècle pour alimenter la xénophobie et le racisme.

Si le triomphe du système capitaliste a fortement ancré ces stéréotypes dans l'opinion publique, il faut préciser que les régimes communistes n'y ont pas mis fin pour autant. En URSS au contraire, dans l'entre-deux-guerres, les discussions autour de la notion de « parasitisme social » ont abouti à un programme d'État, intégré au premier plan quinquennal, qui prescrivait « la rééducation par le travail des personnes pratiquant la mendicité et le vagabondage ». Dès 1935, une « purge préventive » fut organisée à grande échelle, visant les éléments considérés comme « socialement étrangers ». Une fois de plus, les pauvres furent inclus dans un vaste ensemble de réprouvés : criminels, mendiants, vagabonds, etc.

Les enquêtes les plus récentes prouvent que les préjugés sur les « mauvais pauvres », ancrés dans notre histoire, sont encore très vivaces aujourd'hui. Les personnes en situation de pauvreté sont souvent perçues comme irresponsables, paresseuses, vivant aux crochets des autres. En 2017, 71 % des Français estimaient que la lutte contre l'« assistanat » devait être une priorité du gouvernement. Cette revendication, régulièrement relayée par les populistes de droite et d'extrême droite, se prétend justifiée par des raisons morales, plus particulièrement les valeurs liées au sens des responsabilités, à la persévérance et à l'honnêteté.

Les recherches menées au niveau international démontrent que ce préjugé est largement répandu dans le monde actuel. Une comparaison entre Paris, São Paulo et Delhi a notamment mis en évidence un point commun important, à savoir que les riches n'aiment guère les pauvres et en ont peur. Dans les trois villes concernées, les sociologues ont noté, en effet, que les plus riches mettaient en avant l'exemplarité de leur trajectoire pour justifier leurs privilèges, par opposition aux pauvres, présentés comme moins méritants qu'eux. L'analyse wébérienne concernant l'homme heureux qui veut justifier ses privilèges en affirmant que le déshérité n'a que ce qu'il mérite retrouve ici toute sa pertinence.

BIBLIOGRAPHIE

– Lucia Cecchet, *Poverty in Athenian Public Discourse : From the Eve of the Peloponnesian War to the Rise of Macedonia*, Stuttgart, Franz Steiner Verlag, 2015.

– André Gueslin, *Gens pauvres, pauvres gens dans la France du* XIX*e* *siècle*, Paris, Aubier, 1998.

– Michel Mollat [1978], *Les Pauvres au Moyen Âge. Étude sociale*, Bruxelles, Complexe, 2006.

– Serge Paugam, Bruno Cousin, Camila Giorgetti, Jules Naudet, *Ce que les riches pensent des pauvres*, Paris, Le Seuil, 2017.

– Jacques Rodriguez, « La "révolution" thatchérienne en perspective : l'Angleterre et ses pauvres depuis 1834 », *Cultures & conflits*, vol. 3, n° 35, 1999.

– Giacomo Todeschini, « Servitude et travail à la fin du Moyen Âge, La dévalorisation des salariés et les pauvres "peu méritants" », *Annales. Histoire, sciences sociales*, vol. 70, n° 1, 2015, p. 81-89.

– Max Weber [1921], *Sociologie des religions*, Paris, Gallimard, 1996.

VOIR ÉGALEMENT

Les aristocrates sont réactionnaires
Les artistes sont des parasites
Les riches gouvernent la France
Les réfugiés profitent du système

DIANA COOPER-RICHET

Les Anglais sont excentriques

ENTRE LES MEILLEURS ENNEMIS QUE SONT LA FRANCE ET la perfide Albion, c'est « l'amour vache » ! Cette longue incompréhension, voire cette méconnaissance réciproque, est naturellement à l'origine de préjugés. Relatifs à un supposé caractère national mettant tout le monde dans le même panier, ces préjugés s'ancrent progressivement dans les mentalités. Certains clichés, d'une grande longévité, évoluent au fil des relations changeantes entre les deux nations. D'autres, qui semblaient avoir disparu, réapparaissent à l'occasion d'une crise. Enfin, il n'est pas rare que différentes idées reçues coexistent au même moment. Elles varient alors selon la génération et le groupe social auxquels appartient la personne qui les véhicule.

Dès le Moyen Âge, les Anglais apparaissent aux yeux des Français comme orgueilleux, égoïstes, âpres au gain et, déjà, gens bizarres. La guerre de Cent Ans (1337-1453) y est sans doute pour quelque chose, et brûler Jeanne d'Arc ne réchauffe pas les relations entre les deux pays. Au XVIIe siècle, c'est la prétention des Britanniques qui fait l'objet de critiques. Pourtant, la méfiance à l'endroit de l'Angleterre se teinte d'une certaine admiration pour cette grande nation : au XVIIe siècle, vue de la France absolutiste, la monarchie britannique, avec son Parlement, paraît étrange. On continue de se méfier des Anglais, même des plus inoffensifs, surtout au moment où les deux pays s'opposent, comme lors des conflits liés à la succession d'Autriche. C'est ainsi qu'en 1748, le célèbre peintre et graveur William Hogarth (1697-1764), en visite à Calais, est arrêté pour espionnage alors qu'il se contentait de dessiner tranquillement sur les remparts.

Et pourtant, malgré la seconde guerre de Cent Ans – de la fin du XVIIe siècle jusqu'à la chute de Napoléon en 1815 –, les aristocrates français « anglomanes », amateurs de grand air et de chasse à courre, optent déjà pour la *riding coat* des *milords*, qui devient « redingote » en français, moins encombrante que leurs habits à la française. Au XIXe siècle, avec la révolution des transports, le nombre de visiteurs britanniques débarquant sur le *Continent* augmente progressivement. Les Anglais, qui appartiennent à « l'espèce voyageuse », semblent aux yeux de certains Français prendre l'Europe pour une promenade publique. Selon les almanachs du *Messager boiteux*, qui sont des hauts lieux de la lecture populaire, ils se déplacent avec un attirail spécial comportant un paletot totalement imperméable, une casquette fourrée, une carte routière détaillée, une lunette d'approche, des pommades, et des brosses.

En 1841, Charles Marchal, dans *Physiologie de l'Anglais*, décrit des malles anglaises à dix-huit compartiments, dans lesquelles il y a d'un côté le linge, de l'autre les hardes, chapeaux, souliers... Selon lui, les Anglais conservent toujours, dans leurs bagages, une petite place pour leur animal préféré. Ils ont également l'habitude de transporter un nécessaire de toilette de deux pieds de long et d'un pied de large, un étui à chapeaux, une petite pharmacie, un siège pliant, un parapluie, ainsi que quelques bottes d'ipécacuanha, une plante médicinale brésilienne aux multiples vertus.

Ainsi, bien que l'avance technique du Royaume-Uni soit admirée sur le *Continent*, les étranges insulaires qui arrivent de la « patrie des excentricités » inspirent toujours autant de scepticisme. Ils sont présentés comme l'incarnation parfaite de l'autre, de l'étranger. Ils sont différents, originaux, inclassables, insolites, bizarres, voire barbares comme leur langue. Ils sont extravagants, même ridicules, et donc abondamment caricaturés. On les dit parfois bruyants, grossiers, vulgaires, et cela avant même l'apparition sur le continent des premiers voyages organisés par Thomas Cook pour les Expositions universelles de 1855 ou 1867, à une époque où les visiteurs anglais appartiennent encore presque exclusivement à la bonne société.

Les nombreux lecteurs de romans-feuilletons, qui dans leur vie quotidienne ne croisent que très exceptionnellement un Anglais, se font pourtant de celui-ci des images mentales stéréotypées. Dans *Jeanne* (1844) de George Sand, par exemple, sir Arthur Harley est difficile à comprendre, son accent est absurde. Peintre et ami de la dame de Nohant, Charles Marchal estime, lui aussi, que la manière de se vêtir des Anglais prête unanimement à rire, tout comme Old Nick dans *Les Étrangers à Paris* (1844). Dans *Jean de la Roche* (1860), George Sand dépeint le savant Butler comme un « être à part », un « excentrique » mal habillé.

Les Anglaises sont également moquées pour leurs pieds prétendument grands, leurs dents supposées saillantes et leurs robes à taille basse. Les croquis qui en sont faits sont cruels : trop grandes, trop maigres, elles sont peu attirantes. Pour Hippolyte Taine, s'il y a bien quelques belles Anglaises, la plupart sont des « cigognes » aux « nez proéminents » et aux « mâchoires de macaques ». Leurs époux et leurs frères sont, quant à eux, taxés de misogynie. Leur méconnaissance du « beau sexe », voire leur cruauté envers les femmes, sont soulignées dans certains almanachs populaires dès le début du XIXe siècle. Enfin, les « Rosbifs » sont accusés de trop aimer la viande, de la manger crue et d'être des goinfres. En témoignent les caricatures d'Anglais joufflus et ventrus, qui n'imaginent d'autres plaisirs sur terre que ceux de la bouche et, tout au long du siècle, fréquentent avec assiduité les restaurants du quartier du Palais-Royal. Dans son tableau *The Gate of Calais or O, the Roast Beef of Old England* (1748), William Hogarth semble confirmer l'attrait que les Anglais éprouvent pour le rôti de bœuf, même lorsqu'ils sont à l'étranger. Quant à John Bull, personnage symbolisant l'Anglais typique, il est représenté poussant une brouette sur laquelle il a posé son ventre.

Au moment où se construisent les stéréotypes nationaux, l'Anglais se caractérise par son originalité, avec la figure du dandy, dont George Brummel ou Oscar Wilde sont des spécimens. Du début de la Troisième République jusque dans les années 1950, les manuels d'histoire de l'enseignement primaire, qui ont façonné l'imaginaire de générations de petits Français, présentent les Anglais comme étant les « ennemis héréditaires » de la France depuis la bataille d'Hastings en 1066, quand Guillaume le Conquérant envahit l'Angleterre. Pourtant, dans la décennie 1960-1970, les stéréotypes liés aux Anglais évoluent, grâce notamment au succès dans l'Hexagone des Beatles et des Rolling Stones, du mannequin Twiggy la « Brindille », ou de vedettes comme Jane Birkin et Petula Clark, qui charment par leur accent *British*, grâce encore à Charlotte Rampling, la plus française des actrices anglaises, Mary Quant et ses mini-jupes ou Laura Ashley et son look romantique. Londres devient alors la destination phare pour les jeunes à la recherche de tout ce qui est *trendy*.

Toutefois, en dépit de la multiplication des interactions entre les deux pays, de la généralisation de l'apprentissage de l'anglais devenu *lingua franca* et d'une meilleure connaissance les uns des autres, un certain nombre d'idées reçues se perpétuent. L'image de l'Anglaise aux grandes dents et aux grands pieds, telle qu'elle était véhiculée au XIXe siècle, est de retour au milieu des années 1950. Dans *Les Carnets du major Thompson* (1954), Pierre Daninos remet ce cliché, ainsi que beaucoup d'autres, au goût du jour, comme ceux relatifs au nécessaire de toilette et à l'incapacité des Anglais de parler une autre langue que la leur. Pour des Français qui ne connaissent pas beaucoup de films anglais et qui ne sont pas encore très nombreux à traverser la Manche, le film de Michel Lang *À nous les petites Anglaises* (1976) donne à voir de jeunes Français, éternels séducteurs, face à des « petites Anglaises » qui ont du mal à leur résister. Dans *Dunkerque* (2017), film d'un tout autre genre du Britannique Christopher Nolan, le rôle joué par l'armée française pendant cet épisode de la Seconde Guerre mondiale n'est pas, selon les critiques qui en ont été faites en France, assez mis en valeur. Le *Daily Mail*, un tabloïde populaire, évoque avec un humour grinçant le « courageux sacrifice » de l'armée française.

Au moment où l'Angleterre frappe à la porte de l'Europe – elle sera retoquée deux fois, en 1963 et 1967 –, la télévision française s'interroge, en avril 1962, dans l'émission « Cinq colonnes à la une » : l'Angleterre est-elle encore une île ? Ce pays et ses habitants n'ont-ils pas toujours eu des traditions difficilement compatibles avec celles des autres Européens ? Quatre décennies plus tard, le Brexit semble sans doute, aux yeux notamment de certains Français, Italiens et Espagnols, confirmer l'originalité, voire la bizarrerie, des Anglais.

Trop différents, trop flegmatiques, les « British », qui de leur côté jugent les « mangeurs de grenouilles » arrogants et mal élevés, ne respectent même plus leur fameux *fair play*, évoqué par Shakespeare pour caractériser la courtoisie en temps de guerre. Le comportement des hooligans dans les tribunes des stades de football, tout comme celui de certains athlètes britanniques lors des Jeux olympiques de 2012 à Londres, ont conduit la presse et les internautes français à critiquer vertement la soi-disant noblesse sportive des Britanniques. Ainsi, d'un couple franco-britannique – à l'image de l'improbable couple franco-allemand, moteur de la construction européenne –, il n'a jamais pu être question.

Décidément, avec cette excentricité qui constitue en partie leur identité, les Anglais sont bien difficiles à comprendre !

BIBLIOGRAPHIE

– François Crouzet, « Images d'outre-Manche : la France vue par les Britanniques. La Grande-Bretagne vue par les Français (1904-2004) », *Histoire, économie et société*, nº 1, 2006, p. 131-141.

– Jean Guiffan, *Histoire de l'anglophobie en France de Jeanne d'Arc à la vache folle*, Dinan, Terre de brume, 2004.

– Jean Guiffan, « L'anglophobie dans les premiers manuels d'histoire de l'enseignement primaire sous la Troisième République », dans Sylvie Aprile, Fabrice Bensimon (dir.), *La France et l'Angleterre au XIXe siècle. Échanges, représentations, comparaisons*, Paris, Créaphis, 2006.

– Ch.-V. Langlois, « Les Anglais du Moyen Âge d'après les sources françaises », *Revue historique*, t. 52, nº 2, 1893, p. 288-315.

– Charles Marchal, *Physiologie de l'Anglais à Paris*, Paris, Fiquet, 1841.

– Old Nick [pseudonyme de Paul-Émile Daurand-Forgues], « Les Anglais », *Les Étrangers à Paris*, Paris, Charles Warée, 1844.

VOIR ÉGALEMENT

Les Américains sont puritains
Les Français sont arrogants et mal élevés
Les Tchèques se prennent pour le cœur de l'Europe…
Les Allemands sont des ploucs
Les homosexuels sont tous efféminés
Pommie bastards !

EUGÉNIE BRIOT

Les femmes qui se parfument sont dangereuses

EN OCCIDENT, UNE FEMME JUGÉE TROP LOURDEMENT parfumée est susceptible de passer rapidement pour une séductrice, une femme de mœurs légères, en d'autres termes : une cocotte. En atteste l'expression « ça cocotte », qui renvoie à la désignation d'une puanteur inspirant le dégoût. Certes, l'utilisation de produits légèrement parfumés pour subvenir aux besoins de l'hygiène et de la toilette ne fait pas débat. La suspicion porte ainsi moins sur le parfum en général que sur certains types de parfums, et le dosage utilisé, qui supposent une intention de séduction. Mais si l'intention de séduire, dans l'imaginaire chrétien, marque un premier pas vers les péchés d'orgueil et de luxure, utiliser à cette fin des parfums constitue une circonstance aggravante pour celle qui y a recours. Plusieurs raisons se juxtaposent pour donner prise à ce préjugé.

La première relève d'un postulat commun à de nombreuses cultures : seuls les dieux sentent bon. D'un point de vue anthropologique en effet, dans quasiment toutes les religions, toutes les mythologies, c'est l'apanage des dieux que d'être agréablement parfumés, comme un signe de leur immortalité. Chez les Grecs, les dieux se manifestent par leur bonne odeur et se nourrissent de nectar et d'ambroisie parfumés. Pour les musulmans, Mahomet se distingue par sa sueur agréablement parfumée, et les chrétiens mentionnent la « bonne odeur » du Christ, dont la vie est placée sous le signe des aromates, des offrandes qui lui sont faites à sa naissance par les mages – or, encens et myrrhe (Matthieu 2, 11) – aux parfums de l'embaumement apportés par Joseph d'Arimathie et Nicodème (Jean 19, 40). Mais la nature humaine est bien différente, d'un point de vue olfactif, de la nature divine : condamnés, pour survivre, à ingérer de la nourriture et non à respirer des parfums, les hommes sont aussi condamnés à digérer cette nourriture et à puer. Parce qu'ils sont mortels, les hommes doivent ainsi composer avec leur nature corruptible et malodorante. Dans cette perspective, se parfumer, c'est faire preuve d'*hybris*, tenter de se hisser au-dessus de sa condition d'homme, de s'attribuer un peu de la nature des dieux.

Une deuxième raison est que le parfum est destiné à communiquer avec les dieux et non à séduire des hommes.

Pour porter aux dieux leur prière, en effet, les hommes leur sacrifient des produits odorants, bois et résines, et notamment toutes sortes d'encens. Cette pratique est à l'origine même du mot « parfum », dérivé du latin *per fumum* : « par l'intermédiaire de la fumée ». Le pouvoir de communication du parfum, qui s'élève, s'opère ainsi sur un mode « vertical ». Détourner ce pouvoir magique de sa vocation religieuse pour les besoins d'une communication « horizontale », sur le mode de la séduction, est donc tentant, et peut s'avérer redoutablement efficace. Dans l'Ancien Testament, les figures de femmes parfumées sont ainsi immanquablement séduisantes, voire irrésistibles, et même parfois fatales : avant d'être présentée au roi Assuérus, Esther « prend soin de [sa] toilette, six mois avec de l'huile de myrrhe, et six mois avec des aromates et des parfums en usage parmi les femmes » (Esther 2, 12) ; Judith se parfume pour séduire Holopherne (Judith 10, 3), de même que Ruth pour rejoindre Booz endormi (Ruth 3, 3).

Dans le monde antique, on doit donc se méfier des femmes parfumées. Mais, pour les chrétiens, ce détournement fait explicitement figure de transgression, et se parfumer pour séduire relève du sacrilège : dans les Évangiles, le geste de la pécheresse repentie sacrifiant ses parfums de prostituée aux pieds de Jésus (Luc 7, 36-50) réaffirme avec force que l'adoration d'un dieu est leur seul usage, et l'épisode, très présent dans l'iconographie religieuse, ancre durablement cette prescription dans l'imaginaire occidental.

Une troisième raison, enfin, explique pourquoi cet interdit touche plus spécifiquement les femmes, et tient à leur nature même : lorsqu'on est une femme, se parfumer, c'est chercher à dissimuler l'odeur du péché, et cette intention constitue un blasphème. Jusqu'à une époque relativement récente, le fait allait absolument de soi : seules les femmes sentent terriblement mauvais. Dans les années 1970 encore, les publicités pour le savon déodorant Dédoril par exemple, comme beaucoup d'autres, mettaient en scène une femme levant un bras, sous le nez froncé d'une malheureuse victime masculine (un tailleur, un chirurgien, un patron...) avec pour constat : « À vue de nez, il est 17 heures ».

Montaigne, reprenant le poète latin Plaute (*Mostellaria*, 273), écrit déjà au chapitre 55 du premier livre des *Essais* (1595) : « La plus exquise senteur d'une femme, c'est ne sentir rien. [...] Et les bonnes senteurs étrangères, on a raison de les tenir pour suspectes à ceux qui s'en servent, et d'estimer qu'elles soient employées pour couvrir quelque défaut naturel de ce côté. »

Car cette mauvaise odeur des femmes n'est autre que la marque olfactive indélébile du péché originel. Elle signe la faute qu'un Père de l'Église comme Tertullien (vers 155-vers 225) rappelle dès les origines du christianisme : « Ève, c'est toi, et tu l'oublies ! La sentence de Dieu pèse ici-bas sur tout le sexe ; il faut donc que le châtiment pèse sur lui. [...] C'est à cause de ton mérite, de ta mort, veux-je dire, que le Fils de Dieu a voulu mourir : et tu songes à recouvrir d'ornements impudiques ces tuniques de peau, témoins de ta honte » (Tertullien, *De l'ornement des femmes*, I, 1). Au XIXe siècle, ces représentations sont encore bien vivaces. Dans *La Faute de l'abbé Mouret* de Zola (1875), le frère Archangias voit dans l'odeur des femmes un signe de la présence en elles du Tentateur : « Elles ont le diable dans le corps. Elles puent le diable ; elles le puent aux jambes, aux bras, au ventre, partout... C'est ce qui ensorcelle les imbéciles. »

Analysant en 1903 la physiologie féminine, le Dr Monin explique dans son ouvrage *Les Odeurs du corps humain, causes et traitements* : « Le mucus vaginal a normalement une odeur fade et caractéristique, qui devient forte aux périodes d'invasion des règles : c'est l'*odor di femina*, l'odeur du rut, qui, pour les animaux, est l'un des principaux facteurs de l'accouplement. » Il conclut tout naturellement quelques pages plus loin : « Les parfums ont eu, d'abord, une origine religieuse : longtemps, on les employa au culte exclusif des dieux et des morts. Puis, la femme s'en empara, dans un but d'influence sur l'homme, et – pourquoi ne pas le dire, puisque l'Écriture en fait souvent mention ? – dans un but de purification et de mauvaises odeurs à masquer. » Dès lors, l'usage profane du parfum par les femmes paraît d'autant plus sacrilège qu'il marque par ailleurs une volonté de dissimulation : il s'agit de masquer cette *odor di femina*, marque indélébile du péché (appelée ainsi en référence au Don Giovanni de Mozart s'écriant : « *Mi pare sentir odor di femmina !* » [acte I, scène 2]).

La condamnation qui pèse sur le parfum rejoint ainsi celle qui porte, depuis les origines du christianisme, mais qui était également présente dans le monde antique païen, sur la coquetterie, et plus généralement le soupçon de séduction. Dans une perspective chrétienne, l'orgueil, voire la luxure, sont à l'œuvre dans les effluves du parfum. Mais surtout, se parfumer revient à contrefaire l'œuvre de Dieu, comme c'est le cas pour le maquillage : « Ce qui offense grièvement [Dieu], c'est l'extravagante attention qu'ont plusieurs femmes à user de cent sortes d'ingrédients pour rendre leur peau blanche et unie, pour farder leur visage, pour colorer leurs joues avec du vermillon, pour noircir leurs yeux avec de la suie. [...] Ce que nous recevons en naissant est l'œuvre de Dieu : par conséquent ce que l'on y ajoute est l'œuvre du démon » (Tertullien, *De l'ornement des femmes*, II, 5).

Une réserve s'impose cependant : parce que les plantes odorantes sont nimbées, dans l'imaginaire humain, de pouvoirs magiques, et qu'elles sont utilisées pour soigner les hommes depuis les temps les plus anciens, l'utilisation de parfums, même relativement puissants, n'est pas en elle-même condamnée par l'Église : elle se conçoit dans un contexte hygiénique et médical, ce dont témoignent les jardins des monastères, où sont cultivés les simples et les aromates utilisés pour fabriquer les remèdes destinés aux hommes aussi bien qu'aux femmes. Dans les représentations, dès le Moyen Âge, la mauvaise odeur elle-même étant le vecteur de la maladie, la bonne permet de s'en protéger. Dans le dernier quart du XIXe siècle cependant, les théories pasteuriennes se diffusent, dissociant le miasme, c'est-à-dire la mauvaise odeur, du microbe, l'agent pathogène. Le parfum perd alors peu à peu son statut prophylactique et thérapeutique, et l'odorat celui de sens de la préservation, pour être ravalés, l'un au rôle de parure, l'autre à celui de vestige d'une certaine animalité, qu'il convient de dompter.

Si le parfum n'est alors plus un préservatif contre la maladie, toute ambiguïté s'efface, et, au-delà des bornes qualitatives et quantitatives d'une fraîcheur tout hygiénique, aucun doute n'est plus permis : être sensiblement parfumée, c'est être parée, voire chercher à séduire ! Le préjugé portant sur le parfum gagne encore en portée. Dans un contexte où l'imaginaire de la femme se cristallise autour de celui de la fleur, du *Lys dans la vallée* à l'Art nouveau, certaines notes florales légères sont encore tolérées, mais les odeurs animales font l'objet d'une forte stigmatisation, notamment le musc. Tandis que sous l'Ancien Régime on pouvait faire grand usage de produits parfumés, les hommes comme les femmes (et même de notes florales), au XIXe siècle, un homme trop parfumé ne se conçoit plus que comme un inverti sexuel. Car le parfum est définitivement l'apanage de la féminité, et le signe d'une volonté de dissimulation du péché.

Ce préjugé n'est pas spécifique au contexte culturel occidental et chrétien. En ce qui concerne la religion musulmane, le prophète Mahomet a dit : « Il m'a été donné d'aimer de votre monde trois choses : les femmes, le parfum et la prière, qui est mon suprême plaisir. » Le Coran n'interdit donc pas l'usage des parfums, et le paradis musulman est parfumé de senteurs délicieuses. Pour autant, parmi les hadiths qui guident les pratiques des croyants, régulièrement rappelés dans les fatwas d'aujourd'hui, plusieurs interdisent explicitement l'usage des parfums à la femme hors de chez elle, et notamment pour se rendre à la prière. Si ces parfums sont destinés à prévenir de mauvaises odeurs, et s'ils ne sont pas perçus par les autres personnes, alors ils sont autorisés, mais s'en servir de façon perceptible fait de la femme une tentatrice désireuse d'éveiller le désir masculin.

De nos jours, si le préjugé s'est globalement assoupli, de nombreux parfums portent encore des noms dont la connotation se veut sulfureuse : My Sin (Lanvin, 1925, relancé en

2017), Scandal (Lanvin, 1931 ; Jean Paul Gaultier, 2017), Shocking (Schiaparelli, 1937), Rumeur (Lanvin, 1934 et 2006), L'Interdit (Givenchy, 1957 et 2018), Opium (Yves Saint Laurent, 1977), Obsession (Calvin Klein, 1985), Poison (Christian Dior, 1985), Guilty (Gucci, 2010)..., montrent bien qu'il n'est toujours pas tout à fait innocent, pour une femme, de porter un parfum. Mais désormais, autres temps, autres mœurs : Obsession (1986), Guilty (2011) ou Scandal (2021) se déclinent aussi au masculin.

BIBLIOGRAPHIE

– Sophie-Valentine Borloz, *Les femmes qui se parfument doivent être admirées de loin*, Lausanne, Archipel, 2015.

– Constance Classen, David Howes, Anthony Synnott, *Aroma. A Cultural History of Smell*, Londres/New York, Routledge, 2002.

– Alain Corbin [1982], *Le Miasme et la Jonquille. L'odorat et l'imaginaire social, XVIIIe-XIXe siècles*, Paris, Flammarion, 2016.

– Jim Drobnick, *The Smell Culture Reader*, Oxford/New York, Berg, 2006.

– Annick Le Guérer [1988], *Les Pouvoirs de l'odeur*, Paris, Odile Jacob, 2002.

– Mark M. Smith, *Smell and History. A Reader*, Morgantown (WV), West Virginia University Press, 2018.

VOIR ÉGALEMENT

La Mauresque s'en va toujours seins nus

Les roux sont faux et sentent mauvais

Les femmes sont hystériques

Les Noirs sentent fort et les Blancs sentent la mort

Les homosexuels sont tous efféminés

MARTIAL POIRSON

Les artistes sont des parasites

DANS SON *DICTIONNAIRE DES IDÉES REÇUES*, GUSTAVE Flaubert procède à l'inventaire des préjugés de son temps. Près de mille entrées pour ce manuscrit publié à titre posthume en 1913 en appendice de *Bouvard et Pécuchet*. Une place de choix est réservée aux artistes : « Gagnent des sommes folles, mais les jettent par les fenêtres. Ce qu'ils font ne peut s'appeler *travailler*. Souvent invités à dîner en ville. » Sous l'ironie mordante du romancier, connu pour avoir refusé d'écrire pour l'argent et s'être tenu à l'écart des médias, une même revendication : la posture du dilettante qui refuse de vivre de sa plume et condamne tout travail littéraire alimentaire. Dans une lettre à son amante Louise Colet datée du 26 août 1847, il précise : « Quant à gagner de l'argent, non ! non ! et à en gagner avec ma plume, jamais ! jamais ! [...] le métier d'homme de lettres me répugne prodigieusement. J'écris pour moi, pour moi seul, comme je fume et comme je dors. C'est une fonction presque animale tant elle est personnelle et intime. » Selon Flaubert, l'argent en art est signe de compromission.

Ainsi, les artistes devraient faire preuve de désintéressement et rejeter toute dimension mercantile de leur activité. Mais comment considérer un métier qui prend un soin si ostensible à affirmer qu'il ne relève pas d'un travail méritant salaire, tout en revendiquant une position éminente au sein de la société ? La tentation est grande de prendre les artistes pour des privilégiés (qui pourrait se permettre de travailler sans se soucier d'être payé ?), des oisifs (que font-ils de leur temps libre, s'ils ne sont pas assujettis à un emploi ?), des rêveurs (ils n'ont pas conscience des réalités de ce monde), et, plus que tout, des parasites (ils vivent aux crochets de la société qui les entretient). Louis Aragon revendique de façon provocatrice ce dernier qualificatif. En 1934, il écrit dans *Les Cloches de Bâle* : « Nous sommes tous des parasites. Pourquoi ne pas l'avouer ? Il n'y a là rien qui me choque. En quoi est-il mieux d'être la bête qui a des parasites, que le parasite sur le dos du bétail ? Pour moi, je pense tout au contraire que c'est là ce qui s'appelle la civilisation. »

Déjà au XVIIIe siècle, l'économiste écossais Adam Smith, pourtant persuadé que l'intérêt égoïste gouverne le monde et que la division du travail garantit l'opulence, percevait les artistes comme une exception. Dans *La Richesse des nations*, paru en 1776, il définissait comme travail improductif l'activité des artistes, au motif que « leur ouvrage à tous, tel que la déclamation de l'acteur, le débit de l'orateur ou les accords du musicien, s'évanouit au moment même qu'il se produit». Selon toute évidence, l'artiste ne peut vivre de son art, ce qui compromet son insertion dans la société et rend suspecte son utilité.

Les chiffres confortent cette représentation commune d'une activité non rémunératrice, puisque aujourd'hui en France seuls 2 % des écrivains vivent de leur plume. Sur les cent mille auteurs, poètes, scénaristes et illustrateurs français ayant perçu des droits d'auteurs en 2013, l'immense majorité exerçait une activité annexe (enseignement, journalisme, édition), ces droits ne représentant que 12 % de leur revenu annuel, selon une étude du ministère de la Culture et de la Communication. Le Centre national du livre estime qu'un auteur perçoit aujourd'hui en moyenne 1 460 euros de revenu mensuel, soit à peine le Smic, qui proviennent souvent d'autres activités que celles d'auteur. Une situation d'autant plus incompréhensible pour l'opinion publique que cette pauvreté contraste avec leur forte visibilité médiatique. La plupart des préjugés à l'égard des artistes s'expliquent par cette contradiction entre précarité matérielle et reconnaissance symbolique.

Considéré dès l'antiquité gréco-romaine comme hôte perpétuel, amuseur public ou fou du roi, jouissant de la prodigalité d'un riche mécène ou d'un puissant protecteur, l'artiste est très tôt associé à la figure du parasite, mais accepté parce qu'il s'inscrit dans un écosystème sociétal : le théâtre latin le met en bonne place aux côtés des proxénètes, des prostituées et des esclaves, en particulier chez Plaute, dans *Le Parasite ou le Charançon*. Au IIe siècle de notre ère, Lucien de Samosate fait le portrait des parasites de profession en des termes à la fois élogieux et teintés d'ironie. Dans *Que le métier de parasite est un art*, il soutient que cette activité est indispensable du point de vue social. Si l'artiste vit sur le dos d'autrui, à l'instar d'un Socrate payant ses hôtes par sa conversation, c'est parce qu'il s'inscrit dans une société où le loisir est une prérogative de l'homme libre, et le travail un mal nécessaire pour ceux qui ne peuvent s'en affranchir. Convive, compagnon, conseiller et confident, le parasite est donc l'ornement et le signe ostensible d'opulence de toute famille prospère.

Cette représentation persiste jusqu'au Moyen Âge, où il est d'usage d'accueillir en sa demeure bouffons, saltimbanques, trouvères et troubadours. Tous sont reçus comme des convives à la table du seigneur afin de divertir l'assemblée en échange du gîte, du couvert et de subsides en nature. Pourtant, ces pratiques d'hospitalité médiévales deviennent sujet de moquerie à partir de la Renaissance, à mesure que le milieu artistique se professionnalise et que se développe une culture du profit. En 1552, Rabelais définit le parasite dans *Le Quart Livre* comme un « bouffon, causeur, jongleur, cherchant ses repues franches » (repas gratuits), autrement dit un pique-assiette. Un jugement qui n'est cependant pas unanime, puisque se développent, à partir du XVIIe siècle, les salons mondains, dont les cercles littéraires et les théâtres de société sont d'intenses foyers culturels appréciés dans toute l'Europe jusqu'à la Révolution française. Monarques, princes, aristocrates de haut rang et riches bourgeois s'entourent d'artistes qui sont leurs invités permanents, autrement dit leurs faire-valoir. Un contrat tacite permet d'échanger subsistance contre réputation, l'artiste se sentant obligé de vanter la générosité de son protecteur. C'est aussi un outil d'ambassade et de gouvernement permettant de ne pas recourir à la censure, car on ne mord pas la main qui nous nourrit.

Reste que l'artiste, qui revendique de plus en plus de pouvoir vivre de son art et aspire à une rémunération de son labeur, à une époque où n'existe encore aucune règle de propriété intellectuelle, devient la cible de satires lui prêtant des intentions malveillantes. Lui-même maître de cérémonie des somptueuses fêtes de Louis XIV, Molière fait pourtant le portrait à charge de la vénalité des maîtres de danse et de musique dans le *Bourgeois gentilhomme*, représenté en 1670 devant le roi, qualifiant de « douce rente » la prodigalité d'un riche mécène dont ils font leur dupe. Denis Diderot, au siècle suivant, donne une ampleur nouvelle à cette critique dans *Le Neveu de Rameau*, peinture sans concession de la duplicité de l'artiste : « Aujourd'hui, en linge sale, en culotte déchirée, couvert de lambeaux, presque sans souliers, il va la tête basse, il se dérobe, on serait tenté de l'appeler, pour lui donner l'aumône. Demain, poudré, chaussé, frisé, bien vêtu, il marche la tête haute, il se montre et vous le prendriez au peu près pour un honnête homme. Il vit au jour la journée. Triste ou gai, selon les circonstances. »

Tout concourt alors à ne pas prendre au sérieux le travail de l'artiste. Pourtant le mot, apparu à la fin du XIVe siècle, désigne selon Christine de Pisan « un homme de métier », autrement dit, un artisan exerçant une technique complexe, une maîtrise d'ouvrage reconnue par ses pairs. Ce n'est qu'à la fin du XVIIe siècle qu'artisan et artiste se distinguent : le premier reproduit un savoir-faire, le second fait œuvre d'invention. Toutefois, sous la Révolution française, il demeure possible de qualifier d'artiste un perruquier ou un bottier. Le terme « artiste » désigne surtout une personne qui se voue à l'expression du beau, sens qu'on retrouve au siècle suivant au sein des Beaux-Arts. « Toute personne qui se propose autre chose que le beau n'est pas artiste à nos yeux », déclare sans appel Théophile Gautier en décembre 1856, lorsqu'il prend la direction du journal *L'Artiste*. Dans la Préface de *Mademoiselle de Maupin*, publié dès 1835, il précise : « Il n'y a de vraiment beau que ce qui ne peut servir à rien. Tout ce qui est utile est laid ». Autant dire que l'artiste au XIXe siècle adopte une posture nouvelle : plutôt que de perpétuer la stigmatisation héritée des siècles passés, il préfère opter pour une marginalité choisie. Malgré l'absence de naissance, de fortune et de pouvoir, il revendique l'appartenance à une élite autoproclamée, une sorte de noblesse culturelle. Quitte à considérer l'insuccès comme un gage d'excellence.

La mythologie personnelle de l'artiste s'oppose désormais au conformisme de la morale bourgeoise, en particulier chez des *dandys* tels qu'Oscar Wilde ou George Brummell en Angleterre : l'excentricité est de mise, tout comme la transgression des normes sociales, pour cette élite en marge. Celle-ci apparaît dès lors comme défiant la culture nationale, comme l'affirme Alfred de Musset dans *Lorenzaccio* : « Les grands artistes n'ont pas de patrie. » Un internationalisme qui les fait percevoir comme une menace, à l'heure où s'exprime un patriotisme exacerbé.

« L'immense classe des artistes », selon Charles Baudelaire dans le *Salon* de 1839, revendique ainsi les préjugés sociaux dont elle est victime, transformant l'opprobre en fierté. Balzac, dans un article consacré aux « causes qui font réprouver l'artiste », publié la même année sous le titre

« Des artistes », énumère ces lieux communs pour mieux les contredire, persuadé que « l'artiste commande à des siècles entiers ; il change la face des choses, il jette une révolution en moule ; il pèse sur le globe, il le façonne ». S'il est dispendieux, c'est parce que « son génie est un don perpétuel » ; s'il manque de volonté, c'est parce qu'« on nomme paresse ses heures de travail, et son désintéressement lâcheté » ; enfin, si « toute la colère des passions tombe sur l'artiste », c'est parce qu'il est la vivante incarnation des progrès de l'esprit humain. Et de conclure que dans une nation civilisée, « quand une lumière brille, on accourt l'éteindre, car on la prend pour un incendie ».

La mythologie de l'artiste oisif tend par conséquent à s'ériger en art de vivre, au motif qu'il a le rare privilège d'avoir pour métier sa distraction favorite, rendant poreuse la frontière entre loisir et labeur. En 1911, dans *L'Art*, Auguste Rodin voit même dans cette inversion de valeurs, non plus l'exception mais le modèle à imiter par le genre humain : « Combien l'humanité serait plus heureuse, si le travail, au lieu d'être pour elle la rançon de l'existence, en était le but ! Pour que ce merveilleux changement s'opère, il suffirait que tous les hommes suivissent l'exemple des artistes, ou mieux qu'ils deviennent des artistes eux-mêmes : car le mot, dans son acception la plus large, signifie pour moi ceux qui prennent plaisir à ce qu'ils font ».

Cette généralisation du modèle de l'artiste participe à sa récupération institutionnelle et marchande au XXe siècle, l'art s'immisçant désormais dans les moindres aspects du quotidien, même les plus prosaïques. Une dérive qui n'échappe pas, en 1932, à la verve satirique de Céline dans *Voyage au bout de la nuit* : « Et puis des artistes en plus, de nos jours, on en a mis partout par précaution, tellement qu'on s'ennuie. Même dans les maisons, où on a mis des artistes avec leurs frissons à déborder partout et leurs sincérités à dégouliner à travers les étages. [...] On décore à présent aussi bien les chiottes que les abattoirs. » L'illusion selon laquelle il y aurait un artiste qui s'ignore en chacun de nous est véhiculée de nos jours par les émissions de téléréalité, les chaînes d'internautes, les réseaux sociaux et les publicités, amplifiant la suspicion sur les carrières artistiques.

Le préjugé à l'égard de l'artiste se perpétue à travers l'image du dilettante profitant des largesses de la subvention publique et usurpant l'impôt consenti par les professions laborieuses, entendons par là sérieuses. Le milieu des spectacles en fait particulièrement les frais. Les comédiens sont accusés tantôt de vivre grassement des cachets mirobolants du show-business, tantôt de survivre chichement des indemnités de l'intermittence. Mais aussi l'art contemporain, où le geste provocateur de l'artiste d'avant-garde est souvent perçu comme une imposture artistique.

BIBLIOGRAPHIE

— Pierre Bourdieu, *Les Règles de l'art. Genèse et structure du champ littéraire,* Paris, Le Seuil, 1992.

— Pierre Bourdieu [1981], « Mais qui a créé les créateurs ? » dans *Questions de sociologie*, Paris, Minuit, 2002.

— Nathalie Heinich, *L'Élite artiste. Excellence et singularité en régime démocratique*, Paris, Gallimard, 2018.

— Nathalie Heinich, *Être artiste. Les transformations du statut des peintres et des sculpteurs*, Paris, Klincksieck, 2005.

— Bernard Lahire, *La Condition littéraire. La double vie des écrivains*, Paris, La Découverte, 2006.

— Pierre-Michel Menger, *Portrait de l'artiste en travailleur. Métamorphoses du capitalisme*, Paris, Le Seuil, 2002.

VOIR ÉGALEMENT

Les pauvres vivent sur le dos des riches
Les intellectuels sont déconnectés du réel
Les Africains n'ont pas d'histoire
L'art contemporain n'est pas vraiment de l'art
Les Beatles sont bien élevés et les Rolling Stones sont des voyous
Les réfugiés profitent du système

ADÈLE SUTRE

Les Tsiganes sont des voleurs de poules et d'enfants

PARMI LES NOMBREUX STÉRÉOTYPES DONT LES TSIGANES font l'objet, celui de voleur est sans doute le plus communément admis, quel que soit le groupe considéré (Gitans, Manouches, Sinti, Roms, pour n'en citer que quelques-uns). Voleurs de poules, voleurs d'enfants, voleurs tout court : ils seraient même les voleurs des clous de la croix du Christ selon une légende répandue à travers toute l'Europe. Un forgeron itinérant tsigane aurait en effet accepté de fabriquer les clous pour la crucifixion de Jésus alors que tous les forgerons de Jérusalem avaient refusé. Il ne parvint jamais à forger le quatrième et fut frappé d'une malédiction, condamné à une errance perpétuelle, à la pauvreté et à la mendicité. Une autre version rapporte que le quatrième clou aurait été volé au moment de la crucifixion par un Tsigane. La malédiction devint alors bénédiction, les Tsiganes bénéficiant désormais d'un régime d'exception leur accordant le droit de voler.

Cette légende, dont la longévité n'a d'égale que la diversité des versions, s'inscrit dans un contexte socioculturel plus large. Dès l'apparition, dans des sources écrites européennes, de groupes identifiés comme tsiganes, alors appelés Égyptiens ou Bohémiens, ceux-ci sont associés à la pénitence, à l'aumône et au vol. La culture populaire européenne tisse ainsi un réseau d'histoires entrecroisées et intégrées aux patrimoines culturels des différentes identités nationales qui s'élaborent au XIXe siècle. Une figure féminine se distingue : celle de la diseuse de bonne aventure, étroitement associée à la tromperie et à l'escroquerie, et qui fait l'objet de nombreuses représentations picturales. Le Caravage réalise, par exemple, à la fin du XVIe siècle, deux tableaux représentant une Bohémienne lisant les lignes de la main d'un jeune homme et en profitant pour lui subtiliser sa bague. Quelques décennies plus tard, Georges de La Tour peint un jeune homme se faisant prédire l'avenir par une Bohémienne tandis que trois autres femmes profitent de son inattention pour le voler.

La littérature exploite également le thème du vol dans des récits mettant en scène des personnages tsiganes. Au XIXe siècle, l'essor de la presse contribue à diffuser et à démultiplier le motif. À l'évocation du moindre fait divers les concernant – et qu'importe si la véracité n'est pas toujours avérée – s'ajoute la publication de longs reportages plus ou moins fantaisistes et qui reprennent systématiquement les mêmes images : une vie d'errance et de voyage ponctuée de rapines et de rites mystérieux. Les titres sont évocateurs : « Un peuple vagabond, parias et nomades » (*Journal des voyages*, 1907), « La plaie des campagnes. Les Romanichels » (*L'Ami du cultivateur*, 1907) ou encore « Cannibales et pèlerins. Le peuple vagabond » (*Vu*, 1929). En 1931, on peut lire dans le journal *Sciences et voyages*, dans un article intitulé « Le peuple errant » :

> Il est du Bohémien comme du loup, qui fait trembler encore les enfants de nos campagnes. Les loups ont disparu, mais il est bien vrai que jadis ils rôdaient jusque dans les villages. Les Bohémiens ne volent plus guère chez nous que des poules. Mais il est bien vrai que, jadis, ils ont volé des enfants et que, dans certains pays, ils en volent toujours.

Le vol d'enfants est un motif récurrent : la littérature et la presse regorgent d'histoires terrifiantes. Cervantès dans sa *Petite Gitane*, publié en 1613, raconte l'histoire d'une petite fille enlevée par des Gitans. Deux siècles plus tard, Victor Hugo met en scène son Esméralda élevée dès son plus jeune âge par des Bohémiens. Au début du XXe siècle, *Le Petit Journal illustré* n'hésite pas à recourir à des images spectaculaires d'enfants se débattant pour échapper à leurs ravisseurs, dont la roulotte est arrêtée en bordure d'un chemin. Le numéro de *Sciences et voyages* de 1907 déjà cité n'est pas en reste : « Il fut une époque [...] où l'on ne pouvait pas assister à un mélodrame ni lire un roman-feuilleton, sans y retrouver le "personnage sympathique" indispensable, sous les traits d'un enfant enlevé par les bohémiens. » Et pourtant, ajoute l'auteur de l'article, « si nous regardons autour de nous, nous ne trouverons personne qui ait été mêlé, directement ou non, à une aussi tragique aventure ».

En effet, où qu'elles aillent, les populations identifiées comme *tsiganes* font face à la suspicion du vol d'enfants, alors même qu'aucune enquête n'a jamais prouvé la véracité de telles accusations. Ainsi, en Pennsylvanie en 1915, quand le petit James Glass échappe à la surveillance de ses parents et disparaît, des Roms qui travaillaient dans une fête foraine à proximité sont immédiatement soupçonnés. Le FBI s'empare de l'enquête, qui dure plusieurs années. La famille suspectée de l'enlèvement est surveillée dans ses voyages à travers toute l'Amérique latine pendant plus de cinq ans et ses membres sont interrogés régulièrement. En 1923, le corps du petit garçon est retrouvé dans un marécage à proximité du lieu où il avait disparu et l'enquête conclut qu'il s'est probablement perdu dans la forêt. Hélas, l'on ne tire pas toujours les enseignements du passé, et les rumeurs de kidnappings, entretenues parfois pour effrayer les enfants, n'ont pas disparu.

En 2013, l'Europe s'émeut d'une petite fille blonde découverte par la police grecque dans un campement de Roms jugés bien trop foncés de peau pour être ses parents biologiques. L'enfant est retirée à la famille, qui affirme qu'elle lui a été confiée par des Roms bulgares, qu'ils connaissent et avec qui ils ont travaillé en Grèce. L'enquête leur donne raison. Au printemps 2019, la rumeur selon laquelle des Roms enlèveraient des enfants dans la région parisienne se répand sur les réseaux sociaux. Elle conduit à de violentes expéditions punitives. Des hommes sont roués de coups alors qu'aucune enquête n'a été ouverte et que les accusations sont infondées. L'enlèvement d'enfant par des Tsiganes est une légende qui a la vie dure.

Le stéréotype discriminant selon lequel les Tsiganes seraient tous des voleurs doit être examiné à la lumière d'un autre cliché, tout aussi tenace, qui les considère comme une population homogène, entretenant un rapport à l'espace spécifique généralement associé au nomadisme. C'est ainsi, par exemple, que la France, à partir de 1912, surveille et réglemente la circulation de ceux qui sont désormais appelés « Nomades » et qui constituent une catégorie hétéroclite rassemblée autour d'un mode de vie commun caractérisé par l'itinérance.

En 1969, les « Nomades » deviennent les « Gens du voyage », une catégorie administrative au nom tout aussi évocateur. L'étude des débats préparatoires à la loi de 1912 fait apparaître un certain nombre de stéréotypes. Les Tsiganes seraient apatrides, sans territoire ni ancrage historique, leur infatigable mobilité faisant d'eux des figures idéales de contrebandiers, espions et voleurs qui se joueraient des frontières comme des lois. La réalité est tout autre : ces populations sont bien souvent sédentaires et ancrées depuis des siècles dans les mêmes régions, voire les mêmes villages. Ceux qui ont un mode de vie itinérant circulent généralement au sein d'espaces très circonscrits, le plus souvent depuis plusieurs générations. Leur mobilité s'adosse alors à des pratiques professionnelles spécifiques qui sont la clé de leur intégration au tissu socio-économique local. L'idée d'une unité tsigane s'avère être une construction sociale, savante et politique selon laquelle il existerait sous ce nom un peuple homogène malgré sa dispersion spatiale. Or, loin de partager un mode de vie commun, tous les groupes considérés comme appartenant à la catégorie « tsigane » se caractérisent par des façons différentes de se fixer localement, de se déplacer, de prendre part à la vie économique, sociale, culturelle ou politique des espaces où ils vivent.

Déconstruire ces stéréotypes permet d'éclairer les mécanismes de l'anti-tsiganisme et, au-delà, fournit des clés de lecture pour comprendre les sociétés tsiganes et, plus largement, européennes. L'ancienneté et l'incroyable résilience de ces clichés montrent comment tout un imaginaire socioculturel s'est élaboré en Europe sur la longue durée et dans une dynamique transnationale, en lien avec la construction des identités nationales de chaque pays au XIXe siècle. Ces images ont ensuite circulé hors d'Europe à la faveur de deux mouvements croisés : d'une part celui des migrations européennes et, d'autre part, celui des mobilités déployées dans le cadre des dynamiques de colonisation. C'est ainsi qu'à travers toute l'Amérique, mais aussi en Australie, en Afrique du Sud, au Maghreb ou en Asie orientale, se retrouvent les mêmes stéréotypes qui se transposent sans difficulté à des époques et dans des territoires divers.

Ces clichés trahissent avant tout la méconnaissance tenace d'un monde social, économique et culturel d'une grande richesse. Une partie des affaires dites de « vol d'enfant », par exemple, se révèle en réalité être une pratique répandue – qui est loin d'être spécifique des populations tsiganes – de prise en charge d'enfants en cas de situation familiale critique. Pas de kidnappings donc, mais une solidarité familiale, voire communautaire. Quant aux accusations de vol, elles comportent en filigrane une autre idée reçue : celle que les Tsiganes ne travaillent pas et n'ont donc pas de ressources, ce qui les contraindrait à voler ou à mendier. Pourtant, de nombreux groupes tsiganes sont réputés pour leurs savoir-faire qui leur procurent de solides revenus. C'est le cas, par exemple, des chaudronniers, dont les compétences sont très recherchées au début du XXe siècle, des familles spécialisées dans le commerce de chevaux, bien connues du monde des courses hippiques, ou encore de celles appartenant à l'univers animé des commerçants et artisans ambulants.

Ces activités ont été bouleversées par les transformations socio-économiques de la seconde moitié du XXe siècle, conduisant certains à se reconvertir dans d'autres domaines comme le commerce de voitures d'occasion, la ferraille ou encore le bâtiment. Aux côtés de ces activités emblématiques, il faut souligner l'importance du salariat et la pratique de métiers d'une grande diversité, mais qui passent inaperçus car moins visibles aux yeux des « autres ».

S'il est une constante dans l'histoire des populations identifiées comme tsiganes, ce sont bien les stéréotypes dont elles font l'objet. Ces images, parfois positives, souvent négatives, construisent un cadre de référence ambivalent : les Tsiganes fascinent tout autant qu'ils repoussent. Ils sont érigés en idéal de liberté, mais incarnent aussi les figures moins avenantes de l'escroc et du voleur. Ce paradoxe constitue l'un des éléments de définition de l'anti-tsiganisme, construction sociale complexe qui s'appréhende sur le temps long, à travers la résilience des stéréotypes et des discriminations nourris par la littérature, l'iconographie, la musique puis, plus tard, le cinéma. Ces stéréotypes sont révélateurs aussi des relations entre

Tsiganes et *gadje* (non-Tsiganes), des relations faites d'un mélange de fascination, de défiance et de rejet, mais qui trahissent aussi une inclusion longue et ancienne de ces populations dans les sociétés européennes. Une inclusion ambiguë, certes, mais qui conduit à relativiser l'image d'une population vivant radicalement en marge de la société.

BIBLIOGRAPHIE

– Ilsen About, « Une nouvelle histoire des Tsiganes ? », *La Vie des idées*, 13 juillet 2015.

– Henriette Asséo, « Figures bohémiennes et fiction, l'âge des possibles 1770-1920 », *Le Temps des médias*, vol. 14, nº 1, 2010, p. 12-27.

– Marc Bordigoni, *Gitans, Tsiganes, Roms... Idées reçues sur le monde du Voyage*, Paris, Le Cavalier bleu, 2019.

– Jean-Pierre Cavaillé, « Les clous du Christ dans le légendaire tsigane », *HAL*, 2021 (consultable sur : https://hal.archives-ouvertes.fr/hal-03129628/).

– Catherine Coquio, Jean-Luc Poueyto, *Roms, Tsiganes, Nomades. Un malentendu européen*, Paris, Karthala, 2014.

– Adèle Sutre, *Géopolitique des Tsiganes. Des façons d'être au monde entre circulations et ancrages*, Paris, Le Cavalier bleu, 2021.

– Patrick Williams, *Tsiganes ou Ces inconnus qu'on appelle aussi Gitans, Bohémiens, Roms, Gypsies, Manouches, Rabouins, Gens du voyage*, Paris, PUF, 2022.

VOIR ÉGALEMENT

Les barbares sont des vandales
Les Arabes sont violents
Les Mexicains sont des criminels violents

PASCAL BLANCHARD

Les Noirs ne pensent qu'au sexe

TOUT COMMENCE AVEC LA BIBLE : CHAM, LE PLUS JEUNE des fils de Noé, aurait vu son père nu (sans détourner les yeux) et aurait ainsi condamné son fils Canaan et toute sa lignée, les peuples noirs, à la servitude éternelle. Les penseurs européens de la « race » des XVIIIe et XIXe siècles, comme les polygénistes américains, qui considèrent que l'humanité s'est formée à partir de plusieurs couples et pas seulement Adam et Ève, puisent dans l'histoire de Cham la « malédiction » des Noirs. Pour faire bonne mesure, comme l'explique l'historien Martial Guédron, « tous les descendants de ce crime originel seraient affublés d'organes génitaux surdéveloppés signalant leur nature libidineuse ». Le préjugé remonte à loin… et son histoire traverse les siècles.

Le corps de l'homme noir et celui de la femme noire ont été les symboles d'une sexualité « débordante » – le cannibalisme en étant la dernière et ultime étape –, un préjugé qui s'est adapté à chaque époque, légitimé par les savants et les imaginaires, pour venir emplir au XXIe siècle les millions de vues du web-porno où désormais la punition (sexuelle) ultime d'une femme blanche (et le plus souvent blonde) est d'être « prise » par un « étalon noir » (« idéalement » rappeur ou voyou).

Des milliers de pages ont été noircies par les savants, naturalistes, écrivains voyageurs, médecins et « spécialistes » – de Julien-Joseph Virey à Jean-Baptiste Bory de Saint-Vincent, de Paul Broca à Georges-Louis Leclerc de Buffon... – sur un corps noir sexualisé à outrance. Un comportement sexuel qui s'explique, selon ces savants, par le fait que les Noirs sont plus proches de l'animalité que de l'humanité, de l'instinct que de la morale, de la passion que de la raison. La croyance se fait science, et le professeur d'anatomie au Muséum d'histoire naturelle Étienne Serres peut écrire sans être contredit, en 1841, que l'un des « caractères de la race éthiopique [les Noirs] réside dans la longueur du membre génital comparé à celui de la race caucasique. Cette dimension coïncide avec la longueur du canal utérin chez la femme éthiopienne. »

Le « nègre » serait un animal – idée dont l'écho le plus contemporain se manifeste dans les stades de football par les cris de singe poussés dans le public –, cela se voit et se mesure à sa silhouette, à la taille de ses membres (ses bras et son sexe), à sa cambrure (surtout chez les femmes, les fesses en arrière caractérisant le mythe de la Vénus hottentote depuis Cuvier et son étude de 1817), aux membres inférieurs courbés qui prêtent à la silhouette une allure

« d'animal flegmatique », selon l'anatomiste Paul Broca en 1861, qui, tout comme Jean-Baptiste Bory de Saint-Vincent, en apporte la preuve ultime : la taille des cerveaux. Il ne reste plus qu'à lier, de manière « scientifique », la tête au sexe. Le préjugé acquiert ainsi force de loi et devient énoncé savant.

L'historienne Delphine Peiretti-Courtis a montré comment cette sexualisation du corps des Noirs a connu un long processus démonstratif chez les scientifiques, les savants et aussi les médecins au temps des empires coloniaux. Ils se sont d'ailleurs intéressés au sexe des femmes bien avant celui des hommes noirs, au nom d'une croyance savante (et morale) du temps : la femme se caractérise, dans toutes les races, par son sexe ! Les femmes noires sont alors masculinisées, présentées comme dominatrices, dangereuses et avides de sexe. Telles des machines à la nature lubrique et lascive, à l'appétit sexuel sans limites, les esclaves (comme les femmes colonisées) sont néanmoins « offertes » aux désirs des maîtres/colonisateurs blancs, supérieurs par la « race ». Ainsi va l'ordre du monde...

Dans un des ouvrages majeurs de la culture populaire, coloniale et sexuelle de la fin du XIXe siècle, *L'Art d'aimer aux colonies,* un certain docteur Jacobus X – de son vrai nom Louis Jacolliot, ex-juge aux colonies – n'hésite pas à donner quelques conseils sur les jeunes filles noires aux voyageurs qui se rendent dans les colonies : « On s'y habitue, surtout lorsque l'on a la chance de tomber sur une fillette assez bien faite et dont les dents ne sont pas encore laquées. » Le docteur J.-L. Moreau de La Sarthe affirme de son côté en 1803 que « les négresses, en général, sont vives, amoureuses, brûlantes comme leur climat ». La conclusion est claire et permet de justifier la domination coloniale.

Pour les savants, la taille du sexe des Noirs a très vite été liée à une conjonction de facteurs : le climat (chaud), la taille du cerveau (pulsion animale), la nature de la « race » (où l'émotion domine), la culture (pas de morale sexuelle)... Un tel sexe ne peut être que dangereux pour les femmes blanches dans le cadre de la compétition entre les races. Une manière « savante » de proscrire toute proximité sexuelle – la *color line* absolue aux colonies ou aux États-Unis – et donc de limiter le risque de métissage. Paul Giran, administrateur en Cochinchine au début du XXe siècle, écrit à cet égard en 1913 que les métis sont déjà « partout » et qu'ils constituent un « danger ».

S'il existe toute une littérature pour justifier que l'homme noir doive être mis à distance de la femme blanche au regard de la taille de son sexe, il reste tout de même un espoir pour les Occidentaux : ce sexe énorme serait « incapable d'une érection parfaite », selon un médecin, le docteur Broc, en 1836. Dans *L'Art d'aimer aux colonies*, le docteur Jacobus X affirme certes que « le Nègre est bien l'homme-étalon », mais – pour rassurer ses lecteurs blancs – « la verge du Noir, quoiqu'en complète érection, est encore molle comme celle de l'âne ».

Reste que les fantasmes demeurent, tandis que perdurent les livres sur la sexualité hors normes des Noirs, préparant la voie à l'industrie du porno du XXIe siècle, avec sa « bête de sexe », évidemment noire.

Aux États-Unis, les délires sur la sexualité des Africains-Américains et des esclaves dépassent toutes les limites, et constituent le cœur du discours sur le « danger racial » pour la « race blanche » : le préjugé par excellence. Protéger les femmes blanches du risque de violence sexuelle devient la norme dans tous les États. De fait, à la fin du XIXe siècle, avec la fondation du Ku Klux Klan le 24 décembre 1865, les lynchages des hommes noirs – dans la quasi-totalité des cas, accusés d'avoir agressé une femme blanche –, mais aussi les viols des femmes noires, se généralisent.

Un demi-siècle plus tard, cette thématique est d'ailleurs au cœur de l'intrigue du film *Naissance d'une nation*, réalisé en 1915 par David W. Griffith : Gus, un ancien esclave noir – tous les acteurs noirs sont en réalité des Blancs grimés – tente de séduire une jeune Blanche, Flora Cameron, laquelle, effrayée, fuit et préfère se suicider pour échapper au viol inévitable de ce monstre poussé par ses instincts sexuels. L'Amérique va alors fabriquer une frontière pour mettre à distance ce sexe noir. Dès 1927, un code interdit explicitement aux producteurs toute *miscegenation* (« métissage ») dans les films. La censure impose des normes de plus en plus restrictives (interdiction dans de nombreux États de toute proximité à l'écran, ce qui oblige les producteurs à séparer dans les films les Noirs des Blancs, à interdire tout acte sexuel ou baiser entre eux, pas de couple métis...), jusqu'au basculement définitif que représente le code de William Hays en 1934. Il faut attendre 1957 pour que le code Hays cesse d'être la matrice de la culture visuelle aux États-Unis. Il est définitivement abandonné en 1966.

Le corps des Noirs sort pourtant de sa prison raciale. Après le temps des sexes démesurés et dangereux, de l'interdiction de toute proximité entre Noirs et Blancs, vient le temps d'un corps noir sportif (une machine à gagner) et du corps noir artiste (une machine à danser). Cette bascule est progressive et s'accompagne de vagues répressives, de sorte que le préjugé prend des formes mutantes. En Europe, une première rupture se situe avant la Première

Guerre mondiale. L'amant noir devient un sujet de plaisanterie en lien avec le personnel domestique, à l'image de ce dessin de Lucien Haye, paru dans le journal *Le Rire* en janvier 1907 : « *Maîtresse a demandé bon nègre venir ? — Oui, rends-moi ton tablier... tout de suite !* » (il est nu dessous). Avec la Grande Guerre et l'arrivée en Europe de troupes noires venues des colonies et des États-Unis, le mythe de la sexualité débridée des Noirs ne disparaît pas, mais il change de catégorie. La profusion de cartes postales, de photographies et de dessins de presse sur les marraines de guerre avec leurs « braves tirailleurs » renouvelle le genre et fabrique l'image du « Noir homme à femmes ».

Très vite, le débat (et les polémiques) autour de la « Honte noire » en Allemagne excite l'opinion au lendemain du conflit. Les ligues nationalistes allemandes s'opposent, dès 1919-1920, à la présence de troupes noires lors de l'occupation française de la Ruhr et dénoncent les « viols » de femmes allemandes par ces soldats. Des dessins et médailles en bronze montrent des tirailleurs sénégalais avec d'immenses sexes. Adolf Hitler, dans *Mein Kampf* (1923), consacre plusieurs pages à ce qu'il considère comme une humiliation majeure pour la civilisation germanique et une insulte faite à la « race blanche ».

Joséphine Baker devient en 1925 la contre-image de cette haine raciale... en sursexualisant son corps. Destinée à séduire le public, elle n'hésite pas à utiliser des attributs, codes et images excitant les regards et enflammant les imaginaires autour de la notion de sauvagerie. Avec Joséphine Baker, le corps exotique n'est plus seulement une figure menaçante, bornée, puérile ou animale, il est aussi la part irréductible d'une liberté et d'un désir de dépasser les rigidités et les contraintes corporelles, cette volonté de dépassement se retrouvant par ailleurs dans le monde des artistes gay, avec un couple comme celui que forment Jean Cocteau et le boxeur noir Panama Al Brown.

Il faut attendre l'après-guerre et les années 1960 pour entrer dans un nouveau registre. L'homme noir franchit alors le Rubicon de la *color line* et pénètre dans l'espace fermé de la sexualité blanche. Une rupture repérable en 1967 dans le film *Devine qui vient dîner?* en la personne de l'acteur noir Sidney Poitier. Puis, c'est la bascule dans une hypersexualité noire avec les films américains de la *blaxploitation*. Elle s'affirme comme un véritable courant culturel des années 1970, dans la mouvance du *Black is Beautiful*, avec des films sulfureux comme celui de Melvin Van Peebles *Sweet Sweetback's Baadasssss Song*, ou encore *Africanus Sexualis (Black is Beautiful)*, *Black Love* (1972) et *The Black Gestapo* (1975).

Ainsi, le mythe reste vivace et les préjugés omniprésents – même repris par la culture afro-américaine –, aussi bien dans l'univers artistique (les clips de rap) que dans les représentations publicitaires... et désormais aussi dans le monde codé du porno : sur le site porno Adult Empire, on peut mesurer que six films sur dix, parmi les plus vendus, mettent en scène des rapports sexuels interraciaux, notamment avec la série *Blacked*, avec des stéréotypes coloniaux qui perdurent. L'homme noir reste une bête de sexe et la femme blanche se montre séduite et dominée par le corps noir, dans des postures imposées. C'est toujours la punition, la revanche de l'esclave et, pour les femmes noires, la soumission.

Ce qui demeure, au regard de ce préjugé mutant, c'est que l'homme et la femme noirs sont réduits à une corporalité : ils courent vite (mais pensent lentement), sont proches des animaux (donc ne sont pas humains), ils ne sont que couleur, et cette couleur symbolise une forme d'infériorité dans la grille de l'humanité, la taille de leur sexe tenant lieu de preuve de leur différence. De fait, à la fin du XXe siècle, les préjugés restent diffus dans la culture populaire.

Sans la « race », le préjugé qui frappe les Noirs n'existerait pas. Au cœur des théories savantes européennes, l'idée de race a servi à désigner, cataloguer et classer les différences physiologiques et morphologiques observables à travers le monde. Si les causes et les objectifs initiaux de ces préjugés n'existent plus – ou à la marge –, les processus de dégradation et d'infériorisation de l'Autre, les imaginaires ou les héritages de la déshumanisation de l'Autre, par son hypersexualisation, notamment dans la publicité, le cinéma ou sur le Web, perdurent.

Les préjugés trouvent toujours de nouveaux territoires d'expression. En 2012, le professeur Richard Lynn, de l'université d'Ulster en Irlande du Nord, a publié ses recherches sur les tailles moyennes des pénis (par « races ») de différents pays du monde et établi un classement : les Congolais arrivent en tête. Cette étude, qui a déclenché de nombreuses critiques, a aussi été reprise par des journaux et des médias... et perpétue ainsi les préjugés.

BIBLIOGRAPHIE

— Pascal Blanchard, Gilles Boëtsch, Sandrine Lemaire, « Fascinations et répulsions pour le corps noir », dans *Sexe, race & colonies. La domination des corps du XVe siècle à nos jours*, Paris, La Découverte, 2018.

— Pierre-Paul Broc [1836], *Essai sur les races humaines considérées sous les rapports anatomique et philosophique*, Paris, Hachette BnF, 2017.

— Paul Broca, « Sur le volume et la forme du cerveau suivant les individus et suivant les races », *Bulletins de la Société d'anthropologie de Paris*, t. II, Paris, Masson, 1861.

— Gloria Cowan, Robin R. Campbell, « Racism and Sexism in Interracial Pornography : A Content Analysis », *Psychology of Women Analysis*, vol. 18, n° 3, 1994.

— Martial Guédron, « Stéréotypes raciaux et sexuels de l'anthropologie physique en France au XIXe siècle », article publié dans sa version originale dans *Sexe, race & colonies. La domination des corps du XVe siècle à nos jours*, Paris, La Découverte, 2018.
— Paul Giran, *De l'éducation des races. Études de sociologie coloniale*, Paris, Éditions A. Challamel, 1913.
— Jean-Yves Le Naour, *La Honte noire. L'Allemagne et les troupes coloniales françaises (1914-1945)*, Paris, Hachette, 2004.
— Delphine Peiretti-Courtis, *Corps noirs et médecins blancs. La fabrique du préjugé racial (XIXe-XXe siècles)*, Paris, La Découverte, 2021.
— Étienne Serres, « Rapport sur les résultats scientifiques du voyage de circumnavigation de l'Astrolabe et de la Zélée », *Compte-rendu des séances de l'Académie des sciences*, t. XIII, Paris, Mallet-Bachelier, 1841.
— Docteur Jacobus X [1893], *L'Amour aux colonies. Singularités physiologiques et passionnelles observées*, Paris, Hachette BnF, 2016.

VOIR ÉGALEMENT
Les Noirs sont serviles par nature
La Mauresque s'en va toujours seins nus
Les Noirs sentent fort et les Blancs sentent la mort
Les Africains n'ont pas d'histoire

LAURENT TURCOT

Les gauchers sont maladroits

POURQUOI PENSE-T-ON QUE LES GAUCHERS UTILISENT LA mauvaise main et qu'ils sont, comme on dit, gauches, dans le sens de maladroit ? En latin, gauche se dit *sinister* et tirerait son origine de *sine dextra*, c'est-à-dire sans main droite. Le mot *sinisteritas*, quant à lui, exprime l'idée de malheur, qu'on retrouve aujourd'hui dans l'expression « sinistre individu ». Le fait d'être gaucher ne porte pas seulement l'idée d'une anormalité physique, mais également celle du malheur ou du mauvais sort. En italien, le mot *mancino* veut dire aussi bien gaucher que malhonnête, tandis qu'en anglais on retrouve un florilège d'expressions négatives comme *He must have been baptized by a left-handed priest* (« il a dû être baptisé par un prêtre gaucher ») ou encore le proverbe : *Left-handed luck is ill luck* (« une chance de gaucher est une malchance »).

Dans le monde occidental, la source des constructions sociales contre les gauchers remonte souvent à la Bible et aux Pères de l'Église. C'est de la main gauche que Caïn tue Abel et que Dalila rase les cheveux de Samson. La main gauche devient l'image des ennemis du Christ et, par extension, celle dont se servent ses juges ou ses bourreaux, ainsi de Pilate, pour ne prendre qu'un exemple. Saint Augustin relève que dans les Écritures « la droite est prise en bonne part ou en bien, en justice, et la gauche en mauvaise part, en mal ou en injustice ». Pourtant, il arrive parfois que la gauche soit symbole de libération, notamment quand Ehoud débarrasse le peuple d'Israël de son ennemi Églon, roi des Moabites, avec sa main gauche. Cela étant, les interprétations des Écritures sont, au fil du temps, majoritairement en faveur de la valeur positive de la main droite, à l'instar de saint Jérôme qui affirme que la main droite « figure les premiers mouvements de la volonté et la sensibilité qui tendent à nous faire réaliser en acte ce que nous avons conçu en pensée ».

On retrouve la même aversion pour la main gauche dans les représentations picturales. Prenons le tableau d'Hubert Van der Goes *Le Péché originel*, daté de la fin du XVe siècle. On y voit Adam et Ève, dans un paradis divin. Ève attrape le fruit défendu de la main gauche, renforçant encore plus l'idée du mal qu'elle représente. La conséquence est alors fatale : la chute du genre humain.

Pourtant, comme le signale Michel Pastoureau dans son article « Tous les gauchers sont roux » à propos du nombre de représentations de gauchers dans l'imagerie médiévale, « si quantitativement la moisson reste maigre, qualitativement elle est instructive : tous les gauchers de l'iconographie médiévale sont, à un titre ou à un autre, des personnages mauvais ». Parmi ceux-ci, les bouchers, coupables de toucher le sang, les bourreaux, les jongleurs, les changeurs et les prostituées.

La grande transformation qui se produit entre la fin de l'époque médiévale et les temps modernes, soit du XVIe au XVIIIe siècle, est le déploiement d'une littérature du savoir-vivre et des bonnes mœurs. Les interdictions concernent également la main gauche. Érasme écrit : « En posant un plat comme en versant à boire, ne te sers jamais de la main gauche. » Toutes les représentations négatives de la gauche vont s'incarner dans la manière de coder des comportements, mais plus encore d'éduquer les enfants, car plusieurs de ces ouvrages sont destinés à leurs apprentissages. La main gauche est taxée de tous les maux, on doit la restreindre. Il faut privilégier la main dite honnête et se détourner de celle dite déshonnête. Ces ouvrages fixent également des guides pour l'écriture. À partir du XVIe siècle, l'alphabétisation progresse et, avec elle, la manière de bien écrire et de bien tenir l'objet qui va permettre de réaliser les lettres. Certains maîtres ne conçoivent tout simplement pas qu'on puisse écrire de la main gauche. Ainsi, on tâche d'en réprimer l'usage.

Au XIXe siècle, l'extension de l'éducation et la volonté d'apprendre à lire et à écrire au plus grand nombre accentuent la répression envers les gauchers au profit de l'hégémonie droitière. L'époque est à l'exaltation nationale, à la glorification des comportements qui fondent l'ordre et l'harmonie du corps social. Afin d'y arriver, on doit uniformiser. Il faut cependant attendre les années 1960 pour que les mentalités évoluent. Les publications de psychologues comme René Zazzo, Raoul Kourilsky ou Henri Hécaen permettent d'amorcer la libéralisation de l'utilisation de la main gauche dans les sociétés occidentales. Dès lors, le préjugé à l'égard des gauchers s'est assoupli et, s'il n'a pas complètement disparu, il se trouve renversé aujourd'hui par une autre idée reçue, celle qui affirme que les gauchers sont des génies. Pour preuve, Aristote, Mozart, Beethoven, Einstein ou plus récemment Paul McCartney, Steve Jobs, Bill Gates et Lionel Messi sont tous gauchers...

BIBLIOGRAPHIE

– Pierre-Michel Bertrand, *Histoire des gauchers. « Des gens à l'envers »*, Paris, Imago, 2001.
– Robert Couzin, *Right and Left in Early Christian and Medieval Art*, Leiden/Boston, Brill, 2021.
– James Hall, *The Sinister Side. How Left-Right Symbolism Shaped Western Art*, Oxford, Oxford University Press, 2008.
– Sébastien Jahan, *Les Renaissances du corps en Occident (1450-1650)*, Paris, Belin, 2004.
– Michel Pastoureau, « Tous les gauchers sont roux », *Le Genre humain*, vol. 1, nº 16-17, 1988, p. 343-354.
– Michel Pastoureau, *Une histoire symbolique du Moyen Âge occidental*, Paris, Le Seuil, 2004.

VOIR ÉGALEMENT

Les roux sont faux et sentent mauvais
Les criminels ont une sale gueule
Les gros manquent de volonté

MICHEL PASTOUREAU

Le vert porte malheur

LE VERT EST UNE COULEUR AMBIVALENTE, SINON AMBIGUË. Dans les enquêtes d'opinion sur les couleurs préférées, il vient en deuxième position, après le bleu mais devant le rouge, le noir, le blanc et le jaune. Les chiffres sont à peu près les mêmes dans tous les pays d'Europe et identiques pour les hommes et pour les femmes : 20 % des personnes interrogées préfèrent le vert. Toutefois, si on pose la question inverse : « Quelle est la couleur que vous détestez ? », il s'en trouve également 20 % qui ne l'aiment pas du tout. Avec le vert, c'est tout ou rien. Et parmi celles et ceux qui fuient cette couleur, beaucoup affirment qu'elle porte malheur. Jamais elles ne revêtiront une robe verte. Jamais ils n'offriront une émeraude. À leurs yeux, le vert attire les forces du mal.

Un tel préjugé n'est pas récent, et certains ennemis du vert sont restés célèbres. Ainsi la reine Victoria qui, devenue veuve en 1861, développa une totale aversion pour cette couleur et la chassa de tous les palais royaux, notamment de Buckingham Palace où, si l'on en croit les gazettes mondaines, elle n'a toujours pas fait sa réapparition. Ainsi, et plus encore, Franz Schubert dont la phobie du vert est restée proverbiale en Autriche. Pour des raisons qui nous échappent, le grand musicien affirmait qu'il était « prêt à aller jusqu'au bout du monde pour fuir cette couleur maudite ». La courte et misérable vie de Schubert, mort en 1828 à l'âge de 31 ans, est une telle suite de chagrins, d'échecs et de souffrances qu'il est permis de se demander si cette peur du vert, couleur dont l'évitement total est impossible, n'était pas justifiée.

De nos jours, c'est sans doute au théâtre que les superstitions qui entourent le vert demeurent les plus fortes. Non seulement les comédiens refusent de porter cette couleur, mais ils ne tolèrent pas non plus qu'elle soit présente sur scène, qu'il s'agisse des décors, des meubles ou des objets : cela porterait malheur au spectacle, à la pièce, aux acteurs. Une telle croyance vient de loin. Elle est déjà bien attestée en France à l'époque romantique, provoquant la fureur d'un auteur comme Alfred de Musset : en 1847, devant le refus d'une actrice célèbre de porter la robe verte qu'il souhaitait pour le rôle de Mathilde dans *Un caprice*, il menaça de retirer sa pièce. Selon plusieurs historiens du théâtre, ce discrédit du vert serait lié à l'éclairage : les dispositifs alors utilisés auraient laissé dans l'ombre les tissus et les costumes teints de cette couleur. D'où son rejet par les comédiens, spécialement les femmes, le vert ne les mettant pas suffisamment en valeur. Cela n'est pas faux, mais, à y regarder de plus près, cette suspicion portant sur le vert

sorciers et les esprits mauvais. De même, dans plusieurs régions d'Europe (Bavière, Portugal, Danemark, Écosse), les chandelles vertes ont longtemps eu la réputation de repousser l'orage et les démons. Ailleurs, au contraire, elles les attirent. En fait, dans le domaine des croyances et des superstitions, le vert est totalement ambivalent : maléfique d'un côté, protecteur de l'autre. Il en va encore ainsi dans les sociétés contemporaines. De nos jours, en Irlande, au Danemark et dans une bonne partie de l'Allemagne du Nord, il se trouve un grand nombre de personnes pour croire que les imperméables et les parapluies verts protègent mieux de la pluie que ceux d'une autre couleur. Tandis que dans les campagnes de la France de l'Ouest il est déconseillé de porter du vert lors d'une fête de mariage : immanquablement, cela nuirait au jeune couple ou à ses descendants. De même, ce jour-là, il vaut mieux ne pas servir de légumes verts lors du repas de noces, ni en aucune façon faire allusion à cette couleur.

Une même ambivalence s'observe dans les contes merveilleux, genre littéraire dont le XVIIe siècle a été friand et qu'il a sinon créé, du moins profondément renouvelé. Certes, les notations colorées n'y sont pas abondantes mais ce sont toujours des notations fortes. Le vert, moins fréquent que le rouge, le blanc ou le noir, y est la couleur des êtres surnaturels, notamment des fées. Dans plusieurs régions d'Europe, à l'époque moderne, on les appelle les « dames vertes » (*die grünen Damen*, *the green fairies*). À cela plusieurs raisons : soit elles apparaissent vêtues ou chaussées de cette couleur, soit elles vivent dans un cadre de verdure qui rappelle combien leur origine est liée aux cycles de la végétation et aux cultes des eaux, des sources, des arbres et des forêts. Dans l'Europe du Nord, quand les fées s'habillent de vert, elles n'aiment guère que les simples mortels fassent de même. Si l'on souhaite s'attirer leurs faveurs, mieux vaut ne pas leur emprunter cette couleur ni les végétaux dans lesquels elles puisent une partie de leurs pouvoirs magiques : l'aubépine, le sorbier, le coudrier et quelques autres. Le vert est la couleur des fées. Or, qu'elle soit marraine ou amante, ange gardien ou mauvais génie, la fée est souvent capricieuse et, comme la couleur verte, peut rapidement changer d'humeur, d'apparence ou de signification. Il faut la craindre et la respecter.

Le vert des sorcières relève d'une symbolique voisine, mais contrairement à celle des fées elle est entièrement négative. Nombreux sont les textes qui parlent de sorcellerie, mais ils sont rarement antérieurs au XVIe siècle : c'est en effet une erreur de croire que celle-ci appartient au monde médiéval et à son prétendu « obscurantisme » ; elle concerne bien davantage l'époque moderne. Dans cette abondante littérature (traités de démonologie, minutes de procès, recueils de superstitions), nous pouvons récolter différentes informations concernant la couleur verte : les sorcières ont les yeux verts et les dents vertes ; elles portent fréquemment une robe verte ; elles fabriquent des poisons et des philtres maléfiques de couleur verdâtre. En outre, lorsqu'elles se rendent au sabbat, la nuit, au cœur de la forêt, elles sont entourées d'un double bestiaire : animaux noirs d'un côté (boucs, loups, corbeaux, chats, chiens), animaux verts de l'autre (serpents, dragons, sauterelles, grenouilles, hybrides de toutes sortes). Elles-mêmes portent ces deux couleurs sur elles : leur robe verte, signe de leur nature mauvaise, est enduite de suie, non seulement parce qu'elles ont traversé des cheminées avant de s'envoler vers le sabbat, mais aussi parce que le noir est la couleur obligatoire pour participer à la messe infernale, aux unions avec le Diable et aux banquets sacrificiels.

La mauvaise réputation des yeux verts n'est pas propre à la fin du Moyen Âge ni à l'époque moderne. Elle est déjà bien attestée dans la Rome antique (le poète Martial, par exemple, y voit une nature perverse et débauchée) et traverse toute la période médiévale. Les traités de physiognomonie, qui à partir du XIIIe siècle ont tendance à revaloriser les yeux bleus (discrédités chez les Romains), ne sont pas tendres avec les yeux verts : ceux-ci traduisent une nature perverse, un esprit faux et rusé, une vie de plaisir et de débauche. Ce sont les yeux des traîtres, des chevaliers félons, de Judas, des femmes qui font commerce de leur corps et des jeteuses de sorts, spécialement lorsqu'ils sont petits et enfoncés. Ce sont aussi les yeux du basilic, monstrueux coq serpentiforme, dont le corps est entièrement rempli de venin et dont le regard tue. Le Diable lui-même est parfois figuré avec des yeux verts. Un dicton courant entre la fin du XVIIe et le milieu du XIXe siècle proclame que les hommes et les femmes qui possèdent de tels yeux sont destinés à le rejoindre dans son antre infernal : « au Paradis les yeux gris, au Purgatoire les yeux noirs, en Enfer les yeux verts ».

Pour les bestiaires du Moyen Âge, les yeux verts ne sont pas seulement ceux du basilic, mais aussi ceux de tous les serpents (le jeu de mots français « yeux verts, yeux de vipère » ne date cependant que des années 1830) et de la plupart des dragons. Ces derniers, cependant, possèdent souvent des yeux de deux couleurs différentes : l'un jaune, l'autre vert. De tels yeux *vairons* (jaune et vert mais aussi bleu et vert, marron et vert) sont particulièrement négatifs et inquiétants pour les systèmes de valeurs médiévaux et modernes. Ainsi, il ne faut jamais monter sur un cheval dont les yeux sont vairons : par pure perfidie, il mettra bas son cavalier au cœur du tournoi, de la bataille ou de la chevauchée.

Le verdâtre des yeux des sorciers et des sorcières se retrouve dans les philtres et les poisons qu'ils fabriquent. Liquide ou solide, la couleur est ici vénéneuse, à l'image des ingrédients qui entrent dans la composition de tels produits : plantes toxiques (if, ciguë, belladone, digitale) et animaux venimeux (crapaud, grenouille, scorpion, vipère). Le crapaud est la vedette de ce bestiaire des poisons. La tradition chrétienne en fait « une grenouille condamnée par le Seigneur à vivre sous terre ». Tous les bestiaires soulignent sa laideur, son caractère immonde, son lien avec les magiciens et les sorciers. Hypocrite, il participe au sabbat revêtu d'une livrée verte, alors que sa couleur naturelle est le gris, et il s'y livre à des orgies avec sa cousine la grenouille, encore plus lubrique que lui mais qu'il déteste et dont il est jaloux parce qu'elle vit dans l'eau. Surtout, sa bave, son urine, ses sécrétions et son venin entrent dans la composition de nombreux philtres et breuvages destinés à nuire, voire à tuer. En revanche, séché et réduit en poudre, le crapaud peut avoir des vertus prophylactiques, captant sur lui les forces du mal et protégeant ainsi la personne qui le porte enfermé dans un petit sac de toile ou de cuir.

Aqueux, visqueux, désaturé, le vert négatif est souvent un verdâtre. La couleur n'est alors ni vive ni franche, mais plus ou moins grisée, éteinte, blanchâtre. Dans les images comme dans la réalité, cette tonalité verdâtre – que le latin médiéval exprime par l'adjectif *subviridis* – est toujours inquiétante, sinon mortifère. C'est la couleur de la moisissure, de la maladie, de la putréfaction et surtout des chairs décomposées. Par là même, c'est aussi celle des cadavres et, par une relation analogique dont la symbolique est coutumière, celle des revenants qui quittent le pays des morts pour venir sur terre tourmenter les vivants et réclamer leur droit à la vie éternelle. Ils sont parfois blancs, comme nos fantômes modernes, mais plus souvent grisâtres ou verdâtres, comme les spectres, les apparitions et la plupart des esprits sortis du monde du rêve ou de la nuit.

Il faut y associer un certain nombre de petits êtres mystérieux qui vivent dans la nature, parfois dans les écuries ou même dans les maisons : génies des prés et des bois, feuillus des arbres et des haies, elfes et sylvains des forêts, nymphes des eaux, et même gobelins des mines, trolls des montagnes, kobolds germaniques, korrigans bretons, farfadets, lutins, nuitons. Du Moyen Âge au XIXe siècle, ils abondent dans le folklore et la vie des campagnes. Certains sont bienveillants, d'autres malfaisants, d'autres encore versatiles ou facétieux. Même si leur nom et leur aspect diffèrent selon les époques et les terroirs, ils appartiennent tous au même monde, un monde étrange, intermédiaire entre le naturel et le surnaturel. La fréquente couleur verte de leur corps ou de leur vêtement, en même temps qu'elle souligne leurs liens avec le monde végétal et avec différents rites de fertilité, semble constituer l'attribut premier de cette étrangeté. Ce sont les lointains ancêtres de nos « Martiens », créatures extraterrestres humanoïdes, apparues vers la fin du XIXe siècle et censées vivre sur Mars : l'imagination contemporaine les a dotés d'un corps mince, d'une tête énorme et d'une peau entièrement verte. Comme tous ses prédécesseurs et comme beaucoup d'êtres irréels ou surnaturels, le Martien est un « petit homme vert ».

BIBLIOGRAPHIE

— Lisa Bansavage et Lewis McCullough, *Break a Leg ! A Treasury of Theatre Traditions and Superstitions*, Londres, Silver Spear Publications, 2017.

— Eva Heller [2004], *Psychologie de la couleur. Effets et symbolique*, Paris, Pyramyd, 2009.

— Richard Huggett, *The Curse of Macbeth and Other Theatrical Superstitions*, Londres, Picton Publishing, 1981.

— Georg Modestin, Martine Ostorero et Kathrin Utz Tremp, *Chasses aux sorcières et démonologie. Entre discours et pratiques (XIVe-XVIIe siècles)*, Florence, Sismel, 2010.

— Michel Pastoureau, *Vert. Histoire d'une couleur*, Paris, Le Seuil, 2013.

— Agnès Pierron, *Dictionnaire de la langue du théâtre*, Paris, Le Robert, 2009.

VOIR ÉGALEMENT

On se croirait revenu au Moyen Âge !

Les roux sont faux et sentent mauvais

JEANNE BARNICAUD

Les criminels ont une sale gueule

IL Y A CEUX QUI ONT UNE GUEULE D'ANGE, CEUX À QUI L'ON donnerait le bon Dieu sans confession... Et puis, il y a les autres. Les signes du « délit de sale gueule » varient selon les époques et les régions du monde. Ils sont pétris de préjugés, de validisme et de racisme. Ils se nourrissent de monstres littéraires, d'incarnations mythiques du mal : ce sont les déformations du fantôme de l'Opéra de Gaston Leroux, la disgrâce des Thénardier de Victor Hugo... Hommes « contrefaits », chevelures rousses : tous les prétextes sont bons. Ainsi, en 1869, quand la France découvre le visage du tueur Jean-Baptiste Troppmann, elle s'étonne de son apparence juvénile. Comment un monstre peut-il sembler ordinaire ? Antoine Claude, chef de la Sûreté, rassure les lecteurs dans ses Mémoires en y décrivant la main « monstrueuse, scélérate » du criminel : elle découvre « son âme pleine d'astuces, de convoitises et d'idées féroces ». Tout est en ordre...

« Aussi est-il rare qu'une âme mauvaise habite un beau corps, et c'est pourquoi la beauté extérieure est le vrai signe de la beauté intérieure », lit-on dans le *Livre du courtisan* de Castiglione, en 1528. Si la formulation est simple et efficace, l'idée n'est pas neuve. Le principe selon lequel il existerait des manifestations physiques exprimant les dispositions de l'esprit est énoncé dès les *Physiognomonica*, un texte du IVe ou du IIIe siècle avant notre ère, attribué à l'école d'Aristote. Mais elle a surtout fait florès dans le creuset de la théologie morale européenne. Ainsi, au Moyen Âge, la laideur symbolise la rupture avec l'image de Dieu. Puisque l'homme est supposé pouvoir choisir librement entre le bien et le mal, le stigmate devient la conséquence de la mauvaise conduite : la laideur signale une corruption tandis que la beauté reflète la pureté.

Au XVIIIe siècle, les sciences de l'homme se renouvellent : le médecin et philosophe Pierre Cabanis pose l'hypothèse d'un lien de cause à effet entre le physique et le moral, c'est l'idéologie physiologique. De son côté, Johann Kaspar Lavater, père de la physiognomonie, prétend lire dans les traits d'un visage les indices d'un caractère. Enfin, le docteur Franz Joseph Gall invente la phrénologie, un art de la palpation du crâne fondé sur une relation causale entre la conformation du cerveau d'un individu et ses actions. Elle permet de dresser une carte cérébrale des penchants et des talents : langage, sagacité, agressivité... Cette théorie ne prétend pas repérer ainsi un criminel-né, mais elle permettrait de déceler certaines tendances naturelles dans l'atrophie ou le surdéveloppement de telle ou telle partie du cerveau. Ainsi la tête de Pierre-François Lacenaire, cet assassin, voleur et faussaire qui a défrayé la chronique en 1835, rejoint vite le salon de la Société de phrénologie. Plus tard, son moulage en plâtre est exhibé au Musée phrénologique de Paris et sa réplique en cire dans une boutique, rue de l'École-de-Médecine.

Les criminels sont-ils monstrueux? C'est à un Italien que nous devons la définition du véritable « criminel-né »: ce tueur atavique serait poussé au crime par une nécessité biologique. Dans un ouvrage intitulé *L'Homme criminel*, paru en 1876, le médecin Cesare Lombroso lui confère un certain nombre de traits anatomiques, psychologiques et sociaux. On le reconnaît ainsi à sa mâchoire prononcée, ses arcades sourcilières marquées, son insensibilité à la douleur, etc. Vivement critiquée par ses contemporains, la théorie lombrosienne n'en est pas moins le reflet d'une volonté générale de trouver des types biologiques à risque, avec des degrés de déterminisme variables. Au milieu du XIXe siècle, le médecin Lepelletier de La Sarthe établit des « types pénitentiaires »: vagabond, fanatique, escroc, etc. Le querelleur y est reconnaissable à son apparence « avineuse, œil dur, provocateur, bouche grimaçante ». Autant de traits qui, aujourd'hui encore, semblent dénoter la brute épaisse et servent de raccourci visuel au cinéma: Lino Ventura, célébré pour sa « gueule », a d'abord été cantonné aux rôles d'hommes de main et de violents...

Si le signe indubitable du criminel était plus pernicieux, le fruit de facteurs héréditaires ou d'accidents? C'est la théorie du « criminel dégénéré », développée entre autres par les psychiatres Bénédict Augustin Morel, Valentin

Magnan et Charles Féré. Le corps criminel, pathologique et remarquable, y est ainsi observé et disséqué pour trouver la trace médicale de son vice : Louis Menesclou, autopsié en 1880, présente des « altérations cérébro-crâniennes » ; mais quelle est la responsabilité d'un criminel ainsi prédisposé ? Si les tares contribuent parfois à expliquer la faute et à atténuer la sentence pénale, elles n'entraînent pas pour autant une disculpation complète. Ainsi Henri Vidal, le « tueur de femmes » de 1901, décrit comme présentant des signes de dégénérescence, mais non aliéné, a été condamné à mort.

Le corps criminel attire la curiosité. À Turin, Cesare Lombroso ouvre son musée d'anthropologie criminelle pour sensibiliser le grand public à ses recherches. On y retrouve des instruments médicaux, des objets ayant appartenu à des détenus, mais aussi des masques mortuaires, des crânes, des morceaux de peau tatouée, le tout constituant un « musée des horreurs » consacré à la monstration des dessous de la déviance. Lombroso fait des émules : aujourd'hui encore, il est possible de rencontrer le moulage de la tête de Henri-Jacques Pranzini, le « triple meurtrier de la rue Montaigne » au musée de la préfecture de Police de Paris.

Reste que toutes les théories criminologiques ne font pas de lien systématique entre le physique du meurtrier et ses crimes. À défaut de reconnaître un « type », il faut alors reconnaître l'individu pour prévenir la récidive. L'Ancien Régime a expérimenté de multiples formes de flétrissures pour inscrire le crime sur le corps de son auteur : amputation des oreilles, du poing, etc. Mais c'est surtout le marquage au fer qui émerge alors comme un moyen pragmatique d'identification. En France, le principal motif en est la fleur de lys, comme celle de Milady de Winter dans

Les Trois Mousquetaires de Dumas. D'autres, en forme de lettres, précisent la condamnation : « V » (voleur), « M » (mendiant récidiviste), « GAL » (galérien). Supprimées en 1791, les marques pénales réapparaissent en 1810 et ne disparaissent qu'en 1832, vivement critiquées pour leur cruauté.

Il faut alors changer de méthode afin de rendre le récidiviste identifiable. La photographie paraît d'abord prometteuse, mais son efficacité demeure relative : les individus peuvent altérer leur apparence, les clichés sont difficiles à classer... Une solution alternative est apportée par Alphonse Bertillon et son signalement anthropométrique, en 1881. Neuf mesures suffisent : taille, envergure, hauteur du buste, longueur et largeur de la tête, longueur de l'oreille droite, du pied, du médius et de la coudée gauche. Si la méthode nécessite un ensemble d'instruments de mesure, elle permet, théoriquement, de reconnaître un criminel en « un coup d'œil ». La fiche anthropométrique qui en découle contient une photographie, des éléments descriptifs (couleur des cheveux, des yeux...) et le relevé des signes particuliers (cicatrices, grains de beauté...). La reconnaissance immédiate demeure cependant limitée et la méthode pénible. Elle est petit à petit supplantée par le relevé des empreintes digitales, au début du XXe siècle.

Ces mesures ont concentré l'attention sur le corps des individus, mais comment repérer les groupes à risque ? Le tatouage offre une possibilité. Dans les années 1900, Paris est la proie des apaches, un terme générique qui désigne alors l'ensemble des jeunes voyous de la capitale. Or, comme le souligne la presse contemporaine, tous semblent porter des tatouages, cet élément clé de la virilité criminelle. Il peut s'agir d'inscriptions provocantes (« Mort aux vaches ») ou même de signes d'adhésion à une bande : tous les membres de la « Bande des Petits Cœurs » ont un cœur tatoué à la base du pouce. Dès la fin du XIXe, Alexandre Lacassagne, l'un des fondateurs de l'anthropologie criminelle, relève le goût des délinquants pour un tatouage qui, ironiquement, signale publiquement leur déviance. Le raccourci entre tatouage et criminalité a été durable, particulièrement au Japon, où l'association de l'*irezumi* aux *yakuzas* demeure fréquente. Quant aux signes de reconnaissance des cultures jeunes, ils ont longtemps été observés d'un œil suspect : blousons noirs et punks font l'objet de bien des inquiétudes dans la seconde moitié du XXe siècle...

Au centre de ces lectures du corps des individus ou des groupes se trouve toujours une notion d'altérité, c'est-à-dire l'interprétation d'une différence vis-à-vis d'une norme située : différences de mode de vie ou de couleur de peau suffisent à enclencher la suspicion. Il faut alors évoquer la construction théorique d'une classification racialisée des corps. L'exploration et la colonisation de l'Afrique subsaharienne ont été accompagnées et appuyées d'un discours scientifique qui mesure les corps et étudie les comportements pour mieux théoriser un caractère supposé primitif des populations locales et en justifier l'exploitation. Quand le naturaliste Georges Cuvier observe en 1816 l'anatomie crânienne de Saartjie Baartman, femme san surnommée la « Vénus hottentote », il la situe à une position intermédiaire entre homme et animal. Aux États-Unis a ainsi émergé la figure raciste de la « brute noire », qui fait des Afro-Américains des bêtes violentes à tout moment susceptibles de l'agression et du viol de femmes blanches. Cette figure a été une des causes de lynchages, dont l'université américaine de Tuskegee chiffre les victimes noires à 3 446 entre 1882 et 1968.

Dans les colonies, les scrutations des corps sont aussi bien médicales qu'administratives. L'investissement d'un territoire se fait par l'exploitation des terres, mais aussi par la mise en œuvre d'un système d'enregistrement et de catégorisation des populations : l'état civil y est secondé par l'anthropométrie criminelle. Il s'agit d'appliquer un système d'encadrement administratif très étroit sur les populations les plus fragiles de la société coloniale (employés subalternes, criminels, prostituées, etc.), dans une visée de surveillance et de renseignement. Dès les années 1870, le Bengale britannique est le laboratoire du relevé massif des empreintes digitales ; dans les colonies françaises, un service anthropométrique est ouvert à Tunis au début des années 1890 ; l'Algérie suit en 1895... De tels services entendent garantir la sécurité de tous, mais surtout des colonisateurs contre les populations indigènes.

La métropole n'est pas en reste dans le contrôle de groupes spécifiques à grand renfort de fichiers. Le XXe siècle signe le temps de l'encartement et de l'encadrement des hommes et de leurs déplacements. La lecture des corps se voit complétée par le recours à la trace écrite et au contrôle. Entre 1912 et 1969, la plupart des familles « nomades » doivent ainsi se soumettre à de multiples procédures d'identification, dont le port obligatoire d'un carnet anthropométrique. Cette entreprise de surveillance étroite et discriminatoire s'applique à des populations alors perçues comme intrinsèquement dangereuses. Elle émerge notamment dans un contexte de fort anti-tsiganisme. En avril 1917, un décret impose à tous les étrangers résidant en France le port d'une carte d'identité spécifique : elle permet le contrôle de la main-d'œuvre étrangère et son fichage. Le Royaume-Uni adopte le *Aliens Restriction Act* en 1919. La France fiche les communistes dans l'entre-deux-guerres, l'Italie fait de même avec les antifascistes... Émergent aussi les premières cartes nationales d'identité (Belgique en 1919, France en 1940...).

Pendant la Seconde Guerre mondiale, la généralisation des mesures d'identification est un facteur important de la persécution des Juifs d'Europe. Le régime national-socialiste met ainsi en place, outre le recensement des Juifs allemands, une série de documents d'encadrement et l'obligation du port d'un signe distinctif : l'étoile jaune. La pratique du tatouage d'identification dans le camp d'Auschwitz en est un prolongement radical et déshumanisant. Après la Seconde Guerre mondiale, le contexte algérien illustre à son tour la longue histoire de la surveillance des populations, depuis le système de l'indigénat jusqu'au durcissement de la surveillance en métropole lors de la guerre d'indépendance.

Le contrôle est un sujet saillant quand il s'agit de « délit de sale gueule ». Le « contrôle au faciès » demeure très présent de nos jours. Dès les années 1950, le Mouvement contre le racisme et pour l'amitié entre les peuples dénonce les « arrestations au faciès » dont sont victimes les Nord-Africains. Cette pratique stigmatisante est aujourd'hui décrite par la Commission européenne contre le racisme et l'intolérance comme l'« utilisation par la police, sans justification objective et raisonnable, de motifs tels que la race, la couleur, la langue, la religion, la nationalité ou l'origine nationale ou ethnique dans les activités de contrôle, de surveillance ou d'investigation». En 2021, Amnesty International et cinq autres ONG ont mis en demeure le Premier ministre et les ministres de l'Intérieur et de la Justice français de prendre les mesures structurelles nécessaires pour lutter contre le contrôle au faciès. Affaire en cours...

L'histoire du «délit de sale gueule» est inséparable de celle des méthodes de la police, de l'identification des personnes, de l'influence des administrations sur nos vies, mais aussi des biais et ressorts racistes qui les sous-tendent. Il paraît suranné, le temps des monstres de Lombroso et de la palpation du crâne. L'est-il vraiment? Il n'est pas si lointain, le temps où Johnny Hallyday chantait «Quoi ma gueule? Qu'est-ce qu'elle a ma gueule?» En 2020, un logiciel conçu par l'université américaine de Harrisburg provoque l'indignation: ses créateurs prétendent qu'il serait capable de prédire si quelqu'un est un criminel à partir d'une simple photo de son visage. À leur tour et pour prétendre à l'objectivité, certains individus programment des algorithmes qui ne peuvent que refléter leurs propres limites ou confirmer leurs biais antérieurs. En 2020, le *New York Times* publie un article sur un homme noir qui a été arrêté et accusé à cause d'une erreur d'algorithme de reconnaissance faciale. À une époque où s'accentue la surveillance de populations déjà marginalisées, l'irruption de tels logiciels ne fait qu'ajouter à l'inhumanité de ces procédures... Que l'identification d'un criminel soit artisanale ou de haute technologie, les populations les plus marginalisées ont bien souvent, hélas, la gueule de l'emploi.

BIBLIOGRAPHIE

— Ilsen About, Vincent Denis, *Histoire de l'identification des personnes*, Paris, La Découverte, 2010.

— Jean-Marc Berlière, Pierre Fournié (dir.), *Fichés ? Photographie et identification. 1850-1960*, Paris, Perrin, 2011.

— Delphine Peiretti-Courtis, *Corps noirs et médecins blancs. La fabrique du préjugé racial, XIXe-XXe siècles*, Paris, La Découverte, 2021.

— Pierre Piazza (dir.), *Aux origines de la police scientifique. Alphonse Bertillon, précurseur de la science du crime*, Paris, Karthala, 2011.

— Michel Porret, « La cicatrice pénale. Doctrine, pratiques et critique de la marque d'infamie », *Sens-dessous*, vol. 10, n° 1, 2012.

— Marc Renneville, *Le Langage des crânes. Histoire de la phrénologie*, Paris, La Découverte, 2000.

— Marc Renneville, « Le criminel-né : imposture ou réalité ? », *Criminocorpus*, dossier « Histoire de la criminologie. Autour des *Archives d'anthropologie criminelle, 1886-1914* », mis en ligne le 1er janvier 2005 (https://journals.openedition.org/criminocorpus, 127).

VOIR ÉGALEMENT

Les roux sont faux et sentent mauvais

Les Tsiganes sont des voleurs de poules et d'enfants

Les gauchers sont maladroits

Les homosexuels sont tous efféminés

Les gros manquent de volonté

JEAN-NOËL JEANNENEY

Les riches gouvernent la France

À LA FIN DU SECOND EMPIRE, GEORGES DUCHÊNE, typographe et journaliste, disciple de Proudhon, avait évoqué les « deux cents nababs », une oligarchie « plus concentrée que toute autre » qui aurait régné sur la France. Mais l'émergence réelle du propos dont il est question ici est plus récente. On peut la dater, à coup sûr, du 28 octobre 1934. Ce jour-là, Édouard Daladier, leader du parti radical, s'écria devant son congrès annuel, à Nantes :

> Deux cents familles sont devenues les maîtresses non seulement de l'économie française, mais de la vie politique elle-même. Ce sont des forces qu'un État démocratique ne devrait pas tolérer, que Richelieu n'eût pas tolérées

> dans le royaume de France. [...] L'empire des deux cents familles pèse sur le système fiscal, sur les transports, sur le crédit. Les deux cents familles placent leurs mandataires dans les cabinets politiques. Elles agissent sur l'opinion publique car elles contrôlent la presse.

On ne trouvera guère, au fil de l'histoire récente, un propos désignant un monde de grands patrons supposés tout-puissants qui ait été plus brutalement ramassé, diffusé et, en somme, efficace dans son influence. Pourquoi ce chiffre de deux cents? C'était le nombre des plus gros actionnaires de la Banque de France, à qui revenait, depuis Napoléon et avant la réforme de 1936 qui rendit plus étroite la mainmise de l'État, de désigner en assemblée générale la majeure partie des « régents » de l'institution. Si l'on ajoute que les fauteuils de ces derniers se transmettaient souvent, depuis plus d'un siècle, de génération en génération, dans les mêmes familles d'entrepreneurs et de banquiers – les Rothschild, les Schneider, les Wendel, les Neuflize, divers autres –, on comprend mieux encore pourquoi cette expression en forme de philippique était destinée à faire mouche. À la rencontre, comme beaucoup des préjugés qui prospèrent, de réalités et de fantasmes.

La formule fit aussitôt florès. On rappela un peu partout que Lamartine, un siècle plus tôt, sous la monarchie de Juillet, avait parlé déjà des « féodalités financières ». On s'arracha, à gauche, le *Crapouillot* de Jean Galtier-Boissière, qui, dans son numéro de mars 1936, fut tout entier consacré à ces deux cents familles dénoncées. Il proposait sur sa couverture le visage de six grands patrons emblématiques et, en hors-texte, un dépliant qui représentait, par cercles concentriques, l'emprise d'un gang de repus dominant le pays dans toutes ses activités : telle une pieuvre à multiples tentacules.

La campagne victorieuse du Front populaire promut le thème en un cri triomphant. Il n'est pas incongru de déceler là l'un des ressorts qui contribuèrent au succès des gauches dans les urnes. Le film contemporain *La vie est à nous*, que Jean Renoir dirigea à la veille des élections, à la demande du Parti communiste (et qui fut interdit dans les salles), ouvrait son montage sur ce cri d'une militante : « La France n'est pas aux Français, elle est aux deux cents familles, la France n'est pas aux Français, elle est à ceux qui la pillent. » Ensuite était feuilleté, sous une couverture de Jean Effel, dessinateur engagé, l'album des figures les plus symboliques. Plus loin, rue La Fayette, sur la façade de l'immeuble du Parti, une grande banderole affichait l'indignation explicite : « Pour sauver la France de la misère et de la ruine les riches doivent payer. » Maurice Thorez, dans le discours où il prônait, à l'image, « la République française des soviets », appelait à « la réconciliation de la nation contre les deux cents familles et leurs agents fascistes ».

Il est notable, au demeurant, que le succès de cette trouvaille de propagande dépassa de beaucoup les limites du rassemblement des gauches pour trouver un large écho dans le monde de la boutique et des petites entreprises, qui se jugeaient souvent écrasées par la puissance des plus grosses. On la retrouve parfois là où on ne l'attendait pas forcément. Ainsi sous la plume de Georges Bernanos, au moment où la guerre d'Espagne achevait de l'éloigner des eaux de l'Action française. Il écrivait, en 1937, dans *Les Grands Cimetières sous la lune* : « Oh ! Je sais bien...

Nos jeunes réalistes de droite vont rigoler : "les deux cents familles, hi, hi, hi !" Eh bien oui, mon gros... »

À l'extrême droite, le préjugé violent trouva des relais complaisants. Un polémiste à succès, Emmanuel Beau de Loménie, en développa la thématique, nourrie d'une aigreur obsessionnelle, au long d'une série d'ouvrages intitulée les *Responsabilités des dynasties bourgeoises* et commencée sous Vichy en 1943 : une idée fixe plaquée sur le vivant. À l'en croire, depuis des générations, un tout petit groupe de familles avait perpétué, de père en fils ou de père en gendre, l'influence « malsaine et déprimante » de leurs privilèges écrasants. Sous Vichy, Henry Coston, collaborateur frénétique, définit les deux cents familles, dans un pamphlet intitulé *Je vous hais*, comme « l'état-major judéo-capitaliste des consortiums et des trusts ». L'antisémitisme inscrivait ici son ajout fétide.

Le slogan conserva encore quelque vigueur sous la Quatrième République, même s'il devenait de plus en plus patent que l'État-providence né de la Libération, gérant un vaste secteur public de l'économie et de la société, ne pouvait pas, décidément, être manipulé, dans son ensemble, par quelques maîtres de l'argent caché. L'éloquence populaire de Pierre Poujade élargit le chiffre jusqu'à « six cents familles » (était-ce un effet de l'extension du capitalisme ?). Après la guerre, Henry Coston continua de développer le même thème *ad nauseam*, dans des ouvrages ultérieurs dont le titre reprenait inlassablement le même cri hargneux contre la même cible – tout en faisant de de Gaulle leur créature. En face, à l'extrême gauche, François Ruffin, député de la France insoumise depuis le premier quinquennat d'Emmanuel Macron, s'est fait une spécialité de fustiger, en écho à l'entre-deux-guerres, et en mettant l'accent sur la jouissance impudique plus encore que sur le pouvoir dissimulé, les « cinq cents familles qui se gavent » et dont le chef de l'État serait à la fois l'incarnation et l'instrument.

Ces usages parfois débridés, en termes intellectuels et politiques, du thème dont il s'agit ne suffisent évidemment pas à le faire rejeter dans le cimetière des absurdités. De fait, l'histoire de la vie politique de la France au XXe siècle éclaire bien des cas où se discerne, à côté des chemins ouverts et explicites du pouvoir politique, l'influence souterraine de dirigeants de grandes industries et de grandes banques sur les décisions des gouvernements. Des chaînes de solidarité secrètes s'aperçoivent, qui stimulent la clairvoyance du citoyen et peuvent susciter son indignation rétrospective et son inquiétude contemporaine. Mais le regard des esprits cyniques ou partisans tend à mythifier, parfois jusqu'à l'absurde, à la fois la lucidité des acteurs patronaux dans leurs analyses, et leur cohésion dans leurs interventions. Il ne faut pas longtemps, pourtant, à qui se penche sur l'histoire de ces milieux, pour être sensible aux profondes divisions qui y sont au travail, nourries autant par les passions contraires que par les intérêts antagonistes. Sauf, il est vrai, lorsqu'il advient qu'une menace de caractère général paraisse mettre en péril l'ordre capitaliste établi et que se reforment spontanément – avec toujours des exceptions individuelles – des solidarités instinctives de classe.

Dans une expression aussi répandue que celle des « deux cents familles », on discerne sans peine un désarroi qui s'efforce de réagir contre lui-même. Ce qu'elle peut charrier de complotisme révèle une quête d'explications simples devant la complexité des mécanismes, des ressorts, des influences qui sont au travail à tous les niveaux de la vie publique. Quand tout se brouille, que l'intelligence du citoyen peine à éclairer la complexité croissante du jeu des forces en marche, il est incité à la fois à simplifier et à désigner une cible concrète.

Ainsi la caricature fournie par les préjugés, même hasardeux, informe-t-elle toujours au-delà d'elle-même. L'historienne Michelle Perrot, réfléchissant à la fortune du slogan parmi le monde ouvrier de la Troisième République, écrivait jadis : « Que faire contre cette énorme machine aux rouages de plus en plus complexes et dissimulés ? La volonté obsédante de citer des noms était un moyen de démasquer le capitalisme, d'échapper à la peur que suscite l'anonymat effrayant des puissances occultes. » Cette observation renvoie tout droit à un propos de Clemenceau qui observait déjà dans un article prémonitoire de 1895 : « Il y a quelque chose de plus redoutable encore que le grand industriel, c'est la société anonyme qui est maintenant la règle de la haute industrie [...]. Là, pas même de patron vers qui peut monter, de hasard, un cri de pitié. Les patrons, ce sont les actionnaires changeants, dispersés dans le monde, qui ne connaissent de l'usine que le dividende. [...] Et sous le tour de vis impitoyable, le dividende péniblement exprimé du travailleur s'accumule au profit d'inconnus. » Sur cet anonymat et les réactions qu'il provoque, que ne pourrait dire le Tigre aujourd'hui !

La mondialisation qui s'est accentuée durant les dernières décennies du XXe siècle et les premières du XXIe éloigne plus encore que jadis, dans les grandes entreprises, celles et ceux qui y travaillent au quotidien du lieu où se prennent les décisions majeures qui les concernent : cela apparaît avec un sombre éclat lorsqu'il est question de fermeture ou de licenciements collectifs. Personnaliser les responsables trop lointains (du côté des fonds d'investissement notamment) est devenu, même pour les acteurs les plus clairvoyants des syndicats, un défi redoutable et le motif d'angoisses accrues. D'où résulte d'ailleurs d'autre part une focalisation, à la fois logique et souvent légitime, sur tel ou tel entrepreneur unique qui symbolise à lui seul, comme le faisait autrefois le groupe dénoncé, une puissance accablante sur des destins individuels.

Le thème des deux cents familles, par sa force libératoire, en dépit de la simplification caricaturale dont il n'a pas cessé de menacer l'intelligence des situations et des pouvoirs, a favorisé des coups de boutoir qui n'ont pas tous été stériles, au profit de moins d'injustices sociales. Et c'est ainsi qu'une conviction approximative ou aventurée devient, dans l'ordre, cette fois, de la réalité, un moteur important de l'histoire. D'autres exemples en témoignent. Celui-ci est éclatant.

BIBLIOGRAPHIE

— Malcolm Anderson, « The Myth of the "Two Hundred Families" », *Political Studies*, vol. 13, n° 2, juin 1965, p. 163-178.
— Pierre Birnbaum, *Genèse du populisme. Le peuple et les gros*, Paris, Fayard, 2012.
— Jean-Noël Jeanneney, *François de Wendel en République. L'argent et le pouvoir*, 3e édition, Paris, CNRS Éditions, 2019.
— Jean-Noël Jeanneney, *L'Argent caché. Milieux d'affaires et pouvoirs politiques dans la France du XXe siècle*, Paris, Le Seuil, 2022.
— Jean-Pierre Rioux, « La fable des deux cents familles », *Au bonheur la France*, Paris, CNRS Éditions, 2016, p. 190-199, repris de *L'Histoire*, n° 84, décembre 1987.

VOIR ÉGALEMENT

Les aristocrates sont réactionnaires
Les pauvres vivent sur le dos des riches
Les Juifs ne se soutiennent qu'entre eux

GÉRARD SIARY

Les Japonais sont suicidaires

DÈS LORS QU'IL EST QUESTION DU SUICIDE, LE JAPON PASSE pour le pays suicidaire par excellence. Maint site en ligne évoque les lieux romantiques consacrés du suicide (falaise, forêt, temple, etc.). Il revient aux pays de l'Europe classique (XVIe-XVIIIe siècle) d'avoir soutenu que le Japonais se suicidait volontiers, ancrant ainsi un préjugé durable.

Le jésuite Alessandro Valignano (1539-1606), grand visiteur du Japon, est sans doute l'un des premiers à décrire, dans son *Historia del principio y progresso de la Compañía de Jesús en las Indias Orientales (1542-1564)*, cette manifestation ostentatoire, communautaire et intergénérationnelle :

> Si un homme déclare qu'il veut se tuer, il convoque un de ses amis ou de ses serviteurs et lui demande de lui couper la tête après qu'il s'est blessé. Il tire alors son poignard et coupe son ventre de part en part. Les plus courageux font l'incision en forme de croix et démontrent leur courage en faisant mine de ne pas ressentir de douleur. Au moment où les entrailles jaillissent par la plaie, l'ami pressenti lui coupe la tête. Ceux qui meurent de cette façon sont considérés comme des hommes très honorables et vaillants. Beaucoup de leurs serviteurs suivent parfois leur exemple et se coupent le ventre en même temps que leur maître pour lui montrer leur amour et leur loyauté. Se couper le ventre de cette manière est si courant au Japon qu'il arrive que de très jeunes enfants le fassent devant leurs parents s'ils sont en colère contre eux.

La pratique du spectaculaire éventrement rituel (*seppuku*), qui sévit à partir du XIIe siècle dans les clans guerriers, est censée manifester leur haute exigence morale en des circonstances particulières. Parmi les guerriers célèbres par leur mort volontaire figure Kusunoki Masashige, loyal sujet de son empereur, lequel l'envoie se battre contre des forces supérieures en nombre et en moyens. Les missionnaires, présents au Japon, découvrent un acte aux antipodes de la croyance chrétienne, qui considère que la vie est un don gratuit de Dieu concédé à l'être humain et qu'il ne peut donc pas en disposer comme bon lui semble.

Un siècle après, le jésuite Charlevoix (1682-1761) s'attarde, dans son *Histoire du Japon* (1715), sur le suicide dit de remontrance : « Au Japon, tout homme qui porte l'épée et qui a reçu une insulte croit devoir en laver la tache dans son propre sang, et par là même il assure sa vengeance, car si son ennemi ne se tue pas aussi lui-même, il est perdu d'honneur. » Il ajoute que l'acte s'étend à d'autres pans de la population que la classe des samouraïs, à savoir aux bouddhistes d'Amida. À l'article « Japon » de l'*Encyclopédie*, Diderot renchérit en notant que les Sendosivistes (confucianistes) « ne permettent pas seulement le suicide, ils y exhortent : ce qui prouve le peu de cas qu'ils font de la vie ».

Vers la fin du XIXe siècle, le Japon, longtemps fermé, s'ouvre à l'Occident, en acquiert les savoirs et les techniques : en moins de cinquante ans, il devient un État-nation moderne, mais le suicide d'antan retrouve sa place dans les représentations occidentales. Dans *Tales of Old Japan* (1871), Mitford relate par le menu un *hara-kiri*, mot souvent préféré à celui plus savant de *seppuku* et qui entre dès 1873 dans le Larousse. Le terme se traduit parfois par *happy despatch* en anglais. Dans l'opéra *Madame Butterfly* de Puccini, en 1904, le clou du spectacle est le suicide de l'héroïne par *hara-kiri*.

L'actualité conforte ces représentations héritées du passé. Orchestrée par la propagande, la guerre russo-japonaise (1904-1905) renvoie l'image du troupier japonais prompt au sacrifice et pour qui la mort est légère comme une plume. Au début de la Grande Guerre, l'exemple nippon de la mort certaine assumée, dite « fureur d'immolation », séduit une partie de l'état-major français. Le suicide du général Nogi, vainqueur à Port-Arthur en 1904 contre les Russes, et de sa femme, qui suivent leur empereur dans le trépas, achève de marquer les esprits : par fidélité, il se suicide en 1912, à la mort de l'empereur Meiji. En 1970, Roland Barthes, dans *L'Empire des signes*, analyse d'ailleurs l'incident comme l'expression la plus pure de la mort volontaire. La même année, le suicide de l'écrivain Mishima Yukio, très médiatisé, réactualise le phénomène.

Le préjugé sur la prédisposition du Japonais au suicide en masque un autre : l'indifférence du Chinois à la mort – lié aussi au stéréotype de son impassibilité –, qui lui permet de prendre congé de la vie. Dans *Les Tribulations d'un Chinois en Chine* (1879) de Jules Verne, le héros ruiné exemplifie cette attitude :

> C'était la mort volontaire que Kin-Fo, en véritable Chinois, allait, sans trouble de conscience, prendre comme moyen de se tirer d'affaire, et avec cette typique indifférence qui caractérise la race jaune.

Le Chinois, continue le narrateur, « n'a qu'un courage passif », marqué par une extraordinaire « indifférence à la mort » qui le prédispose à l'idée « d'abandonner sans regret les choses de ce monde ». Le préjugé du « Chinois suicidaire » ne se sédimente pourtant pas. C'est celui de « l'impassibilité du Chinois » qui l'emporte dans les représentations occidentales. Ainsi, alors que les images de l'Asie orientale suggèrent que les Asiatiques se ressemblent tous, le Japon possède ce trait unique et singulier de la disposition au suicide.

L'idée de se battre jusqu'à la mort, de se sacrifier s'il le faut, ne s'officialise pas avant 1941. Début 1942, un ultranationaliste shintō expose, dans la revue *SS-Leitheft*, le cas d'un sergent capturé par les Chinois, puis libéré par les siens, qui se suicide le lendemain. Pareil acte, explique-t-il, incarne l'âme même du Japon, et il cite *Hagakure*, obscur traité du début du XVIIIe siècle érigé en parangon au cours des années 1930, qui recommandait au samouraï acculé à choisir entre vivre et mourir d'opter vite pour la mort. Le soldat suit les *Instructions de campagne*, données par le général Tōjō en janvier 1941, qui prescrivent de mourir plutôt que de vivre, endurer la honte de la captivité et déshonorer son nom. Himmler loue cette pensée nipponne qui, estime-t-il, doit devenir l'élément vital de la SS.

En octobre 1944, privé d'une bonne partie de sa flotte et de son aviation embarquée, face à l'invasion des Philippines, le Japon réagit : il crée les « unités spéciales d'assaut du vent divin », nommées « *kamikazé* » par les Japonais et prononcées « kamikazes » par les Français, qui se crashent volontairement sur les porte-avions alliés. Leurs attaques suscitent la terreur des Alliés, qui ne comprennent pas qu'on puisse ainsi se battre pour mourir alors qu'eux se battent pour survivre. Une telle frénésie jusqu'à la mort relance l'idée reçue. Mais les pilotes ne font que servir l'État-nation et l'empereur, qui exige d'eux le sacrifice ultime. Ils ne tiennent pas vraiment à mourir, mais obtempèrent ou y sont contraints. Ils ne sont donc en rien suicidaires.

Plus près de nous, l'incident nucléaire de Fukushima en 2011 ne manque pas de corroborer le préjugé : le sacrifice des liquidateurs invite certains à parler d'une « culture du suicide » au Japon. Pourtant, les statistiques suggèrent une tout autre réalité, laquelle relativise les représentations du suicide à la japonaise. Passons sur la période « classique », faute de données. À la veille de la Première Guerre mondiale, nombre de pays européens distancent l'Empire nippon en la matière. En 1913, le Japon présente un taux de suicide de 20,2/100 000 habitants contre 26 pour la France, et ce taux ne varie pas en 1937. Il tombe à 14,8 en

1939 contre 14,1 aux États-Unis. En fait, c'est après 1952 (fin de l'occupation) qu'il remonte – 23,4 en 1954, puis 25,2 en 1955 – et alerte les autorités.

Dans les années 1960, les taux de suicide nippons restent modérés parmi les pays industrialisés. En 1984, constate Maurice Pinguet dans *La Mort volontaire au Japon*, « on ne se tue pas plus au Japon qu'en Occident, un peu plus qu'en France peut-être, mais moins qu'en Allemagne ». Reste que la presse française continue de faire ses choux gras des suicides japonais imputés à l'échec aux examens, aux brimades scolaires, au surendettement ou à l'overdose de travail.

Le Japon ne détient pas aujourd'hui le record mondial du suicide. Les statistiques 2021-2022 le placent à la quarante-deuxième place sur cinquante-trois pays, si bien que le Japonais n'est pas plus suicidaire qu'un autre. S'il est clair que le suicide y connaît des pics liés à la conjoncture, qui le placent parfois parmi les pays phares, cela ne fait pas pour autant du Japon le pays du suicide. Mais les statistiques et les faits n'ont jamais pu éradiquer cette image accolée au Japon, tapie dans les recoins de la mémoire des générations et toujours prête à resservir. *A contrario*, le kamikaze d'origine arabo-musulmane, bien qu'il frappe aussi durablement, ne fait pas naître pour autant le préjugé de « l'Arabe suicidaire ». Reste que le préjugé du « Japonais suicidaire » n'est qu'un sous-ensemble d'un préjugé plus global : les Japonais ne font jamais rien comme les autres…

BIBLIOGRAPHIE

– Marzio Barbagli, *Congedarsi dal mondo. Il suicidio in Occidente e in Oriente*, Bologne, Il Mulino, 2009.

– Okazaki Ayanori (岡崎文規), *自殺の国 / Jisatsu no kuni* [Le pays du suicide], Tokyo, 1958.

– Philippe Pelletier, *La Fascination du Japon. Idées reçues sur l'archipel japonais*, Paris, Le Cavalier bleu, 2018.
– D. B. Picken Stuart, *Death in the Japanese Tradition*, think.iafor.org, 2016.
– Maurice Pinguet, *La Mort volontaire au Japon*, Paris, Gallimard, 1991.
– Éric Seizelet, « Spleen et aliénation chez les militaires japonais : le suicide dans les forces d'autodéfense », *Asia focus*, n° 122 (consultable sur https://halshs.archives-ouvertes.fr/halshs-02492715/).

VOIR ÉGALEMENT

Les Chinois sont fourbes
Les Chinois mangent du chien

JEAN-PIERRE FILIU

Les musulmans ne peuvent pas vivre sans calife

LORSQUE IBRAHIM AL-BADRI AL-SAMARRAÏ MONTE EN chaire dans la grande mosquée de Mossoul, en juillet 2014, il s'apprête à réaliser un des plus formidables détournements de sens de l'histoire contemporaine. Ce modeste imam de la ville de Samarra, à une centaine de kilomètres au nord de Bagdad, a en effet connu une ascension spectaculaire au sein de la branche irakienne d'Al-Qaida, rebaptisée « État islamique en Irak », dont il est devenu le chef en mai 2010. Trois ans plus tard, ses partisans s'emparent de la ville syrienne de Raqqa, où il annonce l'établissement de « l'État islamique en Irak et en Syrie », désigné sous son acronyme arabe de Daech. Il prend le surnom d'Abou Bakr al-Baghdadi (littéralement « de Bagdad »), associant l'évocation du premier des califes de l'islam, Abou Bakr, à celle de Bagdad, capitale du plus puissant des califats sous la dynastie abbasside. En cet été 2014 où ses commandos jihadistes ont mis en déroute les forces gouvernementales dans le nord de l'Irak, il se proclame « calife » et appelle les musulmans du monde entier à venir le rejoindre.

La manœuvre est tellement grossière qu'elle est aussitôt rejetée par l'écrasante majorité des musulmans, aux yeux de qui ce chef terroriste n'a aucune légitimité à se prétendre commandeur des croyants. Mais le coup de force symbolique de Samarraï trouve un extraordinaire écho dans les médias occidentaux, qui accordent une importance démesurée à la prétendue « restauration » du califat. C'est que le préjugé est tenace, en Europe comme aux États-Unis, de dépeindre les musulmans en inconsolables orphelins d'un califat dont Mustapha Kemal, le futur Atatürk, a décrété l'abolition en 1924, dans la foulée de la disparition de l'Empire ottoman. Au cliché paternaliste d'un islam se languissant d'un chef suprême s'ajoute la projection sur cette religion et son culte des catégories liées à l'Église catholique, avec un calife qui serait l'équivalent musulman du pape. Cette incompréhension fait ainsi le lit de la propagande jihadiste, relayée par toute une série de débats, de commentaires et de publications sur l'accession supposée de Baghdadi au magistère suprême de l'islam, ce qui ne peut évidemment qu'encourager le départ de « volontaires » occidentaux vers le territoire contrôlé par Daech en Syrie et en Irak.

La réalité est que le califat est une institution pragmatique, mise en place par la toute jeune communauté des musulmans pour surmonter le traumatisme de la disparition brutale de son prophète Mohammed, en 632, une vingtaine d'années après le début de sa prédication. L'absence d'héritier mâle de Mohammed, ainsi que de tout testament politique, conduit les notables musulmans à choisir par consensus, selon la pratique tribale, la personnalité la plus habilitée à succéder au prophète défunt. Le terme de « calife » signifie en effet « successeur », une notion relativement neutre, et cette fonction échoit en premier lieu à Abou Bakr, un des gendres de Mohammed. La procédure est contestée par Ali, qui se prévaut de sa qualité de cousin du prophète pour prôner une succession réservée à la famille de celui-ci. Abou Bakr l'emporte et installe le siège de son califat à Médine, bientôt capitale d'un empire gagé sur la progression fulgurante des armées musulmanes. Ces conquêtes militaires n'apaisent pas, bien au contraire, les luttes de pouvoir au sommet, Ali devenant finalement calife en 656, après le meurtre de son prédécesseur et au prix d'une guerre civile avec le camp adverse. Ali est lui-même assassiné en 661, ce qui permet à ses ennemis, menés par le clan des Omeyyades, de s'emparer du califat et d'instaurer une succession dynastique à leur profit. Le siège de l'empire islamique est désormais installé à Damas, d'où les Omeyyades contrôlent un territoire allant du sud des Pyrénées à la vallée de l'Indus.

Ainsi, contrairement au préjugé dominant, le califat, loin d'être une instance incontestée, naît dans la douleur et le sang des conflits féroces qui déchirent les premiers musulmans. La formule dynastique, qui n'est qu'un choix pragmatique sans justification théologique, ne limite qu'en partie les querelles de pouvoir. En 750, le califat omeyyade est renversé par les partisans de la famille de l'oncle du prophète, Abbas. Un nouveau califat, dit « abbasside », s'implante en Irak et se dote, avec Bagdad, d'une capitale digne de sa munificence. La succession demeure néanmoins réservée aux seuls héritiers abbassides, quitte à ce que deux fils du calife Haroun al-Rachid se livrent une guerre sans merci, de 809 à 813, Bagdad étant conquise après un siège impitoyable. N'en déplaise aux fans contemporains d'Iznogoud, héros de la bande dessinée de René Goscinny et Jean Tabary, le vizir, soit littéralement le « ministre », ne saurait devenir « calife à la place du calife », car son pouvoir considérable à la tête de l'administration impériale est toujours soumis à l'arbitraire du commandeur des croyants. Quant à la hiérarchie religieuse, elle ne relève qu'en partie du pouvoir du calife, du fait de la division du sunnisme majoritaire en quatre écoles juridiques, dont une seule est privilégiée par le dirigeant du moment. En outre, les autres familles de l'islam, qu'elles soient chiite, ismaélienne, alaouite ou druze, échappent complètement à l'autorité sunnite.

Le califat abbasside a beau être d'essence théocratique, il ne dispose dès lors pas des attributs « césaropapistes » de son contemporain byzantin, à la fois « lieutenant de Dieu sur terre » et empereur incontesté. La situation se complique encore avec l'émergence d'un califat « fatimide », en référence à Fatima, épouse d'Ali et fille du Prophète, dont cette dynastie se prétend l'héritière. Son credo ismaélien, érigé en dogme d'État, défie l'orthodoxie sunnite de Bagdad, surtout après l'installation de la capitale fatimide au Caire en 969. À Bagdad même, l'autorité du calife arabe décline au profit de chefs militaires d'origine turque qui finissent par arborer le titre de « sultans », en référence à la *sulta*, pouvoir exécutif dont ils deviennent détenteurs, le calife étant réduit à n'exercer qu'une autorité spirituelle, en tout cas hors de Bagdad. Ce divorce entre les califes d'Égypte et d'Irak, celui-ci ne régnant qu'à l'ombre des sultans, favorise grandement les expéditions des croisés, qui s'emparent de Jérusalem en 1099. La contre-croisade musulmane met très longtemps à se développer et ne parvient à reconquérir Jérusalem, en 1187, qu'une fois le califat fatimide aboli et l'unité des rangs musulmans restaurée. Reste que le califat abbasside n'a gagné que quelques décennies de répit, puisqu'il sombre en 1258 sous les coups des invasions mongoles. Bagdad est dévastée, tandis que le dernier calife est supplicié sous les sabots des chevaux des envahisseurs.

Car il s'agit bien du dernier des califes dignes de ce nom, contrairement, là encore, au préjugé en vogue. Certes, les mamelouks, ces esclaves affranchis qui établissent leur sultanat au Caire et infligent un coup d'arrêt à la poussée mongole, recueillent un rescapé de la famille abbasside et le parent du titre de « calife », mais c'est pour mieux anoblir leurs propres origines serviles, sans rien concéder pour autant à cette figure purement tutélaire, vouée à engendrer un héritier tout aussi docile, afin que le titre califal se transmette de génération en génération. Lorsque les Ottomans, maîtres de Constantinople depuis 1453, s'emparent du Caire en 1517, mettant fin au règne mamelouk, ils exilent sur les rives du Bosphore le soi-disant « calife » du moment. Ils n'ont que faire d'une telle dignité, se contentant d'arborer avec faste celle de sultan, voire de grand khan des deux mers, la mer Méditerranée et la mer Noire. Ce n'est qu'en 1774, à la faveur d'un traité avec la Russie, que le titre de calife réapparaît. L'Empire ottoman vient en effet de perdre pour la première fois un territoire majoritairement musulman, la Crimée, où Catherine II permet à son homologue ottoman, qui n'a plus le pouvoir exécutif de sultan, de conserver l'autorité spirituelle d'un calife. Le sultan de Constantinople demeure pourtant bien peu respecté en tant que calife : lorsque, en novembre 1914, il déclare solennellement le jihad contre la France, le Royaume-Uni et la Russie, cet appel n'est suivi d'aucun effet, les Arabes choisissant même de se joindre aux Alliés contre la Sublime Porte.

C'est donc bien une institution moribonde que la jeune République turque abolit formellement en 1924. Mais alors, comment expliquer l'engouement occidental pour ce califat déchu, quitte à faire involontairement le jeu de la propagande jihadiste ? Il résulte avant tout d'une incapacité à accepter une réalité musulmane profondément différente de la nôtre, plurielle et diverse, se traduisant par des tentatives régulières de lui assimiler les structures de l'Église catholique. Ce sont d'ailleurs souvent les impérialistes européens qui ont fonctionnarisé des structures verticales, avec une hiérarchie cléricale chargée de veiller au respect d'un dogme compatible avec la domination occidentale. De telles bureaucraties de type moderne, que les États indépendants ont recyclées dans des « ministères des Affaires religieuses », n'ont jamais pu s'imposer pleinement à une population musulmane rétive à ce type d'embrigadement. Même le chiisme, où une hiérarchie d'ayatollahs s'est consolidée au cours des deux siècles écoulés, reste divisé au sommet entre plusieurs « grands ayatollahs », le plus populaire contestant toujours depuis l'Irak l'autorité spirituelle de la République islamique instituée à Téhéran en 1979. Les dirigeants occidentaux n'en continuent pas moins de chercher en vain une « autorité » islamique qui serait leur interlocuteur, alors que le pape François, plus avisé, a développé pas moins d'une vingtaine de canaux différents de dialogue avec les clercs musulmans. Il n'est que temps pour les laïcs, plus encore que pour les croyants, d'accepter que les musulmans vivent depuis déjà des siècles sans calife. Et qu'ils ne s'en portent pas plus mal.

BIBLIOGRAPHIE

– Jean-Pierre Filiu, *Généraux, gangsters et jihadistes*, Paris, La Découverte, 2018.
– Pierre-Jean Luizard, *Histoire politique du clergé chiite,* Paris, Fayard, 2014.
– Hela Ouardi, *Les Califes maudits, la déchirure*, Paris, Albin Michel, 2019.
– Hélène Sallon, *L'État islamique de Mossoul*, Paris, La Découverte, 2018.
– John Tolan, *Nouvelle histoire de l'islam*, Paris, Tallandier, 2022.

VOIR ÉGALEMENT

Les barbares sont des vandales
Les Noirs sont serviles par nature
La Mauresque s'en va toujours seins nus
Les Arabes sont violents
Les immigrés veulent islamiser l'Europe
Les Russes ont besoin d'un homme à poigne

FLORENT QUELLIER

Les Chinois mangent du chien

DANS LA BANDE DESSINÉE *LA GRANDE TRAVERSÉE* (1975), René Goscinny s'amuse de la traduction littérale de *hot dog* en « chien chaud ». Alors qu'il partage un repas avec des Indiens, Obélix s'enquiert du plat carné qu'il s'apprête à manger. La barrière de la langue ne lui permettant pas d'échanger avec ses hôtes, il se contente d'un « glou glou ? » interrogatif en désignant du doigt l'écuelle qu'il pense contenir de la dinde ; « ouah ouah », lui répond un chef indien. La vignette suivante montre un Obélix malade qui repousse résolument son écuelle tout en regardant Idéfix.

Cent vingt-cinq ans plus tôt, *L'Aspirant en Chine ou Conversations sur l'industrie, les mœurs et le gouvernement chinois, traduit librement de l'anglais* (Toulouse,

1850) offrait à ses lecteurs une scène similaire. Lors d'un dîner chez un Chinois, un officier anglais se régale d'un plat qu'il suppose être du canard. Voulant s'en assurer, il indique le plat à un domestique en imitant le cri du volatile : « Quack, quack, quack ? » Le serviteur secoue la tête et répond « Bow, wow, wow ! », aboyant comme un chien, et laissant l'officier digérer son dîner comme il le peut, après avoir été ainsi éclairé. Même dégoût occidental, même décalage culturel, mais sans jugement de valeur chez Goscinny, alors qu'en 1850 le verdict est sans appel envers les Chinois.

La consommation de chien en Chine est avérée du néolithique à nos jours. Le commerce qui en est fait n'a pas échappé aux missionnaires européens envoyés « à la » Chine. Au XVIe siècle, le dominicain portugais Gaspar da Cruz décrit l'arrivée de chiens dans des cages à Canton et les étals proposant de la viande canine fraîche ou cuite. Mais c'est au cours du XIXe siècle que la consommation de chien devient un passage obligé dans les livres occidentaux sur les mœurs et coutumes de l'empire du Milieu. Les Européens sont surpris par la très large liste des denrées jugées consommables par les Chinois, ce qui est effectivement une des grandes caractéristiques de leur gastronomie, comme l'a encore souligné le récent coup de projecteur sur la consommation du pangolin, lié à la pandémie de la Covid-19. Parmi les aliments dont la consommation leur semblait étrange, les Européens n'ont pas choisi le singe, le serpent ou le pangolin, mais le chien, qui leur était plus familier.

La dimension identitaire de l'alimentation se prête parfaitement au jeu des préjugés : les Chinois mangent du chien, comme les Français des grenouilles. Pourtant, hier comme aujourd'hui, les Chinois sont loin d'être les seuls à pratiquer la cynophagie. L'usage est aussi présent en Corée – la soupe au chien y avait été bannie pour ne pas heurter la sensibilité des Occidentaux lors des Jeux olympiques d'été à Séoul, en 1988 –, au Vietnam, en Indonésie, aux Philippines, en Océanie, y compris en Polynésie française et à Hawaï, en Afrique du Nord chez les Berbères, en Afrique noire, et même en Europe occidentale. Des boucheries canines existaient en Allemagne dans la première moitié du XXe siècle, et la cynophagie perdure encore légalement dans quelques vallées rurales de la Suisse alémanique.

Et manger du chien n'est d'ailleurs pas une caractéristique de tous les Chinois. Les musulmans et les bouddhistes n'en consomment pas, certaines minorités ethniques non plus. Aujourd'hui, cette consommation concerne essentiellement le sud-ouest de la Chine ; ne dit-on pas proverbialement que les Cantonais mangent tout ce qui a quatre pattes sauf les tables ! Même pour les adeptes de la viande canine, la principale viande consommée, et de loin, reste celle du porc ; le mot *rou*, « viande » en chinois, employé sans autre spécification signifie toujours « viande de porc ».

Alors, pourquoi avoir fait des Chinois des mangeurs de chiens ?

L'association quasi systématique entre l'alimentation des Chinois et la viande canine au XIXe siècle s'inscrit dans un retournement de l'image occidentale de la Chine. Humiliée, vaincue par les Européens lors des guerres de l'opium, la Chine n'est plus le modèle qu'elle était au siècle des Lumières, mais une contrée perverse et cruelle. Manger du chien, un animal de compagnie pour les Occidentaux, traduit la barbarie des Chinois, et cela d'autant plus en un XIXe siècle européen qui a vu la naissance des sociétés protectrices des animaux (au Royaume-Uni en 1824, en France en 1845). Qui plus est, élever des chiots pour se délecter de leur chair révélerait la cruauté chinoise, un reproche qui alimente un courant sinophobe promis à un bel avenir. Ainsi justifiée par les mœurs, l'intervention « civilisatrice » des grandes puissances coloniales permet aux Occidentaux d'établir des comptoirs... précisément à Canton.

Si la table témoigne du fonctionnement d'une société, la perversion culinaire chinoise traduirait donc la perversion générale du monde chinois. Quant à Obélix, n'en déplaise à son dégoût, apprécions l'humour de l'anachronisme (in)volontaire : « nos ancêtres les Gaulois » consommaient du chien.

BIBLIOGRAPHIE

— K. C. Chang (dir.), *Food in Chinese Culture. Anthropological and Historical Perspectives*, New Haven/Londres, Yale University Press. 1977.

— Jacqueline Milliet, « Manger du chien ? C'est bon pour les sauvages », *L'Homme*, n° 136, octobre-décembre 1995, p. 75-94.

— Calvin W. Schwabe [1979], *Unmentionable Cuisine*, Charlottesville (VA), University Press of Virginia, 1988.

— Frederick J. Simoons, *Food in China. A Cultural and Historical Inquiry*, Boca Raton/Ann Arbor/Boston, CRC Press, 1991.

VOIR ÉGALEMENT

La gastronomie est une affaire d'hommes

Les Chinois sont fourbes

Les végétariens sont des gens tristes

EUGÉNIE BRIOT

Les Noirs sentent fort et les Blancs sentent la mort

« L'ODEUR CUTANÉE S'EXAGÈRE ORDINAIREMENT CHEZ LES habitants des pays chauds, dont la peau fonctionne plus que la nôtre : et, de même que les végétaux des latitudes les plus chaudes exhalent les plus fortes senteurs, de même la fleur humaine (pour user du mot de Goethe) est aussi plus odorante, en ces régions. C'est pour cela que les nègres exhalent autour d'eux une odeur ammoniacale et rance, ne disparaissant pas par les soins de propreté », écrit en 1886 le docteur Ernest Monin dans *Les Odeurs du corps humain*. Ce préjugé sur l'odeur des Noirs trouve son exact pendant à propos de l'odeur des Blancs, perçue comme forte et écœurante par les populations asiatiques, et associée à l'odeur de la mort : « Un médecin japonais, le docteur Buntaro Adachi, qui a longtemps résidé en Europe, a constaté chez les Européens, et surtout chez les Européennes, une odeur “piquante et rance”, extrêmement désagréable... pour les Japonais. Mais, après avoir séjourné quelque temps en Europe, ceux-ci finissent par s'y habituer. Ils ne sentent plus guère l'odeur des hommes ; et, quant à celle des femmes, elle leur devient “plutôt agréable et provoque en eux des idées voluptueuses” », rapporte *La Chronique médicale* en 1908. Il existe bien d'autres odeurs humaines, selon des conceptions racistes : l'odeur du Juif, l'odeur de l'Allemand, l'odeur de l'Anglais... au gré des conflits et de la géopolitique, émergent dans les représentations comme des sources de désagréments insupportables auxquels les contemporains cherchent à trouver, à défaut de remèdes, des explications.

Ainsi, à propos des Anglais, *La Chronique médicale* note : « Il n'est personne qui n'ait remarqué que les habitants du Royaume-Uni, débarquant de leur île, apportent avec eux une odeur *sui generis* toute spéciale, et qu'on ne peut définir, odeur qu'ils laissent après eux, dans les appartements qu'ils occupent pendant un certain temps. Elle est bien connue surtout dans certaines villes de la Belgique habituellement fréquentées par eux, à Bruges et à Spa, notamment. Cette senteur imprègne à ce point les chambres, qu'elle y persiste nombre d'années. » À la même époque, les Allemands ne sont pas épargnés non plus. Le docteur Bérillon, en 1915, est l'auteur d'un article intitulé « La bromidrose fétide de la race allemande », qui attribue l'origine de leur mauvaise odeur à un « coefficient urotoxique » au moins un quart plus élevé que chez les Français : « La principale particularité organique de l'Allemand actuel, c'est qu'impuissant à amener par sa fonction rénale surmenée l'élimination des éléments uriques, il y ajoute la région plantaire. Cette conception peut s'exprimer en disant que l'Allemand urine par les pieds.» Toutes sortes d'explications sont trouvées à cette nuisance, dont une alimentation à base de chou et de charcuterie nauséabonde. Parce qu'elle est transformée par les aliments, notre odeur est en effet le reflet d'une certaine culture alimentaire, cette culture faisant elle-même l'objet de préjugés.

Cette caractéristique de sentir mauvais, supposée particulière à l'ennemi, a même servi de fondement à des dispositifs militaires spécifiques dans le contexte de la guerre du Vietnam. À partir de 1965, les États-Unis mettent en place une série de programmes destinés à suivre les mouvements nord-vietnamiens et vietcongs, rendus difficilement visibles par le couvert végétal de la jungle, sur la base des odeurs émises par les troupes. Conçus par General Electric dans le cadre de ce qui fut plus tard renommé «l'Opération Snoopy», les *People sniffer detection capabilities* avaient pour ambition de repérer la sueur (chlorure d'ammonium), les urines ou la fumée des feux de cuisine des troupes ennemies. De manière amusante, l'une des difficultés d'usage de ces dispositifs était qu'ils détectaient en premier les odeurs de ceux qui les utilisaient!

Il existe ainsi à travers l'histoire d'innombrables exemples de stigmatisations d'une population par son odeur, afin d'installer une différence ethnique, mais aussi sociale ou culturelle, les trois pouvant se conjuguer. Ce préjugé est particulièrement ancré à la fin du XIXe siècle, lorsque avec le positivisme les odeurs corporelles font l'objet d'études de la part de nombreux scientifiques. Les théories de Lavater sur la physiognomonie influencent également la lecture de l'odeur corporelle: perçue comme l'expression sans fard de la nature la plus profonde, l'odeur fait figure de vecteur d'une certaine vérité de l'individu, et, à ce titre, elle est un instrument d'autant plus utile de stigmatisation.

Ces préjugés, qui concernent des populations aussi nombreuses que diverses, demeurent aujourd'hui encore relativement présents dans l'imaginaire collectif. Comment expliquer une telle persistance ? Certes, notre rôle social nous engage, en particulier depuis le XIXe siècle, à exercer un étroit contrôle de nos émanations olfactives, et à tendre autant que possible vers une neutralité synonyme d'hygiène. L'être humain est pourtant physiologiquement conçu comme un animal odorant, voire très odorant. Outre ses urines, ses fèces et sa salive, il faut encore compter, à partir de la puberté, avec les sécrétions de ses glandes sébacées, qui produisent le sébum, et des glandes sudoripares apocrines, à l'origine de la sueur. Pour les anthropologues, il ne fait aucun doute que le rôle premier de ces glandes est de fabriquer des odeurs : l'être humain est, de tous les mammifères, celui qui compte le plus de glandes sébacées, alors qu'elles sont originellement destinées à produire le sébum permettant d'imperméabiliser les poils, qui n'existent pourtant plus chez lui qu'à l'état de vestiges. Les quelques zones pileuses qui lui restent sont justement celles qui sont associées à la plus grande densité de glandes apocrines que compte le monde vivant, présentes principalement au niveau des aisselles, mais aussi du pubis, de la zone périanale, du visage, du cuir chevelu, et de la zone ombilicale.

C'est au niveau des aisselles que se trouve la plus grande concentration de ces glandes apocrines, qui forment le plus souvent un véritable organe (50 × 20 × 5 mm par exemple chez un homme adulte européen). Chez certaines populations asiatiques en revanche, il semble que la zone axillaire soit entièrement dépourvue de ces glandes. Ce sont les sécrétions de ces glandes apocrines, bien que faibles, qui sont responsables de l'odeur de transpiration. Les micro-organismes présents autour des follicules pileux transforment alors la sueur en stéroïdes odorants, dont l'odeur est le plus souvent décrite comme comparable à celle du musc animal. Les glandes sébacées, présentes sur toute la surface du corps, excrètent quant à elles leur production par un canal où se trouvent de nombreuses bactéries responsables de la transformation du sébum inodore en un mélange essentiellement composé d'acides gras d'odeurs caprines ou butyriques.

L'odeur corporelle est déterminée par une forte composante génétique : il a été observé que, après avoir été en contact avec leur enfant nouveau-né une dizaine de minutes seulement, des parents pouvaient reconnaître à son odeur le lange dans lequel il avait été enveloppé. D'autres études ont mis en évidence que des sujets étaient capables d'appairer les odeurs d'un parent et de ses enfants, mais pas d'un parent et de son conjoint. Pour autant, des facteurs environnementaux entrent, pour une part secondaire, dans la construction de l'odeur corporelle : le statut reproductif, déterminé par les sécrétions hormonales et donc par l'âge, le statut émotionnel (la peur, par exemple, a une odeur), le régime alimentaire, l'état de santé... L'ensemble de ces éléments forme l'odeur personnelle, qui joue un rôle fondamental dans les mécanismes de séduction et de reproduction. À ce jour, en revanche, il n'a été découvert aucune phéromone humaine, et l'organe humain susceptible de les percevoir n'est plus fonctionnel.

Si l'être humain est conçu pour produire des odeurs, d'un point de vue biologique, son cerveau contemporain diffère très peu de celui de *Sapiens* il y a cent mille ans. Pour se protéger, nos lointains ancêtres avaient tous leurs sens constamment en éveil, et l'odorat est un instrument majeur de la survie de l'individu. Héritée de la nécessité de se garder des prédateurs et de la pratique de la chasse, l'analyse de l'odeur des autres êtres vivants délivrait un signal de fuite ou de prédation. Le cerveau humain, pour les odeurs comme pour le reste, est conçu pour noter des différences, qui s'atténuent avec l'habitude. Il s'accoutume ainsi au tic-tac d'une horloge, au point de ne plus le noter, ou du moins de pouvoir s'adonner à une autre tâche en sa présence. De la même façon, le cerveau s'habitue à une odeur de telle sorte qu'elle puisse passer à l'arrière-plan des informations utiles à la survie, puis être oubliée. C'est ce qui se produit avec notre odeur personnelle, même lorsqu'elle est transformée par un parfum que l'on finit par ne plus sentir, mais aussi avec l'odeur de notre groupe d'appartenance. Ainsi, au-delà de sa nature, en soi ni bonne ni mauvaise, l'odeur, à partir du moment où elle s'écarte de ce qui est considéré comme la norme du groupe, est remarquée et notée. Identifiée comme l'odeur de l'autre, elle peut alors s'ajouter à une argumentation au service de la différence.

De fait, les préjugés concernant les odeurs supposées caractéristiques des différents groupes ethniques se calquent sur les préjugés raciaux en général. L'odeur est considérée comme le signe supplémentaire d'une prétendue différence. De nombreuses expressions de la langue française reflètent ce préjugé : « ne pas pouvoir sentir quelqu'un », « avoir quelqu'un dans le nez »... Il est encore courant de stigmatiser une personne qui porte un parfum jugé « vulgaire ». Bref, à croire que seule notre odeur nous paraît supportable.

BIBLIOGRAPHIE

– « L'odeur des Anglais », *La Chronique médicale*, 1er août 1908, p. 202 et 505.
– Edgar Bérillon, « La bromidrose fétide de la race allemande », *Revue de psychothérapie et de psychologie appliquée*, 1915.
– Éléonore de Bonneval, « Smell of danger. Remembering the Vietnam War », MA Photojournalism & Documentary Photography, Londres, London College of Communication, 2012.
– Constance Classen, David Howes, Anthony Synnott, *Aroma : A Cultural History of Smell*, Londres/New York, Routledge, 2002.
– Jim Drobnick, *The Smell Culture Reader*, Oxford/New York, Berg, 2006.
– Annick Le Guérer, *Les Pouvoirs de l'odeur*, Paris, Odile Jacob, 1998.
– Ernest Monin [1903], *Les Odeurs du corps humain. Causes et traitements*, Paris, Hachette BnF, 2016.
– Mark M. Smith, *Smell and History : A Reader*, West Virginia University Press, 2018.
– Michael Stoddart, *The Scented Ape*, Cambridge, Cambridge University Press, 1990.

VOIR ÉGALEMENT

Les Noirs sont serviles par nature
Les roux sont faux et sentent mauvais
Les femmes qui se parfument sont dangereuses
Les Noirs ne pensent qu'au sexe
Les Africains n'ont pas d'histoire

EMMANUELLE PEREZ TISSERANT

Les Américains sont puritains

AUJOURD'HUI, LE MOT « PURITAIN » DÉSIGNE SURTOUT, dans le langage commun, une attitude de défiance vis-à-vis de la sexualité et des plaisirs en général. À l'occasion de la vague de dénonciation des violences sexuelles *#MeToo*, certains ont ainsi pu dire qu'ils ne souhaitaient pas que leur pays (la France, souvent) devienne aussi puritain que les États-Unis, ce pays où un homme ne pourrait plus prendre un ascenseur seul avec une femme sans craindre d'être accusé de harcèlement. Originellement, pourtant, le terme « puritain » ne renvoyait pas précisément au comportement sexuel, mais plutôt à une manière d'approcher la religion et son organisation. Il tire son origine du XVIe siècle européen, époque de la Réforme et de la naissance du protestantisme.

En Angleterre, le protestantisme s'implanta définitivement avec la reine Élisabeth Ire, mais certains adeptes trouvèrent que la Réforme n'allait pas assez loin. Ils cherchèrent à réduire encore les ornements du culte, les divertissements, les liens entre l'Église et le pouvoir politique ou la cour ; pour les plus déterminés, cette recherche d'une religion pure leur valut le nom de « puritains ». Mais leur opposition au pouvoir les rendait menaçants, et ils durent s'exiler, d'abord aux Pays-Bas, puis dans les colonies anglaises des Amériques. Les implantations les plus connues se firent autour de la baie du Massachusetts, notamment avec le navire *Mayflower* et la fondation de Plymouth en 1620, mais il y eut aussi des puritains en Virginie, voire ailleurs dans l'Empire, par exemple aux Antilles. Si l'on retient davantage les Pères pèlerins du *Mayflower*, c'est qu'ils fondèrent des communautés où religion et politique étaient intrinsèquement mêlées. En effet, la communauté politique et la congrégation religieuse se superposaient largement : pour être membre à part entière de la congrégation et jouir ainsi de tous les droits de citoyens, il fallait être reconnu et choisi comme tel par les autres membres, notamment en fonction de la qualité de sa conversion religieuse, racontée publiquement.

Ces puritains d'outre-Atlantique incarnent ainsi l'un des paradoxes souvent projetés sur la société états-unienne : l'affirmation d'une liberté absolue (celle de vivre sa religion loin d'un contrôle étatique ou hiérarchique, un trait qui a notamment été soulevé par Tocqueville) et en même temps l'existence de règles morales très présentes appliquées par la communauté. Le puritanisme de ces premiers temps impliquait un style de vie assez rigoureux et patriarcal, même si notre vision de cette époque est déformée par l'image qu'ont pu en donner *a posteriori* certains écrivains, notamment Nathaniel Hawthorne, dont l'ancêtre avait été l'un des juges des procès en sorcellerie à Salem. S'il y eut en effet une vague de panique et de répression autour d'affaires d'envoûtements en Nouvelle-Angleterre, et notamment à Salem et à l'entour, les puritains furent loin d'être les plus cruels. Ils ont pourtant marqué les esprits du fait de productions littéraires et cinématographiques bien plus tardives.

Outre Hawthorne, on peut aussi penser à Arthur Miller, qui écrit *Les Sorcières de Salem* en 1953, au moment d'une autre chasse aux sorcières, dans les années 1950, contre les communistes au début de la guerre froide. On a pu aussi interpréter ces chasses aux sorcières comme un moyen de contrôler des femmes devenues trop indépendantes, et plus généralement comme un moyen de s'assurer que les écarts doctrinaux ou comportementaux n'étaient pas trop menaçants pour une communauté vue comme fragile.

Concernant les femmes et la sexualité, les choses ne peuvent se réduire à un simple rejet du plaisir et du désir : l'orgasme féminin est valorisé, car les puritains pensent qu'il favorise la conception, mais seulement dans le cadre du mariage. Et la conception, qui permet la venue d'une nouvelle génération, est cruciale dans le cadre du projet puritain et dans le développement de la colonisation américaine, sans compter qu'il s'agit d'obéir à l'ordre divin de « croître et multiplier ». Par le mariage, l'homme et la femme peuvent s'aider mutuellement à ne pas sombrer dans la fornication, en se procurant l'un l'autre la satisfaction de leurs désirs. Les puritains pensent ainsi que les femmes ont autant de désir sexuel que les hommes, mais qu'elles sont moins capables de le contrôler. La sexualité, cependant, est toujours entachée du péché originel, sauf quand il s'agit de penser la relation du croyant au Christ : les prêcheurs ont volontiers recours à des métaphores sensuelles et affectives, si ce n'est sexuelles, pour que les fidèles puissent imaginer ce lien direct à la divinité.

Les puritains américains cherchaient, au bout du compte, à fonder une société modèle qui serait un exemple pour toute l'humanité par sa vertu et ses règles de vie. Selon les termes du prédicateur John Winthrop, s'adressant au groupe de colons qui allaient fonder Boston au XVIIe siècle, ils seraient « une cité sur la colline » (une citation de l'Évangile selon saint Mathieu), exposée aux yeux du monde dans leur expérimentation d'une vie placée sous le signe d'un contrat avec Dieu, et ils devaient donc veiller à ne pas devenir la risée de leur public. Certains y ont vu l'origine d'un autre préjugé sur les Américains : leur fierté nationale et le sentiment d'une destinée exceptionnelle pour leur pays. En réalité, cette association est plus tardive et rétrospective. Elle est d'abord développée à la deuxième et troisième génération puritaine, afin d'encourager la poursuite du projet puritain dans un contexte politique troublé, à la fois en Angleterre, du fait de la guerre civile, et en Amérique, du fait d'affrontements avec les populations autochtones et les autres sociétés coloniales européennes.

Malgré le mythe de Thanksgiving (Actions de grâce) et des relations pacifiées avec les populations amérindiennes locales, il règne dès les origines une grande méfiance à l'égard de ces habitants, vus comme des sauvages, malgré quelques efforts d'évangélisation, méfiance qui se nourrit, d'autre part, de la certitude que Dieu a donné la terre aux puritains. Les populations natives, dont c'était le territoire, l'auraient « usurpé », en auraient fait « mauvais usage », et devraient le leur laisser, selon les termes de John Winthrop, gouverneur de la Nouvelle-Angleterre dans les années 1630. L'importance du projet puritain dans la préfiguration de ce qu'allaient être les États-Unis est affirmée plus encore après l'indépendance de 1776, moment où il devient l'un des mythes fondateurs de la nation. La thématique d'un « peuple élu » nourrit l'idée, formulée en 1845, d'une « destinée manifeste » des États-Unis à s'étendre sur tout le continent. Cette légitimation de l'expansion masque les violences nécessaires pour y parvenir et fait perdurer le mythe d'une expansion territoriale presque naturelle et pacifique, sans conquête ni guerre.

Une telle importance de la religion dans l'histoire et l'identité états-uniennes frappe d'autant plus les Français qu'ils sont habitués à une certaine vision de la laïcité et à la séparation des Églises et de l'État, et donc à associer la liberté à la distance avec la religion. Aux États-Unis, à l'inverse, on peut avoir l'impression de trouver la religion partout : les présidents ne prêtent-ils pas serment sur la Bible lors de leur investiture ? Il ne s'agit certes là que d'une tradition, apparemment inaugurée par George Washington, mais qui semble justement s'être stabilisée au XIXe siècle, au moment de l'affirmation de la « destinée manifeste » des États-Unis. Alors que Jefferson, Madison, Monroe ou encore Jackson n'ont apparemment pas suivi cette pratique, elle fut reprise par James Polk en 1845, ce même président qui se fit élire sur un programme d'expansion territoriale et qui mena la guerre contre le Mexique en 1846-1848, laquelle se traduisit par l'annexion de tout le Nord mexicain, devenu le Sud-Ouest actuel du pays. Ce territoire où l'on pratiquait beaucoup l'élevage extensif a fourni un personnage emblématique du Far West, le cow-boy, *vaquero* mexicain aux origines métissées avant de devenir typiquement états-unien. En 1848, exactement au moment de l'annexion, on trouva de l'or en Californie : Dieu était décidément du côté des États-Unis.

L'héritage puritain et le lien avec la providence divine sont encore réactivés lors de la guerre de Sécession (1861-1865), chacun des camps, Nord et Sud, cherchant à mettre Dieu de son côté. C'est à cette époque que Thanksgiving devient une fête officielle, nationale et annuelle ; ou encore que l'inscription « *In God We Trust* » est imprimée sur les billets de banque.

À ce propos, certains ont aussi associé l'importance du protestantisme et même du puritanisme aux États-Unis au développement du capitalisme. D'une part, en effet, les puritains voyaient le succès en affaires comme un signe de leur élection divine, et d'autre part leur morale impliquait de ne pas jouir de ses richesses dans l'oisiveté, et donc de travailler.

De plus, si au tout début de la colonisation les terres étaient travaillées en commun, elles furent très rapidement réparties entre familles : le puritanisme aurait donc favorisé la propriété privée, un trait qui sera mis en avant dans la société états-unienne lorsqu'il s'agira de s'opposer au socialisme puis au communisme. En réalité, même si certains caractères du puritanisme ont pu particulièrement s'accorder avec ces développements socio-économiques, il faut se garder d'explications trop simplistes qui mèneraient en ligne droite du protestantisme puritain au capitalisme états-unien. Quant à Tocqueville, s'il a cru voir dans l'héritage protestant et même puritain les racines de l'égalitarisme états-unien en ce qu'il privilégie les petites communautés et le lien direct avec le texte biblique, il n'en demeure pas moins que les communautés puritaines étaient, par leur construction même, profondément inégalitaires et hiérarchiques.

Somme toute, cette affirmation, au XIXe siècle, d'une identité protestante et d'une élection divine à travers le projet puritain aura servi à forger une identité nationale commune. Elle a permis de distinguer les vrais et bons Américains de populations jugées indésirables, inassimilables, et qui risquent de dénaturer l'expérience démocratique états-unienne, jugée exceptionnelle. Les catholiques sont ici particulièrement visés (Mexicains annexés puis immigrants irlandais ou italiens) lors de manifestations de « nativisme » : contrairement à ce que l'on a pu dire, les États-Unis n'ont pas toujours été accueillants avec les immigrants.

Au tournant du XIXe et du XXe siècle, cette identification au protestantisme a pris une dimension raciale, ce qui donne l'association plus tardive, dans les années 1950, de « *White Anglo-Saxon Protestant* » (l'Anglo-Saxon protestant et blanc), le sigle « WASP » signifiant aussi « guêpe » en anglais. Par le terme « anglo-saxon », il s'agit de construire une filiation, largement fictive, entre les peuples germaniques qui ont envahi l'Angleterre de l'Antiquité tardive au haut Moyen Âge et les États-uniens. Ces peuples germaniques seraient particulièrement aptes à la démocratie, au *self-government*, à l'inverse des peuples latins habitués à l'autorité, donc à la servilité (on n'est pas loin des accusations de papisme envers les catholiques). Cette filiation fictive peut faire penser à d'autres généalogies fabriquées, comme celle que les Français commencent à affirmer à la même époque à travers « nos ancêtres les Gaulois » ; elle nourrit en tout cas une fierté nationale exclusive, fondée sur une hiérarchie entre groupes humains, appelés races, parmi lesquelles les « Anglo-Saxons » seraient supérieurs aux autres.

La défense de cette qualité raciale américaine au début du XXe siècle va de pair avec celle de la respectabilité, à une époque d'évolution des mœurs visible, par exemple, au cinéma. En 1930, le code Hays interdit la représentation de certaines scènes dans les films, notamment de sexe ou d'usage de drogue. Il convient cependant de distinguer cette censure des années 1930 du mouvement actuel de dénonciation des violences sexuelles dans le cinéma et au-delà. En effet, il ne s'agit aujourd'hui aucunement de bannir le flirt, la sexualité ou le plaisir, mais de les sortir des logiques de domination pour les replacer dans un cadre qui soit consenti, autant de notions qui étaient étrangères aux puritains historiques.

BIBLIOGRAPHIE

— T. H. Breen, *Puritans and Adventurers. Change and Persistence in Early America*, New York, Oxford University Press, 1980.
— Camille Froidevaux-Metterie, « Le puritain n'est pas républicain. Pour une autre histoire de l'Amérique », *Raisons politiques*, vol. 1, n° 1, 2001, p. 127-140.
— Lauric Henneton, *Histoire religieuse des États-Unis*, Paris, Flammarion, 2012.
— Edmund Morgan [1944], *The Puritan Family: Religion and Domestic Relations in 17th-Century New England*, New York, Harper Perennial, 1966.
— Edmund Morgan, « The Puritans and Sex », *The New England Quarterly*, vol. 15, n° 4, déc. 1942, p. 591-607.

VOIR ÉGALEMENT

Les Indiens d'Amérique sont paresseux
Les prêtres ont le diable au corps
Sale et lubrique comme un porc
Les Mexicains sont des criminels violents

DIANA COOPER-RICHET

Les Français sont arrogants et mal élevés

ENTRE LES ANGLAIS ET LES FRANÇAIS, MEILLEURS ENNEMIS dix siècles durant, puis solides alliés pendant les deux guerres mondiales, c'est depuis longtemps «je t'aime, moi non plus». Bien qu'attirés, voire fascinés par la France, les Britanniques ont de ses habitants des perceptions parfois réductrices, à l'image du petit personnage populaire au béret enfoncé sur la tête et à la petite moustache, une baguette de pain dans une main et un litre de vin rouge dans l'autre!

La méfiance anglaise envers ce qui vient de France s'écrit sur le temps long. Depuis la bataille d'Hastings en 1066, qui voit le Normand Guillaume le Conquérant accéder au trône d'Angleterre, les Anglais et les Français n'ont cessé de se combattre. Aux rois normands succèdent les Angevins, avec Henri de Plantagenêt qui devient duc de Normandie en 1151, puis roi d'Angleterre en 1154. Sa rivalité avec le roi de France Louis VII conduit à la détestation de tout ce qui est français. Celle-ci s'aggrave avec la terrible guerre de Cent Ans (1337-1453), la bataille d'Azincourt (1415) perdue par les Français, le martyre de Jeanne d'Arc qui tente de libérer la France de l'occupation anglaise en Normandie, et le règne des Plantagenêts sur l'Angleterre, qui dure jusqu'en 1485. Avec l'acte de Suprématie de 1534, lequel offre à la religion anglicane une voie entre le catholicisme et le calvinisme, puis la révolution dite puritaine au XVIIe siècle, les Anglais deviennent de plus en plus méfiants à l'endroit de la France, pays catholique et fille aînée de l'Église. L'influence du papisme est redoutée, et la puissance grandissante de la France en Europe renforce la xénophobie antifrançaise outre-Manche.

Après une période d'accalmie aux XVIe-XVIIe siècles, les rivalités reprennent au XVIIIe, l'enjeu étant toujours l'hégémonie sur l'Europe. Sous la Restauration Stuart (1660-1688), il se trouve des Anglais pour accuser certains de leurs compatriotes d'être devenus, par attirance pour la France et ses habitants, à la fois efféminés et vaniteux. Les deux pays s'affrontent de nouveau entre 1702 et 1713, pour la succession au trône d'Espagne, puis entre 1740 et 1748 pour celle au trône d'Autriche, et, enfin, pendant la guerre de Sept Ans (1756-1763), au cours de laquelle la France se bat aux côtés des Américains. En voyage en France en octobre 1763, l'écrivain écossais Tobias Smollett (1721-1771) porte un jugement très sévère sur les Français. Selon lui, ce sont tous des « petits-maîtres » impertinents, qui aiment par-dessus tout « la gloire et les paillettes ». Ils sont « peu sincères et peu généreux » et, hormis quelques exceptions, comme « Des Cartes, Réaumur et Buffon », ils sont vaniteux et manquent totalement de modestie.

Si nombre d'Anglais sont très critiques à l'endroit des idéaux de la Révolution française, de la Convention et du régicide, les élites londoniennes de la fin du XVIIIe et des premières décennies du XIXe siècle se montrent, quant à elles, sensibles à la mode parisienne dans ce qu'elle a de plus excessif, au point de porter de vertigineuses perruques, ce qui fait dire à la femme de lettres Frances Milton Trollope, en résidence à Paris au milieu des années 1830, que les « bizarres caprices de la toilette des hommes [dépassent] tout ce qu'il serait possible d'exprimer ».

Depuis plus de deux siècles, la gallophobie – la haine à l'égard de la France – se nourrit également de quelques légendes bien ancrées dans l'imaginaire populaire anglais, comme celle des « *Hartlepool monkey hangers* », qui date du temps des guerres napoléoniennes. Elle veut que, dans les débris d'un bateau français échoué près du port d'Hartlepool, au nord de l'Angleterre, le seul survivant ait été un petit singe vêtu d'un costume de soldat de l'armée française, sans doute une mascotte de l'équipage. Craignant d'avoir affaire à un espion, les habitants alentour improvisèrent un procès et, en l'absence de réponses de la part du petit animal, le pendirent haut et court !

Au XIXe siècle, on compte beaucoup plus d'Anglais débarquant en France [14 000 dès 1815, 20 000 six ans plus tard] que de Français se rendant en Angleterre. Pourtant, bien qu'en petit nombre, ces derniers n'en suscitent pas moins étonnement et dénigrement. Quand ils sont à Londres, ils sont décrits comme *exotic* dans leur manière de s'habiller et de se coiffer, mais on leur reproche également de se comporter comme si la capitale leur appartenait. De même, pour beaucoup de visiteurs anglais en France, les habitants, plus particulièrement les Parisiens, sont réputés être peu respectueux des bonnes manières et faire preuve d'orgueil, de mépris, voire d'une attitude hautaine et blessante qui frôle à l'occasion l'insolence à l'égard des autres, et notamment des étrangers, qui ne les intéressent nullement. Dans les années 1840, des propos aigres-doux sont ainsi échangés entre publications britanniques et françaises. En 1842 paraît dans *Blackwood's Edinburgh Magazine* un article sur les étrangers à Londres qui n'épargne guère les Français. Deux ans plus tard, un texte portant sur les Anglais, en quelque sorte la réponse du berger à la bergère, paraît dans le recueil *Les Étrangers à Paris*. De nombreux écrivains, bien que fervents francophiles, comme Walter Scott (1771-1832) dans *Robert, comte de Paris* (1831), William Thackeray (1811-1863) dans *L'Album parisien* (1840) ou encore Charles Dickens (1812-1870) dans *Le Conte de deux cités* (1859) – Londres et Paris –, évoquent eux aussi l'arrogance aristocratique des Français.

Outre l'arrogance, c'est encore leur saleté qui est pointée du doigt, un préjugé partagé par bien des peuples européens. Déjà, lors de son séjour à Paris au XVIIIe siècle, Tobias Smollett soulignait dans ses lettres que les Parisiens ne font pas leur lit le matin et ne nettoient pas leurs appartements, qui sont sales. À Mozart, en visite à Paris en juillet 1778, est attribué un jugement tout aussi cassant, cependant qu'en 1816 Benjamin Haydon et David Wilkie, deux jeunes artistes britanniques de passage à Rouen, se désolent en constatant la saleté de leur lit et le parquet graisseux de l'auberge où ils logent. Même l'hygiène corporelle des

Français est mise en doute, jusque dans les années 1950, et aujourd'hui encore. Selon les résultats d'un sondage réalisé par l'Ifop en février 2020, un Français sur quatre ne fait pas une toilette complète tous les jours. Sur les bords de la Tamise, leur utilisation du papier toilette est jugée notoirement insuffisante.

L'idée que les Français se feraient du sport est également un sujet de sarcasmes outre-Manche. Dans les années 1950, l'écrivain Pierre Daninos, ancien agent de liaison de l'armée anglaise pendant la Seconde Guerre mondiale et fin connaisseur de la mentalité britannique, avait imaginé le personnage du major Thompson. Pour cet Anglais type de la bonne société, être sportif, c'est faire du sport. Mais, selon le major, pour les Français, c'est regarder les autres en faire. Cette façon de caricaturer le voisin d'outre-Manche est loin d'être passée de mode dans les années 1980-1990.

Alors que la sitcom *Hello, Hello*, diffusée par épisodes avec beaucoup de succès entre 1982 et 1992 sur BBC One, prenait la Résistance française pour cible, certaines séries télévisées semblent faire plus récemment les délices des plus francophiles des Britanniques, au point qu'ils ne pourraient plus se passer du *Bureau des légendes*, d'*Arsène Lupin* ou encore de *Dix pour cent*. Reste que les films français font parfois l'objet de ce que l'on appelle désormais le « *French bashing* », ou dénigrement antifrançais. Spécialiste du genre, avec ses sketches « *What the Fuck France* », l'humoriste anglais Paul Taylor les décrit comme parfaitement ennuyeux, et la cérémonie des Césars comme totalement ridicule !

Que dire enfin de ces catégories spécifiques de Français qui conservent une mauvaise réputation auprès des étrangers, des Britanniques en particulier ? Considérés au mieux comme renfrognés, et bien sûr pas toujours très propres, les chauffeurs de taxis parisiens sont loin de pouvoir tenir la comparaison avec les impeccables *black cabs* londoniens et leurs chauffeurs réputés pour leur jovialité. Quant aux garçons de café, ils sont réputés être particulièrement désagréables. En témoigne le succès – 800 000 entrées – du spectacle d'Olivier Giraud qui se donne depuis dix ans au Théâtre des Nouveautés à Paris, « *How to Become a Parisian in One Hour* », ou comment rire de l'arrogance et du manque de bienséance des Parisiens envers les étrangers, qui semble confirmer la persistance de ces rapports complexes à l'autre. S'il est vrai que la force et la circulation des stéréotypes, voire la francophobie, varient en intensité selon les époques et les milieux dans lesquels ils circulent, ces imaginaires sociaux n'en demeurent pas moins très prégnants.

Et pourtant, ces préjugés sont loin d'être partagés par tous les Britanniques. La reine Victoria, fidèle à Biarritz, et la « *Queen Mum* » (reine mère et mère d'Élisabeth II) ont toutes deux, en leur temps, beaucoup aimé la France. Il en est de même des Britanniques qui y ont élu domicile, parmi lesquels les écrivains William Boyd, surnommé « l'Homme Tranquille de Sadillac », en Dordogne, et Peter Mayle, dont le livre *Une année en Provence* (1989) a connu un énorme succès avec six millions d'exemplaires vendus. Deux cent mille Britanniques possèdent une résidence secondaire dans l'Hexagone, sans compter les millions de visiteurs qui traversent la Manche chaque année. Et que dire encore de tous ceux qui, en raison du Brexit, demandent à être naturalisés français (près de 164 000 en 2021), à l'instar de Stanley Johnson, le père de l'ancien Premier ministre

Boris Johnson, naturalisé français en 2022 ? La notion d'« entente cordiale », née au XIXe siècle pour qualifier les relations entre la France et le Royaume-Uni, après avoir pris tout son sens au début du XXe siècle, serait-elle remplacée aujourd'hui par une mésentente tout aussi cordiale, et la France ne serait-elle plus, désormais, qu'un *sweet enemy* ?

BIBLIOGRAPHIE

– Pierre Daninos [1954], *Les Carnets du major W. Marmaduke Thompson. Découverte de la France et des Français*, Paris, Le Livre de Poche, 1967.
– « The World of London, part VIII. Foreigners in London », article attribué à J.-F. Murray, *Blackwood's Edinburgh Magazine*, nº 51, 1842, p. 22-32.
– Old Nick [pseudonyme de Paul-Émile Daurand-Forgues] [1844], « Les Anglais », *Les Étrangers à Paris*, Paris, Hachette BnF, 2018.
– Tobias Smollett [1766], *Travels through France and Italy*, Londres, Barbara Ward & Associate, 2010.
– Frances Milton Trollope [1836], *Paris et les Parisiens en 1835*, 3 vol., Paris, Hachette BnF, 2016.

VOIR ÉGALEMENT

Les Gaulois sont râleurs et bagarreurs
Les aristocrates sont réactionnaires
Les riches gouvernent la France
Les intellectuels sont déconnectés du réel
La langue française est fichue

YANNICK RIPA

Les belles-mères, toutes des peaux de vache !

« VOULEZ-VOUS UN INTÉRIEUR CUIR POUR LE CERCUEIL DE votre belle-mère ? » suggère l'employé des pompes funèbres en prévision de l'enterrement de la belle-mère de son client. « Ce n'est pas la peine, lui rétorque-t-il, il y aura déjà une peau de vache dedans ! » Et le public de rire et d'applaudir Olivier de Benoist, hommes et femmes confondus ; seules quelques spectatrices murmurant un « quelle horreur ! » Posture rare, car l'humoriste doit largement son succès, depuis le début de la décennie 2010, à son ironie cinglante à l'égard de sa prétendue belle-mère, incarnation de toutes celles que gendres et brus considèrent comme des ennemies irréductibles. Il n'a pas l'exclusivité de ce fonds de commerce : d'hier à aujourd'hui s'y côtoient caricaturistes

(Moloch, « Belle-mère », *Le Trombinoscope*, 1875), créateurs de cartes fantaisistes (*Gendre et belle-mère*, début du XXe siècle), chansonniers (*Peau d'chameau*, vers 1910-1920), dramaturges (George R. Smis, *Memoirs of a Mother-in-Law*, 1892 ; Bernard Fripiat, *Les Belles-mères*, 2018), réalisateurs de cinéma (Yves Allégret, *Manèges*, 1950). Les écrivains participent, depuis longtemps, à ce dénigrement : « Avoir sa belle-mère en province quand on demeure à Paris, et vice versa, est une des bonnes fortunes qui se rencontrent toujours trop rarement », déplore Balzac en 1829 dans la *Physiologie du mariage.* Cinquante ans plus tard, en 1874, dans *Une belle-mère*, Hector Malot regrette qu'il « ne [...] vint même pas à l'idée [de Mme Daliphare] que ses enfants pouvaient avoir le désir d'être seuls et libres chez eux ».

Les réseaux sociaux, vecteur de l'imaginaire collectif de notre époque, véhiculent cet inébranlable préjugé, proposant de multiples blagues dites « de belle-mère », éculées et d'un goût douteux : « Quel est le poids d'une belle-mère ? » interroge un internaute protégé par l'anonymat, « 5 kilos, urne comprise » ! Et si la mort naturelle ne libère de ce « crampon », il est vivement conseillé d'aider le destin, avec la complicité de la nature : ravin du ru de la belle-mère, pic de la belle-mère, trou de la belle-mère, etc. Ce fantasme criminel n'a jamais heurté personne ; toutefois, cette solution radicale concerne essentiellement les hommes, tant violence et virilité sont liées. Si les belles-filles souhaitent la mort de la mère de leur conjoint, elles se gardent d'énoncer leur désir, si contraire aux assignations de genre qui leur ordonnent douceur et bienveillance.

Quoi qu'il en soit, en 1913, la disparition de cet « être malfaisant » est même présentée comme une œuvre de salut public dans « La Chanson des belles-mères », emblématique de l'état d'esprit d'alors : « Ah oui, quand est-ce qu'on va les supprimer / Toutes ces sacrées belles-mères ? / On d'vrait voter une loi pour les noyer / Ou pour les mettre en fourrière / Alors les femmes et les maris / Je le proclame seront ravis ! » Une carte postale, parmi tant d'autres de la même veine en circulation en Europe depuis le second XIXe siècle, banalise ce geste en concluant le procès d'un gendre assassin d'un « En somme, il n'a tué que sa belle-mère... ».

Certes, la justice est ici singée puisque le juge est un chimpanzé, mais, après tout, la Belle-mère, élevée au rang de générique, appartient-elle vraiment à l'espèce humaine ? Les cruels surnoms, proverbiaux car on l'en affuble depuis des siècles, l'animalisent : chameau, vipère, guenon, truie, vieille chouette... Quant à son caractère, il se singularise par la noirceur, la médisance, la jalousie, l'orgueil, la vilenie. Ici comme ailleurs, notamment en Italie où la *suocera* est réputée pour son irritabilité et sa curiosité malsaine, mieux vaut l'éviter, ainsi que le conseille la coutume des Navajos, car tout gendre risque de perdre la vue après un simple échange de regards. Dans toutes les langues, il n'est de mots trop durs pour qualifier cet être dit horrible et diabolique, pervers et malsain, une caractéristique qui lui vaut une vedette dans le dictionnaire Littré de 1863, qui affirme que « belle-mère » est en soi « un nom odieux ». Reprenant à son compte une parole attribuée à Bossuet, il ne doute pas de la pertinence de cette définition, incapable de l'attribuer au préjugé qui la sous-tend. C'est dire la force de celui-ci, probablement due à son ancienneté !

L'origine du préjugé négatif sur les belles-mères est si lointaine qu'on ne saurait la dater ; encore faudrait-il en avoir eu la volonté. Or, l'histoire des belles-mères est restée, jusqu'à récemment, un angle mort de l'historiographie mondiale, y compris depuis l'émergence et le développement des études sur les femmes et le genre. Ce préjugé semble non seulement faire écran à la réalité de ces êtres de chair et de sang, mais les figer, leur niant toute historicité. Force est d'interpréter ce désintérêt comme l'expression d'une commune adhésion à cette idée reçue, et ce depuis des millénaires, partout.

Dans les pays de Sumer et d'Akkad, en basse Mésopotamie du IIIe au Ier millénaire av. J.-C., la belle-mère est un personnage central de la socialisation familiale, par son accord tacite qui facilite la conclusion des unions, par son rôle dans l'intégration de la nouvelle épouse et par sa puissance réelle, qui plus est en l'absence de son fils. La mythologie la présente comme un personnage qu'il faut amadouer, démarche qui suppose son abord difficile. Le mariage conclu, le face-à-face avec la belle-mère concerne davantage les brus que les gendres, car, traditionnellement, la jeune épousée rejoint le foyer de ses beaux-parents. L'harmonie de la famille dépend donc des bonnes relations établies entre ces deux femmes, au sein du foyer, d'autant plus qu'il est à la fois espace de vie et espace de la production domestique, dont la gestion revient à l'épouse du chef de famille. Mais la plus hostile des deux n'est pas toujours celle que l'on attend, si on en croit le conseil de sagesse babylonien du IIe millénaire av. J.-C. : « Comme tu traites ta belle-mère, tes belles-filles te traiteront. » Cette mésentente réciproque épargne le plus souvent les gendres et leurs belles-mères : seule la rivalité au sein du ménage rend ennemies belles-mères et brus, car une femme n'a d'existence que dans la famille ;

nul besoin pour l'homme d'être un mari ou un gendre pour exister socialement.

La même configuration – une famille élargie qui met en concurrence le pouvoir de deux femmes sous le même toit – produit les mêmes effets ailleurs, quels que soient le pays et l'époque, assurant la pérennité de notre préjugé. Dans le Japon du XIe siècle, Sei Shōnagon range dans sa liste des « Choses rares » établie dans ses *Notes de chevet*, « une bru aimée de sa belle-mère », preuve de l'animosité naturelle de cette dernière. Au mitan du XXe siècle, le village thessalien de Pouri pratique systématiquement la violence domestique ; elle est une résolution radicale des conflits entre frères, entre mari dominateur et épouse sans défense, et un mode éducatif exercé par les parents sur leurs enfants. Elle atteint son paroxysme dans la relation entre belles-mères et brus, le but des premières étant de couper tout lien entre les nouvelles venues et leur famille originelle. Ce sont les mêmes invectives que murmurent ces éplorées, celles-là mêmes que véhiculait l'antienne d'antan. Mais, dans ces cas précis, la mésentente est bien réelle, elle ne relève pas en soi d'un préjugé. Pourtant, celui-ci s'insère dans cette guerre familiale par la naturalisation générale des belles-mères, une « sale race », une dénomination qui oblitère les raisons socio-économiques de ces heurts. Le peu d'entregent laissé aux femmes dans les sociétés patriarcales contribue à les opposer dans leur lieu, le plus souvent unique, la maisonnée. Cette opposition est donc un des effets de la domination masculine et des règles sociétales genrées que toutes ont intégrées. Parfois, mais rarement, la prise de conscience des causes de leur hostilité mutuelle débouche sur des formes de solidarité entre ces dominées.

La cécité générale sur l'origine et la nature du préjugé sur les belles-mères permet à celui-ci de s'adapter à une nouvelle donne au cours de l'époque contemporaine : le recul – voire la disparition – des familles élargies au profit des familles nucléaires. Il s'ensuit un glissement de l'aversion envers les belles-mères des belles-filles vers les gendres. Championne de cette évolution acrimonieuse, la France du XIXe siècle invente « la belle-doche », support lexical qui rénove un présupposé millénaire. En 1906, *L'Assiette au beurre* annonce que la guerre entre gendres et belles-mères les opposera « pour l'éternité » car cette « peau de vache » sème la discorde dans le couple, par sa complicité avec sa fille et sa présence intrusive dans l'intimité conjugale. Alliant laideurs physique et morale, la voilà devenue « repousse-mariage », car le futur mari devine en elle le devenir de sa fiancée ! Le préjugé a la vie dure : qui n'a pas applaudi, en toute conscience masculine ou inconscience féminine, au fameux « Tu t'laisses aller » (aux multiples traductions) adressé par Charles Aznavour à une épouse qui « comme ça ressemble à sa mère qu'a rien pour inspirer l'amour » ?

BIBLIOGRAPHIE

— Philippe Ariès, Georges Duby (dir.), *Histoire de la vie privée*, Paris, Le Seuil, 1987.

— Salomon Reinach [1905], « Le gendre et la belle-mère », dans *Cultes, mythes et religions*, Paris, Robert Laffont, 1996.

— Yannick Ripa (dir.), *L'Étonnante Histoire des belles-mères* (notamment les articles de Francis Joannès, Emmanuel Lozerand et Marie-Élisabeth Handman), Paris, Belin, 2015.

— Setsuko Tsumura, *Yome shûtome* [Belle-fille belle-mère], Tokyo, Sakuhinsha, 1994.

VOIR ÉGALEMENT

Les femmes sont hystériques

Les femmes qui se parfument sont dangereuses

ANTOINE MARÈS

Les Tchèques se prennent pour le cœur de l'Europe...

DE LA PARUTION EN 1581 D'*ITINERARIUM SACRAE Scripturae* du protestant Heinrich Bünting – représentant l'Europe comme une reine dont la péninsule hispanique est la tête et la Bohême le cœur – à la publication officielle par la République tchèque des années 2000 d'une revue intitulée *Le Cœur de l'Europe*, le préjugé de la situation centrale des pays Tchèques en Europe s'est perpétué à travers le temps : la carte agrandie de Bünting surplombe aujourd'hui l'hémicycle du Sénat praguois, et cette centralité est matérialisée à proximité de Cheb par une colonne de pierre sur le mont Dyleň, à l'ouest de la Bohême.

Or, il se trouve que les Bavarois revendiquent eux aussi la possession de ce point central du continent (près de Munich), tout comme les Lituaniens (à proximité de Vilnius) ou encore les Ukrainiens, voire les Français (en Côte-d'Or) : cela varie en fonction du périmètre de l'Europe ou de l'Union européenne en constante évolution. Cette compétition manifeste à l'évidence une volonté de valoriser le pays propre, de compenser les injustices de l'histoire et les siècles d'assujettissement, ou encore une nostalgie de l'ancienne gloire ou de la puissance perdue.

Confrontée à une histoire qui leur a souvent refusé l'indépendance, chaque culture nationale de l'Europe médiane – l'espace situé entre Allemagne et Russie – fait de sa position géographique et de son rôle historique un préjugé qui vise à justifier son existence en Europe. Polonais, Roumains, Serbes, Croates, Hongrois ou Bulgares se réclament ainsi de la défense de la chrétienté face au monde ottoman et à l'islam, les Polonais se considérant en outre comme le rempart du catholicisme face à l'orthodoxie. Durant l'entre-deux-guerres, Polonais, Hongrois et Roumains se présentent comme des sentinelles face au bolchevisme. Ces formes d'européanité, ancrées dans les représentations de soi et dans les mentalités, sont constamment réactivées par des acteurs politiques qui puisent dans ces gisements mémoriels et les instrumentalisent.

Mais l'invocation de la centralité et du « cœur » de l'Europe va symboliquement plus loin : sans cet organe qu'est le « cœur », l'Europe ne pourrait survivre. En septembre 1938, Paul Valéry utilisait une métaphore plus architecturale en faisant de Prague la pièce maîtresse de l'édifice européen. Que le cœur s'arrête de battre ou que la clé de voûte s'effondre et c'en serait fini d'une Europe pacifique.

Chez les Tchèques, un certain complexe d'infériorité remonte à la perte de l'indépendance du royaume de Bohême pendant la guerre de Trente Ans, au XVIIe siècle (avec la disparition d'une part importante de ses élites nobiliaires et bourgeoises), sous les Habsbourg, puis de la Tchécoslovaquie au XXe siècle, dominée d'abord par l'Allemagne hitlérienne, et par l'Union soviétique ensuite. Dans cette longue période brillent quelques éclaircies comme le « printemps des peuples » en 1848, la Première République (1918-1938), puis l'immédiat après-guerre (1945-1948) et les années 1960, avec un « printemps de Prague » tragiquement interrompu par l'invasion des troupes du pacte de Varsovie en août 1968, pour se terminer par la « révolution de velours » de novembre 1989. *A contrario*, à travers leur expérience du XXe siècle, liée au nazisme, au stalinisme et au communisme, mais aussi par une lucidité acquise au fil du temps, les Tchèques seraient en mesure de donner des leçons d'histoire européenne, un sentiment qui leur confère un complexe de supériorité, une sorte de messianisme de l'expérience.

C'est tout le sens du propos de l'écrivain Milan Kundera quand il défend en 1983 la thèse de « l'enlèvement de l'Europe centrale » pour expliquer, d'une part, que l'Europe centrale ne relève pas de ce qu'on dénomme alors « Europe de l'Est » et, d'autre part, que l'Europe occidentale risque de subir le même sort face à la « barbarie » soviétique. La question de l'appartenance à l'Occident est fondamentale pour les Tchèques, tout en étant nuancée par les débats sur un ancrage plus spécifiquement centre-européen, marqué notamment par le problème de la relation millénaire entre Tchèques et Germains. Ce pays frontalier des mondes slave et occidental, situé sur la ligne de fracture entre le monde catholique et préprotestant depuis le XVe siècle, se considère à la fois comme un sismographe et comme un laboratoire des grandes secousses européennes depuis le Moyen Âge, tout en s'imaginant parfois un rôle de passerelle entre l'Est et l'Ouest, autre variante de sa centralité.

Si cette conviction d'une centralité valorisante et l'essentialisation d'une expérience vécue sont des autopréjugés profondément enracinés dans la culture tchèque, ils ne sont partagés, la plupart du temps, ni par les Centre-Européens ni par l'Occident, qui raisonne plutôt en termes de grandes puissances. Ces préjugés imprègnent cependant les esprits et façonnent la nature des relations de voisinage : ainsi la Tchécoslovaquie a-t-elle prétendu, durant l'entre-deux-guerres, à un rôle dominant au sein de la Petite Entente, qui associait Prague, Belgrade et Bucarest.

Notons toutefois que les préjugés nationaux qui nous préoccupent ici sont plus flexibles que les stéréotypes et peuvent évoluer avec le temps : ils ne sont ni permanents ni immanents. De plus, la perte de mémoire historique actuelle favorise la disparition des repères traditionnels au profit d'un présentisme et d'un consumérisme envahissants. Il en découle un certain épuisement des préjugés, en particulier chez les intellectuels d'Europe centrale, qui les rejettent ou les déconstruisent : à leurs yeux, ils n'ont pas de raison d'être.

À cet égard, l'exemple russe est révélateur. Les Tchèques – moins que les Slovaques, les Serbes ou les Bulgares – ont considéré depuis le début du XIXe siècle la Russie comme leur allié, leur « grand frère slave », un préjugé aussi durable qu'illusoire, même si leur sympathie allait plus au peuple et à la culture russes qu'au tsarisme, dénoncé très tôt par les libéraux. Renforcée avec la libération du pays en 1945, notamment par les troupes soviétiques, et utilisée à plein par la propagande communiste, cette vision s'est totalement inversée avec l'invasion d'août 1968 : le « méchant Allemand revanchard » de République fédérale d'Allemagne, présenté comme un épouvantail par la propagande communiste, est alors devenu le touriste bienvenu et l'incarnation d'un mode de vie occidental auquel la population aspirait, quelques décennies avant que les Russes eux-mêmes ne viennent favoriser le commerce en prenant un bain d'occidentalité lors de leurs séjours praguois. Il en va très différemment pour les Polonais, dont l'hostilité à l'égard de la Russie est consubstantielle à leur expérience historique. Cet antagonisme doit cependant être nuancé : il suffit de penser à l'admiration du poète Adam Mickiewicz pour certains écrivains russes au XIXe siècle ou aux rapports de la revue de la dissidence polonaise *Kultura* avec l'exil russe en France après la Seconde Guerre mondiale.

Les préjugés mutuels entre pays du centre de l'Europe sont eux aussi largement fondés sur des histoires changeantes, dont le poids demeure jusqu'à nos jours dans des représentations, des clichés et des stéréotypes à caractère souvent transnational.

Entre Tchèques et Slovaques, le fait d'avoir coexisté sans conflit armé de 1918 à 1993 (avec l'interruption de la Seconde Guerre mondiale) adoucit certes les préjugés. Pour un Tchèque, le Slovaque est un petit frère rustique – mangeur de fromage de brebis au son du cymbalum – qu'il a fallu tirer des griffes du Hongrois en lui inculquant la démocratie : il serait à la fois instinctif, nationaliste, souvent ivre et fier de ses Hautes Tatras comme s'il les avait lui-même édifiées. Pour un Slovaque, à l'inverse, le Tchèque serait un citadin prétentieux, touriste peu généreux lors de ses visites dans les montagnes slovaques, qui a voulu lui dicter sa conduite (le fameux pragocentrisme à l'égard du « frère cadet »), mais qui a en même temps largement contribué à forger ses élites et à conquérir son autonomie. Reste la nostalgie d'un vivre-ensemble et d'une sororité toujours présente, même si cette dernière est très déséquilibrée (en défaveur des Slovaques) et s'efface peu à peu en raison de l'éloignement progressif dû à la scission de la Tchécoslovaquie le 1er janvier 1993.

Entre Polonais et Tchèques, les préjugés résultent d'un voisinage souvent belliqueux, qui remonte au Moyen Âge, et d'une sensibilité religieuse divergente : à la fois plébéiens et de tradition démocratique, les Tchèques, marqués au XXe siècle par les idées de leur chef politique Tomáš Garrigue Masaryk (1850-1937), s'accommodent mal du catholicisme conservateur et exclusif des Polonais. Les phases de solidarité ont donc été plus rares que les temps de rivalité, qu'il s'agisse de différends territoriaux ou de volonté d'hégémonie régionale. Pour un Tchèque, le Polonais se présente sous un jour dual : comme le trafiquant de produits de mauvaise qualité prompt à s'enivrer aux alcools blancs d'un côté ; et de l'autre, historiquement, comme le noble raffiné, courageux et chimérique, l'insurgé. Quant aux Polonais, ils voient dans le Tchèque un buveur de bière (cliché dévalorisant étendu aux Allemands), un donneur de leçons mal dégrossi, qui aime ses aises et évite les confrontations susceptibles de mettre en cause son confort. Pourtant, l'admiration réciproque est très présente parmi les élites : attraction polonaise pour le sens de l'organisation et pour la culture tchèques, admiration tchèque pour le sens de la révolte et le courage polonais. Les Slovaques, de leur côté, voient les Polonais comme des fabricants de produits de médiocre qualité (mais accessibles), dont la langue leur paraît maladroite et ridicule, même si le catholicisme les rapproche.

Le triangle des préjugés hungaro-slovaco-tchèques est plus complexe, les Tchèques et les Hongrois ayant été rivaux au sein de l'Empire habsbourgeois (notamment parce que les Tchèques se présentaient comme protecteurs des Slaves du royaume de Hongrie depuis 1848), puis dans l'entre-deux-guerres avec un conflit interétatique, cependant que les Slovaques furent sous la coupe politique et sociale des Hongrois pendant des siècles. Les Slovaques, Slaves de Haute-Hongrie, sont considérés comme des « bouffeurs de patates », d'après une vieille chanson hongroise qui les tourne en ridicule. Parce qu'ils jouissaient d'une position sociale supérieure, les Hongrois voyaient les Slovaques (et les Slaves) comme des êtres inférieurs : « *Tóth nem ember* » (« le Slovaque n'est pas un homme ») était jusqu'à la Première Guerre mondiale une appréciation courante. Pour les Slovaques, en retour, les Hongrois constituent une nation menaçante au sang chaud.

Une certaine distance mentale existe entre Tchèques et Hongrois. Jusqu'en 1945, les Tchèques incarnent la puissance industrielle alors que les immenses propriétés latifundiaires de la grande noblesse caractérisent la Hongrie, de sorte que les premiers se moquent de la folklorisation de l'espace public et culturel de leurs voisins. Pour nombre de Tchèques, les Hongrois sont des nationalistes agressifs, passionnés et imbus d'eux-mêmes, parlant une langue que personne ne peut comprendre, mangeurs de goulasch et danseurs de *csárdás*.

À cela s'ajoute le fait que la proximité historique ancienne entre Hongrois et Polonais, fondée sur des intérêts géopolitiques communs, des structures sociales assez similaires et une proximité idéologique, a contribué à éloigner les premiers des Tchèques. Si la vie au sein du bloc soviétique a certes réduit les tensions hungaro-tchécoslovaques, les préjugés n'en survivent pas moins en raison d'une forte minorité hongroise demeurée en Slovaquie, après les traités de Paris de 1947.

Quant aux Autrichiens, leur proximité avec les Hongrois – qui tient à ce que tous deux constituaient les nationalités dominantes de l'Empire habsbourgeois après le Compromis de 1867 – est illustrée par l'expression « les beaux-frères », employée par les seconds pour désigner les premiers malgré leurs conflits historiques. En revanche, pour certains Tchèques, les Autrichiens sont des snobs (ce dont témoigne leur amour pour la valse et l'opérette) toujours prompts à mépriser les Tchèques, qui, au temps de la splendeur de l'Autriche, n'étaient que nourrices, servantes ou cochers à Vienne.

Les Slovaques, enfin, sont partagés entre leur admiration pour le sens de l'organisation autrichien, leur fascination pour une prospérité économique qui leur profite (les transfrontaliers) et la relative froideur autrichienne à l'égard des *Gastarbeiter* slovaques.

En contrepoint, l'idéalisation de l'Empire austro-hongrois profite à l'image de l'Autriche et relève de clichés centre-européens partagés dans la région depuis plus de trois décennies dans certains milieux intellectuels, notamment catholiques et conservateurs.

Pour clore ces brèves réflexions sur les préjugés nationaux centre-européens, il faut souligner qu'ils oscillent entre dévalorisation et surévaluation de soi et des autres. L'autocritique et la dérision n'en sont pas absentes, notamment dans la caricature, une riche source de préjugés, et dans la littérature. Reste que la peur pour son existence propre, fantasmée ou réelle, est un des principaux moteurs de ces sociétés, de sorte que le voisin reste toujours une cible dans l'inconscient collectif, qu'il s'agisse d'une grande puissance honnie (l'Empire ottoman, la Russie impériale ou l'Allemagne impérialiste) ou du « petit » rival qui cherche à grignoter des territoires ou à opprimer ses minorités.

Quant à la France, elle est souvent vue à travers ses manquements, engendrant un ressentiment qui se transforme en préjugés : les Hongrois cultivent le mythe de Clemenceau et de Trianon (traité de Trianon du 4 juin 1920, défavorable aux revendications hongroises dans la recomposition de l'Europe centrale), les Tchèques déplorent la trahison de Munich de septembre 1938 et les Polonais se plaignent de la défection française un an plus tard. Tant que les grands événements ne sont pas historicisés – et ils le sont rarement dans des milieux peu éduqués –, ils laissent place aux préjugés nationaux, dont l'instrumentalisation et la réactivation servent les pouvoirs en place. En revanche, ces préjugés dissimulent une réalité : la communauté de destin de cet entre-deux de l'Europe, dont la souveraineté a été constamment remise en cause. Les histoires étatiques demeurent des champs clos qui négligent contexte, environnement et diversité, entretenant ainsi les schizophrénies nationales.

BIBLIOGRAPHIE

– Milan Kundera, *Un Occident kidnappé ou la Tragédie de l'Europe centrale*, Paris, Gallimard, 2021.
– Antoine Marès (dir.), *La Tchécoslovaquie, sismographe de l'Europe*, Paris, IES, 2009.
– Antoine Marès (dir.), *Europe médiane. Aux sources des identités nationales*, Paris, IES, 2005.
– Teresa Walas (éd.), *Stereotypes and Nations*, Cracovie, International Cultural Centre, 1995.
– Voir les études des instituts de Prague (Centrum pro výzkum veřejného mínění, Sociologický ústav AV ČR) et Bratislava (Sociologický ústav Slovenskej akadémie vied).

VOIR ÉGALEMENT

Les Français sont arrogants et mal élevés
Les Italiens ne savent pas se battre

XAVIER MAUDUIT

Les intellectuels sont déconnectés du réel

CHEMISE BLANCHE OUVERTE JUSQU'AU NOMBRIL, CHEVEUX soyeux dans le doux vent de Saint-Germain-des-Prés, il disserte sur la destinée du monde. Parfois, hirsute au milieu d'un fatras de papiers, des coudières sur sa veste en velours côtelé, il vocifère. Indispensable au débat, l'intellectuel adopte des figures multiples : Parisien mondain ou universitaire perdu dans ses livres, il serait déconnecté du réel, parce qu'il parle d'une guerre dans un pays lointain, parce qu'il discute du monde ouvrier qu'il ne connaît pas ou qu'il ne connaît plus.

Sous le nom d'« intellectuel » se côtoient donc différentes figures. Il y a celui qui étonne par l'ampleur de son savoir : sa déconnexion supposée du monde est alors moquée avec une indulgente sympathie ; c'est le professeur Tournesol, sourd de surcroît, aux côtés de Tintin. À l'inverse, toujours assis au premier rang de la classe, « l'intello » agace, tel Agnan, le chouchou et le fayot dans *Le Petit Nicolas*, de Sempé et Goscinny. Cependant, au-delà de ces figures caricaturales, l'intellectuel, ou plutôt les intellectuels, forment un groupe social, de droite ou de gauche, composé de ceux et celles qui se consacrent aux activités de l'esprit, mais avec la volonté de dénoncer les injustices et d'améliorer le monde.

Opposer celui qui s'épuise à la tâche physique à celui qui s'affirme par l'activité de l'esprit, c'est oublier que le travail manuel nécessite des connaissances précises et un esprit clair. C'est oublier aussi que le travail intellectuel peut se révéler épuisant : le surmenage mental est l'une des principales causes de l'épuisement professionnel, le burn-out. La distinction tient d'une question plus sociale – et donc liée à l'accès au savoir – que mentale. C'est le serf face au clerc, le col bleu face au col blanc, le premier de la classe face au sportif lourdaud. Le prolétaire n'est pas stupide, mais, à la différence de l'intellectuel, il transpire pour produire. La méfiance envers les gens de savoir est ancienne, elle existait déjà au temps de Mars le dieu guerrier, et bien avant Marx l'intellectuel barbu. Le *Philogelos*, littéralement « l'ami du rire », est un recueil de blagues antiques. Il fut composé en grec au IIIe siècle après Jésus-Christ, lui-même ouvrier charpentier devenu proto-intellectuel pour donner son avis sur le monde, sous forme de paraboles. Personnage incontournable du *Philogelos*, l'intellectuel est dépourvu de sens pratique et, par ses propos, il complique toutes les situations au point d'en paraître stupide. Comment ne pas rire de cet homme qui, pendant la fête du millénaire de

Rome, réconforte un athlète en pleurs et lui dit qu'il sera peut-être le vainqueur au prochain millénaire ! Ou encore de cet autre qui craint qu'une barque ne soit submergée parce que l'eau de la rivière est en train de monter !

Le mot grec aujourd'hui traduit par « intellectuel » est *scholasticos*, c'est-à-dire celui qui dispose de temps libre – *scholê* en grec –, un temps qu'il consacre à l'étude. Cet intellectuel antique peut être médecin, juriste, savant, parfois poète. Il n'y a qu'un pas du grec *scholê* au latin *schola*, l'école. Le scolastique médiéval est un théologien baigné de la philosophie d'Aristote, qui étudie l'intellect, c'est-à-dire la faculté de comprendre, *intellectus* en latin. Au Moyen Âge, l'idée demeure que ces savants dissertent sur le monde, mais sans vraiment le connaître, tels ces prêtres qui sermonnent les fidèles sur les questions de sexe.

Il serait anachronique de qualifier Voltaire d'« intellectuel » au moment de l'affaire Calas (1761-1765), quand il se bat pour la tolérance et contre les erreurs judiciaires de son siècle. Voltaire est un philosophe qui s'engage dans les débats de société. L'intellectuel tel que nous le connaissons aujourd'hui est d'apparition récente. Au XIXe siècle, l'adjectif « intellectuel » – qui concerne l'intelligence – se transforme en nom pour désigner la personne qui se consacre aux activités de l'esprit, avec une connotation polémique et surtout politique. Sa véritable naissance correspond à l'affaire Dreyfus : dans le combat juridique et idéologique qui entoure la condamnation d'un officier juif accusé à tort de trahison et d'intelligence avec l'ennemi allemand, les intellectuels deviennent incontournables. Le mot est brandi par les anti-dreyfusards pour dénoncer ceux qui prennent parti pour le capitaine Dreyfus. Dans *Le Journal*, le 1er février 1898, quelques jours après la publication de

« J'accuse » d'Émile Zola dans *L'Aurore*, l'écrivain nationaliste et antisémite Maurice Barrès se moque de « la protestation des intellectuels » : « Rien n'est pire que cette bande de demi-intellectuels. Une demi-culture détruit l'instinct sans lui substituer une conscience. » Par une maligne inversion des critiques, le mot est repris par les intéressés eux-mêmes, qui se l'approprient, à l'instar d'Émile Zola, qui s'engage, qui conteste, qui accuse.

L'homme de lettres ne cherche plus seulement l'accumulation de savoirs pour produire une œuvre originale. Il prend part au débat public, avec un objectif non dénué de morale : transformer le monde et, pourquoi pas, contribuer à l'action politique, voire révolutionnaire. Humaniste ou réactionnaire, dreyfusard ou antisémite, le modèle français de l'intellectuel se diffuse dans le monde. Les intellectuels se constituent en groupe social, avec une identité commune qui dépasse le cadre national. Écrivains, journalistes, universitaires, scientifiques adoptent différentes postures selon les pays. Ils sont plus ou moins liés au pouvoir, passant le cas échéant de la position de critique à celle de conseiller. Dans les régimes totalitaires, l'intellectuel fait peur et il est persécuté.

La démocratisation et le développement des institutions culturelles, tout autant que ceux de la presse, accompagnent la construction de la figure de l'intellectuel. Dès lors, il semble d'autant plus éloigné des réalités du monde qu'il est lui-même le produit de ces institutions. Les intellectuels en ont bien conscience. C'est ainsi que, dans les années 1930, la philosophe Simone Weil, alors au plus proche de la pensée grecque antique, décide de travailler à la chaîne, à l'usine, notamment à Boulogne-Billancourt. Le mouvement de Mai 1968 est un moment intense d'union – souvent davantage fantasmée que réelle – entre les prolétaires, les étudiants et les intellectuels. En septembre 1968, la volonté de se trouver au plus près des travailleurs est toujours présente, avec le philosophe Robert Linhart qui devient ouvrier dans l'usine Citroën de Choisy, à Paris. En 1970, Jean-Paul Sartre grimpe sur un baril pour s'adresser aux ouvriers de Renault à Boulogne-Billancourt : « Je veux témoigner dans la rue parce que je suis un intellectuel et que je pense que la liaison du peuple et des intellectuels qui existait au XIXe siècle – pas toujours, mais qui a donné de très bons résultats – devrait être retrouvée aujourd'hui. » La posture est intéressante, mais le discours n'est pas adapté face à un auditoire peu fourni. Les caméras et les photographes de presse, eux, sont présents : l'intellectuel n'existe que par l'écho donné à sa voix.

Zola, Sartre, Aron, Bourdieu et tant d'autres, parfois serviteurs de l'État, tels Ferdinand Buisson, Paul Bert ou encore Albert Thomas, autant d'intellectuels qui ont contribué à l'évolution de la pensée, qui ont participé aux évolutions de la société, et qui parfois les ont conduites. Qu'ils soient de gauche ou de droite, révolutionnaires ou d'extrême droite, ils reflètent l'évolution de la société, dans laquelle les professions libérales et les enseignants ont une plus grande place. Le modèle français de l'intellectuel est mis à mal dans la seconde moitié du XXe siècle. S'il est un penseur aux travaux reconnus, il est héroïsé par les uns, mais décrié par ceux qu'il dénonce. Vient-il à changer d'avis, il est alors critiqué par ses anciens fidèles. La parole même des intellectuels est remise en cause quand apparaissent les erreurs de certains d'entre eux : ainsi, confrontés aux horreurs du stalinisme, quel crédit accorder à ceux qui ont été compagnons de route du Parti communiste dans les années 1950, même s'ils ont admis leur part de responsabilité ? Enfin, si l'intellectuel n'a pas construit une œuvre, il ne lui reste que la posture et le temps libre. Dans ce cas, il est particulièrement moqué, et le qualificatif d'intellectuel lui est même contesté, surtout s'il est sentencieux, aigri, ou proche du pouvoir en place.

L'intellectuel, comme chef de file d'un mouvement ou d'une pensée, est aujourd'hui concurrencé par des « collectifs ». À l'heure des réseaux sociaux, chacun prend la parole avec l'ambition de dire une vérité essentielle, la sienne. Selon la réflexion du philosophe René Descartes, reprise par l'intellectuel-humoriste Coluche, « l'intelligence, c'est la chose la mieux répartie chez les hommes parce que, quoiqu'il en soit pourvu, il a toujours l'impression d'en avoir assez, vu que c'est avec ça qu'il juge ». Le succès de l'intellectuel tient à ce qu'il a longtemps fasciné les médias, qui l'ont remplacé par « l'expert », toutologue cravaté apte à donner un avis définitif sur la politique internationale, sur la sélection d'une équipe de football, sur le cours du blé, sur Miss France... et pourquoi pas sur la disparition supposée des intellectuels ?

BIBLIOGRAPHIE

– *Va te marrer chez les Grecs. Philogelos, recueil de blagues grecques anciennes*, établissement de l'édition, traduction du grec ancien, notes et postface par Arnaud Zucker, Paris, Éditions Mille et une nuits, 2008.

– Christophe Charle, *Naissance des « intellectuels » (1880-1900)*, Paris, Minuit, 1990.

– Jacques Le Goff [1957], *Les Intellectuels au Moyen Âge*, Paris, Le Seuil, 2014.

– Pascal Ory, Jean-François Sirinelli, *Les Intellectuels en France, de l'affaire Dreyfus à nos jours*, Paris, Armand Colin, 2002.

– Christophe Prochasson, *Les Intellectuels et le socialisme, XIXe-XXe siècle*, Paris, Plon, 1999.

VOIR ÉGALEMENT

Les artistes sont des parasites

La langue française est fichue

KATELL BERTHELOT

Les Juifs ne se soutiennent qu'entre eux

UN SONDAGE IPSOS RÉALISÉ EN FRANCE EN JUILLET 2014 révèle que 91 % des quelque mille personnes interrogées considèrent comme « vraie » ou « plutôt vraie » l'affirmation selon laquelle « les Juifs sont très soudés entre eux ». Viennent ensuite deux autres énoncés approuvés là encore par une majorité de personnes : « Les Juifs ont beaucoup de pouvoir », et « Globalement, les Juifs sont plus riches que la moyenne des Français », qui renvoient à des stéréotypes antisémites bien connus.

Richesse, puissance à la fois souterraine et tentaculaire, solidarité exclusive : cette triade correspond à des thèmes étroitement imbriqués. Dans les discours antisémites, la richesse soutient le pouvoir, qui est mis au service exclusif du groupe juif, au détriment du reste de l'humanité. Pourtant, chacun de ces stéréotypes a une origine et une histoire spécifiques, qui concernent les Juifs en tant que membres d'un peuple plutôt que d'une religion (même si, dans la perspective des sources de la tradition juive, ces deux dimensions sont généralement indissociables).

Le thème de la richesse des Juifs remonte à l'image médiévale de l'usurier juif, rendue tristement célèbre par le personnage de Shylock dans *Le Marchand de Venise*, de Shakespeare, en 1596. Ce thème se transforme au XIXe siècle pour donner naissance à l'archétype du banquier juif, pilier du capitalisme mondial, qui résonne encore dans les imaginaires à travers des noms comme celui de la famille Rothschild. Malgré l'existence de communautés juives très pauvres et l'engagement de nombreux Juifs dans des organisations socialistes et communistes, le discours antisémite du début du XXe siècle fait du Juif un agent de la finance internationale, responsable du malheur des ouvriers et « d'une modernité qui a mal tourné », pour reprendre l'expression de l'historienne Lucienne Germain.

Le thème du pouvoir des Juifs, souvent associé au motif du complot judéo-maçonnique, apparaît dans les écrits d'auteurs d'extrême droite comme Édouard Drumont dans la France républicaine des années 1880, traumatisée par la défaite de Sedan. Il s'épanouit dans les *Protocoles des Sages de Sion*, un faux élaboré par la police secrète du tsar, publié en Russie entre 1903 et 1905, qui décrit un complot fomenté par les Juifs pour contrôler le monde, détruire la chrétienté et affaiblir les nations en promouvant le développement du capitalisme. Que la supercherie ait été rapidement dévoilée n'empêcha pas la diffusion du livre dans le monde entier et sa récupération par la propagande nazie. Il circule encore abondamment de nos jours, en particulier dans les pays arabes. Dans un contexte international où Internet et les réseaux sociaux favorisent plus que jamais la dénonciation de « complots », les Juifs sont encore régulièrement désignés comme une force active à l'origine d'événements mondiaux – on les a même accusés d'avoir fomenté les attentats du 11 septembre 2001 aux États-Unis. Plus récemment, en lien avec la pandémie de Covid-19, des slogans antisémites ont ressurgi dans des manifestations contre la vaccination, comme si, là encore, les Juifs étaient partie prenante d'un complot visant à affaiblir le reste de la population.

Quant à l'idée que les Juifs sont très soudés entre eux, plus inoffensive en apparence, elle a pour corollaire implicite que cette solidarité ne s'étend pas aux non-Juifs. Cette exclusion tire son origine d'un contexte plus ancien, et même antique. Les Juifs sont en effet le seul peuple de l'Antiquité dont le mode de vie est qualifié de « misanthrope » par les auteurs grecs. Bien que les Juifs aient été pleinement intégrés au monde hellénistique, leurs lois religieuses les conduisaient à se tenir à l'écart des cultes polythéistes et des banquets qui structuraient la vie sociale des cités grecques, ce qui explique qu'ils aient pu être dépeints comme des misanthropes, alors que cette appellation désignait à l'origine un personnage de comédie, comme dans le *Dyskolos* de Ménandre, lointain prédécesseur du *Misanthrope* de Molière.

La stigmatisation du mode de vie juif comme misanthrope apparaît tout d'abord sous la plume d'un ethnographe grec du IIIe siècle avant notre ère, Hécatée d'Abdère, chez qui elle fait figure de remarque quasi humoristique. Mais elle se transforme par la suite en une accusation empreinte d'hostilité. La meilleure illustration de cette tendance se rencontre chez l'historien romain Tacite, qui reproche aux Juifs de faire preuve d'une « loyauté obstinée » et d'une « prompte miséricorde » dans leurs rapports entre eux, mais d'une « hostilité haineuse » vis-à-vis de tous les autres (*Histoires* V, 5, 1). Les Juifs, ajoute Tacite, refusent la commensalité avec les non-Juifs et, bien qu'enclins à la luxure, ils s'abstiennent de tout rapport sexuel avec eux (V, 5, 2). Derrière cette remarque se profile la question de l'interdit juif des mariages mixtes, qui suscite interrogations et méfiance jusqu'à nos jours. Tacite note également que les Juifs ont adopté la pratique de la circoncision « pour se reconnaître par ce signe distinctif » – une affirmation pour le moins absurde, puisque dans l'Antiquité, déjà, d'autres groupes pratiquaient ce rite. Toujours au début du IIe siècle de notre ère, un auteur satirique romain, Juvénal, déclare que la loi de Moïse enseigne à ne pas indiquer le chemin à celui qui ne pratique pas les rites juifs, et à ne révéler l'emplacement d'une fontaine qu'« au seul circoncis » (*Satires* XIV).

Le débat sur la « misanthropie juive » passe au second plan avec la montée de l'antijudaïsme chrétien, qui privilégie d'autres critiques, mais attribue néanmoins aux Juifs une haine viscérale des chrétiens, qui irait jusqu'à l'empoisonnement des puits et au meurtre rituel. C'est alors au tour de l'Église d'interdire progressivement aux chrétiens de manger avec des Juifs, de recourir aux services de médecins juifs, ou d'entretenir quelque type de relation intime que ce soit avec eux. Cette volonté ecclésiale de séparer Juifs et chrétiens se traduira par l'obligation faite aux premiers de porter un vêtement ou un signe distinctif, comme la rouelle, cette petite roue de tissu dont le port fut imposé aux Juifs du royaume de France en 1269, sous Louis IX.

L'accusation de misanthropie refait surface avec vigueur au moment de la Révolution française, en lien avec la question de l'octroi de la citoyenneté aux Juifs. Cette misanthropie supposée, souvent associée aux prescriptions alimentaires (*kashrout*) et au refus des mariages mixtes, est alors invoquée comme un obstacle à leur intégration dans la nation française. Les adversaires des Juifs mettent à contribution les auteurs de l'Antiquité. Dans l'*Essai sur les mœurs*, au chapitre « De l'état des Juifs en Europe », Voltaire semble ainsi directement inspiré par Tacite lorsqu'il écrit : « Il leur fut ordonné d'avoir les nations en horreur, et de se croire souillés s'ils avaient mangé dans un plat qui eût appartenu à un homme d'une autre loi. [...] Quand leurs yeux furent un peu ouverts par d'autres nations victorieuses, qui leur apprirent que le monde était plus grand qu'ils ne croyaient, ils se trouvèrent, par leur loi même, ennemis naturels de ces nations, et enfin du genre humain. » Les défenseurs des Juifs, comme l'abbé Grégoire ou Zalkind Hourwitz, rétorquent à l'époque que les lois alimentaires juives n'empêchent pas toutes les formes de commensalité, et que Moïse a enseigné un amour de l'humanité universel. La citoyenneté est finalement accordée aux Juifs, mais l'argument de la misanthropie ne disparaît pas pour autant. Il ressurgit ensuite régulièrement dans les écrits d'extrême droite, combiné à l'accusation de manque de patriotisme ou de « double allégeance ».

De fait, certaines coutumes religieuses, alimentaires en particulier, peuvent expliquer que les Juifs aient été perçus comme se tenant à l'écart des non-Juifs. Qu'une solidarité ait existé et existe encore entre les membres de communautés confrontées à l'antijudaïsme, à l'antisémitisme, aux ghettos, aux pogroms et à un génocide tel que celui perpétré par le nazisme n'a par ailleurs rien d'étonnant. On peut parler dans ce cas d'une communauté de destin. Dès le XIXe siècle, des auteurs non juifs observent que ce furent les chrétiens qui imposèrent aux Juifs de vivre dans des ghettos, et que les Juifs durent s'entraider pour faire face aux persécutions. Cependant, les divisions religieuses, culturelles, sociales et politiques sont aujourd'hui tout aussi profondes dans les communautés juives de diaspora et dans la société israélienne que dans d'autres communautés ou nations. Comme le dit une blague juive, là où se trouvent deux Juifs, on compte trois synagogues. Dans une veine plus tragique, faut-il rappeler que c'est un Juif qui assassina Yitzhak Rabin en 1995 ?

La prétendue solidarité exclusive des Juifs entre eux relève en définitive très largement d'une projection fantasmatique enracinée dans une longue tradition d'antijudaïsme et d'antisémitisme.

BIBLIOGRAPHIE

– Katell Berthelot, *Philanthrôpia judaica. Le débat autour de la « misanthropie » des lois juives dans l'Antiquité*, Leiden/Boston, Brill, 2003.

– Lucienne Germain, « De l'usure au pouvoir de l'argent : les métamorphoses d'un mythe antijuif à travers la caricature en Angleterre », *Revue LISA/LISA e-journal*, vol. 1, nº 1, 2003, p. 75-84.

– Ipsos, « [Complément] Perceptions et attentes de la population juive : le rapport à l'autre et aux minorités », 31 janvier 2016 (consultable sur https://www.ipsos.com/fr-fr/complement-perceptions-et-attentes-de-la-population-juive-le-rapport-lautre-et-aux-minorites).
– Léon Poliakov [1955-1957], *Histoire de l'antisémitisme*, 2 vol., Paris, Seuil, 2018 ; 1991.
– Pierre-André Taguieff, *Les Protocoles des Sages de Sion. Faux et usage d'un faux*, nouvelle éd., Paris, Berg International/Fayard, 2004.
– Voltaire [1756], *Essai sur les mœurs et l'esprit des nations*, t. II, chap. « De l'état des Juifs en Europe », Paris, Classiques Garnier, 1990.
– Michel Winock, « Édouard Drumont et "La France juive" », dans *Nationalisme, antisémitisme et fascisme en France*, Paris, Le Seuil, 2014, p. 117-144.

VOIR ÉGALEMENT

Les riches gouvernent la France
Les musulmans ne peuvent pas vivre sans calife
Les Américains sont puritains
Les prêtres ont le diable au corps

RUTH FLORACK

Les Allemands sont des ploucs

DANS SON ESSAI INTITULÉ *DE L'IVROGNERIE*, MONTAIGNE reproche aux Allemands d'être « la plus grossière » des nations. L'image de l'Allemand rustre et lourd, qui se fait remarquer par son copieux appétit et sa grande soif, est connue jusqu'à aujourd'hui dans le monde entier. Or, elle ne date pas de Montaigne mais remonte beaucoup plus loin, jusqu'à l'Antiquité. Au Ier siècle, dans son livre *La Germanie*, Tacite parle des forêts et des marécages inhospitaliers de ce pays froid et du mode de vie simple, voire grossier, des Germains. Il les décrit comme grands et forts, aimant manger et buvant trop, paresseux, mais aussi épris de liberté, belliqueux et braves, fidèles et honnêtes.

Depuis la redécouverte de ce texte au XVe siècle, Tacite a été l'autorité de référence pour cerner la nature supposée des Allemands, alors qu'il n'a lui-même jamais séjourné en Germanie et qu'il est fort peu probable que les Germains, autour de l'an 100 apr. J.-C., puissent être mis sur le même plan que les Allemands du XVe siècle. En fait, le portrait que Tacite brosse du pays et des habitants du Nord sert plutôt à critiquer la décadence de la Rome de son époque. Pourtant, les caractéristiques attribuées par Tacite aux Germains ont été présentées et transmises comme autant de connaissances sur les Allemands. C'est le cas dans les encyclopédies et les dictionnaires, par exemple. La littérature, de son côté, contribue fortement à entériner les descriptions stéréotypées. Ainsi, dans la fable de La Fontaine « Le Paysan du Danube », le paysan germain ressemble certes à un « ours mal léché », mais dans sa harangue il défend la liberté contre les Romains. Plus connu encore est le Candide de Voltaire, ce personnage naïf et dépourvu de culture du fin fond de la Westphalie. À travers son nom de famille imprononçable, Thunder-ten-tronckh, Voltaire, dans sa satire de la philosophie allemande, raille également la langue allemande, souvent perçue à l'étranger comme particulièrement rude et grossière.

En Allemagne, il existe un vieux symbole national de la naïveté et de la lourdeur « typiquement » germaniques, c'est « Michel l'Allemand », affublé de son bonnet de nuit, signe de passivité et d'indolence. Du XVIe siècle jusqu'à la chute du mur de Berlin et la réunification allemande en 1990, Michel l'Allemand incarne, surtout dans le domaine de la caricature politique, la figure du brave Allemand tout à la fois débonnaire, apathique, intellectuellement limité et maladroit. Reste qu'à cette vision de soi plutôt passive s'oppose celle d'un peuple dont la rudesse se manifeste à travers l'agressivité militaire. Ainsi lit-on dans le *Supplément à l'Encyclopédie* de Diderot et d'Alembert, en 1776, écrit en réaction aux affrontements avec les troupes prussiennes durant la guerre de Sept Ans : « Tous semblent nés pour la guerre ; leurs exercices, leurs jeux, & surtout leur musique, manifestent leurs inclinations belliqueuses. Ce peuple de soldats, quoique fier et jaloux de ses privilèges, se soumet sans murmure à l'austérité de la discipline militaire. » Un siècle plus tard, pendant la guerre franco-allemande de 1870-1871, les services de propagande et la presse française qualifient les uhlans prussiens de barbares, et, dans le contexte de la Première Guerre mondiale, ce n'est plus seulement l'armée allemande, mais le peuple allemand tout entier qui est dépeint comme sauvage et brutal. Les Allemands seraient donc des barbares – ou des Huns, comme on dit aussi en Angleterre –, contre lesquels il faudrait, dans un effort commun, défendre le monde civilisé. Le national-socialisme, la Seconde Guerre mondiale, et surtout la Shoah ont marqué la vision largement répandue des Allemands soumis à l'autorité, dont la dureté, l'amour de l'ordre, le sens du devoir et la discipline conduiraient tout droit à la barbarie.

Ainsi, en raison des guerres, on s'imagine que les Allemands combinent un goût marqué pour la rigueur et la discipline ainsi que la propreté et l'ordre, avec une impitoyable volonté de puissance. Pourtant circule en parallèle depuis le début du XIXe siècle l'image quasi opposée de l'Allemand rêveur et romantique. Ce discours sur le peuple « de poètes et de penseurs » est issu du livre de Mme de Staël

De l'Allemagne, qui, depuis sa parution en 1813, a été très remarqué au niveau international. Mme de Staël y dévoile la culture allemande de son époque, en écrivant notamment sur les philosophes depuis Kant et les poètes de Weimar Goethe et Schiller. Dépeignant les Allemands comme des êtres profonds, sensibles et amateurs d'art, elle s'insurge contre le matérialisme français qui s'épanouit sous Napoléon Ier. Toutefois, elle voit dans le penchant supposé des Allemands pour les ruminations et la rêverie une façon douteuse de compenser un manque d'engagement politique. Ce qui fait écho à l'image de « Michel l'Allemand », sans manquer de souligner par ailleurs la faiblesse réelle du Saint Empire romain germanique autour de 1800.

Cette idée de l'Allemand profond, sensible et romantique rejoint celle de l'Allemand intègre, franc et sincère, tirée de la caractérisation des Germains par Tacite. L'expression « parler allemand » (*Deutsch reden*) signifie « ne pas mâcher ses mots », dire les choses ouvertement, clairement, voire crûment, comme on peut le lire dans le *Dictionnaire allemand* des frères Grimm.

Au XVIIIe et davantage encore au XIXe siècle, la franchise, l'intégrité et l'honnêteté des Allemands sont présentées comme le versant positif de leur simplicité et de leur naïveté. En Allemagne, ceux qui entendent prendre leurs distances vis-à-vis de la culture distinguée de la cour française (dont s'inspire la noblesse dans l'Europe tout entière) associent ces qualités d'intégrité et de franchise à des valeurs bourgeoises. Elles expriment une plus grande proximité avec la nature, par opposition à l'artificialité raffinée des Français. Dans la lutte contre Napoléon, l'amour de la liberté, la bravoure, le courage et la loyauté viennent s'ajouter à ces qualités bourgeoises. Incarnation de ces anciennes vertus « allemandes », le prince germanique Arminius, qui vainquit les Romains dans la forêt de Teutobourg en l'an 9 apr. J.-C., est devenu – sous le nom allemand de Hermann – un symbole national très populaire, de la propagande antifrançaise au début du XIXe siècle jusqu'au lendemain de la fondation de l'Empire allemand en 1871.

Les Allemands ne sont d'ailleurs pas les seuls à être considérés comme costauds, hardis, francs et sincères, mais aussi mal dégrossis et lourds. Des préjugés similaires courent sur les Néerlandais, les Anglais ou les Scandinaves. La raison en est la théorie des climats, qui remonte également à l'Antiquité et reste valable à l'époque des Lumières. D'après cette théorie, les différences culturelles entre les peuples seraient l'expression de conditions naturelles immuables. Ainsi, l'air froid du Nord engendrerait certes des corps robustes, mais aussi des esprits émoussés. Dans le Sud en revanche, ce serait l'inverse : à cause de la chaleur, les gens seraient plutôt physiquement faibles, mais très perspicaces. Un équilibre idéal entre les forces physiques et intellectuelles ne régnerait que chez les peuples des régions intermédiaires. Dans l'Antiquité, ce juste milieu entre le Nord et le Sud était censé se trouver chez les Grecs et les Romains – c'est-à-dire chez les auteurs mêmes de la théorie en question – ; la Renaissance, quant à elle, le situera chez les Italiens et les Français.

Même si la théorie des climats est dépassée depuis longtemps, les descriptions stéréotypées qu'elle a produites sont toujours monnaie courante, surtout dans l'opinion publique et les médias. Les stéréotypes sont connus de tous, permettent de s'orienter dans un monde confus, et facilitent la communication sur les différences culturelles. En ce qui concerne les Allemands, le discours sur le peuple « de poètes et de penseurs » a fini par se tarir. En revanche, l'Allemagne « romantique » attire les touristes, et pas seulement japonais, à Heidelberg, au château de Neuschwanstein ou dans la vallée du Rhin avec ses châteaux médiévaux. La solide convivialité allemande est également un outil de promotion efficace : avec sa bière, ses saucisses et ses fanfares, l'*Oktoberfest* de Munich attire chaque année un vaste public international. La représentation traditionnelle de l'Allemand belliqueux, obtus et limité intellectuellement perdure dans les films de guerre hollywoodiens, les séries télévisées anglaises et les bandes dessinées. *A contrario*, l'étiquette « *Made in Germany* » reste synonyme de travail de qualité. La méticulosité et la fiabilité auxquelles elle renvoie sont autant d'aspects positifs de l'Allemand travailleur et honnête. Synonyme aussi de succès dans le domaine technique, cette étiquette rappelle l'idée, répandue en Europe depuis l'invention de l'imprimerie par Gutenberg, que les Allemands sont doués manuellement. Le « miracle économique » allemand du milieu du XXe siècle renforce l'image de l'Allemand travailleur, bien organisé et efficace, mais beaucoup trop sérieux, voire totalement dépourvu d'humour, manquant de légèreté et de joie de vivre.

Depuis peu, un nouveau phénomène semble alourdir encore la pesanteur « typiquement allemande » : la « *German Angst* » (angoisse allemande). Ce terme, d'origine anglo-saxonne, sert surtout à moquer les mouvements de protestation qui mobilisent les masses par la peur de catastrophes écologiques, telles que la disparition des forêts ou la crainte d'une guerre nucléaire. Parler ainsi de la « *German Angst* » revient à produire un discours public, motivé socialement et politiquement. Il ne s'agit en aucun cas d'une déclaration fiable sur le caractère national allemand, car celui-ci n'a tout bonnement jamais existé.

Texte traduit de l'allemand par Jenny Bussek

BIBLIOGRAPHIE

– Manfred Beller, « Germans », dans Manfred Beller, Joep Leerssen (éd.), *Imagology. The Cultural Construction and Literary Representation of National Characters. A Critical Survey*, Amsterdam/New York, Rodopi, 2007, p. 159-166.
– Frank Biess, *Republik der Angst. Eine andere Geschichte der Bundesrepublik*, Reinbek bei Hamburg, Rowohlt Verlag, 2019.
– Ruth Florack, *Tiefsinnige Deutsche, frivole Franzosen. Nationale Stereotype in deutscher und französischer Literatur*, Stuttgart/Weimar, J. B. Metzler, 2001.
– Michael Jeismann, *Das Vaterland der Feinde. Studien zum nationalen Feindbegriff und Selbstverständnis in Deutschland und Frankreich 1792-1918*, Stuttgart, Klett-Cotta, 1992.
– Klaus Stierstorfer (éd.), *Deutschlandbilder im Spiegel anderer Nationen. Literatur, Presse, Film, Funk, Fernsehen*, Reinbek bei Hamburg, Rowohlt Taschenbuch Verlag, 2003.
– Tomasz Szarota, *Der deutsche Michel. Die Geschichte eines nationalen Symbols und Autostereotyps*, Osnabrück, Fibre Verlag, 1998.

VOIR ÉGALEMENT

Les barbares sont des vandales
Les Anglais sont excentriques
Les Français sont arrogants et mal élevés

JEAN-PIERRE FILIU

Les Arabes sont violents

AU XIXE SIÈCLE, LE « VOYAGE EN ORIENT » DEVIENT, AVEC le romantisme européen, le passage obligé de tout écrivain souhaitant se mettre en scène dans le berceau des civilisations. Le pionnier en est François-René de Chateaubriand qui, à l'issue de son pèlerinage de 1806 en Terre sainte, popularise le cliché de l'Arabe travaillé par une irrésistible pulsion de violence. Selon lui, « tout indique chez l'Arabe l'homme civilisé retombé dans l'état sauvage », au point que la razzia, cette forme impitoyable de pillage, aurait été érigée en mode de vie par ces « Arabes qui infestent les déserts ». Les auteurs qui le suivent en Égypte et au Levant reproduisent souvent sans nuance ce stéréotype d'une violence débridée. Alphonse de Lamartine affirme que « l'attaque » représenterait pour les Arabes « leur unique industrie, leur unique gloire. Leur civilisation à eux, c'est le meurtre et le pillage. » Et même la résistance farouche à laquelle se heurte l'occupation française de l'Algérie en 1830, au point d'y justifier la « guerre totale » du maréchal Bugeaud de 1842 à 1847, est caricaturée en une violence sauvage, que le colonisateur prétend étouffer au nom de la « civilisation ». Ce préjugé se généralise à mesure que la domination impérialiste s'implante dans les pays arabes, notamment avec les soulèvements armés contre le protectorat de la France sur la Tunisie en 1881, contre l'invasion de l'Égypte par la Grande-Bretagne en 1882, puis de la Libye par l'Italie en 1911, et enfin contre le partage du Maroc entre la France et l'Espagne en 1912.

On en oublie dès lors volontiers, et ce jusqu'à aujourd'hui, qu'une population arabe a pu se mobiliser avec succès sous la bannière de la non-violence, alors même qu'un certain Gandhi s'avérait incapable de maintenir la discipline de la désobéissance collective passive. Nous sommes en 1919 et, en Égypte comme aux Indes, le colonisateur britannique est confronté à une revendication d'indépendance que la fin du premier conflit mondial porte à une intensité inédite. Dans les deux cas, le rapport de force, écrasant en faveur de Londres, convainc la direction nationaliste de privilégier une approche pacifiste. Mais le bain de sang d'Amritsar, dans le nord de l'Inde, marque l'échec de cette stratégie pour le futur « Mahatma » qui, désavoué par la radicalisation de ses compagnons de lutte, mettra de longues années à renouer les fils du combat non violent. En Égypte, en revanche, manifestations populaires, grèves perlées et occupations symboliques se poursuivent durant de longs mois, sans que la répression et ses centaines de victimes parviennent à détourner la protestation populaire de son cap pacifiste. Cette détermination collective fragilise durablement le protectorat et, après différentes manœuvres de retardement, conduit Londres à reconnaître l'indépendance du pays en 1922, quitte à l'assortir de nombreuses restrictions. En Inde, au contraire, il faudra attendre un quart de siècle supplémentaire pour que le pays s'émancipe enfin de la domination britannique en 1947, au prix d'une partition avec le Pakistan qui fait des millions de morts. Gandhi est assassiné peu après, en 1948, par un extrémiste hindou.

Ainsi, l'Égypte, où vivait déjà le quart de l'ensemble de la population arabe, une proportion qui n'a guère varié depuis, a pu conquérir sa souveraineté politique par la non-violence. Pourtant, les luttes armées pour l'indépendance menées dans d'autres pays arabes ont relancé les stéréotypes sur les Arabes « intrinsèquement violents ». Ces préjugés se sont même aggravés du refus de reconnaître la légitimité des exigences de ces Arabes réduits à n'être qu'une masse d'agressivité pathologique. Le conflit ouvert en 1948 entre Israël et ses voisins arabes est également présenté de manière manichéenne dans la plupart des médias occidentaux, et cela jusqu'à la victoire historique de l'État hébreu dans la « guerre des Six Jours » de 1967. Charles de Gaulle rappelle alors à Israël que, à Jérusalem-Est, en Cisjordanie et à Gaza, son « occupation ne peut aller sans oppression, répression, expulsions » nourrissant « une résistance qu'à son tour il qualifie de terrorisme ». De fait, les attentats des fedayin palestiniens, qui se développent malgré les représailles israéliennes, ne font qu'alimenter, dans une grande partie de l'opinion européenne et américaine, le cliché d'une violence arabe à la fois aveugle et sanguinaire. Le retournement n'en est que plus spectaculaire lorsque, dans les territoires occupés vingt ans plus tôt, une intifada, littéralement un « soulèvement », éclate en 1987, s'accompagnant de l'abandon par cette mobilisation collective de la lutte armée au profit d'une « révolte des pierres » qui se veut non violente. Le courage des jeunes frondeurs face aux blindés de l'occupant entraîne un courant de sympathie inédite envers la population palestinienne, y compris au sein de la société israélienne, et rend possibles le « processus de paix » et les accords israélo-palestiniens de 1993.

Le blocage d'un tel processus, avec une « Autorité palestinienne » impuissante à endiguer la poursuite de la colonisation, débouche en 2000 sur la tragédie de la deuxième intifada, cette fois marquée par les attentats-suicides des factions palestiniennes, sur fond de réoccupation de la Cisjordanie. Le cliché sur la violence arabe retrouve alors des couleurs criardes, surtout après les attaques d'Al-Qaida, le 11 septembre 2001, contre les Tours jumelles, à New York, et le Pentagone, à Washington. Les dictateurs arabes, réhabilités sur la scène internationale au nom de la « guerre globale contre la terreur », présentent désormais leur répression systématique comme le plus sûr moyen d'éviter au reste du monde la diffusion d'une violence incontrôlable. Des « experts » des nouvelles « études terroristes » glosent sur le lien qui existerait entre, d'une part, la proportion de jeunes mâles dans telle ou telle société arabe et, d'autre part, la propension de cette société à générer une violence vouée à s'exporter. Ainsi, le piège se referme sur les peuples arabes, coincés entre les bourreaux au pouvoir et les dirigeants occidentaux qui voient souvent les dictateurs comme un « moindre mal ». C'est pour sortir de cette impasse mortifère que la même voie pacifiste qu'en 1919 est choisie en Tunisie, puis en Égypte, avec dans les deux cas un renversement du despote en 2011, certes au prix de centaines de morts, mais après quelques semaines à peine de désobéissance civile.

Des manifestations populaires éclatent également en Syrie, où le cheikh Jawdat Saïd galvanise les militants pacifistes en affirmant que « la violence est l'œuvre du Diable ». Bachar al-Assad n'en réprime pas moins brutalement ces protestations, stigmatisant comme « terroriste » toute forme d'opposition, et il ordonne que les figures de la non-violence soient pourchassées, torturées et éliminées. Le bilan humain de ce jusqu'au-boutisme despotique se chiffre bientôt en centaines de milliers de victimes et en millions de réfugiés, tandis qu'un « État islamique » émerge entre la Syrie et l'Irak, projetant sa terreur dans le monde entier. Malgré une surenchère si catastrophique, la non-violence revient à l'ordre du jour de la contestation arabe en 2019 : en Algérie, elle contraint à la démission le président Abdelaziz Bouteflika, au pouvoir depuis vingt ans ; au Soudan, elle obtient le renversement du dictateur Omar al-Bachir après trente ans de règne ; au Liban et en Irak, elle mobilise dans la rue des foules d'opposants à un système tenu par des partis-milices d'inspiration communautaire. Dans ces quatre pays, cependant, les dynamiques initiales sont contenues, puis combattues par un mélange de répression et de cooptation, permettant aux cercles dirigeants de préserver, même après la chute du chef de l'État, un *statu quo* qui leur est si profitable. Pourtant, ils échouent à plonger de nouveau le pays dans la violence. Tant il est vrai qu'une telle violence, loin d'être consubstantielle aux sociétés arabes, ne sert au fond que leurs oppresseurs.

BIBLIOGRAPHIE

— Gilbert Achcar, *Le peuple veut*, Arles, Actes Sud, 2013.
— Jean-Claude Berchet (éd.), *Le Voyage en Orient*, Paris, Robert Laffont, 1992.
— Jean-Pierre Filiu, *Le Milieu des mondes*, Paris, Le Seuil, 2021.
— Delphine Minoui, *Les Passeurs de livres de Daraya. Une bibliothèque secrète en Syrie*, Paris, Le Seuil, 2018.
— Bernard Ravenel, *La Résistance palestinienne, des armes à la non-violence*, Paris, L'Harmattan, 2019.

VOIR ÉGALEMENT

Les barbares sont des vandales
Les Gaulois sont râleurs et bagarreurs
Les criminels ont une sale gueule
Les musulmans ne peuvent pas vivre sans calife
Les banlieusards sont des racailles
Les Italiens ne savent pas se battre
Les immigrés veulent islamiser l'Europe
Les Mexicains sont des criminels violents
Les Russes ont besoin d'un homme à poigne

GÉRARD NOIRIEL

Les homosexuels sont tous efféminés

LE PRÉJUGÉ CONCERNANT LE CARACTÈRE EFFÉMINÉ DES homosexuels s'ancre dans une histoire vieille de plusieurs milliers d'années, qui touche aux représentations des rapports entre le genre masculin et le genre féminin. Même dans les sociétés où les relations sexuelles entre partenaires de même sexe n'étaient pas systématiquement réprimées, les frontières de genres étaient fermement gardées.

Dans l'Empire romain, les relations homosexuelles étaient admises à condition qu'elles ne soient pas perçues comme une quelconque perte de masculinité, car la domination de genre se traduisait, dans le domaine de la sexualité, par l'opposition entre l'homme actif et la femme passive. Sénèque, un philosophe qui vécut au Ier siècle de notre ère, a résumé la conception romaine de la sexualité : « S'il est normal pour un jeune homme d'être passif dans la relation, la passivité sexuelle chez un homme libre est un crime ; chez un esclave, une obligation ; chez l'affranchi, un service. » À une époque où le contrôle de son propre corps était vu comme une dimension fondamentale de la liberté politique qui définissait le citoyen, le rôle passif (associé à la féminité) était perçu comme un signe de servilité. La domination masculine (envisagée ici sous l'angle de la virilité) et la stricte séparation des genres masculin et féminin ont donc été, dès l'Antiquité, les principaux facteurs qui ont alimenté le préjugé sur le caractère efféminé des homosexuels.

Une étape supplémentaire a été franchie lorsque les empereurs romains se sont convertis au christianisme. L'homosexualité a alors été présentée comme une faute, comme un péché qu'il fallait punir. Constant Ier, né en 320 (ou 323) et mort en 350, a été le premier empereur à imposer une loi contre l'homosexualité. Cette loi, confirmée en 390 dans le Code de Théodose, punissait de mort « l'homme qui épouse un homme comme s'il était une femme ». Toutefois, pour éviter les anachronismes, il faut préciser que cette loi ne visait pas une catégorie de personnes, mais des comportements jugés contraires à la définition de la citoyenneté évoquée plus haut. Constant Ier, lui-même homosexuel, visait sans doute les hommes qui adoptaient des comportements sexuels « passifs », ce qui était vu comme une forme de soumission.

Le christianisme – mais ce fut le cas aussi pour les autres cultes monothéistes – a justifié au nom des normes religieuses les persécutions dont ont été victimes les homosexuels jusqu'à l'avènement des régimes démocratiques.

En France, les deux dernières exécutions pour « crime de sodomie » ont eu lieu en 1750. Les condamnés, deux jeunes ouvriers parisiens, ont été étranglés puis brûlés en place de Grève, aujourd'hui place de l'Hôtel-de-Ville, à Paris. La fin des persécutions n'a pas entraîné la disparition des préjugés, mais la répression a fait place aux discriminations. Dans un contexte marqué par les conflits incessants entre les États européens, la question de la natalité a pris une importance de plus en plus grande. La fécondité et la bonne santé du peuple sont devenues des affaires de gouvernement confiées aux experts du corps médical.

L'argument traditionnel, constamment mobilisé par le pouvoir religieux pour dénoncer les homosexuels coupables de pratiquer des relations sexuelles n'ayant pas pour but la procréation, est alors réaménagé en vue de dénoncer des pratiques néfastes pour l'avenir de la population de l'État. De plus, alors que les relations entre femmes n'avaient guère préoccupé jusque-là les autorités, elles commencent à être prises dans le même type de réprobation publique.

Ces tendances se sont fortement accentuées au XIXe siècle avec la médicalisation croissante de la sexualité. Les comportements s'écartant des pratiques dominantes servent désormais de matériaux pour les médecins soucieux de construire des catégories de personnes définies uniquement par leur sexualité. Cette évolution s'est rapidement traduite dans le vocabulaire. En France, il semble que le terme « homosexuel » ait été employé pour la première fois en 1869. C'est à ce moment-là que nous sommes passés d'une époque où la répression s'abattait sur des individus condamnés pour des *pratiques* sexuelles interdites par la loi, à une époque qui s'acharne contre des *catégories* d'individus, l'homosexuel et la lesbienne, définis par leur orientation sexuelle et constitués comme groupes à part, en marge de la société.

Un exemple précurseur du rôle qu'a joué le corps médical dans cette nouvelle forme de stigmatisation est donné par le médecin légiste Ambroise Tardieu. Dans son livre sur la pédérastie (1857), il attire avec raison l'attention des pouvoirs publics sur la maltraitance que subissent fréquemment les enfants. Malheureusement, son livre véhicule aussi tous les préjugés de son temps sur le caractère efféminé des homosexuels masculins et sur l'opposition entre actifs et passifs sexuels. Le lien qu'il établit entre homosexualité et abus d'enfants a contribué à la criminalisation des actes homosexuels, donnant une place de plus en plus grande aux juges chargés de les circonscrire et de les réprimer.

Les représentations homophobes tendent dès lors à fixer les limites entre le « normal » et le « pathologique ». La stigmatisation des comportements « déviants » s'illustre dans les multiples écrits dénonçant la « confusion des genres » dont se rendraient coupables l'homosexuel « efféminé » et la lesbienne « masculine », mais aussi le bisexuel, l'androgyne, le travesti, ou le « transgenre ». En présentant l'homosexualité comme une maladie honteuse, les médecins ont légitimé leur rôle à un double niveau. D'une part, ils prétendent protéger la société contre ce « fléau » en l'étudiant scientifiquement et, d'autre part, ils veulent « soigner » les individus atteints par cette prétendue maladie. C'est l'un des buts que s'est fixés la psychanalyse dès le début du XXe siècle.

Pourtant, dans ses écrits, Sigmund Freud a rejeté le préjugé associant l'homosexualité masculine et la féminité. Il souligne même que « la virilité psychique la plus complète est compatible avec l'inversion », son hypothèse sur la bisexualité originelle de l'être humain le conduit à refuser l'idée que l'homosexualité serait une maladie. Néanmoins, dans le même temps, Freud tente d'expliquer l'homosexualité en la présentant comme l'effet d'un blocage de la personnalité au « stade infantile ». Cette thèse fut largement exploitée par ses disciples pour présenter les homosexuels comme des adultes qui auraient vécu leur enfance dans des familles composées d'un père hostile et d'une mère séductrice.

Le préjugé sur le caractère efféminé des homosexuels a eu aussi des effets politiques dramatiques. L'exemple le plus extrême est celui du nazisme. Le 26 octobre 1936, Heinrich Himmler, l'un des principaux leaders du parti nazi, a fondé au sein de la Police de sécurité un département baptisé l'Office central du Reich pour la lutte contre l'avortement et l'homosexualité. Le fameux discours qu'il a prononcé le 18 février 1937 à Bad Tölz, devant des officiers SS, montre clairement le lien qu'il établit entre homophobie et antisémitisme : pour un peuple, affirme Himmler, le domaine de la sexualité est synonyme de vie ou de mort, car une nation qui a beaucoup d'enfants peut prétendre à l'hégémonie mondiale. Le danger que représente à ses yeux l'homosexualité pour l'Allemagne tient à la confusion des genres sur laquelle repose cette perversion, à savoir la féminisation des hommes, mais aussi la virilisation des femmes. Obsédé par la fécondité du peuple allemand et donc pour son devenir démographique, le combat pour la préservation de la race allemande doit, par conséquent, se donner un double but en éliminant les Juifs et les homosexuels. Entre 1933 et 1945, on estime que 100 000 hommes furent identifiés et fichés comme homosexuels par la Gestapo. Parmi ceux-ci, environ 50 000 furent officiellement condamnés pour leurs pratiques sexuelles et internés dans les premiers camps de concentration, où ils portaient un triangle rose.

L'histoire de ce qu'on appelle depuis le XIXe siècle « l'homosexualité » est instructive pour comprendre un phénomène plus général concernant les comportements des individus victimes de préjugés qui les dévalorisent. De nombreuses recherches sociologiques ont mis en évidence le caractère performatif des assignations identitaires. Ce qui signifie que les individus stigmatisés intériorisent, au moins partiellement, les représentations d'eux-mêmes qui leur sont imposées par les autres. Ce processus explique que les homosexuels et les lesbiennes aient été contraints de se positionner face à l'image que la société leur renvoie.

Pendant très longtemps, ils ont préféré vivre leur sexualité dans le secret, en se retrouvant dans des lieux connus uniquement des initiés. Cela n'a pas empêché que des formes de résistance face à la morale dominante aient pu se développer à différentes époques. La plus évidente a consisté à retourner le stigmate pour justifier l'identité homosexuelle, voire en faire un objet de fierté. Telle est la raison qui a poussé des militants homosexuels à s'approprier le stéréotype de l'inverti efféminé. En Allemagne, le sexologue Magnus Hirschfeld a défendu, dans l'entre-deux-guerres, la cause des homosexuels en affirmant qu'ils possédaient « une âme de femme dans un corps d'homme », et qu'ils faisaient donc partie d'un « troisième sexe ». Cette perspective a ouvert la voie aux réflexions et aux revendications des transgenres, remettant en cause les frontières rigides séparant le masculin et le féminin.

La contestation des préjugés sur l'homosexualité a pris une tournure politique à partir des années 1970, d'abord aux États-Unis puis dans la plupart des autres pays démocratiques. C'est grâce à cette mobilisation collective que les préjugés dénonçant la féminité des homosexuels masculins ont régressé. Il faut toutefois rappeler que l'homosexualité n'a été supprimée qu'en 1990 de la liste internationale des maladies mentales par l'Organisation mondiale de la santé (OMS). Encore aujourd'hui, soixante-douze pays sur cent quatre-vingt-quatorze répriment les relations homosexuelles par des peines de prison, des travaux forcés ou même par la torture. Dans treize pays, l'homosexualité est encore passible de la peine de mort. Enfin, dans les États où le respect des droits humains est le plus avancé, le stéréotype de l'homosexuel efféminé n'a pas disparu, comme le prouve l'usage fréquent de termes comme « folle » (*queen* en anglais). En 1978, le film d'Édouard Molinaro intitulé *La Cage aux folles* montre que ce stéréotype a trouvé refuge, de nos jours, dans le registre comique. Immense succès commercial en France, cette comédie a été aussi le film étranger le plus vu aux États-Unis de 1980 à 1998. De plus en plus de pays condamnent les discriminations envers les homosexuels, mais dans le même temps se développe un discours d'extrême droite qui dénonce une société qui serait féminisée et dévirilisée. Un peu comme le préjugé sur les Romains de la décadence...

BIBLIOGRAPHIE
– Daniel Borrillo, *L'Homophobie*, Paris, PUF, 2000.
– Didier Éribon, *Réflexions sur la question gay*, Paris, Fayard, 1999.
– Sigmund Freud [1905], *Trois essais sur la théorie sexuelle*, Paris, Gallimard, 1987.
– Heinrich Himmler, *Discours secrets*, Paris, Gallimard, 1978.
– Magnus Hirschfeld, *Les Homosexuels de Berlin*, Lille, GayKitschCamp, 2001.

– Florence Tamagne, « Genre et homosexualité. De l'influence des stéréotypes homophobes sur les représentations de l'homosexualité », *Vingtième Siècle. Revue d'histoire*, vol. 3, nº 75, 2002, p. 61-73.

VOIR ÉGALEMENT

Les roux sont faux et sentent mauvais

Les femmes sont hystériques

Les femmes qui se parfument sont dangereuses

Les criminels ont une sale gueule

Les gros manquent de volonté

MARTIAL POIRSON

Les banlieusards sont des racailles

DES VOITURES BRÛLENT, C'EST LA FAUTE DES DÉLINQUANTS de banlieue ; une manifestation dégénère, c'est la faute des casseurs de banlieue ; un attroupement refuse les règles de confinement, c'est la faute des jeunes de banlieue... Cette psychose obsessionnelle est orchestrée par les leaders d'opinion, recyclée à l'envi par les réseaux sociaux, entretenue par les romans autobiographiques d'anciens policiers et perpétuée par les productions audiovisuelles qui ont fait du film de banlieue un genre prisé. Qu'on les appelle grands ensembles, barres HLM, ceintures rouges ou quartiers sensibles, le « malaise » que les banlieues défavorisées engendrent est invariablement dénoncé, accompagné du stigmate contre ces « jeunes des cités » affublés d'appellations tout aussi variables : sauvageons, loubards, blousons noirs, zonards, tricards (qui méritent la trique), galériens, lascars, blédards et surtout racailles. Souvent prononcé « cailleras » en verlan, ce terme désignait déjà au Moyen Âge la canaille, la lie du peuple, puis, à partir du XVIIe siècle, une bande organisée de fripouilles.

Le portrait-robot de ces jeunes est une accumulation de clichés auxquels ils finissent par se conformer. Ils ont leur code vestimentaire (jogging, sweat à capuche, casquette), leur langage (verlan, argot et emprunts étrangers), leur code de conduite et leurs rites, qui trouvent dans la musique rap ou le tag une caisse de résonance sans égale. Ils sont perçus comme des déracinés sans foi ni loi, des trafiquants de drogues, d'armes, de filles, plus récemment des extrémistes radicalisés sous l'emprise du communautarisme, voire des jihadistes ou des terroristes en puissance. Leurs territoires – le fameux « 9-3 » (département de Seine-Saint-Denis), les quartiers nord de Marseille ou la périphérie lyonnaise – font régulièrement la une des médias, qu'il s'agisse de dénoncer les viols collectifs, les faits divers crapuleux, les émeutes incendiaires, les combats de pitbulls ou les rodéos en deux-roues... Ce déballage médiatique installe un sentiment d'insécurité par la menace d'un « péril jeune ».

Le 12 janvier 2015, cinq jours après les attentats de *Charlie hebdo*, la chaîne américaine Fox News qualifie de « *no-go zones* » (zones interdites) sept cent quarante et une zones urbaines sensibles françaises. L'accusation est d'autant plus mal reçue qu'elle émane de Nolan Peterson, vétéran de la guerre en Irak devenu journaliste. Ce spécialiste des conflits au Moyen-Orient compare son expérience de reporter de guerre aux échauffourées qui embrasent les banlieues depuis les émeutes de 2005 à Clichy-sous-Bois, entraînant trois mois de couvre-feu et d'état d'urgence. À l'époque, le ministre de l'Intérieur, Nicolas Sarkozy, affirmait vouloir débarrasser La Courneuve d'une « bande de racailles » et « nettoyer la cité au Kärcher ». Une déclaration guerrière reprise lors de la campagne présidentielle de 2022 par Valérie Pécresse, confiant dans *La Provence* vouloir « ressortir le Kärcher de la cave » pour « nettoyer les banlieues ». L'entreprise Kärcher, inquiète de cette mauvaise publicité, demande alors le « retrait immédiat de tout usage de sa marque ».

L'assimilation de la banlieue à une zone de non-droit est paradoxale, puisque l'invention de cette périphérie urbaine répondait à l'origine au besoin d'extension du pouvoir de la ville. Le néologisme *banlieue* désigne un périmètre d'une *lieue* (quatre kilomètres) autour d'une ville, sur lequel s'étend sa juridiction (le *ban*). Pourtant, ce territoire géographique régi par des règles impératives n'a cessé d'inspirer les fantasmes sur son supposé désordre. Un an avant la révolte des canuts lyonnais, en janvier 1830, le préfet de la Seine adressait au roi Charles X un avertissement alarmiste : « Vos préfets de police laissent une centaine d'usines encercler la capitale : Sire, c'est la corde qui nous étranglera un jour. » Plus circonspect, mais non moins virulent, un inspecteur des écoles de Belleville témoignait en 1856 de la découverte d'une « population à peu près ignorante et féroce qui vit au-delà des boulevards », qu'il assimilait déjà à des étrangers : « Il y a d'abord l'écume de Paris, les gens de barrière et des mauvais lieux que le vice a conduits à la misère et à l'abrutissement. Il y a ensuite je ne sais quels barbares venus des deux rives du Rhin. »

Le faubourg (*foris burgus*) désignait quant à lui, en ancien français, un espace situé en dehors des murs d'enceinte. C'est pourtant une étymologie fantaisiste qui prévalut en moyen français, faux bourg (*falsus burgus*), perdurant jusqu'à la fin du XVIIIe siècle. Elle témoigne du regard dépréciatif porté sur ces zones considérées, notamment sous la Révolution, comme des foyers d'insubordination. Les faubourgs, avec leurs auberges, cabarets, tavernes, maisons closes, où les plaisirs tarifés sont meilleur marché qu'en ville, sont associés à partir du XVIIe siècle à l'afflux de ruraux déracinés et à la marginalité de la plèbe : brigands, criminels, souteneurs, chiffonniers, indigents y côtoient les bourgeois en goguette venus s'encanailler à leur contact... En 1806, *Voyage aux faubourgs Saint-Marcel et Saint-Jacques par deux habitants de la chaussée d'Antin*, récit ironique signé par l'imprimeur Adrien-César Égron, évoque le franchissement aussi périlleux que désirable de boulevards comparés aux « rives du Nouveau Monde » : « Vous sentez-vous assez de courage pour entreprendre un voyage dans les rues sales et enfumées des faubourgs ? Pour moi, j'aime les contrastes et il me semble que j'aurais quelque plaisir à considérer les allures de ce peuple presque sauvage. » Louis-Sébastien Mercier, dans *Le Tableau de Paris*, publié entre 1781 et 1788, dresse lui aussi un portrait peu flatteur des habitants des faubourgs Saint-Honoré et Saint-Marcel, colportant déjà le lieu commun de l'impuissance policière : « C'est un peuple qui n'a aucun rapport avec les Parisiens polis des bords de la Seine. [...] Il est dans ce faubourg plus méchant, plus inflammable, plus querelleur et plus disposé à la mutinerie que dans les autres quartiers. La police craint de pousser à bout la populace. » Déversoir des souillures urbaines, la banlieue est assimilée aux pathologies supposées de la classe laborieuse : saleté, maladie, alcoolisme, violence, sexualité débridée. D'autant que les activités les plus mal considérées s'y implantent : tanneries, papeteries, abattoirs, manufactures, hospices et hôpitaux, sans oublier les cimetières...

La démarcation entre ville et banlieue a connu bien des avatars depuis les remparts des cités médiévales, dont la démolition est amorcée par Louis XIV dès les années 1680. À mesure que s'abattent les murailles, la ville s'étend, désormais ceinturée par les boulevards. Lieu de prédilection des promeneurs, flâneurs et noceurs, ils perpétuent l'idée de transgression d'une frontière symbolique. Dans le même temps, le mur d'enceinte est remplacé par celui des fermiers généraux, permettant l'acquittement de l'octroi. Cette barrière, matérialisée par des bureaux placés aux portes, permettait de taxer les marchandises entrant dans toute ville de plus de cinq mille habitants, principale ressource fiscale des municipalités qui ne sera totalement supprimée qu'en 1945.

Dans les villes fortifiées telles Sedan, La Rochelle ou Lille, l'armée interdisait toute construction sur une bande large d'au moins cent mètres. Cette zone militaire de défense pouvait atteindre deux cent cinquante mètres, comme autour de l'enceinte de Paris érigée par Adolphe Thiers à la demande de Louis-Philippe dans les années 1840. Paradoxe de l'histoire, ce *no man's land* est devenu au cours du temps la « zone », occupée de façon illégale par des habitats de fortune. En 1926, la zone autour de la capitale compte quarante-deux mille habitants, selon l'enquête du préfet de la Seine. Elle est le champ de manœuvre des « zonards », terme désignant d'abord les soldats de garnison, puis les marginaux. « Squattant » ces lieux sordides, vivant d'expédients, on les dit animés par une soif de revanche sociale : « La rage d'être un zonard, de compter parmi les déchets, les sous-hommes », résume Louis Calaferte dans *Requiem des innocents* en 1952.

Au-delà des faubourgs et de la zone, à quoi ressemble la banlieue ? Elle n'a pas toujours été ce tissu urbain continu qu'elle est devenue aujourd'hui dans la plupart des pays industrialisés. Longtemps, elle représenta un espace intermédiaire sans identité déterminée, qui n'était ni tout à fait la ville ni tout à fait la campagne. En 1862, Victor Hugo, dans *Les Misérables*, en esquissait déjà un tableau peu amène : « Le jour, c'était laid ; le soir, c'était lugubre ; la nuit, c'était sinistre. » Prophétisant des soulèvements de grande ampleur, l'écrivain républicain voyait dans leur « crue perpétuelle » un foyer d'insurrection populaire d'une puissance tellurique : « Si l'heure sonne, ce faubourien va grandir [...], et son souffle deviendra tempête, et il sortira de cette pauvre poitrine grêle assez de vent pour déranger les plis des Alpes. »

Stratégie de distinction oblige, à partir de 1889, il est de bon ton pour les élus de la capitale de qualifier avec mépris de « banlieusards » les conseillers municipaux de villes avoisinantes, appellation qui s'étend rapidement à tous leurs habitants. À la Belle Époque, les « apaches », ces tribus de malfrats de la pègre des hauteurs de Ménilmontant ou de Belleville, défraient la chronique, terrorisant les Parisiens lors de « descentes » sur la ville, à l'instar de la bande à Bonnot. Le préjugé à l'encontre de la « ceinture », ou « couronne », qui enserre le centre-ville, trouve de nouvelles justifications dans l'entre-deux-guerres, avec le succès du

Cartel des gauches aux élections législatives de 1924, puis municipales de 1925. Le mythe de la « banlieue rouge » naît au cœur des luttes partisanes. Il doit beaucoup à la plume alerte de Paul Vaillant-Couturier. En juin 1926, ce député communiste de la Seine déclare dans *L'Humanité* que « Paris, capitale du capitalisme, est encerclé par le prolétariat révolutionnaire ».

Le préjugé se renforce après la Seconde Guerre mondiale, à la faveur des Trente Glorieuses, dont l'urbanisme à marche forcée est dicté par l'urgence (il manque quatre millions de logements en France). Grands ensembles et barres d'immeubles marquent profondément le paysage urbain, dans un premier temps signe évident de « confort moderne », avec toilettes, salle de bains et électricité. Souvent bâties à la hâte avec des matériaux de mauvaise qualité, les tours HLM lotissent les cités, très vite utilisées pour loger les travailleurs immigrés. Dès lors, en pleine décolonisation, les préjugés raciaux prennent le pas sur les préjugés sociaux, en réaction à l'afflux de main-d'œuvre étrangère regroupée dans des foyers de jeunes travailleurs, puis à la politique de regroupement familial. Cette stigmatisation est renforcée par la formation de bidonvilles, comme à Nanterre, Aubervilliers, Champigny-sur-Marne ou Nice. Détruits dans les années 1970 à la faveur d'une politique volontariste de relogement, ces habitats insalubres réapparaissent à peine vingt ans plus tard, notamment à Montpellier, Strasbourg ou dans la « jungle de Calais ». On en dénombre cinq cents en France métropolitaine.

Reste que, parallèlement à l'essor démographique des quartiers populaires, la banlieue se peuple parfois de nantis, sans pour autant faire disparaître les jugements dépréciatifs dont elle est affligée. La banlieue huppée des beaux quartiers fait ainsi les frais de détournements parodiques tels que le sketch des Inconnus sorti en 1991, « Auteuil Neuilly Passy », sous-titré « rap BCBG », et son refrain : « tel est notre ghetto ». Aujourd'hui, franchir le « périph' » demeure le rite de passage de Parisiens snobs perpétuant toujours les mêmes stéréotypes.

Si de nombreux pays occidentaux connaissent la même ségrégation urbaine, d'autres logiques peuvent prévaloir. Aux États-Unis, l'urbanisme des mégalopoles a donné naissance à une réalité urbaine contrastée : à l'intérieur de la ville, des ghettos hérités de la ségrégation raciale ; à l'extérieur, les *suburbs*, ces cités pavillonnaires avec jardins privatifs dédiées aux classes moyenne et supérieure, dont la publicité et le cinéma vantent l'*American way of life*. Ici, la stigmatisation s'est inversée puisque c'est désormais le centre en déshérence qui est présenté comme une menace pour la périphérie. Une situation qui autorise Donald Trump, lors du face-à-face présidentiel du 30 septembre 2020, à accuser la politique de mixité sociale de livrer « toutes les personnes qui vivent leur vie rêvée en banlieue » aux « barbares des centres-villes ». La gentrification s'est déplacée vers ces espaces périurbains qui hébergent aujourd'hui près de la moitié de la population du pays, cependant que se sont vidés les centres, quartiers d'affaires désertés la nuit pour laisser place aux gangs ou quartiers insalubres abandonnés par les services publics. Le préjugé sur les cités dangereuses car peuplées de « racailles » existe aussi outre-Atlantique, dans une lecture sociale et raciale où la menace s'est inversée.

BIBLIOGRAPHIE

– Georges Duby (dir.) [1985], *Histoire de la France urbaine*, vol. 5 : *La Ville aujourd'hui*, Paris, Le Seuil, 2001.
– Dominique Kalifa, *Les Bas-fonds. Histoire d'un imaginaire*, Paris, Le Seuil, 2013.
– John M. Merriman, *Aux marges de la ville. Faubourgs et banlieues en France (1815-1870)*, Paris, Le Seuil, 1994.
– Henri Rey, *La Peur des banlieues*, Paris, Presses de Sciences Po, 1996.
– Hervé Vieillard-Baron, *Les Banlieues. Des singularités françaises aux réalités mondiales*, Paris, Hachette, 2001.
– Loïc Wacquant, « Pour en finir avec le mythe des cités-ghettos : Les différences entre la France et les États-Unis », *Annales de la recherche urbaine*, n° 54, mars 1992, p. 21-30.

VOIR ÉGALEMENT

Les barbares sont des vandales
Les criminels ont une sale gueule
Les Arabes sont violents
Les immigrés veulent islamiser l'Europe
Les Mexicains sont des criminels violents

BÉNÉDICTE SAVOY

Les Africains n'ont pas d'histoire

EN JANVIER 1965, DANS LA REVUE PANAFRICAINE FRANCOphone *Bingo*, éditée à Dakar, l'écrivain Paulin Joachim lance un appel qui terrifie le monde des collectionneurs d'art africain en France et au-delà : « Rendez-nous l'art nègre ! » Avec puissance et détermination, l'auteur stigmatise la violence symbolique de ces exactions patrimoniales et réclame non seulement le retour des œuvres enlevées au continent africain à la faveur du double système colonial et missionnaire, qualifié d'« odieux crime », mais aussi, par le biais du retour des œuvres, la restitution d'une vérité historique : « Nous avons été longtemps présentés comme un peuple sans culture ni passé. Nous n'avons jamais rien inventé, ni rien su chanter. La récupération légitime de nos arts plastiques pourra bouter le feu à ce mensonge historique et nous donner un peu de l'orgueil de la Grèce, mère des Arts, elle aussi spoliée comme nous. »

Ce « mensonge historique » dénoncé par Paul Joachim au lendemain des indépendances d'une vingtaine d'États africains anciennement colonisés par la France, le Royaume-Uni et la Belgique n'a pas d'origine bien datée. Il naît évidemment en Europe. On le trouve exprimé très tôt, bien avant que s'accélère et se durcisse, puis s'inscrive dans la durée, la sujétion massive du continent africain, à partir du dernier tiers du XIXe siècle. De manière peut-être moins surprenante qu'il n'y paraît, c'est à l'université de Berlin, dans les années 1820, que sont énoncées ces formules promises à une carrière internationale et coriace, qui vont nourrir jusqu'à notre époque le préjugé d'une Afrique sans histoire :

> L'Afrique, aussi loin que remonte l'histoire, est restée fermée, sans lien avec le reste du monde ; c'est le pays de l'or, replié sur lui-même, le pays de l'enfance qui, au-delà du jour de l'histoire consciente, est enveloppé dans la couleur noire de la nuit. [...] Dans cette partie principale de l'Afrique, il ne peut y avoir d'histoire proprement dite. Ce qui se produit, c'est une suite d'accidents, de faits surprenants. [...] ce que nous comprenons en somme sous le nom d'Afrique, c'est un monde anhistorique non développé, entièrement prisonnier de l'esprit naturel et dont la place se trouve encore au seuil de l'histoire universelle.

C'est le philosophe Georg Wilhelm Friedrich Hegel qui s'exprime ici, dans *La Raison dans l'Histoire*. Il le fait en homme des années 1820, qui n'a guère voyagé hors de l'espace germanophone (sauf un séjour à Bruxelles et un autre à Paris), qui pense et écrit à une époque où l'Europe ne connaît de subsahariennes que les régions côtières, et dont l'expertise africaine se fonde sur un mélange de colportages grossiers et de lectures savantes, notamment celle des écrits du géographe Carl Ritter, éminent collègue de Hegel à l'université de Berlin et fondateur de la géographie historique, qui lui non plus n'a jamais vu l'Afrique. Il est clair que l'aplomb avec lequel sont formulés ces jugements est d'abord et surtout le fait d'une profonde méconnaissance des sources alors disponibles ; il s'explique certainement par le proto-racisme qui émerge dans la Prusse des années 1820, mais plus encore par la fonction analytique que Hegel leur assigne au sein même de son argumentation. En fait, loin de prouver une absence d'*histoire*, ces affirmations démontrent l'absence d'une *historiographie* de l'Afrique en Europe au début du XIXe siècle, absence qui, fâcheusement, va s'installer dans le long XIXe siècle et pratiquement jusqu'aux indépendances.

Ainsi, mis à part quelques descriptions bien informées, d'autant plus remarquables qu'elles sont rares, des puissants royaumes et des grands courants d'échanges intercontinentaux qui animent les régions côtières d'Afrique de l'Ouest au milieu du XVIIe siècle – comme celle du Néerlandais Olfert Dapper dans sa *Description de l'Afrique* en 1668 –, on ignore tout en Europe, et pendant longtemps, des empires des Songhaï, du Ghana ou du Mali, des royaumes mossi, bambara ou peul, des villes où les princes africains ont leurs palais, des technologies sophistiquées en usage sur le continent, de l'extraction et du commerce de l'or, des échanges de biens, de personnes et d'idées au sud du Sahara, entre l'Antiquité tardive et le XIXe siècle naissant. Pourtant, comme le relève Dapper dès 1668, lui qui compile les sources disponibles à son époque et présente un fascinant panorama de ce que l'on pouvait alors savoir de l'Afrique en Europe, cette ignorance est moins liée à une réelle absence de documentation qu'à l'omniprésence d'un « préjugé » (déjà !) :

> Les Anciens n'ont jamais connu à fond ce continent, si ce n'est du côté qui touche à la mer Méditerranée, ils n'en parlaient que par conjecture et par ouï-dire. [...] Comme la plus grande partie de l'Afrique est située sous la zone torride, et que les Anciens s'imaginaient que les pays qui correspondaient à cette zone étaient inhabitables, à cause de l'ardeur excessive du soleil : ce préjugé les a empêchés de travailler à la découverte des parties intérieures de cette presqu'île.

À ce préjugé, il faut ajouter l'ignorance de la langue et des sources arabes qui, si elles avaient été lues, auraient renseigné l'Europe sur l'histoire de l'Afrique. De l'avis général, les descriptions du continent que nous devons à l'historien Ibn Khaldoun, né à Tunis en 1332, comptent parmi les plus pertinentes et les plus subtiles pour comprendre les dynamiques de construction et de subversion des empires africains.

Aujourd'hui encore, en dépit du boom considérable des travaux sur l'histoire de l'Afrique menés depuis les années 1950, tant sur le continent africain lui-même qu'en Europe ou aux États-Unis, le « mensonge historique » dénoncé par Paulin Joachim continue de polluer les consciences collectives. En témoigne la juste fureur suscitée, dans le monde anglophone surtout, par ces allégations largement diffusées de l'éminent historien d'Oxford Hugh Trevor-Roper, qui affirmait à la BBC en 1963 – avant de réitérer la même année ses propos par écrit dans le magazine *The Listener* – que l'Afrique n'avait pas d'histoire avant l'exploration et la colonisation européennes : « Peut-être qu'à l'avenir, il y aura une histoire de l'Afrique à enseigner, mais à présent il n'y en a pas. Il y a seulement l'histoire des Européens en Afrique [...]. Le reste n'est que ténèbres... » Ou encore, dans l'espace francophone et près d'un demi-siècle plus tard, l'indignation tout aussi juste soulevée par le discours dit « de Dakar » du président français Nicolas Sarkozy, qui le 26 juillet 2007 perpétuait dans la capitale sénégalaise, en toute connaissance de cause cette fois, les préjugés grotesques des années 1800 sur « l'homme africain [...] pas assez entré dans l'histoire ».

L'une des réponses les plus précoces, puissantes et systématiques au « mensonge historique » est certainement l'entreprise collective engagée sous les auspices de l'Unesco en 1964 et placée sous la direction des plus importants historiens africains du XXe siècle : l'*Histoire générale de l'Afrique*, publiée en huit volumes de près de mille pages chacun. Elle s'ouvre sur ce constat du grand historien burkinabé Joseph Ki-Zerbo, coordinateur du premier volume, consacré aux questions de méthodologie et à la préhistoire africaine :

> L'Afrique a une histoire. Le temps n'est plus où, sur des pans entiers de mappemondes ou de portulans représentant ce continent, alors marginal et serf, la connaissance des savants se résumait dans cette formule lapidaire

> qui sent un peu son alibi : « *Ibi sunt leones* ». « Par là, on trouve des lions ». Après les lions, on a découvert les mines, si profitables, et par la même occasion, les « tribus indigènes » qui en étaient propriétaires, mais qui furent incorporées elles-mêmes à leurs mines comme propriétés des nations colonisatrices. [...] L'histoire de l'Afrique, comme celle de l'Humanité entière, c'est, en effet, l'histoire d'une prise de conscience. L'histoire de l'Afrique doit être réécrite. Car, jusqu'ici, elle a été souvent masquée, camouflée, défigurée, mutilée. Par la « force des choses », c'est-à-dire par l'ignorance et l'intérêt.

L'une des ramifications les plus tenaces du préjugé selon lequel les Africains n'auraient pas d'histoire est certainement celle qui affirme que les Africains n'auraient pas d'art ou, pour être précis, qu'ils n'auraient pas conscience d'avoir un art, les Européens ayant été les premiers à leur ouvrir les yeux. Cette ignorance présumée est très présente dans la rhétorique qui, à l'époque coloniale et au-delà, a servi en Europe à légitimer l'extraction massive des biens culturels et artistiques produits sur le continent africain. Plus récemment, elle a été invoquée par celles et ceux qui s'opposent, toujours en Europe, à l'idée de restitution à l'Afrique des biens culturels qu'elle commence à réclamer après les indépendances. Cette présomption d'ignorance s'accompagne d'une présomption d'incapacité à conserver son propre patrimoine artistique. L'une et l'autre sont en contradiction flagrante avec la réalité dans de nombreuses régions d'Afrique : chacun connaît, pour se limiter à ce seul exemple, le cas prestigieux de l'art de cour du royaume du Bénin, dans l'actuel Nigéria, dont la tradition remonte au XIVe siècle et qui, pour avoir été pillé en 1897 par l'armée britannique, est présent aujourd'hui dans les plus grands musées du monde occidental, au premier rang desquels le British Museum à Londres.

Classé aujourd'hui au patrimoine mondial de l'Unesco, le site d'Igun Street à Benin City, où furent arrachées ces pièces anciennes, est toujours en activité et bien connu pour ses artistes et artisans travaillant le métal. En affirmant que les Africains n'ont ni art ni conscience esthétique, ni même la capacité de prendre soin de leur patrimoine, les acteurs du marché de l'art, des musées et plus généralement les administrations culturelles européennes ont fait accepter par les opinions publiques la dislocation d'ensembles patrimoniaux africains de toute première importance. Le corrélat de cette dislocation, indissociable des préjugés décrits ici, se déploie dans l'idée de sauvetage, fréquemment mobilisée pour justifier le maintien en Europe des collections africaines emportées à l'époque coloniale. Ou pour citer de nouveau Paulin Joachim :

> On devine aisément ce que l'on rétorquera lorsque la question sera officiellement posée : « Mais pardi, nous avons pillé pour préserver les productions artistiques du monde noir contre les vers et les termites, contre la fumée des cases. Les Africains nous doivent au contraire une gratitude infinie pour le travail que nous avons entrepris. Ils nous doivent la survivance de leur art traditionnel qui illustre aujourd'hui, aux yeux de tout le monde, leur génie longtemps contesté. »

Assurément les Africains ont une histoire, c'est une histoire que l'on s'emploie depuis des siècles à ignorer et qui n'est pas enseignée dans les écoles, comme pour laisser au préjugé son pouvoir de perdurer.

BIBLIOGRAPHIE

— Adame Ba Konaré (dir.), *Petit précis de remise à niveau sur l'histoire africaine à l'usage du président Sarkozy*, Paris, La Découverte, 2009.
— François-Xavier Fauvelle, *L'Afrique ancienne. De l'Acacus au Zimbabwe. 20000 ans avant notre ère – XVIIe siècle*, Paris, Belin, 2018 (notamment: Claire Bosc-Tiessé, « Comment écrire l'histoire de l'Afrique ancienne avec de l'art », p. 608-627).
— Makhily Gassama (dir.), *L'Afrique répond à Sarkozy. Contre le discours de Dakar*, Paris, Philippe Rey, 2008.
— Georg Wilhelm Friedrich Hegel, *La Raison dans l'Histoire. Introduction à la Philosophie de l'Histoire*, éd. K. Papaïoannou, Paris, Pocket, 2012.
— Paulin Joachim: « Rendez-nous l'Art Nègre », *Bingo*, n° 144, janvier 1965, cité par Bénédicte Savoy, *La Longue Bataille de l'Afrique pour son art*, Paris, Le Seuil, 2023.
— Benoît Okolo Okonda, *Hegel et l'Afrique. Thèses, critiques et dépassements*, Paris, Le Cercle herméneutique, 2010.
— Hugh Trevor-Roper, « The Rise of Christian Europe », *The Listener*, 28 novembre 1963, p. 871.
— Unesco (dir.), *Histoire générale de l'Afrique*, 8 vol., Paris, Unesco, 1980-1998 (en particulier: Joseph Ki-Zerbo, « Introduction générale », vol. 1, 1980, p. 21).

VOIR ÉGALEMENT

Les Noirs sont serviles par nature
Les Noirs ne pensent qu'au sexe
Les musulmans ne peuvent pas vivre sans calife
Les Noirs sentent fort et les Blancs sentent la mort

MYRIAM DENIEL-TERNANT

Les prêtres ont le diable au corps

DANS LES PREMIERS TEMPS DU CHRISTIANISME, LA SEXUALITÉ des membres de l'Église n'a pas toujours été un fruit défendu. Clément d'Alexandrie, au IIe siècle, admet le mariage des clercs, des prêtres et des diacres, ce dont attestent leurs épitaphes, qui comportent encore, parfois jusqu'au VIe siècle, la mention d'une épouse. L'exaltation de la chasteté n'est pas une invention du catholicisme, mais un héritage de l'Antiquité puisé aux racines de la tradition stoïcienne de l'ascèse. Cette méfiance païenne envers les appétits du corps s'est immiscée dans la sphère théologique, sensible à l'argumentaire de la domination de soi, devenue renoncement à soi. La continence – fait de sublimer les tentations de la chair en n'y succombant pas – est ainsi étroitement associée à la définition du clergé.

À mesure que les normes s'édictent, dans les écrits de Pères de l'Église et lors des conciles, la figure de la Vierge et l'exemplarité des moines sont promues, et le sacerdoce exclut la chair. En 1031, l'offensive prend une nouvelle tournure avec le concile de Bourges et la déposition des clercs majeurs vivant avec une femme. Un siècle plus tard, Latran II (1139) fait de l'ordination un empêchement dirimant au mariage : être prêtre et époux est désormais impossible. Il devient inacceptable qu'un curé, garant des secrets de ses ouailles, puisse n'en avoir aucun vis-à-vis de son épouse. La sexualité est dès lors un instrument de mise en ordre d'un monde scindé entre clercs et laïcs.

Au Moyen Âge central, l'ecclésiastique, qu'il soit régulier ou séculier, s'engage à n'engendrer personne et à transmettre la parole de Dieu plutôt que son propre patronyme. Ces dispositions sont rappelées régulièrement et réitérées à l'orée de l'époque moderne, dans la tourmente de la concurrence protestante dont il faut se distinguer : le concile de Trente (1545-1563) réaffirme le lien indéfectible entre célibat et appartenance à la hiérarchie de l'Église.

Les sources littéraires et iconographiques tiennent pourtant un tout autre discours. Fabliaux, farces, contes, historiettes, épigrammes, piécettes, romans, gravures et sculptures représentent à l'envi la luxure dans laquelle se vautreraient femmes et hommes de Dieu. Où qu'on lise, où qu'on regarde, les membres du clergé auraient le diable au corps, même si le préjugé – genré – semble davantage concerner les hommes que les femmes. Avec la réforme grégorienne et les exigences morales accrues qui pèsent sur les ecclésiastiques, l'emprise croissante de l'Église catholique sur la vie quotidienne et sur le salut des fidèles, les clercs deviennent, dès le XIe siècle, la cible des écrivaillons comme des auteurs reconnus, puis des « goliards », ces étudiants en théologie du XIIIe siècle, qui se font fort de mettre en scène les turpitudes de celles et ceux qui doivent incarner une exemplarité de mœurs. Il est alors de bon ton d'introduire bassesse et stupre parmi des détenteurs du sacré.

Ainsi, au modèle sanctifié de celui ou celle qui voue sa vie à Dieu répond l'archétype littéraire du moine dévoyé et du prêtre défroqué. Ces derniers répondent à l'horizon d'attente d'un lecteur ou d'un spectateur avides de charivaris et autres rituels collectifs mettant – littéralement – le monde à l'envers par l'inversion ponctuelle des valeurs en vigueur. Si les différentes versions du *Roman de Renart* (XIIe-XIIIe siècles) insistent plutôt sur la gloutonnerie et la cupidité des moines, l'on y croise pourtant un prêtre de paroisse ruiné par une « putein » qui lui a donné un fils – le petit Martinet – qu'il entretient.

Daté de la même époque, un couple composé d'un prêtre et sa concubine figure sur le tympan de l'abbaye de Sainte-Foy de Conques. Les fabliaux sont une réserve sans fin d'exemples. Si « le moigne » éponyme d'un de ces fabliaux se contente de rêver d'arpenter une « foire aux cons » où il parvient à acheter le joli con d'une vierge anglaise, l'irrévérence satirique atteint parfois des sommets : dans *L'Évêque qui bénit le con* (milieu du XIIIe siècle), un prélat procède à l'ordination du sexe de sa maîtresse, condition que cette dernière requiert pour consentir à la chose. Un autre narre la mésaventure d'un vilain benêt, que sa femme parvient à convaincre de son propre décès : après avoir récité la prière des morts, le curé peut donc jouir de la prétendue veuve, à la barbe du cocufié gisant sous son linceul.

Rutebeuf occupe une place centrale dans l'ancrage de ce topos littéraire, fustigeant les hypocrites qui dissimulent le feu sous leur soutane. Il ne faut pas pour autant en conclure à une remise en cause de l'Église catholique. La littérature médiévale joue avec l'archétype de l'ecclésiastique paillard autant qu'elle propose des modèles de héros triomphants. La Renaissance poursuit sur la même ligne.

Au milieu du XVe siècle, un quart du manuscrit anonyme commandé par le duc de Bourgogne Philippe le Bon, les *Cent Nouvelles nouvelles*, porte sur la dénonciation des mœurs des gens d'Église : la quinzième suggère l'intimité charnelle entretenue entre deux couvents, l'un masculin, l'autre féminin, en se concentrant sur un « jeune et bel religieux » amoureux d'une « nonnain voisine ». Se sachant mal équipé, le moine imagine un subterfuge avec l'aide d'un frère mieux doté par la nature. Ce dernier, contorsionné, prête son membre à la première rencontre manuelle, afin de séduire la jeune fille. Celle-ci ne s'en laisse pas conter : elle reconnaît d'emblée le véritable propriétaire du « gros bourdon ».

Un siècle plus tard, Marguerite de Navarre, dans *L'Heptaméron* (1558-1559), semble avoir quelque prévention contre les cordeliers, des moines issus de l'ordre franciscain. L'un d'eux, après avoir éliminé de manière radicale l'époux de celle qu'il convoite, la grime en religieux pour l'enlever et l'introduire dans son couvent. Les exemples se multiplient à l'infini, qu'il s'agisse de Rabelais moqueur, qui note avec malice comment les moines « biscotent » les femmes dont les maris sont en pèlerinage, ou de Clément Marot, qui s'inquiète de la diffusion de la vérole au Paradis. La Réforme alimente cette tradition antimonastique, voire anticléricale : mieux formé, le clergé est désormais plus zélé. Or les exigences morales des hommes d'Église indisposent les laïcs, qui fustigent en représailles les mœurs des ecclésiastiques restés incorrigibles, contribuant ainsi à la diffusion du préjugé rattaché à la déviance cléricale.

Aux XVIIe et XVIIIe siècles, on assiste au foisonnement d'une littérature de transgression que la répression stimule malgré elle. Dans ses *Contes et nouvelles*, publiés en 1665, La Fontaine imagine un essaim de cordeliers persuadant de « jeunes beautés » qu'elles doivent payer en nature la dîme sur les « biens du mariage » en se livrant à eux. Romans à clés et *Historiettes*, telles celles de Tallemant des Réaux, rapportent de manière farcesque les turpitudes des prélats. Comparé à son successeur, le Grand Siècle paraît cependant moins en verve. Les Lumières, versées dans le théâtre paillard et la prolifique édition de ces « livres qu'on ne lit qu'à une main », selon l'heureuse expression rousseauiste, ne laissent guère de doute sur la persistance de l'archétype littéraire : *Histoire de dom Bougre, portier des chartreux* (1741), *Lettres galantes de deux nonnes publiées par un apôtre du libertinage* (1777), *L'Abbé en belle humeur* (1700) et autres titres moins explicites, mais non moins sulfureux, des *Bijoux indiscrets* (1748) et *La Religieuse* (1796) de Diderot au *Paysan parvenu* (1734) de Marivaux, en passant par *Thérèse philosophe* (1748).

Plus que jamais, le topos répond à l'horizon d'attente du lectorat, comme l'explicite Mirabeau dans sa correspondance avec sa maîtresse, depuis les geôles de Vincennes : il annonce écrire sa future *Conversion ou le Libertin de qualité* (1783) en précisant que « les femmes de cour, les religieuses et les moines y seront traités à souhait ». Ces écrits s'accompagnent de gravures évocatrices, qu'il est d'ailleurs possible d'acquérir séparément, sous le manteau ou dans le double fond des hottes des colporteurs.

Reste que l'exploitation du préjugé sur la paillardise des ecclésiastiques, s'il répond à une attente du public, présente aussi un versant politique : au milieu du XVIIe siècle, des chansons sans fard accusent Anne d'Autriche de frayer avec son principal ministre, le cardinal Mazarin, dont les coups de reins font « branler la couronne ». Un siècle plus tard, dans le ménage à trois entre royauté, jansénistes et jésuites, sur fond de crises parlementaires, la cible ecclésiastique prend une acuité supplémentaire et une coloration antijésuitique marquée. S'y ajoutent les questionnements sur l'utilité, à la fois sociale – désœuvrement et parasitisme – et démographique – absence de progéniture en une époque où la puissance d'un État se mesure à sa population –, et sur l'aberration d'une telle chasteté perçue comme contre nature. Cette dimension politique se dévoile pleinement lors de la phase révolutionnaire : les religieux sont invités à jeter leur « froc aux orties » comme preuve de leur engagement citoyen, et à convoler en justes noces avec les « victimes cloîtrées » rendues à la liberté.

Si l'union napoléonienne du trône et de l'autel relègue relativement dans l'ombre le préjugé de l'ecclésiastique débauché, ce dernier irrigue bientôt les écrits de Michelet, qui s'inquiète de l'ascendant clérical dans *Du prêtre, de la femme et de la famille* (1843). L'archétype est surtout entretenu par les nombreuses rééditions d'ouvrages libertins, le XIXe siècle s'avérant beaucoup moins créatif que le précédent. Dorénavant, le préjugé s'écrit ou se grave au vitriol, à l'instar des caricatures de *L'Assiette au beurre*, de Léo Taxil dans sa *Bible amusante* ou son mensuel devenu hebdomadaire *L'Anti-clérical*, qui proclame sans ambages: « Tuons-les par le rire ! » La gaudriole paraît bien loin, supplantée qu'elle est par les violences des crises politiques successives, la libre-pensée et l'anticléricalisme croissants. Il ne s'agit plus d'établir une connivence leste avec un quidam sur le thème éculé du clerc dépravé, mais d'attaquer la religion : *La Vie drolatique des saints* donne ainsi à voir saint François de Sales et sainte Jeanne de Chantal couchés dans le même lit.

Au tournant des XIXe et XXe siècles, rythmé par la chanson paillarde sur le curé de Camaret, quelques titres renouent avec la veine scabreuse de l'Ancien Régime comme *La Dévote, conte extrait des Passions charnelles ou les Joies de la luxure, douze contes ruisselants* (1890) ou *Au couvent*, de l'Érotin (1908), tandis qu'une littérature marginale fait de l'ecclésiastique un personnage de romance. La tonalité violente des discours, notamment dans la presse satirique, accompagne désormais la majorité des préjugés sur l'ecclésiastique libidineux, synecdoque de la religion catholique dans son ensemble.

Isoler le préjugé d'une concupiscence ecclésiastique masque les autres préjugés associés: à la chair répond la bonne chère, qui voisine avec la cupidité. Prédominerait ainsi une culture des apparences hypocrite : les hommes – et dans une moindre mesure les femmes – succomberaient aux péchés véniels, voire mortels, dont ils sont censés se garder. Aux antipodes des vertus morales, ces dérèglements sont précisément le terreau du ressort comique.

La prolifique production journalistique anticléricale du dernier tiers du XIXe siècle a pu, un temps, faire écran à l'existence hors de France du préjugé de l'ecclésiastique libidineux. L'historiographie a alors défendu la thèse d'une spécificité française qui tiendrait au gallicanisme, au foisonnement des Lumières et à une précoce sécularisation. S'il n'existe pas, à notre connaissance, d'étude comparative sur le sujet, il est certain que ce préjugé ne se cantonne pas au seul clergé catholique, comme il est manifeste qu'il ne se résume pas à la France. La thématique médiévale de l'ecclésiastique concupiscent est commune à l'ensemble de l'Occident chrétien : les facéties de Rabelais, et, au-delà, la critique humaniste de l'Église, doivent ainsi beaucoup à la satire du clergé contenue dans le *Décaméron* du Florentin Boccace (1349-1353). Si Dom Juan, séducteur impénitent, n'est pas un homme de Dieu, l'ouvrage serait néanmoins né de la plume du moine espagnol Tirso de Molina, vers 1630. Or il s'amorce par l'enlèvement d'Elvire, extraite d'un couvent. De leur côté, exploitant la réputation graveleuse de l'Église catholique pour promouvoir la religion anglicane, les Anglais font du père Paul un corps désirant, saisissant à pleines mains une nonne extatique dans un décor conventuel (1770) et élaborent dans *An Account of the Remains of the Worship of Priapus* (1786) une interprétation phallique du crucifix.

Le préjugé d'un clergé porté sur le sexe était-il fondé ? Le clergé médiéval, puis moderne et contemporain, était-il immoral et, si oui, dans quelles proportions ? Aucun travail diachronique n'a été mené pour se risquer à un chiffrage et une évolution, mais des études, articles, monographies sur des régions précises ou des tranches chronologiques circonscrites livrent du moins des faits. Dans le diocèse de Genève, selon les comptes-rendus des visites pastorales de 1411 à 1414, 14 % environ des prêtres pratiquent le concubinage, parfois depuis un quart de siècle, en ayant des enfants.

Source d'inspiration pour le réalisateur et scénariste Paul Verhoeven dans le film *Benedetta* en 2021, la religieuse et mystique Benedetta Carlini, morte en 1661, devenue abbesse du couvent toscan des Théatines, entretiendrait une liaison avec la sœur Bartolomea, avec qui elle partage la même cellule plusieurs années durant. Enfin, l'exemple le plus connu reste le Vénitien Casanova, qui reçoit les quatre ordres mineurs en 1741, mais doit renoncer à la soutane en raison de sa disgrâce en 1744, après le rapt d'une jeune fille.

Aujourd'hui, le préjugé a largement déserté le terrain léger des représentations littéraires. L'Église catholique paraît entrée dans l'ère du démantèlement – inabouti – d'une mécanique du silence portant sur les relations non consenties, surtout pédocriminelles. Le rapport Sauvé, fruit de la Commission indépendante sur les abus sexuels dans l'Église (2018-2021), a ainsi évalué à 330 000 le nombre des victimes en France, dont 216 000 au cours de leur minorité. Le même constat provoque de vifs scandales sur tous les continents. Dès lors, l'attention se concentre principalement sur une sexualité ecclésiastique relevant d'une qualification de crimes sexuels, le statut clérical de ses auteurs constituant une circonstance aggravante.

BIBLIOGRAPHIE

— Jean-Claude Bologne, *Histoire du célibat et des célibataires*, Paris, Fayard, 2004.
— Alain Cabantous, François Walter, *Les Tentations de la chair. Virginité et chasteté, XVIe-XXIe siècle*, Paris, Payot, 2020.
— Myriam Deniel-Ternant, *Ecclésiastiques en débauche. 1700-1790*, Ceyzérieu, Champ Vallon, 2017.
— Myriam Deniel-Ternant, *Histoire érotique de l'Église*, Paris, Payot, 2021.
— Jacqueline Lalouette, *Histoire de l'anticléricalisme en France*, Paris, PUF, 2020.
— Jean Leduc, « Le clergé dans le roman érotique français du XVIIIe siècle », *Roman et Lumières au XVIIIe siècle*, Actes de colloque, Paris, Éditions sociales, 1970, p. 341-350.
— Jean-Marie Le Gall, *Les Moines au temps des Réformes. France (1480-1560)*, Seyssel, Champ Vallon, 2001.
— Philippe Ménard, *Les Fabliaux. Contes à rire du Moyen Âge*, Paris, PUF, 1983.
— Uta Ranke-Heinemann, *Des eunuques pour le royaume des cieux. L'Église catholique et la sexualité*, Paris, Robert Laffont, 1990.
— Jacques Wagner (dir.), *Roman et religion en France (1713-1866)*, Paris, Honoré Champion, 2002.

VOIR ÉGALEMENT

La Mauresque s'en va toujours seins nus
Les Noirs ne pensent qu'au sexe
Les Américains sont puritains
Sale et lubrique comme un porc

MICHEL PASTOUREAU

Sale et lubrique comme un porc

LES PRÉJUGÉS PORTANT SUR LES ANIMAUX SONT NOMBREUX dans toutes les sociétés et parfois fortement dépréciatifs. En France et en Europe, la principale victime en est le porc, animal passant pour sordide, grossier, vorace, stupide et surtout lubrique. Tout cela est parfaitement injuste et injustifié, du moins quant au comportement naturel du cochon, mais fréquemment mis en avant par la langue et le lexique. Le hashtag *#BalanceTonPorc* en est l'exemple le plus récent et peut-être le plus emblématique. Si le mouvement qui se range derrière la bannière *#BalanceTonPorc* est parfaitement légitime, nécessaire même, le slogan lui-même est mal choisi : le porc n'est pas spécialement luxurieux, le mâle n'agresse pas les femelles, il ne les harcèle pas, et ni le verrat ni la truie ne sont portés à faire des « cochonneries », du moins pas des cochonneries sexuelles.

Le porc, cependant, a longtemps eu mauvaise presse et, depuis le Moyen Âge, est symboliquement associé à un grand nombre de vices. Cela tient d'abord à sa goinfrerie et à son caractère omnivore. Dès sa naissance, le porcelet se rue vers la mamelle, se bat avec ses congénères pour l'atteindre le premier, essaie d'occuper le maximum de place. Devenu adulte, il passe son temps à chercher de la nourriture, dévore à peu près n'importe quoi, y compris des immondices et des charognes. Par certains côtés, il montre un instinct carnassier, inconnu chez le bœuf, le mouton ou le cheval. Sa voracité et son aptitude à se nourrir d'ordures en ont fait un animal impur. Il en va du reste pareillement de toutes les créatures omnivores : le corbeau, le renard, l'ours et... l'être humain.

Les médecins grecs sont les premiers à avoir souligné le cousinage étroit entre l'homme et le cochon, cousinage confirmé par les savoirs contemporains pour ce qui concerne l'anatomie, l'histologie et la physiologie. Plus tard, les moralistes et les théologiens ont trouvé dans cette parenté matière à paraboles ou à sermons dévalorisant tout ensemble l'homme et le porc. Ce dernier a toujours souffert d'être notre semblable. Il est du reste probable que les tabous qui entourent cet animal chez les juifs et les musulmans viennent de cette parenté biologique et non pas de considérations hygiéniques ou climatiques, comme on l'écrit trop souvent. Manger du porc, par certains côtés, c'est être anthropophage. Tous ceux, hommes ou femmes, qui dans des circonstances effroyables ont été contraints de manger de la chair humaine ont affirmé que celle-ci avait le même goût que la viande de porc. Le témoignage le plus récent est celui de rugbymen uruguayens dont l'avion s'était écrasé dans la cordillère des Andes en décembre 1972 : quelques-uns ont pu survivre soixante et onze jours en se nourrissant d'un peu de chair prise sur leurs compagnons décédés.

De bonne heure, la symbolique chrétienne a donc fait du cochon un des attributs ordinaires de la gloutonnerie, vice que le latin médiéval exprime par le mot *gula*, terme difficilement traduisible en français moderne : *gourmandise* est inexact ; *goinfrerie*, insuffisant. Le porc est une bouche constamment ouverte, un orifice béant, un gouffre. Il ne regarde jamais vers le ciel – c'est-à-dire vers Dieu –, mais vers le sol, où il espère trouver quelque nourriture. Ce faisant, le porc participe de la mythologie du monde obscur et souterrain, voire de l'Enfer. Dans le riche bestiaire de Satan, il occupe parfois une place de choix aux côtés du bouc, du loup, du singe, du crapaud, du serpent et de quelques autres.

Outre sa voracité, il est probable que le porc médiéval ait également souffert de la couleur sombre de son pelage. Comme le sanglier – la « bête noire » par excellence pour les traités de vênerie –, le cochon domestique européen a longtemps présenté une robe non pas rose ou claire – pour ce faire, il faut attendre le XVIIIe siècle –, mais brune, grise, noire, jamais uniforme, souvent tachetée et paraissant sale. Aujourd'hui, la plupart des cochons européens sont d'un blanc légèrement rosé, et tout éleveur sait que le porc n'est pas un animal plus sale qu'un autre : il aime l'eau et reste propre s'il dispose d'un espace suffisant et n'a pas trop chaud. Ayant des difficultés à transpirer, il recherche constamment un endroit humide, parfois la boue, pour se rafraîchir et faire descendre sa température corporelle. En outre, n'ayant pas une acuité visuelle très grande, il marche n'importe où, y compris dans sa propre fange. Au Moyen Âge, cette cécité relative a pu passer pour un vice, la vue étant le plus valorisé des cinq sens. Dieu est lumière : tous ceux qui vivent dans les ténèbres, tels les aveugles ou les animaux à mœurs nocturnes (chouette, chat, renard, crapaud), ne peuvent être que des ennemis de Dieu. En outre, les deux sens les plus développés chez le porc, l'odorat et le goût, passent pour les plus grossiers et les plus vils. Le porc est donc une créature brute et stupide, comme le laissent entendre plusieurs proverbes anciens, tel celui mentionné par l'Évangile de Matthieu (7, 6) : « Jeter des perles aux pourceaux », c'est-à-dire donner quelque chose de valeur à quelqu'un de trop fruste pour pouvoir l'apprécier.

Attribut ancien de la saleté et de la goinfrerie, le porc n'a en revanche pas été celui de la luxure avant une date relativement récente. D'autres animaux l'ont précédé dans ce rôle : le bouc, l'âne, le singe et surtout le chien. Pendant des siècles, de l'Antiquité jusqu'au début de l'époque moderne, en matière de lubricité et de sexualité, ce n'est pas le cochon qui fait des saletés, mais le chien, animal impur aux yeux des sociétés méditerranéennes, et animal dont le comportement sexuel a semblé partout absolument répugnant. La femelle elle-même a paru singulièrement lubrique, bien plus que la truie. Comme la louve, elle a longtemps incarné la prostitution ou la dépravation.

En fait, pour que le porc devienne sexuellement « cochon », pour qu'il endosse le vice de luxure en plus de toutes ses autres perversions supposées, il faut attendre les XVIe et XVIIe siècles, lorsque le chien se valorise définitivement et devient, dans les sociétés européennes, le fidèle compagnon de l'homme qu'il est resté jusqu'à aujourd'hui. Mais, pour que cette promotion du chien soit pleine et entière, il a fallu le débarrasser de sa réputation d'animal sale et impur. Concernant la luxure, un transfert symbolique s'est donc progressivement opéré du chien vers le cochon : au début des temps modernes, le porc, qui dans ses mœurs naturelles ne montrait absolument rien de spécifiquement sexuel, est devenu l'animal luxurieux par excellence, à la place du chien. Par là même, tous les hommes tenant des propos salaces, se livrant à des pratiques obscènes ou bien harcelant sexuellement les femmes commencèrent à être qualifiés de « porcs » ou de « cochons ». Et ils se mirent à faire des « cochonneries », mot qui en français ne prit un sens sexuel que vers la fin du XVIIe siècle (auparavant, il désignait simplement le fait d'élever de jeunes porcs) et qui s'enrichit dans le courant du XIXe siècle d'un doublet plus ou moins précieux : « cochoncetés ».

Progressivement, le porc est donc devenu l'archétype de la créature sexuelle à la place du chien. Toutefois, dans le monde des injures, il est resté quelques traces des anciens systèmes de valeurs qui accompagnaient l'espèce canine : aujourd'hui, par exemple, traiter une femme de « chienne » reste bien plus injurieux et plus violent que de la traiter de « truie », mais cela n'est pas vrai pour un homme. Un slogan comme « Balance ton chien », qui aurait sans doute été pertinent et signifiant dans la Rome antique ou encore au cœur du Moyen Âge, n'aurait guère de portée de nos jours. Du moins en France, car dans d'autres sociétés, c'est encore et toujours le chien qui reste le premier animal sexuellement sale et agressif. Ainsi dans tout le monde musulman et dans une large partie de l'Asie et de l'Afrique. Au reste, sans même aller si loin, les faits de langue nous montrent que, dans plusieurs pays voisins de la France, le chien partage encore de nos jours avec le porc le rôle de créature perverse et lubrique (Italie, Espagne, Portugal). En allemand, il existe même un vocable qui associe les deux animaux : *ein Schweinehund* : un « salopard », un « gros dégueulasse » (*Schwein*, cochon ; *Hund*, chien).

Cela dit, on peut noter que la forme *#BalanceTonPorc* n'existe qu'en français pour correspondre à l'américain *#MeToo*, hashtag désignant le mouvement social encourageant la prise de parole des femmes victimes de viol ou d'agressions sexuelles. Né dans les années 2006-2007, ce mouvement a pris de l'ampleur à partir de l'automne 2017 à la suite de l'affaire Harvey Weinstein. Dans beaucoup de pays, les mouvements comparables ont soit repris telle quelle la forme *#MeToo*, soit l'ont traduite mot à mot dans la langue du pays. Ailleurs, une formule différente a vu le jour. Citons pour exemples : *#NiUnaMenos* (Même pas une de moins) en Argentine ; *#Nãoénão* (Non c'est non) au Brésil ; *#QuellaVoltaChe* (Cette fois où) en Italie. Mais seul le mouvement français convoque un nom d'animal : *#BalanceTonPorc*. Pauvre cochon, pourvu d'un vice qui n'est pas vraiment le sien !

D'autant qu'à la sexualité, les croyances et les traditions ajoutent généralement la bêtise : puisqu'il est sale, vorace et lascif, le cochon ne peut être qu'obtus et borné. Dans nos systèmes de valeurs modernes, les goinfres, les gras, les gros sont toujours des crétins. Or, de même qu'il n'est pas particulièrement lubrique, de même le porc n'est nullement stupide. Au contraire, toutes les enquêtes récentes sur l'intelligence animale soulignent sa grande mémoire et ses exceptionnelles capacités cognitives. De ce point de vue, il est en tête de classe, juste après le corbeau et les grands singes, mais avant l'éléphant, le dauphin, la pieuvre et quelques autres vedettes de l'intelligence animale. Ici encore, comme pour la sexualité, nature et culture ne s'accordent pas.

D'autres animaux sont pareillement victimes de préjugés venus de loin et qui, comme tous les préjugés, sont difficiles à éradiquer. Ainsi l'âne. Lui aussi a de bonne heure été pourvu d'un long cortège de vices, certains voisins de ceux du porc : paresse, luxure, entêtement, couardise, méchanceté, bêtise. Fables et proverbes antiques attestent déjà combien l'âne passe pour une créature dépourvue de courage, d'intelligence et même de simple bon sens. Pour les Romains, c'est l'animal borné par excellence. Cette triste réputation traverse tout le Moyen Âge et l'époque moderne, comme l'atteste le vocabulaire : le terme « ânerie » employé dans le sens de « sotte parole » est attesté dès le XIVe siècle, et le verbe « ânonner » est courant au XVIIe. Quant au fameux « bonnet d'âne », il a d'abord servi à coiffer les bouffons et les jeunes clercs incapables d'apprendre le latin (XIIIe siècle) avant de devenir, au siècle des Lumières, un couvre-chef infamant imposé aux mauvais élèves. Dans certaines classes, en milieu rural, son usage n'a disparu que sous la Troisième République.

Les facéties de la langue française ont même associé l'oie à cette bêtise supposée de l'âne. L'expression « bête comme une oie » apparaît au XVIIe siècle, devient proverbiale au siècle suivant et est encore en usage de nos jours. Or l'oie n'a pas toujours été considérée comme stupide, bien au contraire. Pour les Romains, c'est même un oiseau fort intelligent : celles du Capitole se sont montrées sagaces et vigilantes et ont sauvé Rome de l'attaque des Gaulois en 390 avant notre ère. Mais, en latin, les mots qui désignent l'âne (*asinus*), le canard (*anas*) et l'oie (*anser*) sont voisins. Passés en ancien puis moyen français, ils se sont confondus en un seul vocable : *asne*. Il n'en fallait pas plus pour que dans les textes une confusion s'établisse peu à peu entre les deux animaux et qu'une partie des vices généralement attribués à l'âne le soit aussi à l'oie. Notamment la sottise. Les traditions orales, les croyances, les superstitions, les préjugés ont fait le reste. La méchanceté des hommes est sans limites.

BIBLIOGRAPHIE

– Raymond Buren, Michel Pastoureau, Jacques Verroust [1987], *Le Cochon. Histoire, symbolique et cuisine du porc*, Paris, Sang de la terre, 1998.
– Sylvie Girard, *Le Zoo des mots. Dictionnaire des expressions animalières (français, anglais, espagnol, allemand, italien)*, Paris, Harrap's, 1989.
– Michel Pastoureau, *Le Cochon. Histoire d'un cousin mal aimé*, 2e éd., Paris, Gallimard, coll. « Découvertes », 2009.
– Lutz Röhrich, *Lexikon der sprichwörtlichen Redensarten*, 6e éd., Freiburg im Breisgau, Herder, 1991, 3 vol.
– Frederick Cameron Sillar, Ruth Mary Meyler, *The Symbolic Pig. An Anthology of Pigs in Literature and Art*, Édimbourg, Oliver & Boyd, 1961.

VOIR ÉGALEMENT

La Mauresque s'en va toujours seins nus
Les Noirs ne pensent qu'au sexe
Les Américains sont puritains
Les prêtres ont le diable au corps

XAVIER PONS

Les Aborigènes à la peau claire ne sont pas de vrais Aborigènes

EN 2001, LE ROMANCIER ABORIGÈNE KIM SCOTT RAPPORTAIT le suicide tragique d'un jeune homme qui venait de découvrir qu'il était aborigène, et dont on peut penser que l'apparence physique ne correspondait guère à cette identité, comme c'est le cas pour beaucoup d'Aborigènes issus d'un métissage.

Le rapport officiel disait que quelque temps avant sa mort il avait fabriqué un boomerang, et que quelqu'un l'avait vu se tenir debout sur une jambe devant un miroir, avec un pied appuyé contre la cuisse de l'autre jambe – comme l'image stéréotypée qu'on voit sur les linges de cuisine [australiens]. Il devait se poser des questions. Se demander qui il était, essayer de jouer des rôles. Les préjugés qui entourent l'identité aborigène venaient de faire une victime de plus.

La dimension aborigène de l'Australie, plus de deux cents ans après la colonisation du pays par la Grande-Bretagne, pose toujours problème. Les colons espéraient bien que les Aborigènes disparaîtraient tôt ou tard sous les violences qu'ils subissaient. Pourtant, ils sont toujours là, et forment plus de 3 % de la population. Mais qu'est-ce qu'un Aborigène aujourd'hui ? Certains individus sont-ils plus aborigènes que d'autres ?

L'Australie a, dans les années 1980, adopté une définition officielle, qui comporte trois critères. Pour qu'une personne soit reconnue comme aborigène, il faut : 1. qu'elle ait un lien de filiation avec des ancêtres aborigènes ; 2. qu'elle se revendique elle-même comme Aborigène et 3. qu'elle soit reconnue ou acceptée par une communauté aborigène. Cette définition, que personne ou presque ne conteste, ne dit rien de l'apparence physique ou du mode de vie. Pourtant, ceux-ci servent parfois de prétexte pour nier l'authenticité aborigène de certains dont la peau semble trop claire et le mode de vie trop « européen ». Il existe aussi bien des Aborigènes que des Européens pour dénoncer les supercheries (supposées) de ceux qui cherchent à se faire passer pour aborigènes.

Notons qu'il s'agit d'un phénomène propre au XXIe siècle, car historiquement les Aborigènes ont été victimes de tant de discriminations qu'il aurait fallu être bien masochiste pour vouloir passer frauduleusement pour aborigène... Mais aujourd'hui, en compensation des préjudices qu'ils ont subis, les Aborigènes jouissent de certains droits spécifiques (en matière de bourses d'études, de droits fonciers, de logement, etc.) qui peuvent être convoités pas les non-Aborigènes. La chasse aux fraudeurs est donc ouverte... Mais tous ceux qui se revendiquent aborigènes sans l'être ou simplement sans en avoir l'apparence sont-ils des fraudeurs ? Certains sont de bonne foi, et ce sont sans doute les cas les plus douloureux.

Paradoxalement peut-être, ces fraudeurs présumés sont plus vigoureusement dénoncés par les Aborigènes que par les Blancs. Pour les premiers, il faut lutter contre une atteinte insidieuse à leur culture, à leur être même. Les exemples les plus emblématiques concernent sans doute quelques écrivains. On mentionnera les romanciers Colin Johnson et Archie Weller. Le premier, qui changea de nom pour se faire appeler Mudrooroo, a longtemps été considéré comme le premier romancier aborigène de la littérature australienne avec *Chat sauvage en chute libre* en 1965. Il a la peau foncée, mais cela tient en réalité à un ancêtre noir américain, et la grande majorité des intellectuels aborigènes le tiennent pour un imposteur, quoiqu'un imposteur sincèrement convaincu d'être aborigène. Archie Weller, auteur de *The Day of the Dog* en 1981, qui a la peau claire, est pareillement rejeté. Mais le cas le plus controversé est celui de Bruce Pascoe, écrivain à la peau blanche qui revendique une identité aborigène malgré un héritage à dominante européenne. Dans son livre *Dark Emu* (2014), il entend montrer qu'avant la colonisation les Aborigènes avaient développé une civilisation sophistiquée où l'on trouvait pratiques agricoles et habitations en dur, contredisant ainsi l'image traditionnelle d'un peuple primitif et nomade de chasseurs-cueilleurs. Ce qui pouvait passer pour une réhabilitation de la culture aborigène a été considéré par certains Aborigènes comme une insupportable appropriation de leurs valeurs. Ce n'est cependant pas la couleur de sa peau qu'on reproche à Pascoe, mais (comme pour Weller) l'incertitude qui entoure sa prétendue généalogie aborigène. Lorsque leur généalogie est établie, pourtant, elle ne suffit pas toujours à faire accepter l'authenticité des individus qui s'en réclament, surtout s'ils ont la peau claire : il leur est alors reproché d'avoir longtemps dissimulé leur identité aborigène pour éviter les préjugés racistes et de ne la revendiquer que dans la perspective de gains matériels.

Par un processus comparable mais qui donne beaucoup plus d'importance à l'apparence physique, nombre de Blancs n'admettent pas qu'on puisse se revendiquer aborigène quand on a tout l'air d'être un Européen, comme le militant tasmanien Michael Mansell, qui serait disqualifié par ses cheveux roux, ses yeux bleus et son teint clair. De même, en raison de son physique, la championne de tennis Ashleigh Barty n'est pas perçue comme aborigène par la plupart des Australiens bien qu'elle revendique clairement cette identité et la proclame en s'affichant avec d'autres athlètes aborigènes comme Evonne Goolagong ou Cathy Freeman.

Par ailleurs, nombre d'Australiens ont du mal à considérer comme authentiquement aborigènes des individus qui, au lieu de chasser à moitié nus le kangourou dans le bush, vivent en ville, où ils sont professeurs, ouvriers, avocats, employés ou artisans, et dont le mode de vie ne semble pas se distinguer de celui de la majorité non aborigène. Pour leur part, les Aborigènes ont une conscience aiguë de l'injustice à vouloir les enfermer dans des clichés et leur imposer de l'extérieur des critères identitaires sans pertinence pour eux. Néanmoins, certains d'entre eux éprouvent un ressentiment à l'égard de ces gens de la classe urbaine moyenne qui viennent grossir leurs rangs et dont la prospérité masque la grande précarité que connaissent les communautés aborigènes reculées. L'acteur aborigène Luke Carroll déclarait par exemple :

> Je connais des gens ici à Sydney qui n'ont pas été élevés en tant qu'Aborigènes, et tout d'un coup leurs gosses se proclament aborigènes... Cela leur permet d'aller dans certaines écoles, d'occuper certains emplois et de priver de ces opportunités des gens qui ont été élevés en tant qu'Aborigènes.

Les frustrations conduisent certains critiques blancs conservateurs, comme Peter O'Brien, à développer des arguments à la limite du racisme : « À mes yeux est imposteur racial quiconque, quelle que soit la proportion de sang aborigène qui coule en lui, a grandi en ville, y a fait des études, y travaille, profite de tous les avantages qu'offre l'Australie, et décide de se déclarer aborigène pour toute autre raison que de se dire "fier", et de se parer à l'occasion d'un pagne rouge et de peinture corporelle blanche [c'est-à-dire se conformer aux idées stéréotypées que les Blancs se font souvent des Aborigènes]. »

Ce ne serait plus, comme à l'époque coloniale, la couleur de la peau qui ferait l'Aborigène, mais bien le mode de vie primitif. Il faudrait dénier arbitrairement aux premiers Australiens le droit de s'adapter à un environnement en évolution tout en conservant leur identité authentique. Pourtant, c'est grâce à leur faculté d'adaptation que ces premiers habitants de l'Australie ont pu survivre, depuis soixante mille ans, à tous les changements, notamment climatiques, qu'a connus l'Australie (montée considérable du niveau de la mer à la fin de l'ère glaciaire, avancée des déserts, etc.).

Les enjeux de ces controverses ne sont pas sans importance, car ils touchent à l'intime, au sentiment d'identité, tant personnelle que nationale. La recherche de l'authenticité ou de la pureté est toujours un piège, qui se transforme aisément en intolérance. Nombre d'Aborigènes souffrent de se voir, sinon rejetés, du moins discriminés par leur propre groupe ethnique parce qu'ils ne sont pas suffisamment « noirs ». D'autre part, quand des individus se font frauduleusement passer pour aborigènes, ils portent atteinte à l'intégrité culturelle d'un peuple dont la culture est le principal fondement de leur dignité.

La question des impostures raciales (qu'on appelle *race shifting* en anglais) se pose aussi en Amérique du Nord et de façon plus générale dans les pays où une minorité ethnique a subi la colonisation et a fait l'objet d'une discrimination souvent brutale : aux États-Unis, l'universitaire Jessica Krug qui, sur la base de l'identité noire qu'elle revendiquait malgré sa peau claire, avait été nommée professeure d'histoire afro-américaine à l'université de Georgetown, était en fait totalement blanche, de même que le protagoniste du film *Soul Man*, de Steve Miner (1986), étudiant blanc qui se déguise en Noir afin d'obtenir une bourse. Au Canada, ces mystifications concernent surtout l'appartenance à la communauté amérindienne, censée conférer divers avantages matériels.

Les cas d'imposture pure et simple appellent une condamnation sans ambiguïté. Mais il est plus difficile de porter un jugement sur les individus qui se revendiquent aborigènes alors qu'ils ont fort peu de sang aborigène et que leur culture n'a pas grand-chose à voir avec celle des premiers habitants du pays : ils ne parlent pas de langue aborigène, n'ont pas été initiés aux rites et traditions aborigènes, et pendant la majeure partie de leur existence ils n'ont pas eu de contact avec leur communauté supposée. Leur apparence physique n'est pas seule en cause, même si celle-ci joue un rôle significatif dans les jugements dont ils sont l'objet. Les colonisateurs blancs de l'Australie ont longtemps imposé une distinction entre Aborigènes de pure race (*full-bloods*) et métis (*half-castes*), et ils ont enlevé des milliers d'enfants de sang mêlé à leur mère aborigène pour les couper de leurs racines et les assimiler à un sous-prolétariat européen. Cette politique, à visée génocidaire (laisser les Aborigènes de pure race s'éteindre du fait de leur incapacité à s'adapter au monde moderne, et « blanchir » les métis), a traumatisé les Aborigènes, qui ont longtemps affirmé que leur identité ne se fractionnait pas. Aujourd'hui, nombre d'entre eux semblent revenir sur cette position et se montrent bien plus pointilleux sur la question de l'authenticité.

Qu'est-ce qui « fait » un Aborigène ? Est-ce la génétique, le sentiment d'identité ou bien la culture ? À l'évidence, les trois composantes sont requises, mais ont-elles toutes la même importance ? Comme il est impossible de trancher avec certitude, les préjugés racistes peuvent s'engouffrer dans la brèche et s'y déployer à l'envi en favorisant des critères en fait insuffisants ou arbitraires.

BIBLIOGRAPHIE

– Kim Scott, « Australia's continuing neurosis : identity, race and history », *The Alfred Deakin Lectures : Ideas for the Future of a Civil Society*, Sydney, ABC Books, 2001.

– Mudrooroo [1965], *Chat sauvage en chute libre*, Paris, Asphalte, 2010.

– Clair Andersen, « Exploring Aboriginal identity in Australia and building resilience », dans Liat Klain-Gabbay (dir.), *Indigenous, Aboriginal, Fugitive and Ethnic Groups Around the Globe*, Londres, IntechOpen, 2019.

– Bronwyn Carlson, *The Politics of Identity : Who Counts as Aboriginal Today ?*, Canberra, Aboriginal Studies Press, 2016.

– Delphine David, *« Blanc », aborigène et Australien. Constructions d'identités croisées dans l'Australie d'aujourd'hui*, thèse de doctorat, université Paris-Diderot, 2017.

– Stephanie Gilbert, « A postcolonial experience of Aboriginal identity », *Cultural Studies*, vol. 9, n° 1, 1995, p. 145-149.

– Mick Gooda, « One's identity is for the individual to determine », *Sydney Morning Herald*, 24 novembre 2011.

– Xavier Pons, « L'Australie : une identité toujours en question », *Diplomatie*, n° 67, mars-avril 2014, p. 58-61.

– Aram A. Yengoyan, Marie-Pierre Gaviano, « L'aborigène, la race et l'État. Débat sur les minorités et hégémonie nationale en Australie », *Annales. Histoire, sciences sociales*, 52e année, n° 3, 1997, p. 621-631.

VOIR ÉGALEMENT

Les roux sont faux et sentent mauvais

Les criminels ont une sale gueule

Pommie bastards !

Les réfugiés profitent du système

CATHERINE BRICE

Les Italiens ne savent pas se battre

« LES ITALIENS NE SE BATTENT PAS », AURAIT DÉCLARÉ EN 1849 le général Oudinot (ou peut-être Adolphe Thiers) alors que les troupes françaises donnaient l'assaut à la jeune République romaine. Voilà une affirmation qui peut surprendre pour qualifier les héritiers des légionnaires qui ont créé l'Empire romain... et qui pourtant circule depuis Charles VIII et les guerres d'Italie jusqu'au XXe siècle. Le fascisme visa précisément à refonder l'homme nouveau, celui qui, empreint des valeurs de la *romanità* inculquée par le régime de Mussolini, saurait redonner à l'Italie une place au soleil grâce à sa valeur guerrière enfin retrouvée.

Cette visée « rédemptrice » du Duce s'ancre dans un présupposé qui fut, des siècles durant, véhiculé par les récits de voyage, par la littérature aussi : les Italiens forment un peuple faible, sans grande tradition militaire, cela résulte d'une longue décadence entamée avec la perte des « libertés italiennes » au XVIe siècle. Cette absence de valeur, de courage, de vertu guerrière a rendu possible la longue domination étrangère qui a pesé sur les États italiens jusqu'à l'unification. Pour l'Italie libérale, puis le fascisme, la relation entre valeur militaire et formation du sentiment national allait de soi : il fallait qu'enfin les Italiens sachent combattre pour que le pays redevienne un État puissant, expansionniste, dominant. La guerre – à condition d'être victorieuse – devenait l'antidote à un sentiment identitaire faible, fractionné, inachevé. Comme une longue, douloureuse mais exaltante saga nationale, elle était le préalable à l'unification définitive d'un pays divisé, mais elle exigeait des Italiens qu'ils sachent combattre.

La question n'est pas, ici, de juger de la valeur guerrière des Italiens, mais de comprendre d'où vient qu'elle se soit posée et dans quels contextes précis. Il nous faut pour cela remonter à la période moderne, qui vit l'affirmation répétée de la « mollesse » italienne devenir un *topos*, puis préciser les moments où, dans l'espace public, la bravoure reprit ses droits, et à quelles fins. Il faut toutefois être attentif au fait que « savoir se battre » pouvait se décliner dans des types de conflictualités bien différents, de la guerre nationale aux guerres d'insurrection « en bandes », voire à la guerre civile.

Innombrables furent les voyageurs qui, dès le XVIe siècle, traversant la péninsule pour le Grand Tour, ne manquèrent pas, à un moment ou à un autre de leur périple, de gloser sur le « caractère » italien, généralisant des observations éparses et, surtout, répétant ce qu'ils avaient lu. Parmi ces prétendus tropismes, l'un d'entre eux revient souvent, c'est l'affirmation de l'indolence (*ozio*) des Italiens, voire de leur caractère « efféminé » : une qualité aux antipodes des valeurs guerrières. Des siècles de domination étrangère auraient conduit ce peuple à une forme de « démilitarisation », voire de « démobilisation » et, partant, à adopter les pratiques des femmes : la ruse, la trahison, la séduction, ce qui ne les empêchait pas de se battre, par jalousie ou par passion amoureuse… Au début du XIXe siècle, ces « vices » italiens sont souvent repérés et dénoncés par les Italiens eux-mêmes. Ainsi de Cesare Balbo qui écrit, dans *Le Speranze d'Italia*, en 1844 : « Le vice essentiel de notre patrie est l'*ozio* », vice qu'il impute non pas à une « nature » italienne, mais à l'histoire des siècles passés. C'est « un vice d'État » : les gouvernements successifs sont incapables de susciter le courage. Dans les années du Risorgimento, le mouvement pour l'unité italienne, cette indolence est reliée, comme l'écrit en 1846 un autre Piémontais, Giacomo Durando, à « l'absence d'un véritable drapeau » autour duquel se réunir et combattre… Ainsi, si ce vice italien n'est la conséquence ni du climat ni de la nature, il est possible de le transformer et d'arracher les Italiens à leur indolence pour en refaire un peuple guerrier. Or, si l'*ozio* est le résultat déplorable de siècles de domination étrangère, seule l'indépendance italienne peut opérer ce changement. Si l'État ne peut (ou ne veut) s'en charger, ce sera à la famille de nourrir en son sein ces futurs combattants en leur inculquant ces nouvelles valeurs. La sphère domestique, en ce premier XIXe siècle, devient donc l'incubateur des guerriers du Risorgimento, et la place de la femme, l'éducation qu'elle dispense, un enjeu politique. La figure tutélaire d'Adelaide Cairoli (1806-1871), dont les quatre fils s'engagèrent et moururent dans les guerres d'indépendance, illustre cette centralité.

Durant la longue litanie des guerres et des « défaites glorieuses », selon l'historien Mario Isnenghi, le caractère fortement instrumental des vertus guerrières se révèle dans la mémoire littéraire de ces années : les combats menés par les volontaires garibaldiens y sont présentés comme bien plus emblématiques des talents militaires italiens – et couronnés de succès – que les batailles « nationales » entre l'armée sarde et les Autrichiens ou encore contre les troupes du royaume des Deux-Siciles. L'expédition des Mille, menée en 1860 par Garibaldi en Sicile, et la victoire de Calatafimi, qui opposa 1 200 Chemises rouges mal entraînées et mal équipées à plusieurs milliers de soldats de l'armée des Bourbons dotés d'artillerie, illustrent cette valorisation d'un combat de volontaires héroïques, « martyrs » de la cause nationale. À l'opposé, la prise de Rome par l'armée italienne le 20 septembre 1870, face à des troupes pontificales vite balayées, ne témoigne pas du courage militaire et semble, aux yeux de la postérité, une bataille d'opérette.

Entre ces deux dates, 1860 et 1870, le royaume d'Italie était proclamé, le 20 mars 1861, mais la jeune nation restait prisonnière de cet enjeu guerrier : pour faire de la péninsule une puissance unifiée et forte, à côté de l'éducation et de l'économie, l'armée constituait un levier fort. Mais comment transformer les Italiens en soldats ? Deux traditions s'opposaient, Garibaldi face à Victor-Emmanuel II, le condottiere face au roi guerrier, la tradition démocratique, celle du peuple en armes, du volontariat, face à la seule tradition militaire qui avait perduré durant la période moderne, la tradition piémontaise pour laquelle il s'agissait de mélanger les recrues de l'ensemble de l'Italie, les instruire, leur apprendre à se battre, en faire une « nation en armes », un projet qui débuta le 4 mai 1861 avec la naissance officielle de l'armée italienne, une armée « piémontisée » qui absorba les militaires autrichiens de la Lombardie, puis ceux des troupes des Bourbons, et enfin les forces pontificales.

Entre 1861 et 1865, cette volonté d'absorption de traditions militaires diverses fut mise à l'épreuve par la terrible guerre du Grand Brigandage, dans le sud de la péninsule. L'armée de l'Italie monarchique ressortit de cette cruelle guerre civile porteuse d'une image particulièrement négative : celle d'une armée qui serait non pas le creuset de la nation, mais plutôt un instrument de répression et de guerre civile. La représentation héroïque de la nation en armes ressortait fracturée, sans compter les très grandes difficultés de cohabitation entre officiers des différents corps d'armée, et surtout entre les ex-volontaires et les officiers de l'armée régulière. Cette image négative de l'armée italienne fut encore davantage abîmée après la désastreuse campagne de 1866 et les défaites de Custoza et de Lissa contre l'Autriche. Les erreurs de commandement s'étaient accumulées, tant sur terre qu'en mer et, pour de nombreux observateurs c'est le caractère encore arriéré de l'Italie qui apparut : « dix-sept millions d'analphabètes et cinq millions d'Arcadiens », comme l'écrivait l'historien et homme politique Pasquale Villari en 1885. Les seules victoires des guerres d'indépendance avaient été remportées avec les Français, ce qui faisait dire à Renan que l'Italie avait été unifiée par ses défaites...

Ainsi, tandis que s'écrivait la mémoire du Risorgimento sous l'égide des victoires remportées par les volontaires garibaldiens, véritables martyrs de la patrie, les décennies qui suivirent l'unité ne furent pour l'armée italienne qu'une série d'humiliations cuisantes : en 1881 face à la France pour l'affaire de la Tunisie, en 1887 face à l'Éthiopie lors du massacre de Dogali en Érythrée, et en 1896 lors de la défaite d'Adoua qui marqua l'arrêt des ambitions coloniales italiennes jusqu'en 1911. C'est en effet avec la guerre en Libye de 1911-1912 que l'Italie tenta d'effacer les humiliations subies depuis 1859, la conquête de Tripoli étant présentée en 1911 comme la « preuve » qu'enfin les Italiens savaient se battre. Et c'est dans le même esprit que l'Italie s'engagea dans la Première Guerre mondiale, en 1915. Malgré les défaites – à Caporetto en 1917 –, le conflit fut parfois dénommé « la troisième guerre d'indépendance », celle qui avait enfin fait des Italiens, par le baptême du feu, une nation.

De cette guerre, Benito Mussolini tira le socle du fascisme : culte de l'action, recours à la violence, rêve d'un pays militarisé pour voler vers de nouvelles victoires, vers un nouvel Empire... La conquête de l'Éthiopie sembla, un bref moment, lui donner raison. Mais, très vite après l'entrée en guerre, les campagnes d'Albanie, de Grèce, puis de Russie mirent en évidence que les Italiens savaient se battre, mais qu'en l'absence de matériel et de logistique les défaites étaient inévitables... Ainsi, cette affirmation, « les Italiens ne se battent pas », quand elle est prononcée par les Italiens eux-mêmes, est généralement le prélude à une volonté de puissance ou d'expansionnisme.

BIBLIOGRAPHIE

– Gilles Bertrand, *Le Grand Tour revisité*, Rome, École française de Rome, 2008.
– Alberto M. Banti, *La nazione del Risorgimento. Parentela, santità e onore alle origini dell'Italia unita*, Turin, Einaudi, 2000.

– Alberto M. Banti et Marco Mondini, « Da Novara a Custoza », dans Walter Barberis (dir.), *Guerra e pace*, Turin, Einaudi, 2002, p. 417.
– G. Hanlon, *The Twilight of a Military Tradition. Italian Aristocrats and European Conflicts 1500-1800*, New York, Holmes and Meier, 1998.
– F. Meda, « La paternità di una frase », *Nuova Antologia*, 1er juillet 1918, p. 85-90. Voir Giovanni Belardinelli, « Gli Italiani non si battono », dans G. Belardinelli *et al.*, *Miti e storia dell'Italia unita*, Bologne, Il Mulino, 1999, p. 63-69.
– Silvana Patriarca, *Italian Vices. Nation and Character from the Risorgimento to the Republic*, Cambridge, Cambridge University Press, 2010.
– Ilaria Porciani, *Famiglia e nazione nel lungo Ottocento italiano : modelli, strategie, reti di relazioni,* Rome, Viella, 2006.
– Ernest Renan [1882], *Qu'est-ce qu'une nation ?*, Paris, Mille et une nuits, 1997.

VOIR ÉGALEMENT
Les barbares sont des vandales
Les Gaulois sont râleurs et bagarreurs
La syphilis est un mal italien
Les Arabes sont violents
Les homosexuels sont tous efféminés
Les Mexicains sont des criminels violents
Un homme, ça ne pleure pas

JOHN TOLAN

Les immigrés veulent islamiser l'Europe

L'EUROPE SERAIT-ELLE EN TRAIN DE PERDRE SON ÂME ET même son identité ? Cette idée est, en tout cas, bien répandue et prend diverses formes. Une inquiétude culturelle, d'abord, selon laquelle une mondialisation déchaînée est en passe de noyer les particularités culturelles des pays européens. Une peur raciste ensuite, cristallisée dans le spectre d'un « grand remplacement » de la population des Blancs européens par des immigrés d'origine africaine et asiatique. Une crainte religieuse enfin, selon laquelle l'Europe, qu'on la perçoive comme chrétienne ou comme laïque, serait en train de s'islamiser. Si ces trois inquiétudes sont distinctes, elles n'en sont pas moins souvent liées, et on les retrouve *mutatis mutandis* dans d'autres parties du monde (Amérique du Nord, Australie, Nouvelle-Zélande). Elles fournissent en outre des thèmes de prédilection à des partis politiques nationalistes ou à divers groupuscules identitaires, et influencent la politique d'accueil (parfois plutôt de non-accueil) des pays européens envers les réfugiés. Elles inspirent enfin des actes de terrorisme d'extrême droite.

Derrière cette peur d'une islamisation de la France ou de l'Europe par une « invasion » d'immigrés musulmans, il y a, sous-jacents, un certain nombre de préjugés : l'islam ne serait pas compatible avec la culture européenne, les musulmans constitueraient un groupe homogène qui chercherait à imposer sa culture et sa religion aux pays hôtes. Se mélangent une image polémique de l'islam enracinée dans des stéréotypes anciens et une histoire mal digérée de la colonisation européenne et de la décolonisation.

Ces craintes et ces phantasmes ne sont pas nouveaux. À l'époque coloniale, on aurait pu penser que, si « grand remplacement » il y avait, c'était plutôt de la part des colons européens qui prenaient les terres et les richesses des pays colonisés. Mais parmi les colonisateurs européens, déjà, il y en avait qui craignaient que le développement des colonies et la formation d'une élite indigène puissent non seulement préparer la chute du système colonial, mais même menacer les puissances au sein de l'Europe. Déjà Chateaubriand, dans ses *Mémoires d'outre-tombe* (écrites entre 1809 et 1841), se lamentait du fait que les Européens aient « civilisé » et armé les Orientaux, au risque de reproduire une nouvelle invasion musulmane de l'Europe, comme à l'époque de Charles Martel ou des Ottomans.

Si Charles de Gaulle a accepté l'indépendance de l'Algérie en 1962, en plus d'une guerre impossible à gagner, c'était en partie qu'il craignait qu'une explosion démographique des musulmans ne rende les Français minoritaires dans leur propre pays: «Mon village, disait-il, ne s'appellerait plus Colombey-les-Deux-Églises mais Colombey-les-Deux-Mosquées.» «Vous voyez un président arabe à l'Élysée?» Les Français, disait encore le Général, sont «un peuple européen de race blanche, de culture grecque et latine et de religion chrétienne». La meilleure manière de préserver la France était alors d'abandonner ses colonies, y compris l'Algérie.

Pendant les Trente Glorieuses, la fin de la colonisation dans plusieurs pays fut aussi la période où l'industrie européenne avait besoin de main-d'œuvre. Ces phénomènes ont favorisé l'immigration de milliers de personnes, souvent venues des anciennes colonies vers les anciennes puissances coloniales: Indiens et Pakistanais vers le Royaume-Uni, Maghrébins, Sénégalais et Libanais vers la France, et ainsi de suite, avec également d'importants mouvements de Turcs vers la Belgique, la France, l'Autriche et surtout l'Allemagne. Les pays d'accueil hésitèrent alors entre des politiques de ségrégation, créant un encadrement institutionnel spécifique pour des séjours conçus comme temporaires, et des politiques d'intégration, avec accueil des familles de travailleurs et programmes d'adaptation culturelle et linguistique. Malgré le vocable unique d'«immigrés», ces nouveaux venus étaient loin d'être uniformes, originaires de l'Asie du Sud-Ouest, des Caraïbes, de l'Afrique, de l'Inde ou du Pakistan, et de bien d'autres régions encore. Ils parlaient des langues diverses et apportaient avec eux des traditions culturelles plurielles. Pour ce qui concerne leur religion, ils étaient chrétiens orientaux, bouddhistes, sikhs, athées, et, pour bon nombre, musulmans. Si ces immigrés ont pu susciter rejets et racisme, ce n'est qu'avec la révolution islamique en Iran (1979) et l'essor de l'islam politique un peu partout dans le monde musulman que ces sentiments anti-immigrés se sont mués en une crainte d'ordre religieux. Le port du voile devient alors le symbole d'un renouveau religieux et culturel au sein d'un islam mondialisé, créant des craintes, des débats et parfois des lois restrictives dans divers pays européens.

Mais c'est dans les années 2000, à la suite de vagues d'attentats islamistes visant des pays européens et les États-Unis, et dans un contexte international où l'islam politique crée des inquiétudes fort légitimes, que naissent des thèses complotistes sur l'islamisation de l'Europe, islamisation dont seraient complices les élites politiques et économiques du Vieux Continent. Dans des livres publiés en 2002 et 2004, la journaliste italienne Oriana Fallaci dénonce une supposée islamisation de l'Europe par l'immigration des musulmans qui « se multiplient comme des rats », écrit-elle dans *La Rage et l'Orgueil*. Cette immigration serait favorisée en secret par les élites européennes : « Derrière tout cela, il y a – voilà la vérité que les responsables ont toujours tue ou plutôt dissimulée comme un secret d'État – le plus grand complot de l'histoire moderne. Le plus sordide complot que notre monde ait jamais produit par le biais des escroqueries idéologiques, des saloperies culturelles, des prostitutions morales, des tromperies. Il y a l'Europe des banquiers qui ont inventé la farce de l'Union européenne, des papes qui ont inventé la fable de l'œcuménisme, des criminels qui ont inventé le mensonge du pacifisme, des hypocrites qui ont inventé la fraude de l'humanitarisme. Il y a l'Europe des chefs d'État sans honneur ni cerveau, des politiques sans conscience ni intelligence, des intellectuels sans dignité ni courage. En somme, l'Europe malade. L'Europe qui s'est vendue comme une gourgandine aux sultans, aux califes, aux vizirs, aux lansquenets du nouvel Empire ottoman. En somme, l'Eurabie », analyse la journaliste dans *La Force de la raison*. Ceux qui contestent ce point de vue sont des « collaborateurs, c'est-à-dire des traîtres ». Fallaci s'inspire des œuvres de Gisèle Littman, essayiste juive née en Égypte, immigrée au Royaume-Uni puis en Suisse, qui écrit sous le nom de plume Bat Ye'or (fille du Nil, en hébreu).

À partir des années 1985, celle-ci publie une série de livres dénonçant une nouvelle « dhimmitude », c'est-à-dire une soumission des Juifs et des chrétiens aux puissances musulmanes. Elle publie en 2005 *Eurabia*, un livre où elle explique que l'Union européenne a scellé un pacte avec la Ligue arabe, en opposition aux États-Unis et à Israël, pour promouvoir l'immigration de musulmans au sein de l'Europe et l'islamisation du Vieux Continent. Les dirigeants arabes auraient acheté les élites européennes avec leurs « pétrodollars ». Les universités européennes seraient ainsi sous tutelle palestinienne. *Eurabia*, comme les livres de Fallaci, devient alors une référence incontournable pour des complotistes obsédés par l'islam et l'immigration. En décembre 2010, une coalition de groupes identitaires d'extrême droite organise à Paris des « Assises internationales sur l'islamisation de nos pays ». Parmi les participants figure Renaud Camus, qui publie l'année suivante *Le Grand Remplacement*. Lui aussi voit derrière l'immigration et l'islamisation un complot : une alliance secrète entre le patronat qui cherche une main-d'œuvre peu chère et des hommes politiques de gauche qui comptent sur les votes des immigrés pour gagner des élections.

Ainsi, Fallaci, Bat Ye'or, Camus et bien d'autres idéologues complotistes dénoncent non seulement les immigrés musulmans, mais avant tout leurs complices et leurs « idiots utiles », hommes d'affaires et personnages politiques de tous bords, surtout ceux de gauche, qu'on caractérise volontiers comme « islamo-gauchistes ». Leurs propos sont violents ; ils refusent tout débat avec ceux qu'ils dénoncent comme vendus à l'ennemi. Et certains de leurs lecteurs n'en restent pas aux mots. Le 22 juillet 2011, Anders Breivik fait exploser une voiture piégée au siège du gouvernement norvégien à Oslo, puis ouvre le feu sur des jeunes militants travaillistes sur l'île d'Utøya ; quatre-vingt-cinq personnes trouvent la mort dans ces attaques terroristes. Dans le manifeste confus et indigeste qu'il publie pour justifier ses actions, il cite divers auteurs de l'extrême droite conspirationniste : Bat Ye'or y occupe une place de choix, puisqu'il la cite quarante fois. Les cibles de Breivik n'étaient pas des immigrés musulmans, mais le gouvernement et le Parti travailliste, l'« élite multiculturaliste » qui facilitait « la colonisation islamique de l'Europe ».

Le 15 mars 2019, l'Australien Brenton Tarrant ouvre le feu à son tour dans deux mosquées de la ville de Christchurch, en Nouvelle-Zélande, tuant cinquante et une personnes venues pour la prière du vendredi. Il appelle alors le manifeste raciste qu'il publie en ligne « The Great Replacement », s'inspirant du livre de Renaud Camus. Ailleurs, d'autres terroristes citent qui Bat Ye'or, qui Renaud Camus, pour justifier leurs tueries, notamment aux États-Unis contre des Juifs, des Noirs ou des Hispaniques. Le 3 août 2019, Patrick Wood Crusius ouvre le feu dans un centre commercial à El Paso, Texas, visant des Hispaniques et tue vingt-trois personnes. Dans un manifeste publié sur les réseaux sociaux juste avant le crime, il évoque le complot du « grand remplacement ». Payton Gendron publie un manifeste de cent quatre-vingts pages, dans lequel il cite *Le Grand Remplacement* de Renaud Camus pour justifier sa fusillade à Buffalo le 14 mai 2022, dans laquelle il tue dix personnes noires.

Ces idées ne sont pas seulement dangereuses : elles sont sans fondement. Rien ne permet de dire que nous soyons en train de vivre un « grand remplacement » démographique causé par l'immigration, et encore moins de subir « l'islamisation » de nos sociétés. L'idée du grand remplacement se base sur une vision faussée et mythifiée de notre histoire. De fait, jusqu'au XIXe siècle la France n'était pas tout à fait française, au moins du point de vue linguistique : en 1835, moins de la moitié de la population parle français à la maison.

Certes, ce sont des penseurs du XIXe siècle qui inventent le lien entre nation et race, lien contre lequel s'élève Ernest Renan, professeur au Collège de France, dans un discours célèbre du 11 mars 1882 : « La considération ethnographique n'a donc été pour rien dans la constitution des nations modernes. La France est celtique, ibérique, germanique. [...] La vérité est qu'il n'y a pas de race pure et que faire reposer la politique sur l'analyse ethnographique, c'est la faire porter sur une chimère », explique alors Renan. À cette population bigarrée se sont ajoutées, tout au long du XXe siècle, des populations venues d'Europe de l'Est et du Sud, puis du Maghreb, d'Asie, d'Afrique et d'ailleurs. L'idée de Renaud Camus selon laquelle un groupe plus au moins homogène (« français » ou « européen ») serait en train d'être remplacé par un groupe homogène d'immigrés n'a pas de sens. Pour ce qui concerne la France, les immigrés constituaient en 1968 environ 6,5 % de la population et 10 % en 2020. Il y avait en France en 2020 environ 4,2 millions d'immigrés d'origine africaine ou asiatique (sur 67,8 millions de Français) ; aucune projection réaliste ne laisse penser que ce chiffre dépasserait les 10-15 % de la population dans le cours de ce siècle.

Mais, ce qui montre encore plus clairement l'absurdité de la thèse du grand remplacement, c'est le fort taux de métissage dans les pays européens, et notamment en France. La majorité des enfants d'immigrés vivent en couple avec des non-immigrés. Une enquête récente montre qu'un tiers de la population française de moins de 60 ans a au moins un grand-parent immigré : ces Françaises et Français seraient-ils des « remplacés », ou des « remplaçants » ? Si l'immigration ne réussira visiblement pas à « remplacer » la population actuelle de l'Europe par une population musulmane, reste la question de la conversion. Certes, nous assistons depuis une cinquantaine d'années un peu partout dans le monde à un retour de la religion sur la scène publique comme sur la scène politique, de la révolution islamique en Iran au nationalisme hindou en Inde ou à l'intégrisme juif en Israël. L'islam est en expansion, et il y a un certain nombre de conversions à l'islam en France, comme ailleurs en Europe et dans le monde. Mais le succès prosélyte de cette religion est bien inférieur à celui du christianisme, notamment dans sa version évangélique, qui est en expansion partout, et dont les succès ont contribué à l'élection de Trump aux États-Unis et de Bolsonaro au Brésil.

L'islam français et européen, tout comme le christianisme, est pluriel et fragmenté, avec des croyances, des pratiques et des coutumes des plus variées. Parmi les musulmans pratiquants, des immigrés ont eu tendance à se regrouper autour de leurs compatriotes : il y a ainsi des mosquées rassemblant des fidèles issus majoritairement de l'immigration algérienne pour les unes, marocaine pour d'autres, voire turque, sénégalaise ou comorienne. Ces mosquées reçoivent parfois des financements (et des imams) des pays d'origine. D'autres musulmans européens embrassent une version salafiste mondialisée de l'islam. Aujourd'hui, la plupart des musulmans d'Europe ne s'identifient ni avec les mosquées associées aux pays d'origine de leurs aïeuls ni avec les mouvements salafistes ; leurs croyances et leurs pratiques sont extrêmement variées. Ceux qui maîtrisent mal l'arabe préfèrent entendre la prédication dans la langue de leur pays ; dans quelques mosquées, des femmes peuvent servir d'imames. Ensuite, nombre d'Européens sont culturellement musulmans sans être croyants ou pratiquants, mais observent le ramadan et autres fêtes musulmanes (tout comme des non-croyants de culture chrétienne fêtent Noël et Pâques).

En somme, l'islam et les musulmans font désormais partie de l'Europe et des Européens. Démographiquement, il est tout à fait possible que la proportion musulmane de la population s'accroisse dans les décennies à venir, probablement sans jamais dépasser 15 % de la population. Et ces musulmans, tout comme leurs compatriotes européens, seront de cultures, de langues et de sensibilités politiques diverses. Il est certain que l'Europe de 2072 ne sera pas celle de 2022, tout comme celle de 2022 n'est pas celle de 1972. Mais l'Europe ne sera submergée ni par l'immigration ni par l'islamisation. Espérons qu'elle ne sera pas submergée non plus par ses peurs ou par ses divisions.

BIBLIOGRAPHIE

– Rachid Benzine, « La peur de l'islam, ferment d'un nouveau lien identitaire en France ? » dans Pascal Blanchard, Nicolas Bancel, Dominic Thomas (dir.), *Vers la guerre des identités ?*, Paris, La Découverte, 2016, p. 101-109.
– Renaud Camus, *Le Grand Remplacement*, Paris, Reinharc, 2011.
– Oriana Fallaci, *La Rage et l'Orgueil*, Paris, Plon, 2002.
– Oriana Fallaci, *La Force de la raison*, Monaco, Le Rocher, 2004, p. 117-118.
– Mayanthi Fernando, *The Republic Unsettled : Muslim French and the Contradiction of Secularism*, Durham, Duke University Press, 2014.
– Franz-Olivier Giesbert, « De Gaulle et l'identité de la France », *Revue des Deux Mondes*, février 2022, p. 26-33.
– Henry Laurens, *Le Passé imposé*, Paris, Fayard, 2022, p. 104-105.
– Hervé Le Bras, *Il n'y a pas de grand remplacement*, Paris, Grasset, 2022, p. 50.
– Raphaël Liogier, *Le Mythe de l'islamisation. Essai sur une obsession collective*, Paris, Le Seuil, 2012 (notamment les p. 26-33).
– François-René de Chateaubriand [1849-1850], *Mémoires d'outre-tombe*, XVIII, 4, Paris, Le Livre de Poche, 2003-2004.
– John Tolan, *Nouvelle Histoire de l'islam : VIIe-XXIe siècle*, Paris, Tallandier, 2022.

VOIR ÉGALEMENT

Les musulmans ne peuvent pas vivre sans calife
Les Arabes sont violents
Les réfugiés profitent du système

MARTIAL POIRSON

L'art contemporain n'est pas vraiment de l'art

« ÇA N'A AUCUN SENS ! », « IL FAUT UNE NOTICE POUR COMPRENDRE ! », « Moi aussi, j'aurais pu le faire ! », ou le fameux « Mon enfant de 3 ans en fait autant ! »... Autant de jugements sans appel dont l'art contemporain fait les frais et qu'il ne viendrait à l'idée de personne d'exprimer à propos de formes artistiques classiques. Si l'art a souvent fait scandale à travers l'histoire, jamais l'artiste n'a été aussi brutalement mis en cause que depuis les années 1950. Alors que l'incompréhension d'une œuvre pouvait s'expliquer, jusqu'au début du XXe siècle, par l'ignorance du public, elle est désormais imputée par l'opinion commune à l'incompétence de l'artiste, jugé inapte à se rendre intelligible pour le commun des mortels.

En 1877, Émile Zola, dans une scène de *L'Assommoir* restée célèbre, se moque d'une « noce populaire » égarée dans les salles du musée du Louvre. Il évoque le désarroi des visiteurs aux goûts frustes auxquels la contemplation des tableaux finit par « causer un gros mal de tête », alors que « des siècles d'art passaient devant leur ignorance ahurie ». L'écrivain naturaliste, pourtant proche du peuple, n'hésite pas à comparer cette « noce déjà lasse » à « un troupeau débandé, lâché au milieu de la propreté nue et recueillie des salles ». Plus d'un siècle plus tard, en 1995, Mathieu Kassovitz, dans *La Haine*, filme trois jeunes de banlieue à la fois perplexes et hilares lors du vernissage d'une exposition d'art contemporain dans une galerie parisienne branchée : à la question « Il est connu le mec qui a fait ça ? », son comparse répond : « Il sera connu quand il aura 18 ans ! », reprenant à son compte le lieu commun d'un art considéré comme un jeu d'enfant. La même année, Yasmina Reza se plaît à évoquer, dans une pièce de théâtre traduite depuis dans plus de trente-cinq langues, *Art*, la dispute entre un collectionneur, sa femme et un ami à propos de l'acquisition exorbitante d'une toile blanche sur fond blanc.

À un siècle d'écart, le motif de la perplexité face à l'ésotérisme de l'art s'est inversé, passant du dénigrement de visiteurs ignorants, couplé à un sentiment d'illégitimité culturelle (« Ce n'est pas pour nous ! »), au décri du caractère abscons des œuvres (« On se moque de nous ! »). Ce qui est dénoncé désormais, ce n'est rien de moins qu'une imposture artistique, autrement dit une tromperie du public, dont la capacité de jugement est considérée comme bafouée. Dans l'intervalle, il est vrai, les règles de l'art ont radicalement changé à la faveur d'une véritable révolution culturelle. Alors que la valeur de l'œuvre d'art était estimée, jusqu'à la fin du XIXe siècle, en fonction de la capacité de l'artiste à rendre compte de la réalité observable avec la plus grande habileté possible (la *mimesis* platonicienne, imitation de la nature), en déployant un savoir-faire qui l'inscrivait dans une longue tradition – quitte à s'en démarquer –, elle est désormais jaugée à travers sa réception, y compris malencontreuse. Ce qui revient à juger la compétence de l'artiste à l'aune de la compréhension de l'œuvre par le public, pas toujours averti, mais qui se considère légitime à exprimer son avis. De quoi démentir Jean Baudrillard, affirmant, dans une tribune du journal *Libération* parue en 1996 sous le titre *Le Complot de l'art*: « L'art contemporain spécule sur la culpabilité de ceux qui n'y comprennent rien ou qui n'ont pas compris qu'il n'y avait rien à comprendre. »

L'histoire longue des controverses du monde des arts met en évidence la singularité de cette critique de l'art contemporain. Les grands scandales qui ont incriminé les artistes tant classiques que modernes portaient jusqu'alors, pour l'essentiel, sur l'immoralité supposée du sujet, qu'il s'agisse du *Radeau de la Méduse* (1819) de Théodore Géricault et son choquant « amas de cadavres », du *Déjeuner sur l'herbe* (1863) d'Édouard Manet, jugé indécent, ou encore de *L'Origine du monde* (1866) de Gustave Courbet, taxé d'obscénité et qualifié d'« ordure » par le critique conservateur Maxime Du Camp, après avoir été longtemps dérobé au regard du public. Autant de prétextes pour mettre en cause la moralité des artistes, mais non leur compétence, comme l'atteste la création en 1863 par Napoléon III du Salon des refusés, qui offrait aux peintres une voie de reconnaissance en dehors de l'académisme.

Les impressionnistes, en leur temps, ont fait l'objet d'une des plus grandes polémiques de l'histoire de l'art, avant que leurs toiles ne comptent parmi les plus cotées du marché de l'art moderne. Le critique Louis Leroy, dans un article du *Charivari* du 25 avril 1874, lors de la première exposition des impressionnistes, écrit, à propos des toiles de Claude Monet, que « le papier peint à l'état embryonnaire est encore plus fait que cette marine-là ! ».

Les motifs d'incompréhension changent radicalement avec l'apparition à la fin du XIXe siècle de l'art moderne, qui fait primer la singularité du regard de l'artiste sur son objet, puis, au début du XXe siècle, de l'art abstrait, qui renonce pour partie à toute vocation figurative, et enfin de l'art contemporain, autour des années 1950. En un demi-siècle, l'art bascule de l'académisme à l'avant-gardisme et se diffuse largement en marge des institutions culturelles. Il n'a plus pour objectif de montrer la virtuosité du travail, mais l'audace de l'inspiration et des procédés techniques de réalisation. L'art ne fait plus scandale pour des raisons idéologiques, mais parce qu'il repousse toujours plus loin les limites de ce qu'il est convenu de reconnaître, précisément, comme de l'art. L'apparente facilité du geste artistique déroute et masque le labeur, rendant suspect le mérite de l'artiste.

Lorsqu'en 1918 le Russe Kasimir Malevitch peint *Carré blanc sur fond blanc*, il revendique le degré zéro de la peinture, dont le geste de création devient presque indécelable ; de même, lorsque Marcel Duchamp, en 1917, propose au premier Salon des indépendants de New York (qui refuse l'œuvre) sa *Fontaine*, urinoir renversé signé R. Mutt (clin d'œil à l'entreprise de plomberie qui a fabriqué la pissotière), il cherche à prouver que l'art peut faire feu de tout bois et s'inventer dans les objets les plus prosaïques. Son geste créateur défraie la chronique, prompte à qualifier l'œuvre de « *Madonna of the Bathroom* » ou de « Bouddha de la salle de bain », et son destin s'achèvera brutalement lors d'un *happening* en mai 1993, à l'occasion de l'inauguration du Carré d'art de Nîmes : l'artiste Pierre Pinoncelli détruit à coups de marteau la sculpture après avoir uriné à l'intérieur. Un geste qui lui vaut – comble de l'ironie – une amende de 336 366 francs pour « dégradation volontaire d'un monument ou objet d'utilité publique ». Convaincu que le seul fait de désigner un objet comme artistique suffit à le faire reconnaître comme tel, Marcel Duchamp transforme ainsi un produit de consommation courante en œuvre d'art, sous réserve du consentement du public. Une brèche dans laquelle l'Américain Andy Warhol, l'un des principaux chefs de file du *pop art*, s'engouffre en 1962 avec la série *Campbell's Soup Cans*, boîtes de conserve ouvertes aux étiquettes déchirées dont il fait un thème récurrent. La posture est résumée par l'artiste Donald Judd dans *Art News* en 1966 : « Si quelqu'un affirme que mon travail est de l'art, c'est de l'art. » L'art réside désormais non plus dans la réalisation, mais dans l'écho qu'il suscite auprès du public, qui devient complice de l'audace de la transgression.

À côté de ces provocations ouvertes, et inspirées par les primitivistes du début du siècle, certains artistes expérimentent une sorte d'enfance de l'art. L'Espagnol Pablo Picasso ne rechigne pas à adopter un style qui imite les dessins d'enfant dans des compositions pourtant extrêmement maîtrisées auxquelles il cherche à donner une apparente naïveté. Jean Dubuffet, fondateur de l'art brut, affirme en 1986 : « J'aimais les peintres qui font les enfants. » Ses peintures, sculptures et calligraphies sont des œuvres spontanées et sans filtre qui s'imprègnent de l'univers des malades mentaux, en marge de toute culture artistique et de toute influence extérieure. Quant à l'Américain Jackson Pollock, il va jusqu'à laisser couler ou goutter de la peinture de pots percés ou de pinceaux (*dripping*), voire à la projeter violemment sur des surfaces horizontales afin d'obtenir des superpositions aléatoires de coulures. Le hasard est désormais constitutif de l'art. À un visiteur perplexe qui lui demande, face à l'apparente facilité d'un art présenté comme un jeu d'enfant, combien de temps il a mis à réaliser son œuvre, le surréaliste catalan Joan Miró répond : « Plus de quarante ans... et une dizaine de minutes. » Il insiste ainsi sur la lente maturation d'œuvres présentées comme des réalisations instinctives. L'affaire est donc entendue : tout pourrait potentiellement être considéré comme de l'art depuis les années 1950, et n'importe qui pourrait revendiquer le statut de créateur, un terme de plus en plus galvaudé.

Dans les années 1980, l'emballement du marché de l'art, qui atteint des valeurs marchandes inédites, conforte l'opinion commune : décidément l'art, en plus d'être incompréhensible, est également inabordable. Ce qui ne l'empêche pas de susciter la convoitise des grandes fondations pour l'art contemporain (Vuitton, Ricard, Cartier, Leclerc), des collections d'entreprises (Neuflize Vie, Société générale) ou de riches patrons (les Américains Eli Broad, Peter Brant, les Français Bernard Arnault et François Pinault, l'Allemand Reinhold Würth, le Chinois Guan Yi), pendant que de grandes commandes publiques d'État renforcent la cote financière d'agences artistiques ou d'ateliers internationaux.

L'art contemporain est devenu un signe ostensible de richesse, d'autant plus efficace qu'il est dénigré par le grand public qui n'y a pas accès. Certains artistes s'amusent de cette bulle spéculative, tout en exploitant la manne financière qu'elle engendre. L'Américain Jeff Koons emploie plus d'une centaine de salariés dans son entreprise multinationale, la Factory à Chelsea, faisant de son nom une véritable marque. Le *street artist* britannique Banksy pousse la provocation jusqu'à réaliser une œuvre, *La Fille au ballon* (2021), qui s'autodétruit pendant une vente à Sotheby's, juste après son adjudication par le commissaire-priseur pour une somme de 21,8 millions d'euros. Duchamp, à court d'argent, n'avait-il pas donné l'exemple en signant un faux chèque dessiné de sa main pour payer les honoraires de son dentiste Daniel Tzanck en 1919 ?

Dès lors, la perplexité devant l'audace des artistes se double d'une indignation éthique face à l'imposture financière qu'elle autorise. Elle motive et conforte des préjugés associés à l'art contemporain tels que son inutilité sociale (« À quoi ça sert ? », « C'est de l'enfumage »), inutilité pourtant constitutive de l'art depuis les peintures rupestres, et surtout son inaccessibilité (« C'est réservé à une élite », « C'est pour les snobs »). Ces idées reçues sont d'autant plus prégnantes qu'elles sont parfaitement réversibles, puisqu'on reproche à l'art contemporain d'être à la fois hors de prix et subventionné, vide de sens et engagé, facile et dérangeant… L'art contemporain n'existerait-il plus que dans le discours qu'il inspire ?

BIBLIOGRAPHIE

– Nathalie Heinich, *Le Paradigme de l'art contemporain. Structure d'une révolution artistique*, Paris, Gallimard, 2014.
– Nathalie Heinich [1997], *L'Art contemporain exposé au rejet. Études de cas*, Paris, Pluriel, 2012.
– Nathalie Heinich, *Le Triple Jeu de l'art contemporain*, Paris, Minuit, 1998.
– Susie Hodge, *Why Your Five-Year-Old Could Not Have Done That*, Londres/New York, Thames & Hudson, 2012.
– Gilles Lipovetsky, Jean Serroy, *L'Esthétisation du monde. Vivre à l'âge du capitalisme artiste*, Paris, Gallimard, 2013.
– Isabelle de Maison Rouge, *L'Art contemporain au-delà des idées reçues*, Paris, Le Cavalier bleu, 2013.
– Raymonde Moulin, *Le Marché de l'art. Mondialisation et nouvelles technologies*, Paris, Flammarion, 2003.

VOIR ÉGALEMENT

Les artistes sont des parasites
Les intellectuels sont déconnectés du réel
Les Africains n'ont pas d'histoire
Les Beatles sont bien élevés et les Rolling Stones sont des voyous

XAVIER PONS

Pommie bastards !

SUR UN FORUM DE TRIPADVISOR, UNE ANGLAISE SE PLAIgnait de la détestation dont ses compatriotes font l'objet en Australie : « Cela fait quatre fois que je rends visite à des parents à Sydney, et chaque fois je suis choquée de voir à quel point on y déteste les Britanniques... Dire qu'on est britannique produit le même effet que de dire qu'on a la lèpre ! » À la question « les Australiens détestent-ils les Anglais ? » un Australien relativisait pourtant les choses, et apportait sur le site Internet communautaire Reddit la réponse suivante : « Non, c'est juste qu'on aime bien les faire ch... »

Ces attitudes peu amicales ont quelque chose de paradoxal, bien plus que les préjugés comparables entretenus par les Français à l'égard de leurs voisins d'outre-Manche, préjugés que résume l'expression « perfide Albion ». Les préjugés français trouvent leurs racines dans l'histoire, dans la rivalité et l'antagonisme traditionnels entre les deux pays. Le cas de l'Australie est bien différent, même si l'histoire y joue aussi un rôle. Plus d'un tiers des Australiens ont des ancêtres anglais, et les liens historiques entre l'Australie et le Royaume-Uni sont très forts.

Ce sont les Anglais qui ont colonisé le continent à partir de 1788 et qui l'ont peuplé à un rythme tel que ses premiers habitants, les Aborigènes, se sont vite retrouvés en minorité. Au fil des ans, la Grande-Bretagne a fourni à ses colons des antipodes presque tout ce dont ils avaient besoin : des immigrants pour mettre en valeur le continent, des capitaux pour financer ce développement, des marchés pour les productions australiennes, ainsi que la protection de la Royal Navy qui mettait l'Australie à l'abri des convoitises internationales, qu'elles émanent de la France, de la Russie ou du Japon. Si dès la fin du XIXe siècle un nationalisme australien se donnait pour objectif de couper le cordon ombilical avec la mère patrie, il s'agissait d'un mouvement très minoritaire, car les colons savaient ce qu'ils devaient à la Grande-Bretagne.

L'Australie doit en effet beaucoup aux Anglais : sa monnaie (qui fut la livre jusqu'en 1966), son hymne national (qui fut *God Save the Queen* jusqu'en 1974) et même son drapeau, où figure toujours l'Union Jack. Quoique le pays soit formellement indépendant depuis 1986, il garde le souverain britannique comme chef de l'État. C'est là que le bât blesse : l'Australie doit trop à l'Angleterre pour se satisfaire d'une situation de dépendance ou de subordination. Une bonne part de l'animosité que les Australiens témoignent aux Anglais tient à cette situation. Si les liens économiques, culturels, stratégiques et même familiaux entre les deux pays restent importants, ils peuvent néanmoins occasionner des conflits en raison du caractère déséquilibré de la relation, qui fait nécessairement prédominer le point de vue anglais sur le point de vue australien. Sans vouloir multiplier les exemples, on notera que, dans les années 1930, c'est la volonté britannique de préserver les investissements des banques anglaises en Australie, en ne faisant aucune concession aux Australiens qui n'arrivaient pas à rembourser leurs crédits, qui a plongé le pays dans la pire récession de son histoire, réduisant des milliers d'Australiens à la misère et brisant leurs rêves de progrès social.

De même, c'est le désir de la Grande-Bretagne de conserver le soutien militaire de l'Australie sur le théâtre européen dans la perspective de la Seconde Guerre mondiale qui l'a conduite à bercer le pays d'illusions stratégiques jusque dans les années 1940, par exemple en le persuadant qu'il était protégé des Japonais par la forteresse navale de Singapour, forteresse que les Japonais n'eurent en fait aucun mal à capturer en février 1941, une prise qui aurait pu leur ouvrir la voie de l'Australie. De même, dans les années 1950, le besoin qu'avait la Grande-Bretagne d'un vaste territoire peu peuplé où tester ses armes nucléaires la conduisit à persuader l'Australie d'accueillir ces essais, présentés mensongèrement comme sans danger, mais qui firent des dégâts considérables dans les régions concernées, comme Maralinga, en Australie-Méridionale.

Au milieu des années 1970, enfin, c'est le pouvoir de la monarchie britannique, incarné par le gouverneur général, sir John Kerr, qui permit, au terme d'un véritable coup d'État, le renversement du Premier ministre travailliste Gough Whitlam, démocratiquement élu, qui disposait pourtant d'une majorité parlementaire. À cela s'ajoute la condescendance des Anglais qui considèrent les Australiens comme de simples « coloniaux » à peine civilisés. Certains artistes australiens ont su jouer avec les clichés, comme l'humoriste Barry Humphries qui a créé le personnage de sir Les Patterson, « attaché culturel australien à la cour de Saint James », à la vulgarité outrancière et caricaturale.

Cette arrogance est d'autant moins acceptée qu'à certains égards les Australiens se pensent supérieurs aux Anglais. À la fin du XIXe siècle, les nationalistes australiens vantaient le caractère démocratique de leur pays (qui avait institué le suffrage universel ou encore la journée de travail de huit heures), qu'ils opposaient au système social archaïque et injuste qui prévalait dans l'Angleterre victorienne.

À ces tiraillements venaient s'ajouter les conflits ethniques et religieux nés de l'importance numérique des Irlandais et de leurs descendants au sein de la population australienne. Colonisée par les Anglais dès le XVIIe siècle, l'Irlande catholique souffrait d'être exploitée par une puissance dont elle ne partageait ni la langue ni la religion, et qui n'hésitait pas à affamer la population pour asseoir sa domination. Dès le XVIIIe siècle, une répression féroce s'abattit sur les Irlandais qui résistaient à la colonisation anglaise, et ils furent déportés par milliers en Australie. Ils y constituent depuis lors une partie importante de la population. Aujourd'hui, un tiers des Australiens ont quelques ancêtres irlandais. Les déportés irlandais, ainsi que les Irlandais qui ont émigré plus ou moins volontairement – poussés notamment par la famine au XIXe siècle –, ont entretenu en Australie une flamme anti-anglaise qui n'est toujours pas éteinte.

Tous ces facteurs donnent parfois lieu à des manifestations hostiles aux Anglais, même s'il existe en Australie des anglophiles passionnés, à l'instar de l'ancien Premier ministre Tony Abbott (né en Angleterre) qui n'a pas hésité à se ridiculiser en conférant en 2015 un titre de chevalier au mari de la reine Élisabeth, le prince Philip, qui en avait déjà à profusion... Ces manifestations se produisent souvent dans le domaine sportif. Les conditions de vie en Australie – régime alimentaire à base de viande, vie au grand air, climat sain, etc. – avaient au XIXe siècle produit un type d'homme au physique plus vigoureux que celui des Anglais, comme les Australiens se faisaient un plaisir de le démontrer lors de rencontres sportives.

Anglais et Australiens partagent ainsi une même passion pour le cricket, qui voit les équipes nationales s'affronter tous les ans dans le cadre d'une compétition nommée les *Ashes*, à l'occasion desquelles les Australiens se plaisent à insulter et moquer leurs adversaires. Ceux que l'on appelle *Pommie bastards* (« putain de Rosbifs », pourrait-on dire en français – l'origine du mot *Pommie* ou *Pom* reste mystérieuse à ce jour) sont généralement considérés comme des snobs prétentieux toujours enclins à se croire supérieurs aux Australiens (dont l'accent passe pour peu distingué). Pour finir, on leur reproche de se plaindre sans arrêt des conditions de vie en Australie, d'où le cliché du Rosbif geignard (*Whingeing Pom*).

Reste que l'animosité des Australiens envers les Anglais tient en bonne part du folklore, un peu comme celle des Marseillais à l'égard des Parisiens, et ce serait une erreur d'en faire le trait dominant de la relation entre les deux pays. Cette rivalité reste très cordiale et est encore empreinte du sentiment de faire partie d'une seule et même famille, même si l'Angleterre n'a plus aujourd'hui l'importance qu'elle revêtait jadis pour l'Australie. Ainsi, depuis la Seconde Guerre mondiale, la dépendance stratégique de l'Australie s'est déplacée vers les États-Unis (donnant ainsi naissance à des sentiments antiaméricains), d'où un moindre ressentiment à l'égard de l'Angleterre.

Toutefois, il existe toujours, en Australie, un tropisme poussant le pays à renforcer ses relations avec les autres pays de langue anglaise – ce qu'on appelle l'anglosphère : États-Unis, Royaume-Uni, Canada ou Nouvelle-Zélande –, notamment du point de vue stratégique : en témoignent les pactes militaires ANZUS et AUKUS ou l'alliance des services de renseignement *Five Eyes*. Du point de vue économique, par ailleurs, la Chine est devenue un partenaire d'une tout autre importance que le Royaume-Uni.

Longtemps, la Grande-Bretagne a été de très loin la principale source d'immigrants pour l'Australie, ce qui a pu exacerber les tensions entre les communautés qui prédominaient dans le pays, Australiens de souche d'un côté et immigrés anglais de l'autre. Depuis les années 1950, l'Australie a accueilli des immigrés d'origines bien plus diverses, venus dans un premier temps d'Europe centrale et méridionale (Yougoslavie, Italie, Malte, etc.), puis de divers pays asiatiques et africains (Chine, Inde, Malaisie, Soudan, etc.). L'Australie multiculturelle s'est par conséquent défaite de l'obsession identitaire qui la poussait à se confronter aux Britanniques : ces derniers ont perdu une grande partie de l'importance qu'ils avaient aux yeux des Australiens en tant que référence et, de ce fait, l'animosité qui existait entre les deux peuples a perdu l'essentiel de sa raison d'être. Il n'est pas impossible que dans un avenir proche l'Australie abandonne la monarchie au profit d'une république, rompant ainsi un lien important entre le pays et son ancienne mère patrie.

Au fond, on ne se déteste bien qu'en famille, et quand le sentiment de faire partie de la même famille s'estompe les animosités tendent à faire de même. Dire que les Australiens détestent les Anglais relève à présent de l'idée reçue, même si cela n'a pas toujours été le cas, et même si les Australiens conservent bien des préjugés à l'égard des Anglais.

BIBLIOGRAPHIE

– Carl Bridge, « Introduction : Australia's changing relations with Britain and the Commonwealth from Menzies to Howard via Fraser – A brief survey », *The Round Table*, vol. 95, 2006, p. 661-665.
– Annmarie Elijah. « Australia and the United Kingdom », *The Round Table*, vol. 95, 2006, p. 667-678.
– Paul Madden, « How Anglo is Australia ? », discours à la Community Relations Commission de Nouvelle-Galles-du-Sud, Parramatta, 18 avril 2013 (consultable sur https://www.gov.uk/government/speeches/how-anglo-is-australia).
– Gregory Melleuish, « No longer tied to Britain, Australia is still searching for its place in the world », *The Conversation*, 26 janvier 2017 (consultable sur https://theconversation.com/no-longer-tied-to-britain-australia-is-still-searching-for-its-place-in-the-world-70407).
– Sarah Murray, Isabelle Richet, « L'avenir de l'Australie et de ses relations avec le Royaume-Uni : de la monarchie à la République ? » *Pouvoirs*, vol. 141, n° 2, 2012, p. 91-101.
– Glenn Stevens, « The United Kingdom and Australia : shared history, shared outlook », discours à la Australian British Chamber of Commerce, 18 octobre 2013 (consultable sur https://www.rba.gov).

VOIR ÉGALEMENT

Les Anglais sont excentriques

Les Aborigènes à la peau claire ne sont pas de vrais Aborigènes

EMMANUELLE PEREZ TISSERANT

Les Mexicains sont des criminels violents

BIEN QU'IL EXISTE D'AUTRES REPRÉSENTATIONS STÉRÉOtypées des Mexicains (on peut penser à l'homme taillant paresseusement son bâton sous la véranda à l'heure de la *siesta* dans les bandes dessinées), l'image du Mexicain violent s'est imposée dans les dernières décennies, à l'occasion de la montée des tensions migratoires à la frontière entre les États-Unis et le Mexique. Quand Donald Trump lance sa candidature à la présidence des États-Unis en 2015, une bonne partie de son discours se focalise sur la peur de ces immigrants, qu'il dépeint comme violents et criminels et contre lesquels il faut « construire un mur » le long de la frontière. Si Donald Trump a particulièrement insisté sur cette thématique, c'est qu'il s'inscrit dans un mouvement plus large de criminalisation de l'immigration, mouvement qui accompagne la guerre contre la drogue et les cartels lancée à la fin du XXe siècle.

Ce préjugé sur les Mexicains hérite d'une histoire aussi longue que celle des deux pays. Avant même leur indépendance, en 1776 pour les États-Unis et en 1821 pour le Mexique, les colons britanniques considèrent la colonisation espagnole comme particulièrement brutale. Influencés par la lecture du prêtre dominicain et historien espagnol Bartolomé de Las Casas, ils dénoncent les mauvais traitements que les conquistadores faisaient subir aux Amérindiens. Lors de l'indépendance du Mexique, les États-uniens se sentent plutôt flattés que le jeune pays devienne une république fédérale qu'ils imaginent calquée sur la leur, et ils se réjouissent du rôle de sœur aînée d'un continent de républiques latino-américaines qui leur échoit (à l'exception du Brésil) : c'est l'un des fils rouges de la déclaration du président Monroe en 1823 devant le Congrès, appelée par la suite « doctrine Monroe ». Assez rapidement cependant, les Mexicains se voient à nouveau dépréciés. Les multiples soulèvements politiques qui les agitent semblent en effet l'expression d'une incapacité à se gouverner, et ce jugement s'accompagne de préjugés raciaux : largement métissée, la population mexicaine serait inférieure. Ces représentations alimentent la propagande en faveur du territoire nord-mexicain, laquelle se produit à l'issue de la guerre entre les deux pays (1846-1848), suite à l'admission du Texas, région mexicaine qui avait fait sécession, aux États-Unis. Si le traité de paix garantit aux Mexicains la propriété des terres et la jouissance des droits de citoyens, la réalité est moins rose.

Après l'annexion de la région et son intégration aux États-Unis, les notables mexicains qui y vivent affirment certes leurs origines européennes et leur caractère blanc, mais les autres sont traités de « graisseux » et considérés comme « *brown* » (marrons), ni tout à fait noirs ni tout à fait blancs. Dans le contexte ségrégatif de la fin du XIXe siècle, ils sont souvent la cible de discriminations et l'objet de violences, même si leur situation n'est pas en tout point similaire à celle des Noirs dans le Sud, sur lesquels pèse l'héritage esclavagiste. Dans le Sud-Ouest, certains notables d'origine mexicaine dénoncent la faillite des États-Unis à honorer leurs promesses, ou encore cherchent à venger leurs proches qui ont souffert de violences racistes.

Ces bandits terrorisent les Américains et deviennent des célébrités, comme Joaquin Murieta en Californie, qui a pu être l'une des inspirations de Zorro, personnage inventé au début du XXe siècle par le journaliste et écrivain Johnston McCulley. Ils ancrent ainsi le mythe de la violence mexicaine, et la révolution qui éclate au Mexique en 1910 conforte cet imaginaire, d'autant que certains de ses leaders, comme Pancho Villa, se servent du Sud-Ouest américain comme base arrière, voire comme aire d'activité pour peser sur la politique des États-Unis vis-à-vis de la révolution.

Lorsque éclate la Première Guerre mondiale, tandis que les effets de la révolution se font toujours sentir, des milliers de Mexicains viennent travailler dans l'agriculture du Sud-Ouest, en particulier en Californie. Ils y sont considérés comme des migrants temporaires, nullement destinés à devenir des citoyens permanents, ce qui conduit déjà à des formes de contrôle, comme s'ils étaient des suspects. Déportés s'ils font grève ou se syndiquent, beaucoup sont obligés de retourner au Mexique pendant la Grande Dépression des années 1930. Durant cette période, la frontière entre les deux pays devient un enjeu stratégique à la faveur du développement économique des deux pays et des investissements des États-Unis au Mexique.

Ce dynamisme favorise l'intensification des échanges, mais ne débouche pourtant pas sur la libre circulation des personnes. Deux facteurs à la fin du XXe siècle contribuent enfin à militariser la frontière, à criminaliser l'immigration et à renforcer le préjugé du Mexicain violent : d'une part, la brutalité du trafic de drogue (et de sa répression) ; d'autre part, la peur du terrorisme, avant même le 11 septembre 2001, avec l'immigration de Centraméricains fuyant les régimes dictatoriaux soutenus par les États-Unis. Cette association est aussi popularisée par le recours sensationnaliste et un peu voyeur, dans de nombreuses productions cinématographiques ou télévisuelles qui ne traitent pas directement du sujet, aux narcotrafiquants et à leur violence extrême, de *Californication* à *Breaking Bad* en passant par *Weeds*, sans compter les films dont c'est le thème principal ou prépondérant (*Cry Macho*, *Cartels*, *Traffic*, etc.).

La violence qui se déchaîne au Mexique et à sa frontière, qui est bien réelle et dont souffrent les Mexicains, ne tient pas à une essence violente de cette population, mais en grande partie aux tensions héritées de la colonisation et à l'intégration à une mondialisation économique qui tire parti des inégalités. Le préjugé du Mexicain violent en dit davantage sur ceux qui l'expriment et le contexte dans lequel ils l'énoncent que sur la réalité des mœurs mexicaines.

BIBLIOGRAPHIE

– Tomas Almaguer, *Racial Fault Lines. The Historical Origins of White Supremacy in California*, Berkeley, University of California Press, 2008.
– Kelly Lytle Hernandez, *MIGRA ! A History of the U.S. Border Patrol*, Berkeley, University of California Press, 2010.
– Kelly Lytle Hernandez, *Bad Mexicans : Race, Empire and Revolution in the Borderlands*, New York, W. W. Norton & Company, 2022.
– John Rollin Ridge, *La Ballade de Joaquin Murieta, bandit mexicain*, Toulouse, Anacharsis, 2017.
– Rachel St. John, *A Line in the Sand : A History of the Western U.S.-Mexico Border*, Princeton, Princeton University Press, 2011.

VOIR ÉGALEMENT

Les barbares sont des vandales
Les Gaulois sont râleurs et bagarreurs
Les Indiens d'Amérique sont paresseux
Les criminels ont une sale gueule
Les Arabes sont violents
Les Italiens ne savent pas se battre
Les Russes ont besoin d'un homme à poigne

JEANNE GUÉROUT

Les gros manquent de volonté

« JE SUIS GROS, C'EST ENTENDU, C'EST UN FAIT, VOUS ME l'avez tous assez dit. D'ailleurs je ne m'en cache pas. Voyez-vous, on ne connaît pas les gros hommes. Tel qui n'oserait railler un citoyen affligé d'un bouton sur le nez ne connaît rien d'aussi plaisant que de tourner un poussah en dérision. Comment expliquez-vous cela ? Mafflu, pansu, fessu, voilà des mots permis, n'est-ce pas, des mots dont il serait bien indélicat de se fâcher... » Attablé devant une bière, le narrateur du roman *Le Martyre de l'obèse* de Henri Béraud, prix Goncourt 1922, raconte les affres de sa condition de « bon gros » et son chemin de croix amoureux. L'ouvrage, « que les maigres prendront pour un livre gai », précise d'emblée l'auteur, fut dédié à des célébrités en surpoids de l'époque : le maréchal Joffre, Lucien Guitry, Édouard Herriot, et même Albin Michel, son éditeur. En effet, le récit est à la fois drôle et douloureux. Tout dépend de quel côté de la balance on se place.

Si l'obèse de Béraud se flatte de faire partie du Club des Cent kilos, c'est que le début de ces années 1920 voit la réprobation de l'embonpoint s'ériger en diktat en Occident. L'avènement d'une société des loisirs qui dénude les corps et d'une civilisation qui célèbre la vitesse et le rendement, l'entrée progressive, au lendemain de la Première Guerre mondiale, des femmes dans l'espace public, autant de circonstances qui imposent une silhouette nouvelle : les corps se doivent d'être élancés, dynamiques et sportifs. Maigrir devient dès lors un impératif inédit, qui torture avant tout les femmes. Le corset, qui masquait jusque-là les graisses en resserrant la taille, est abandonné en 1910. Dès 1875, Jules Michelet avait remarqué dans *La Mer* que la fréquentation croissante des plages imposait une « cruelle exhibition » à la femme un peu grosse, humiliée devant le regard des « rivales charmées de la trouver laide » et des hommes « rieurs et sans pitié ». De fait, la tolérance à l'égard des corps enrobés diminue. On attend du gros qu'il se corrige, d'autant qu'à partir de la fin du XIXe siècle les miroirs en pied et les balances ont fait leur entrée dans les intérieurs, permettant une observation quotidienne du corps. D'innombrables régimes sont proposés dans les magazines. Mincir semble à la portée de tous et la perte de poids n'est plus qu'une question de volonté.

Le Martyre de l'obèse de Henri Béraud ouvre la voie à la publication croissante de témoignages d'hommes et de femmes en surpoids. Tous expriment un mal-être, un sentiment profond de discrimination qui s'est amplifié jusqu'à aujourd'hui. Il suffit de se promener sur la Toile pour constater l'étendue du phénomène : « Il y a les collègues qui s'étonnent de te voir manger une salade, les amies minces qui te trouvent "courageuse" de te mettre en maillot, les membres de ta famille qui surveillent tes portions pendant une fête », énumère une femme obèse dans le magazine québécois *L'Actualité* en 2019. À ces remarques insidieuses s'ajoutent les insultes lâchées dans la rue, les transports en commun, l'école ou le lieu de travail, sans compter le médecin qui sermonne son patient, jugé trop gros, au lieu de s'intéresser aux raisons spécifiques de sa venue.

Derrière ces remarques se retrouve toujours le même préjugé : les gros sont gros parce qu'ils manquent de volonté. Ils sont fainéants, gloutons, paresseux, incapables de se prendre en main. 67 % des Français estiment que perdre du poids est d'abord une question de volonté, et 55 % qu'il ne faut pas hésiter à mettre les obèses face à leur responsabilité (sondage Odoxa de 2020). Les études scientifiques montrent pourtant que les causes de surpoids sont multiples, depuis la prédisposition génétique jusqu'aux troubles du comportement alimentaire, sans oublier les traitements médicaux, les dérèglements hormonaux, les facteurs psychiques ou la précarité. Quant aux ethnologues, ils nous rappellent qu'il n'y avait pas d'obèses chez les chasseurs-cueilleurs. Dans ces temps incertains où l'abondance était l'exception, les corps en capacité de stocker davantage que les autres étaient plutôt favorisés, car ils survivaient en cas de famine. De quoi leur en vouloir, en somme, car ils semblaient avoir emmagasiné une part plus importante que les autres. Les gros d'aujourd'hui feraient-ils les frais d'une angoisse ancestrale née de cette

« incertitude alimentaire », comme le soutient le sociologue Claude Fischler ?

Ce regard porté sur les corps enrobés a donné naissance à ce qu'il est convenu d'appeler aujourd'hui la « grossophobie ». Le terme, apparu en France en 1994 dans le livre *Coup de gueule contre la grossophobie* d'Anne Zamberlan, n'entre dans le dictionnaire Le Robert qu'en 2019. Si une certaine prise de conscience voit alors le jour – organisation à Paris d'une journée de sensibilisation à la grossophobie en 2017, vote cette même année de lois en France interdisant l'emploi de mannequins trop maigres et obligeant le signalement des photos retouchées, attrait soudain pour les femmes rondes dans les publicités récentes –, le rejet des personnes en surpoids semble cependant persister, alors même que le racisme, le sexisme ou l'homophobie deviennent des sujets d'indignation qui mobilisent l'opinion. Des mouvements de réaction contre la grossophobie se sont pourtant formés dès les années 1960 aux États-Unis, visant à faire reconnaître les obèses comme une minorité opprimée. Un « *fat-in* » s'est tenu dans Central Park, à New York, en 1967. « Au temps de Rubens, c'est vous qui auriez été anormaux », déclarait la présidente de la *National Association to Advance Fat Acceptance* dans le *Journal du dimanche*, le 11 octobre 1981.

Mais pourquoi un tel rejet de l'obésité ? Pour Georges Vigarello, qui en a retracé la longue histoire dans l'Europe occidentale, le regard sur les rondeurs n'a jamais été particulièrement bienveillant. Le Moyen Âge a connu, certes, une relative tolérance à l'égard de la grosseur, considérée comme un signe de puissance et d'autorité. Le théologien Thomas d'Aquin, lui-même notoirement en surpoids, estime que la gourmandise n'est pas un péché, ou alors un péché mineur. Le gros médiéval est rarement objet d'opprobre, à l'exception des cas où une obésité extrême a un effet invalidant sur les performances physiques. Louis VI, roi de France, est ainsi rebaptisé Louis le Gros à l'âge de 46 ans, lorsqu'il ne peut plus monter à cheval. Il en est de même de Guillaume le Conquérant, dont l'énorme corpulence, d'abord valorisée pour la vigueur qu'elle lui procure, se voit soudain moquée comme une marque de faiblesse. Il faut attendre le milieu du Moyen Âge pour qu'apparaisse, chez les clercs et les médecins, un discours de défiance à l'égard du gras, tandis que dans les cours princières on préconise l'affinement du corps et les manières à table.

Les médecins, qui se penchent sur la question à la Renaissance, associent le gras à la rétention d'eau et aux humeurs qu'il convient de purger. Ils multiplient alors les régimes et les saignées, préconisent les matières asséchantes telles que citrons, craies et vinaigres, supposés resserrer les pores, tandis que se systématisent les pratiques de compression (ceintures, corsets, cercles). Il s'agit aussi de discipliner le corps. La grosseur est associée non plus seulement à la gloutonnerie, mais au manque d'efficacité. Vauban, l'architecte militaire en titre de Louis XIV, refuse ainsi d'employer les « gourmands » et les « gros », jugés « incapables de servir et gens à qui on ne peut confier une affaire importante », explique-t-il dans les *Moyens d'améliorer nos troupes*, en 1703. Reste que, si la grosseur est stigmatisée, c'est surtout la maigreur qui suscite le plus de détestation. « L'obésité est plus séante à la beauté que la maigreur », remarque Jean Liébault dans *Trois Livres de l'embellissement et ornement du corps humain* en 1582, même si les femmes se doivent de rester minces, la femme du palais notamment, celle qui, recevant les visiteurs, doit dégager quelque chose de léger et de gracieux.

Au siècle des Lumières, le corps « enveloppé » fait l'objet de dépréciations nouvelles : le gros est taxé d'impuissance, de stérilité, d'absence de vitalité et, surtout, de perte de sensibilité, maître mot du temps. Le dossier médical du célèbre avocat parisien Jean-Baptiste Élie de Beaumont, écrit entre 1765 et 1776, témoigne de cette association entre obésité et impuissance : « Rien ne l'émeut, rien ne l'excite, la vue d'une belle femme, l'opéra, tout en un mot ce qui flatte et anime les sens. » L'obésité, qui entre dans le dictionnaire de Furetière en 1701 et prend dans l'*Encyclopédie* en 1760 une signification scientifique, devient synonyme de maladie, une maladie qu'il convient de traiter par des formules toniques et excitantes destinées à fortifier les chairs. Bientôt, la Révolution française radicalise ce déclassement du gros en lui donnant un sens politique et social : les gros sont considérés comme des êtres inutiles, improductifs, assimilés qu'ils sont aux courtisans, magistrats, fermiers généraux, autant de profiteurs et d'accapareurs. Le roi Louis XVI lui-même fait les frais de cette association entre mollesse, inefficacité et impuissance.

Et cela continue après la Révolution, la grosseur s'inscrivant dans la perspective d'une satire féroce des conditions qui perpétuent, à la faveur des déceptions politiques au lendemain de la Restauration, la critique des classes dominantes considérées comme replètes. On brocarde bientôt le profil « en poire » de Louis-Philippe, et les caricatures d'Honoré Daumier s'en prennent aux bourgeois gonflés comme des outres, quand ce n'est pas aux gendarmes, aux députés et autres notables. Le surpoids représente alors un excès d'accumulation de richesse. L'entrée dans le

XXe siècle et sa tyrannie de l'apparence encourage toujours plus les classes aisées à mincir. Toutefois, la grosseur se démocratise, on s'arrondit parfois aussi au sein du peuple. Désormais, ce sont plutôt les riches qui sont minces et les pauvres qui sont gros, une tendance qui n'a cessé de s'accentuer jusqu'à nos jours avec les mauvaises habitudes de consommation et d'alimentation. Ouvriers et paysans commencent à souffrir de goutte, d'obésité et de diabète dans les années 1930, des maladies jusqu'alors réservées aux riches et aux aristocrates.

Bref, il y a des gros partout, et se dessine alors une ligne de partage entre les « mauvais gros », ceux qu'on vilipende parce qu'ils inquiètent, et en quelque sorte les « bons gros », selon l'expression de Henri Béraud, ceux dont la corpulence rassure et qui jouissent d'un préjugé favorable. Parmi eux, le travailleur de force, le sportif de haut niveau, boxeur, haltérophile, catcheur, lutteur, dont l'appétit vorace est destiné à reconstituer la force de travail, mais aussi l'acteur vedette érigé en monstre sacré, tels Orson Wells, Marlon Brando ou Gérard Depardieu, ou encore la cantatrice voluptueuse. Certaines fonctions ou professions donnent aux gros un capital de sympathie auprès de la population. On imagine mal un boucher ou un pâtissier maigres. De même, un homme politique au physique arrondi est crédité d'une capacité d'empathie et de communication qui lui attire la bienveillance de l'opinion. Jacques Chirac ne déplorait-il pas, selon *Le Monde* du 20 novembre 1984, que son physique « sec » avait constitué pour lui un handicap, les électeurs préférant les hommes politiques « ronds » ?

Cette ambivalence du regard social se retrouve en dehors de l'Occident. Certaines cultures s'inscrivent pleinement dans cette chasse au gras, comme au Japon ou en Corée du Sud, où le gros est rare au sein de l'espace social, à l'exception notable des sumos, dont l'obésité est déifiée. Si la diffusion du modèle occidental de sveltesse féminine tend aujourd'hui à s'imposer partout dans le monde, d'autres cultures, au contraire, se caractérisent par la valorisation du surpoids, notamment chez les femmes. Certaines communautés traditionnelles africaines voient dans l'embonpoint féminin un signe de fécondité très prisé des stratégies matrimoniales. Les mêmes laboratoires qui fournissent des coupe-faim et substituts de repas en Europe ou en Amérique du Nord pourvoient le marché d'Afrique subsaharienne et d'Afrique du Nord en stimulants d'appétit. Un tel préjugé favorable à l'égard de la rondeur semble s'être exporté parmi les populations immigrées et diasporas internationales : on attend d'une danseuse de rap afro-américaine qu'elle affiche sa cellulite ou ses fesses rebondies, et les Asio-Américains en surpoids sont jugés plus américains que d'autres, plus sveltes, renvoyés à leur statut d'étrangers. Un des rares cas où l'obésité est considérée comme un facteur non plus de discrimination, mais d'intégration. La grosseur serait-elle ici la marque d'une autre volonté, celle d'afficher son appartenance à la nation ? *In Gros We Trust.*

BIBLIOGRAPHIE

– Solenn Carof, *Grossophobie. Sociologie d'une discrimination invisible*, Paris, Maison des Sciences de l'Homme, 2021.
– Julia Csergo (dir.), *Trop gros ? L'obésité et ses représentations*, Paris, Autrement, 2009.
– Claude Fischler, « La symbolique du gros », *Communications*, vol. 46, 1987, p. 255-278.
– Catherine Grangeard, *Comprendre l'obésité*, Paris, Albin Michel, 2012.
– Georges Vigarello, *Les Métamorphoses du gras. Histoire de l'obésité*, Paris, Le Seuil, 2010.

VOIR ÉGALEMENT

Les roux sont faux et sentent mauvais

Les gauchers sont maladroits

Les Noirs sentent fort et les Blancs sentent la mort

Les homosexuels sont tous efféminés

MICHKA ASSAYAS

Les Beatles sont bien élevés et les Rolling Stones sont des voyous

LA CAUSE EST ENTENDUE. LES BEATLES ÉTAIENT DES garçons convenables et bien élevés, et les Rolling Stones des voyous aux mauvaises manières. Les gens comme il faut pouvaient sans crainte inviter les premiers à prendre le thé dans leur salon. En revanche, si les seconds déboulaient, mieux valait mettre des housses sur les fauteuils et cacher l'argenterie. Pour beaucoup, encore aujourd'hui, les Beatles incarnent la soumission à l'ordre établi et les Stones l'indomptable défi à toutes les règles et conventions sociales. Bref, les bons élèves contre les révoltés, les moutons contre les animaux sauvages, les conservateurs contre les révolutionnaires, et ainsi de suite. Pourtant rien n'est plus faux ni, surtout, plus injuste.

Commençons par dissiper le préjugé le plus tenace : les Beatles étaient plutôt bourgeois sur les bords. En fait, c'est tout le contraire. Les Beatles venaient de Liverpool, une grande ville portuaire du nord-ouest de l'Angleterre, peuplée de descendants d'immigrés gallois et irlandais. Le père de John Lennon, personnage à la présence fantomatique, travaillait comme cuisinier à bord d'un *ferry-boat* ; celui de Paul McCartney était employé à la Bourse du coton ; celui de George Harrison, chauffeur de bus ; quant au père de Ringo Starr, il travaillait dans une boulangerie industrielle. John, Paul, George et Ringo se situaient en vérité dans une zone intermédiaire entre classe ouvrière et petite bourgeoisie extrêmement modeste.

Que penser du préjugé opposé ? Les Stones seraient issus des bas-fonds de la société. En réalité, Mick Jagger et Keith Richards ont grandi dans une banlieue résidentielle du sud de l'Angleterre, à l'est de Londres : le père du premier, un professeur d'éducation physique, avait inscrit son fils à l'université afin qu'il devienne cadre financier ; quant au second, son père avait travaillé en usine avant de gravir les échelons d'une organisation syndicale. Le mentor de Mick et Keith, le guitariste Brian Jones, maître de blues et âme du groupe, était pour sa part le rejeton rebelle d'une famille de la moyenne bourgeoisie puritaine, propriétaire d'une maison à Cheltenham, ville d'eau proche d'Oxford. Son père était un ingénieur aéronautique doublé d'un professeur de piano, et sa mère animait la chorale à l'église locale. En somme, des origines bien plus *middle class* que celles des Beatles.

S'il faut désigner un coupable à l'origine de ces idées fausses qui perdurent encore, il a pour nom Brian Epstein, l'homme qui fut le manager des Beatles. À la fin de l'année 1961, ce disquaire de Liverpool entend pour la première fois les quatre garçons chanter et jouer à la célèbre Cavern de la ville. Il est partagé. Leur énergie, leur talent et leur enthousiasme ont de quoi le subjuguer, mais l'attitude scénique de ces quatre lascars l'atterre. Déjà, les Beatles sont fagotés comme des délinquants, des « blousons noirs », comme on disait à l'époque : tenues de cuir noir, cheveux gominés (le « gel » de l'époque), bref le mauvais genre. Entre deux chansons, ils blaguent avec le public, jurent, fument, sifflent des bières et dévorent des cuisses de poulet. Si ces garçons veulent aller loin, comme ils en rêvent, il faut écouter « Monsieur Epstein », comme ils l'appellent. Celui-ci demeure inflexible. Il faut que ces garnements se disciplinent.

Pour commencer, il leur impose une nouvelle coupe de cheveux : mèches aplaties en frange sur le front, le dernier chic parisien. Dénichées à Paris aussi, des vestes sans col en mohair, avec cravate et pantalons assortis, rappelant les uniformes de collège. Il importe ensuite d'offrir un spectacle professionnel. Il faut sourire, séduire et ne pas effrayer les parents. Une stratégie à succès qui fait des Beatles le premier « *boy band* » de l'histoire (et non le premier « boys band » vilainement francisé).

Le second coupable est l'homme qui fut le premier manager des Rolling Stones, Andrew « Loog » Oldham. Celui-ci a été à bonne école puisqu'il a travaillé comme attaché de presse de Brian Epstein. Il a une intuition lumineuse : présenter au jeune public ces Londoniens comme d'insolents beatniks, soit précisément le contraire des

Beatles. Il leur donne pour instructions de ne pas sourire sur les photos et, au contraire, de mettre en avant une allure sale et mal peignée, afin d'exaspérer les parents et les professeurs. En 1964, l'hebdomadaire *Melody Maker* titre : « Laisseriez-vous votre sœur sortir avec un Rolling Stone ? » Bingo ! L'astuce fonctionne à merveille, lorsque, par exemple, l'élégant crooner américain Dean Martin n'arrive pas à dissimuler son dégoût face à ces morveux arrogants qu'il présente à contrecœur lors de son show télévisé. Ainsi, la partie est gagnée et les rôles fixés une fois pour toutes, jusqu'à la caricature : les Rolling Stones dans le rôle de dangereux rebelles, et les Beatles dans celui de mièvres troubadours.

Passons sur la complicité, et même la fidèle amitié, qui n'a jamais cessé d'unir les deux groupes. En 1963, Lennon et McCartney offrent aux Stones une de leurs compositions, « I Wanna Be Your Man », leur second *single*. En 1967, en pleine période hippie, Mick Jagger et Keith Richards figurent au sein de la chorale qui accompagne les Beatles chantant « All You Need Is Love ». On pourrait multiplier les exemples. Comme l'explique Jagger, dont le père pensait que « le rock'n'roll, c'était bon pour la classe ouvrière », les Beatles, en privé, se comportent comme les Stones en public. De fait, à Hambourg, en Allemagne, où les jeunes garçons de Liverpool ont rodé leur spectacle, les délinquants, ce sont eux : amphétamines pour tenir debout sur scène toute la nuit, fréquentation des boîtes à strip-tease, maladies vénériennes ; dans le cas de Lennon, bagarre avec le public, le jeune homme tentant d'assommer avec sa guitare un marin qui essayait de draguer sa fiancée, Cynthia. À l'inverse, il vaut la peine de jeter un œil au documentaire *Shine a Light* que Martin Scorsese a consacré aux Rolling

Stones, filmés en 2006 dans un théâtre new-yorkais. On y voit Keith Richards saluer, avec une courtoisie et une déférence d'un autre temps, la mère de Hillary Clinton, venue faire une petite visite sur le plateau. Quant à Mick Jagger, capable de singer avec brio tous les accents ou intonations possibles et imaginables, de l'esclave noir dans son champ de coton au conducteur de bus de Manchester, il s'exprime au naturel dans un anglais très chic. De fait, sa bonne éducation, sa politesse et ses bonnes manières sont légendaires.

Oui, mais la musique, alors ? Quand même, veulent croire certains, les Stones ont exprimé dans leurs blues trépidants l'insolence, la défiance voire la rage face à la rigidité de la société de l'immédiat après-guerre. Ils ont incarné la soif de délivrance sexuelle, l'appel au dérèglement de tous les sens par l'usage incontrôlé des drogues. Le bruit et la fureur sont donc bien de leur côté ; la tendresse et la douceur de celui des Beatles. Vraiment ? C'est oublier que les Beatles ont anticipé, au-delà du hard rock, la fureur du « metal » dans leur chanson de 1968 « Helter Skelter », vociférée avec fureur par Paul McCartney, et qu'à l'inverse les Stones ont chanté cinq ans plus tard « Angie », ce qui rend un procès en mièvrerie intenté par les inconditionnels des Stones contre les Beatles bien difficile à soutenir.

Les bourgeois adorent passer pour des prolétaires, histoire de défier leur propre milieu, tandis que les prolétaires se rêvent plutôt en aristocrates, préoccupés qu'ils sont d'échapper au leur. Le rock est ainsi fait, et ce schéma s'applique autant, voire davantage encore, au rap. Ce préjugé sur les Beatles et les Rolling Stones en dit long sur nos fantasmes et nos rêves, lesquels ne se sont jamais souciés, il est vrai, de vérité historique et sociale.

BIBLIOGRAPHIE

– Michka Assayas (dir.), *Le Nouveau Dictionnaire du rock*, Paris, Robert Laffont, « Bouquins », 2014.
– Stanley Booth, *Dance With the Devil. L'histoire extraordinaire des Rolling Stones*, Paris, Flammarion, 2012.
– Geoff Emerick et Howard Massey, *En studio avec les Beatles*, Paris, Le Mot et le reste, 2014.

VOIR ÉGALEMENT

Les Anglais sont excentriques
Les artistes sont des parasites
L'art contemporain n'est pas vraiment de l'art

DELPHINE DIAZ

Les réfugiés profitent du système

L'EXIL UKRAINIEN DÉCLENCHÉ PAR L'INVASION RUSSE À LA fin février 2022 a suscité un élan de solidarité dans toute l'Union européenne, avant que, quelques mois plus tard, les dispositifs d'accueil dont les Ukrainiens ont pu bénéficier soient parfois critiqués. Au début du mois de juin, le chef du parti d'extrême droite autrichien estimait ainsi que les réfugiés ukrainiens avaient profité d'avantages indus, dénonçant par exemple la gratuité des frais de stationnement qui leur avait été octroyée à Vienne, « alors que chaque Viennois doit payer pour se garer ».

« Les réfugiés profitent du système. » Tel est l'un des préjugés tenaces qui s'attachent à l'histoire de l'asile à l'époque contemporaine. En trouvant refuge dans un autre pays, les exilés jouissent d'une protection juridique, ou du moins administrative, qui les met à l'abri de poursuites et de persécutions. Dans le même temps, ils bénéficient aussi parfois d'allocations financières, d'aides à la reconversion professionnelle, ou encore d'une reconnaissance symbolique qui les distingue des autres étrangers et leur donne une place à part dans la société d'accueil.

Pour comprendre cette singularité des réfugiés, mais aussi les préjugés et les attaques que leur statut a pu susciter, il faut revenir aux origines mêmes des législations et des conventions qui ont cherché à les protéger. Alors que du XVe au XVIIIe siècle les mouvements d'exil étaient principalement liés aux guerres de religion, l'entrée dans l'ère des révolutions a changé la donne. À défaut d'être reconnu par le droit international, l'asile a été consacré par certains textes placés au sommet de la pyramide des normes, comme la Constitution montagnarde de 1793 en France. Mais il a fallu attendre le XIXe siècle pour voir l'adoption en France de législations spécifiques sur les « réfugiés ». Ces nouveaux dispositifs ont conduit à questionner la présence parmi eux d'imposteurs, de fraudeurs ou de profiteurs. Sous la monarchie de Juillet, alors qu'était discutée la première loi sur les étrangers réfugiés, en février 1832, Dupin aîné, vice-président de la Chambre des députés, soulignait que parmi les réfugiés accueillis dans le pays il y avait nécessairement « deux espèces » à distinguer :

> Il y a des hommes que l'on ne peut trop honorer, des hommes qui se présentent couverts d'honneur, de lauriers, de glorieuses blessures, qui excitent les sympathies

de toutes les âmes [...]. Mais qui niera qu'à côté de ces étrangers honorables il n'y ait des hommes qui abusent du titre d'exilé, pour se glisser dans leurs rangs; des hommes qui dissimulent leur conduite passée; qui, souvent, condamnés dans leur pays pour des crimes ou des délits, profitent de la circonstance et viennent se targuer ici du titre d'exilés [...] afin de profiter d'un accueil qui ne leur était pas destiné.

Une fois la première loi française sur les réfugiés adoptée, l'une des préoccupations majeures du ministère de l'Intérieur a consisté à débusquer les réfugiés «abusant» de l'hospitalité française: faux réfugiés prétendant «avoir été contraints de s'expatrier qui réclament [...] des subsides dès qu'ils ont touché le sol français», selon une circulaire du ministre de l'Intérieur en juin 1833; réfugiés secourus cumulant indûment l'aide financière du gouvernement avec d'autres ressources; réfugiés touchant simultanément une «subvention dans deux départements»...

Durant toute l'époque contemporaine, en France comme dans toute l'Europe, les réfugiés se sont distingués du reste des étrangers en étant davantage aidés et protégés. À ce titre, ils n'ont pas manqué de cristalliser les soupçons et les fantasmes. La Suisse a par exemple été confrontée à l'arrivée de quelque 10 000 exilés allemands dans les années 1848-1849, et le Conseil fédéral de Berne a accordé aux nécessiteux un secours de 50 centimes par jour. Des représentants des autorités helvétiques ont néanmoins regretté le séjour trop long de certains républicains allemands, un préfet de district estimant par exemple en avril 1850 qu'ils «auraient pu y mettre un peu plus de bonne volonté et décharger l'État d'une partie du sacrifice qu'il [a] fait pour leur entretien ».

Avec l'entrée dans le XXe siècle, les guerres civiles et les conflits internationaux ont apporté leur lot de migrations contraintes. Durant la Première Guerre mondiale, l'exode des Belges, qui s'est transformé en un exil long de plusieurs mois ou de plusieurs années, a d'abord produit un élan de solidarité avant de donner lieu à des réactions d'hostilité à l'encontre de réfugiés accusés de profiter des allocations, codifiées en France en février 1918 dans une « charte des réfugiés ». Celle-ci concernait également les réfugiés intérieurs, les Français qui avaient dû fuir les départements envahis et dévastés, parfois qualifiés de « Boches du Nord ».

L'armistice n'a pas mis fin aux conflits et aux exils en Europe, ni aux préjugés attachés à l'asile, donné cette fois-ci à des étrangers de plus en plus fréquemment privés de leur nationalité par leur État d'origine. En Russie bolchevique, la guerre civile a fait rage, poussant jusqu'au début des années 1920 des centaines de milliers d'exilés hors des frontières de l'ancien Empire tsariste. Tandis que les Russes blancs, issus des élites de l'Empire, ont été bien reçus en Europe de l'Ouest, les civils issus des classes populaires, qui fuyaient la guerre et/ou la persécution antisémite des pogroms, ont été désignés comme étant de « mauvais » ou de « faux réfugiés ».

Une décennie plus tard, l'exil des Allemands puis des Autrichiens fuyant le nazisme a contribué à aggraver la crise des réfugiés non seulement en Europe, mais aussi dans le monde. Parmi ceux qui sont parvenus à rejoindre les États-Unis malgré les quotas d'immigration fixant depuis le début des années 1920 des contingents par nationalités, se trouvaient majoritairement des exilés issus des élites ou des classes supérieures. En novembre 1938, un sondage organisé par l'institut Gallup demandait aux Américains s'ils étaient prêts à soutenir l'accueil aux États-Unis d'un grand nombre de Juifs venus d'Allemagne : le « non » l'a alors emporté à 69 % parmi les sondés.

Au lendemain de la Seconde Guerre mondiale, le droit international de l'asile s'est consolidé grâce à l'adoption de la convention internationale de Genève de 1951, établissant un statut du réfugié, défini en fonction du critère de la persécution individuelle. En France a été créé l'année suivante l'Ofpra (Office français de protection des réfugiés et apatrides), qui s'est attaché à examiner les dossiers de demande d'asile au regard de la convention. L'Office a opéré un traitement différencié des causes et des nationalités représentées par les requérants. Comme l'a montré la sociologue Karen Akoka, l'Ofpra a distingué ceux qui étaient presque systématiquement reconnus comme d'authentiques réfugiés (dissidents issus des démocraties populaires) de ceux qui étaient décrits au mieux « comme des réfugiés économiques, au pire comme des fraudeurs » (exilés issus du continent africain marqué par les guerres de décolonisation). Dans la seconde moitié des années 1970, les *boat people* vietnamiens et cambodgiens, partis pour l'essentiel vers l'Europe de l'Ouest et l'Amérique du Nord, ont été presque systématiquement considérés par les autorités et par la société civile comme d'authentiques réfugiés. Au Japon, leur arrivée, en plus petit nombre, a d'abord été bien perçue après 1975, puis des immigrants chinois ont été débusqués parmi d'authentiques exilés politiques, les « intrus » ont été rapatriés en Chine, et l'ensemble des exilés indochinois sont dès lors apparus comme de potentiels fraudeurs. Cet exemple, qui fait écho à bien d'autres, montre à quel point les failles inhérentes au régime de l'asile ont souvent contribué à le discréditer.

Dans les années 1980-1990, dans un contexte économique dégradé, le taux d'octroi du statut de réfugié a baissé drastiquement partout dans le monde et de manière plus significative en Europe, où de nouvelles législations nationales ont été adoptées sous la pression d'une société civile de plus en plus rétive à accueillir les réfugiés. Ainsi au Royaume-Uni l'adoption de deux lois conservatrices sur l'asile et l'immigration, en 1993 et 1996, a donné lieu à des débats nourris sur les « faux réfugiés » (*bogus refugees*) : la formule est apparue à cent vingt-deux reprises au cours des débats parlementaires qui se sont tenus à la Chambre des communes au cours de l'année 1996. En Australie, alors que les arrivées irrégulières augmentaient entre 1999 et 2001, la suspicion planant contre les « faux réfugiés » était de plus en plus forte : hommes, femmes et enfants arrivés par mer ou par air, sans visa préalable, ont été envoyés pour des durées illimitées dans des camps d'internement, baptisés officiellement, de manière euphémistique, *Immigration Reception and Processing Centres.*

Le préjugé relatif aux « faux réfugiés » a été réactivé avec force à l'été 2015, à un moment où il était question dans le débat public en Europe d'une « crise migratoire ». Une partie de l'opinion publique, encouragée par de nombreux partis d'extrême droite, accusait ceux qu'on appelait de manière dépréciative les « migrants » de vouloir franchir les frontières de l'Europe pour des raisons exclusivement économiques, de se faire passer pour des personnes persécutées dans leur pays et susceptibles d'obtenir le statut protecteur de réfugié. Alors que les possibilités de migration légale vers une Europe devenue forteresse se réduisaient, la demande d'asile représentait l'une des seules voies d'accès à un séjour au sein de ses frontières. Au cours de l'année 2015, les pays de l'Union européenne ont ainsi reçu plus de 1,2 million de premières demandes d'asile, soit un doublement du nombre de requêtes par rapport à l'année précédente. D'où l'émergence de craintes nouvelles quant à l'avenir de l'équilibre démographique du continent, que les tenants du discours raciste et scientifiquement infondé du « grand remplacement » voient menacé par l'arrivée d'hommes issus des pays du bassin méditerranéen et de l'Afrique.

Les demandeurs d'asile venus de ces aires géographiques sont en outre de plus en plus considérés comme de potentiels terroristes islamistes après les attentats qui ont endeuillé Paris à deux reprises en 2015. Ces tragiques événements ont conduit à accentuer encore la crainte que soulevait l'arrivée en Europe d'exilés africains et moyen-orientaux, majoritairement de confession ou de culture musulmanes. Plusieurs des terroristes de l'automne 2015 à Paris avaient suivi la route migratoire du « couloir balkanique », passant par la Hongrie, l'Allemagne, puis la Belgique et enfin la France. Ces faits ont contribué à désigner les « migrants » à la vindicte populaire. Un sondage réalisé en septembre 2016 par l'Ifop en France révélait que 56 % des sondés portaient un regard négatif sur les migrations et l'immigration en général.

Aujourd'hui, l'accueil favorable réservé dans les pays de l'Union européenne aux exilés ukrainiens fait contraste avec cet état pas si ancien de l'opinion publique. Il pourrait suggérer, au premier abord, que les préjugés relatifs à l'asile ont été levés. Soulignons néanmoins que ce n'est pas un statut de réfugié au sens de la convention de Genève que les exilés ukrainiens ont obtenu dans l'Union européenne à partir de la fin février 2022, mais une protection temporaire octroyée au titre d'une directive datant de 2001, jamais activée jusqu'alors. Reste que, face à un exil qui perdure, affectant des femmes et des enfants bénéficiant d'hébergements et d'allocations, certaines critiques commençaient déjà à poindre à l'été 2022, dans un contexte économique inflationniste.

Au cours de l'époque contemporaine, le « réfugié » a été distingué, à tâtons, du condamné de droit commun ou du déserteur en fuite, mais aussi de l'émigré ou de l'immigré. Malgré ces distinctions, consolidées par le droit, le statut particulier – et souvent plus avantageux – réservé au réfugié a pu être considéré avec une certaine suspicion. La montée en puissance d'un État social au XXe siècle a également contribué à renforcer de tels doutes quant à la légitimité de l'asile. Les efforts menés par les organisations internationales et par les associations d'aide aux réfugiés pour lutter contre les préjugés attachés à l'asile ont pourtant été intenses. Avec l'organisation de « l'année mondiale » du réfugié entre juin 1959 et juin 1960, le Haut-commissariat aux réfugiés (HCR) des Nations unies s'est employé à mettre en valeur l'aspiration foncière des réfugiés à cesser d'être des réfugiés. Depuis 2001, date du cinquantenaire de la convention de Genève, le HCR célèbre le 20 juin la « journée mondiale des réfugiés » (*World Refugee Day*), occasion de célébrer la force de celles et ceux qui ont été contraints de fuir leur pays d'origine et d'encourager à les traiter avec respect dans les pays hôtes. Quant aux organisations non gouvernementales, elles sont nombreuses à avoir publié des guides pour déconstruire les idées reçues sur les migrants et demandeurs d'asile, depuis le *Petit Guide pour lutter contre les préjugés sur les migrants* de la Cimade (2016) jusqu'au livret d'Amnesty International intitulé *Dix Préjugés sur la migration : arrêtons de croire n'importe quoi !* (2017). Il n'en reste pas moins que, malgré ces efforts, les préjugés restent tenaces, jetant le soupçon sur un droit d'asile trop souvent considéré comme dévoyé.

BIBLIOGRAPHIE

– Karen Akoka, *L'Asile et l'Exil. Une histoire de la distinction réfugiés/migrants*, Paris, La Découverte, 2020.
– Thomas Chopard, « Rapatriés et expulsés », *Cahiers du monde russe*, vol. 56, n° 1, 2015, p. 175-198.
– Georgia Cole, « Beyond labelling. Rethinking the role and value of the refugee "label" through semiotics », *Journal of Refugee Studies*, vol. 31, n°° 1, mars 2018, p. 1-21.
– Delphine Diaz, *En exil. Les réfugiés en Europe, de la fin du XVIIIe siècle à nos jours*, Paris, Gallimard, 2021.
– Emily Fletcher, « Changing support for asylum seekers : An analysis of legislation and parliamentary debates », Sussex Centre for Migration Research, University of Sussex, *Working Paper*, n° 49, mai 2008.
– Susan Welch, « American opinion toward Jews during the Nazi era : Results from quota sample polling during the 1930s and 1940s », *Social Science Quarterly*, vol. 95, n° 3, septembre 2014, p. 615-635.
– Saito Yasuhiko, « Impostor refugees, illegal immigrants », *Japan Quarterly*, vol. 37, n° 1, janvier 1990, p. 84-88.
– Roger Zetter, « More labels, fewer refugees. Remaking the refugee label in an era of globalization », *Journal of Refugee Studies*, vol. 20, n° 2, 2007, p. 172-192.
– André Dupin, dit « Dupin aîné », discours prononcé à la Chambre des députés le 21 février 1832, cité dans Jules Mavidal et Émile Laurent (dir.), *Archives parlementaires*, Paris, 1890, 2e série, t. 75, p. 460-461.

- Archives nationales, F1a 2089, circulaire du ministre de l'Intérieur aux préfets, 26 juin 1833, et F1a* 42, circulaire du ministère de l'Intérieur aux préfets, 22 avril 1839.
- Archives départementales du Nord, 142/2, circulaire du ministère de l'Intérieur, 7 août 1843.
- Archives du canton de Vaud, lettre du préfet du district de Morges au département de Justice et police du canton, 16 avril 1850.

VOIR ÉGALEMENT

Les Indiens d'Amérique sont paresseux
Les pauvres vivent sur le dos des riches
Les artistes sont des parasites
Les riches gouvernent la France
Les immigrés veulent islamiser l'Europe

JEAN-NOËL FABIANI-SALMON

Les vaccins sont dangereux pour la santé

INJECTER DANS L'ORGANISME UNE MALADIE, prétendument pour l'éviter, ne peut qu'être dangereux pour la santé ! C'est une évidence que le bon sens confirme... Par ailleurs, les médecins, toujours prompts à développer des théories plus ou moins vérifiées, ne sont-ils pas les complices de l'industrie pharmaceutique, laquelle ne cherche qu'à réaliser des profits considérables, avec l'aide des gouvernements qui imposent les obligations vaccinales ? Une chose est sûre : les vaccins favorisent l'apparition d'autres maladies comme la sclérose en plaques, la mort subite du nourrisson ou l'autisme, car ils perturbent le système immunitaire. Une bonne hygiène est suffisante pour éviter les maladies et, si par malheur on tombe malade, on bénéficiera d'une meilleure immunisation, naturelle cette fois !

Cet argumentaire n'est pas récent : dès l'invention de la vaccination en 1796, la formidable découverte de l'Anglais Edward Jenner n'a pas été immédiatement acceptée par la population, et seuls certains en ont perçu la portée pour l'avenir de l'humanité. Jenner, médecin généraliste, avait remarqué que les filles de ferme qui trayaient les vaches ne contractaient jamais la variole. Elles faisaient en revanche une maladie de la vache, la vaccine, qui provoquait des pustules sur leurs mains et leurs bras. Il eut l'idée d'injecter le contenu d'une de ces pustules sur le bras d'un petit garçon et vérifia qu'il l'avait ainsi prémuni contre la terrible maladie humaine. Il venait d'inventer la vaccination.

Mais des voix se sont immédiatement élevées pour exprimer la crainte d'une transmission de maladies au cours de cette vaccination (ce qui est possible, car l'hygiène n'existe pas encore), et même le risque de se voir pousser des cornes après l'injection de la vaccine de la vache (ce qui l'est tout de même moins) !

C'est dans un océan de doutes que Jenner dut lutter pour défendre sa découverte. Avec un admirateur de poids : Napoléon Bonaparte ! De fait, comme l'Empereur envisageait d'envahir l'Angleterre, pays où sévissait la variole, il décida de proposer la vaccination à la grande armée cantonnée à Boulogne. Il fallait bien rassurer les grognards, qui ne craignaient pas de se battre contre les godons, mais qui redoutaient plus que tout d'affronter le virus de la petite vérole. Plus fort encore : afin de promouvoir la vaccination auprès de toute la population, Napoléon établit des dépôts de vaccine dans les grandes villes et, pour donner l'exemple, fit plus tard vacciner son fils, le roi de Rome.

Quand Jenner mourut en 1823, la vaccination n'avait toujours pas été rendue obligatoire en Angleterre. Elle le fut en 1870 (1853 pour les enfants). Une opposition féroce naquit alors, et à partir de 1880 les vaccinophobes commencèrent à se répandre de par le monde, mais particulièrement en Angleterre, patrie de Jenner, prouvant une fois de plus qu'en médecine comme en toute autre chose nul n'est prophète en son pays. Des campagnes de dénigrement inondèrent l'Europe de journaux et de tracts vilipendant le procédé de Jenner. Redoutables, les ligues des opposants n'hésitèrent pas à prendre en charge les amendes infligées aux parents qui refusaient de soumettre leurs enfants à l'obligation vaccinale. Elles organisèrent des manifestations de masse avec une seule idée en tête : au lieu de vacciner, il fallait mettre en place des mesures de confinement et de quarantaine ! Ainsi, du fait des oppositions, une « clause de conscience » dut être introduite dans la loi britannique en 1898, laquelle permettait aux récalcitrants de se soustraire à l'obligation vaccinale.

Les objecteurs de conscience antivaccins étaient nés ! Et les conséquences ne se firent pas attendre. Dans les cinq mois qui suivirent, 203 413 certificats furent délivrés pour « objection de conscience » sur un total de 230 147 naissances. Les ligues triomphaient. Les effets néfastes de cette « clause de conscience » furent immédiats. En 1900, 3 200 cas mortels de variole furent enregistrés sur l'étendue du Royaume-Uni. Si bien que l'Angleterre, où le fléau avait disparu depuis 1890, devenait l'État le plus mal vacciné d'Europe et le plus touché par la variole. Le prestige des vaccinophobes en fut durement atteint, et la population, hier ennemie de la vaccination, la réclamait désormais à cor et à cri ! Ceux-là mêmes qui avaient purgé une peine de prison pour infraction à la loi d'obligation la demandaient pour leurs enfants et refusaient l'isolement, toujours au nom de la liberté individuelle. Entre-temps, hélas, la vaccinophobie avait eu pour conséquence un effondrement de la production de vaccine, qui avait été privée de débouché commercial. Si bien qu'elle se vendait maintenant à prix d'or au marché noir.

Seules les mesures de vaccinations massives parvinrent à juguler le fléau. Il fallut attendre encore un siècle pour que l'OMS considère enfin, au début des années 1980, que, grâce à la vaccination, la variole, une des plus grandes tueuses de l'histoire, avait totalement disparu de la surface de la Terre.

Un siècle après Jenner, à Paris, Louis Pasteur redécouvrit le vaccin. Il travaillait en réalité sur le choléra des poules, cas dans lequel l'injection d'une dose de bacille était toujours mortelle. Pasteur avait demandé à son assistant Charles Chamberland d'en injecter le germe aux poules du laboratoire, mais celui-ci, qui devait partir en vacances, oublia la consigne et à son retour retrouva la culture de bacille abandonnée sur la paillasse. Qu'à cela ne tienne, se dit-il, je vais faire l'injection maintenant et le patron n'en saura rien ! Mais contre toute attente les poules se portèrent admirablement bien après la piqûre. Chamberland dut alors confesser son erreur à Pasteur, qui lui demanda de prendre une culture fraîche et de l'injecter aux poules récalcitrantes. Mais voilà que les poules déjà piquées restaient en vie alors que les autres mouraient ! Et si c'était, se demanda Pasteur, le contact avec l'oxygène de l'air qui avait affaibli la nocivité de la culture de bacille, favorisant ainsi la réaction de défense des poules ? Il venait de reproduire un phénomène comparable à celui décrit par le grand Jenner, et il le nomma en son honneur : vaccination. Le mot vaccination vient du latin *vacca* (vache) et ne peut que désigner en principe la vaccination jennérienne avec le *cowpox* (variole de la vache).

Pasteur et ses élèves déclinèrent alors cette découverte en utilisant des germes atténués ou tués, et ils obtinrent ainsi toute une série de vaccins qui modifièrent de façon très significative la mortalité infantile, qui chuta dans des proportions très significatives au cours du XXe siècle, passant de 15 % en 1900 à 0,37 % en 2000. La vaccination des enfants y joua un rôle primordial. Mais, bien entendu, Pasteur fut attaqué par les « antivax » de l'époque, qui prirent le nom d'« enragés » car ils luttaient en particulier contre le vaccin de la rage !

L'épidémie de Covid-19 allait donner aux antivax l'occasion de s'exprimer à nouveau, en utilisant cette fois les médias, les réseaux sociaux et la voix d'un certain nombre d'hommes et de femmes politiques. L'étude du phénomène permet d'observer une constance remarquable, au cours de ces deux siècles, de la proportion des opposants aux vaccins notamment en France, en Angleterre et au Québec. Au début de l'épidémie de Covid-19, un Français sur trois se disait opposé à la vaccination et un sur dix refusait de faire vacciner ses enfants.

L'utilisation de nouveaux vaccins dits « à ARN messager » (complètement différents des vaccins classiques, dits pasteuriens) suscita bien entendu de grandes angoisses et de grands reproches : l'ARN pouvait modifier le génome, il avait été conçu trop vite, pas suffisamment étudié et avec un recul trop faible. Quant à l'industrie pharmaceutique, elle avait évidemment un intérêt financier à proposer une vaccination généralisée...

Ce que ne savaient pas les antivax, c'était que l'ARN ne pouvait aller dans le noyau des cellules (où se trouve l'ADN du génome) et qu'il s'agissait d'une molécule très instable qui s'autodétruisait rapidement. Mais surtout, que ce vaccin était le fruit de quarante ans de travail sur l'ARN et n'avait en aucun cas été « bricolé » dans la hâte. Enfin, que les milliards d'injections effectuées en 2020 avaient bel et bien permis d'éviter les formes graves de la Covid-19.

Et pourtant, l'obligation vaccinale des enfants est toujours considérée par certains comme une atteinte à leur liberté individuelle. Les cercles d'antivax se sont partout développés jusqu'à prôner la désobéissance civique, vite rejoints par les groupes complotistes qui conspuent « Big Pharma », accusé d'avoir produit le virus avec l'aide des Chinois.

Décidément, affirmer que « les vaccins sont dangereux pour la santé » est un préjugé qui a la vie dure. Doit-on y voir un moyen pour les contestataires de s'opposer à l'autorité des élites ? Une chose est sûre : dans un pays non démocratique, on ne leur demanderait pas leur avis !

BIBLIOGRAPHIE

– Pierre Darmon, *Défense de cracher. Pollution, environnement et santé à la Belle Époque*, Paris, Le Pommier, 2020.

– Léo Galli, *COVID-19 – VACCIN? Une étude approfondie sur le danger des vaccins, l'origine de la vaccination, Béchamp et Pasteur, en route vers un génocide vaccinal*, autoédité, 2020.

– Edward Jenner, *Vaccination against Smallpox*, Amherst (NY), Prometheus Book, 1996.

– Françoise Salvadori, Laurent-Henri Vignaud, *Antivax. La résistance aux vaccins du XVIIIe siècle à nos jours*, Paris, Vendémiaire, 2019.

VOIR ÉGALEMENT

La syphilis est un mal italien

Les écologistes sont contre le progrès

Les végétariens sont des gens tristes

FRANÇOIS JARRIGE

Les écologistes sont contre le progrès

POUR L'ÉCRIVAIN PASCAL BRUCKNER, COMME POUR DE nombreux pourfendeurs actuels des « Khmers verts », l'écologie se serait muée en une religion obscurantiste marquée par sa « culture de la peur » et sa « haine du progrès » : « Pourquoi faudrait-il renoncer à toutes les joies de la vie sous prétexte de réchauffement climatique ? » se demandait-il dans une tribune publiée dans le journal *Libération* en février 2012. Voilà, ainsi énoncé, un préjugé devenu une quasi-évidence, maintes fois répétée par tous ceux qui identifient « le progrès » au confort climatisé et aux grosses cylindrées.

À l'origine, l'écologie – terme forgé dans les années 1860 par le biologiste Ernst Haeckel – désigne la science des relations des organismes avec le monde environnant. Progressivement, la science écologique s'est structurée en de nombreuses branches spécialisées dans l'étude des milieux physiques et des interactions entre diverses formes de vie. L'essor de cette science holistique est parallèle à l'émergence de l'idée de progrès, elle a d'ailleurs représenté une amélioration des connaissances en ce qu'elle a permis d'affiner l'étude des milieux vivants et leurs relations mutuelles. Au cours du XXe siècle, l'écologie s'est développée en étudiant les êtres vivants (biocénose) dans leur milieu physique (biotope), le tout formant l'écosystème, compris dans une perspective dynamique, contre le rationalisme mécaniste qui isole et sépare les espèces et les milieux.

Après 1945, puis surtout à la fin des années 1960, parallèlement à l'accroissement des alertes environnementales et à la reconnaissance des dégâts de l'industrialisation sur les milieux de vie, dénoncés précocement par des scientifiques et des experts, apparaît une « écologie politique », laquelle cherche à tirer les conséquences sociopolitiques des constats scientifiques. Ces prises de conscience de la dégradation de l'environnement d'origine humaine, si elles ne sont certes pas neuves, s'étendent considérablement dans l'espace public et les médias. Marées noires, incendies, risques nucléaires, pollutions multiples et épuisement des ressources installent progressivement l'écologie au cœur des préoccupations, malgré les dénis et les disqualifications qui ne tardent pas à voir le jour. Alors qu'à la fin des années 1960 le mot « écologie » était inconnu de la plupart des Français, un sondage de 1977 indique qu'il est désormais familier aux trois quarts : en une décennie, un mot technique du vocabulaire scientifique est entré dans l'usage commun.

L'écologie donne alors naissance à des pensées aussi riches que foisonnantes ; comme projet politique et militant, elle se structure peu à peu, parfois qualifiée d'environnementalisme. Elle réunit des mouvements, des approches et des enjeux très divers qui vont de l'« écologie profonde » à de multiples variantes plus ou moins radicales. Dans la foulée, l'écologie s'institutionnalise via des partis et des associations, et intègre l'appareil d'État, avec l'apparition de ministères *ad hoc*, ou le jeu parlementaire à la faveur des élections.

C'est dans ce contexte que surgit l'idée, ou le préjugé, qui aurait paru absurde auparavant, selon laquelle les écologistes seraient contre « le progrès », c'est-à-dire hostiles à une certaine conception linéaire de l'histoire, orientée vers l'amélioration continuelle des conditions d'existence portée par la croissance économique et par l'innovation technique. Au sortir des trois décennies de modernisation dites des « Trente Glorieuses », la confiance dans le progrès, née au XIXe siècle, tend à s'essouffler. Le renversement de la conjoncture et l'essor du chômage, les pics pétroliers, la médiatisation croissante des risques et des catastrophes environnementales conduisent à douter des promesses de la modernité et de la grande industrie censée les faire advenir.

De nombreux intellectuels élaborent alors des théories plus ou moins radicales, qui font de l'essor du capitalisme, du consumérisme et du productivisme le cœur de la catastrophe annoncée. Des figures comme Jacques Ellul, Lewis Mumford ou encore Ivan Illich, parmi bien d'autres, questionnent l'idéologie du progrès et ses apories. Débordant le champ intellectuel, la critique du « progrès quantitatif », de ce « faux progrès » fondé sur l'épuisement des énergies non renouvelables, s'étend lors de la campagne présidentielle de 1974, comme le montrent par exemple les affiches du mouvement alsacien Écologie et Survie : dès l'origine, les militants de ce mouvement s'efforcent d'écarter l'accusation d'hostilité au progrès en évoquant l'existence de plusieurs types de progrès, un bon et un mauvais, remettant justement en cause la conception abstraite et unique du progrès.

La représentation des écologistes en obscurantistes s'étend parallèlement à l'essor de l'écologie politique dans les années 1980, alors même que le monde s'engage dans une nouvelle phase de mondialisation pensée comme heureuse, articulée à un nouveau système informatique autour duquel s'élaborent peu à peu de nouvelles promesses de progrès. Les institutions internationales commencent cependant à reconnaître l'ampleur des dégradations environnementales et imaginent y répondre en inventant un « développement durable », c'est-à-dire la poursuite d'une expansion économique qui serait sans impact négatif sur l'environnement.

Dans le même temps, la dénonciation de la menace écologique monte en puissance et devient même un genre éditorial en soi à partir des années 1990. Avec l'écroulement de l'Union soviétique et la fin du communisme, lequel remettait en cause l'idéologie de l'*American way of life*, un glissement s'opère peu à peu, faisant de l'écologie le nouvel ennemi qui s'attaquerait au cœur même des valeurs de l'Occident, en Europe comme aux États-Unis. Les visions du monde fondées, entre autres, sur la sobriété ne conviennent pas aux adeptes de l'économie néolibérale, voire les scandalisent. La métaphore des écologistes vus comme des « pastèques » (« vert à l'extérieur et rouge à l'intérieur ») surgit dans ce contexte, et semble offrir à ses tenants l'image d'une nouvelle idéologie à endiguer. Les années 1990 voient se développer le thème de la menace écologiste, censée bloquer le progrès, l'investissement, l'innovation, etc., au moment même où l'influence politique de l'écologie décline sous l'effet de divisions partisanes.

En 1992, la conférence des Nations unies sur l'Environnement et le Développement (CNUED), dite aussi conférence de Rio, est organisée au Brésil, à l'occasion du vingtième anniversaire de la première conférence sur l'Environnement humain, qui s'était tenue à Stockholm, en Suède, en 1972. Elle réunit des dirigeants politiques, diplomates, scientifiques, représentants des médias et des organisations non gouvernementales de cent soixante-dix-neuf pays afin de réconcilier les activités socio-économiques et l'environnement. Ce nouveau consensus suscite l'inquiétude des grands groupes industriels, à une époque où persiste la confiance dans un progrès réactivé par la chute du mur de Berlin et l'essor d'une mondialisation présentée comme bénéfique. Cet événement planétaire voit alors se multiplier ainsi les pamphlets et essais dénonciateurs d'une écologie menaçante pour la poursuite du développement, où l'écologie est qualifiée de « nouvel ordre » réactionnaire, d'« imposture » ou même d'« antihumanisme », pour reprendre les titres de textes publiés alors par Luc Ferry, Philippe Pelletier, Bjørn Lomborg ou encore Guy Sorman.

De fait, depuis trente ans, on ne compte plus les attaques contre l'écologie devenue politique. D'innombrables éditorialistes et essayistes dénoncent ses impasses théoriques, les menaces qu'elle représenterait pour l'avancement des sciences et de la démocratie. Le point commun de la plupart de ces essais, largement relayés dans les médias et l'arène politique, est de faire des écologistes des ennemis du progrès, des anti-science, etc. Multipliant les amalgames, réinventant des filiations largement fictives et décontextualisées, ces auteurs dressent des épouvantails et repoussent l'écologie comme une menace, au moment même où les analyses et alertes environnementales sont validées scientifiquement. L'ouvrage de Luc Ferry *Le Nouvel Ordre écologique*, publié en 1992, identifiait de façon particulièrement caricaturale l'écologie au nazisme des années 1930. Il inaugure le processus de disqualification de l'écologie politique au nom de la réactivation d'une conception simpliste du progrès, il donne aussi au préjugé une légitimité académique en dépit des faiblesses de l'analyse.

Ainsi répété, le thème de l'écologie hostile au progrès est devenu une sorte d'évidence peu questionnée, cette paresse intellectuelle expliquant aussi les ambivalences profondes des représentations contemporaines des enjeux environnementaux, l'impossibilité de les affronter, et la prolifération des oxymores creux et des promesses conduisant aux impasses politiques actuelles. L'accusation d'être contre « le progrès » devient, dans les controverses de plus en plus nombreuses autour des technosciences et des infrastructures, un outil rhétorique pour faire taire l'opposant et disqualifier la légitimité d'alertes qui remettent en cause les imaginaires de l'âge industriel fondés sur la quête d'une abondance matérielle par l'innovation technologique.

Des enquêtes ont ainsi montré comment, face aux critiques du système économique dominant, de nombreux groupes d'intérêts réactivent l'imaginaire progressiste pour éviter toute remise en cause du *business as usual*. Avec des nuances selon les pays et leur structure économique, les attaques contre les écologistes militants s'accroissent, parfois violentes, comme en Amérique latine. L'accusation d'être contre le progrès ressurgit à chaque controverse environnementale d'ampleur, sur la voiture et les aéroports, les OGM, le nucléaire ou la 5G, pour ne prendre que quelques exemples. À la différence des idéologies politiques classiques tels le libéralisme ou le socialisme, qui s'étaient déployées comme des variantes du progressisme, l'écologie interroge et questionne l'imaginaire progressiste, lui-même considéré comme allant de soi, en plaçant ses ambivalences et contradictions au cœur de son analyse à partir d'une approche matérielle du monde et d'une prise en compte des divers existants, au-delà des seuls humains.

Dans notre société globalisée où l'imaginaire du progrès ne cesse d'être réactivé, en étant désormais identifié au numérique, le débat est particulièrement vif, car les alertes des écologistes se révèlent fondées et imposent des remises en cause douloureuses de nos formes de vie et des intérêts dominants. Ceux qui refusent d'abdiquer l'imaginaire du progrès et de s'engager dans la voie d'une réinvention de notre rapport au monde, portés qu'ils sont par un « technosolutionnisme » suranné, renoncent du même coup à observer lucidement l'état du monde. C'est ainsi que se construisent les contre-feux, largement financés et soutenus en sous-main par les lobbies et les industriels qui refusent toute régulation et toute réduction de leurs activités, pour répondre aux constats des écologistes.

Dans leur livre *Les Marchands de doute*, Naomi Oreskes et Erik M. Conway ont étudié en détail les stratégies mises en place par les industriels pour discréditer le mouvement écologiste depuis plus de cinquante ans. Les écologistes sont accusés de préparer une dictature, de s'opposer aux libertés, d'être catastrophistes, culpabilisateurs, bien-pensants, de promouvoir une lubie de riches, hostiles aux humains, favorables au retour à la bougie ou aux amish, autant de déclinaisons du même préjugé sans cesse ressassé... S'opposant à une vision de l'entreprise comme modèle indépassable et valorisé, l'écologie interroge les croyances dominantes : « seul le progrès peut assurer le bonheur de l'humanité » est, lui aussi, un préjugé. L'écologie devient ainsi le nouveau bouc émissaire, comme le communisme en son temps, symbolisant une menace pour la démocratie, le libéralisme, le confort consumériste toujours considérés comme unique horizon.

Mais le « progrès » est une boîte vide, une idéologie historiquement située, une représentation construite qui ne renvoie à rien de précis : de quel progrès parle-t-on ? Un progrès dans un domaine ne se paie-t-il pas par du régrès dans d'autres domaines ? Interrogé sur le fait que les écologistes sont souvent accusés d'être hostiles au progrès, Pierre Rabhi, l'une des icônes de l'écologie en France, a répondu comme beaucoup d'autres avant lui : « Qu'est-ce que le progrès ? Le progrès vers quoi ? Aucun concept suffisamment clair ne définit ce vocable qui occupe un espace important dans l'imaginaire collectif. Le progrès est, pour moi, l'étalon universel qui permet d'évaluer l'état d'avancement des nations dans leur évolution vers un idéal. Alors, suis-je hostile au fait qu'il y ait de plus en plus de voitures ? Oui, je suis hostile à ce prétendu progrès, car c'est la prolifération du négatif. [...] Le vrai progrès exalte la vie et nous donne du bonheur, un vrai bonheur d'exister. » Ouvrir la boîte noire – de Pandore – du progrès, déplier ses significations et ce que recouvre cette notion, comme la diversité des enjeux et contradictions qu'elle transporte, tel est précisément l'enjeu de ce qu'on nomme « écologie », telle est la raison aussi de ses difficultés, de sa marginalisation constante par tous ceux qui ont intérêt à maintenir le *statu quo*.

BIBLIOGRAPHIE

— Quentin Hardy, Pierre de Jouvancourt, « Y a-t-il un "danger écologique" ? Disqualifier l'écologie et réhabiliter le progrès par l'innovation dans le champ médiatique français (2005-2017) », *Socio*, vol. 12, 2019, p. 159-185.

— François Jarrige, Thomas Le Roux, *La Contamination du monde. Une histoire des pollutions à l'âge industriel*, Paris, Le Seuil, 2017.

— Olivier Le Naire, *Pierre Rabhi semeur d'espoirs. Entretiens*, Arles, Actes Sud, 2013.

— Naomi Oreskes, Erik M. Conway, *Les Marchands de doute*, Paris, Le Pommier, 2012.

— Alexis Vrignon, *Les Mouvements écologistes en France, de l'apogée des Trente Glorieuses à la création des Verts*, Rennes, Presses universitaires de Rennes, 2017.

VOIR ÉGALEMENT

On se croirait revenu au Moyen Âge !

Les vaccins sont dangereux pour la santé

FLORENT QUELLIER

Les végétariens sont des gens tristes

OSCAR DU MEILLEUR COURT MÉTRAGE D'ANIMATION EN 2015, *Feast* (Le Festin), de Patrick Osborne, narre les premières années d'un jeune adulte nord-américain par le biais de l'alimentation de son chiot, prénommé Winston. Marqué par la viande et le gras, le régime suivi par son célibataire de maître comble de bonheur le chien. Hélas pour lui, l'arrivée d'une petite amie bouleverse leur alimentation. Choux de Bruxelles cuits à l'eau, tronçons de céleri en branches, rondelles de radis et salades vertes se substituent à la viande, et la tristesse s'empare de Winston. Le couple se sépare, se réconcilie puis fonde une famille, mais cette fois avec une alimentation carnée. La vie et la joie s'installent alors durablement dans le foyer. Le générique se termine sur les mines réjouies de Winston et de l'un des enfants du couple contemplant avec gourmandise un gigantesque hamburger d'une dizaine de steaks hachés.

Ce court métrage des studios Disney invite à apprécier nombre de préjugés occidentaux sur les végétariens : l'infinie tristesse d'une alimentation saine et sans excès, des légumes associés au féminin et au régime minceur, des mets insipides et non nourrissants, l'ennui enfin, alors que la vie et la convivialité sont résolument du côté des omnivores. C'est en partageant des boulettes de viande avec le premier-né du couple que Winston retrouve la joie de vivre et le spectateur le sourire.

Ces préjugés sont le propre de sociétés qui ont octroyé à la viande une primauté absolue.

En Occident, jusqu'aux dernières décennies du XXe siècle, la viande était un signe de puissance sociale indétrônable. Dès le haut Moyen Âge, pour les élites issues des peuples germaniques qui ont conquis le monde gallo-romain, elle est associée à la force et à la virilité, à la capacité de combattre et de commander. Ne dit-on pas, encore aujourd'hui, d'une personne lymphatique, qui manque de dynamisme et de courage, que du sang de navet coule dans ses veines ! La consommation de viande sera d'ailleurs considérée comme l'une des raisons de la supériorité des armées des grandes puissances coloniales, y compris par les élites des peuples soumis, comme le végétarien Gandhi. Quant au mouvement futuriste dans l'Italie de l'entre-deux-guerres, il rêve de proscrire les pâtes afin de rendre les Italiens modernes et plus actifs.

Par la troublante question de l'incorporation (faire soi les nourritures ingérées), l'alimentation s'avère particulièrement propice à la fabrique des préjugés. Dans la France des Lumières, Jean-Jacques Rousseau préconise pour les enfants un régime végétarien, afin de ne pas les rendre violents et cruels. Pour être bon, l'enfant doit consommer des légumes, des fruits et des laitages, mais pas de viande ayant coûté la vie à un animal. Nous retrouvons là l'avers et le revers d'un même préjugé : au carnivore forcément belliqueux répond le végétarien évidemment pacifique. Nous sommes ce que nous mangeons ou, pour reprendre le célébrissime aphorisme IV de Brillat-Savarin, « dis-moi ce que tu manges, je te dirai ce que tu es » (1826).

Selon un principe d'incorporation analogique, la chair permet de refaire sa propre chair, le vin, son propre sang. Viande et vin ont ainsi longtemps constitué la diète des hospitalisés. La consommation de viande rouge est fortement recommandée aux XIXe-XXe siècles pour conserver ou recouvrer la santé, et le bouillon carné continue à restaurer les forces des convalescents. Dans ce système de pensée, les légumes verts font piètre figure. Du Moyen Âge au XXe siècle, la viande a bénéficié d'un discours médical plus que favorable, contrairement aux légumes, aliments considérés comme non nourrissants et difficiles à digérer. Il faudra attendre les années 1990 pour que le régime crétois (ou régime méditerranéen), théorisé au lendemain de la Seconde Guerre mondiale, soit présenté par le discours diététique nord-américain comme la panacée contre l'obésité, les maladies cardio-vasculaires, les cancers... Au tournant du XXIe siècle, dans les pays riches, de grandes campagnes de santé publique tentent de promouvoir un nouveau dogme diététique : les cinq portions de fruits et légumes par jour (*Five a Day*).

Ces politiques ont l'inconvénient de renforcer l'association des végétaux au monde des régimes et à la prévention des maladies. L'histoire des légumes croise celle des pénitences et des privations. Dans le monde catholique comme dans le monde orthodoxe, la diète végétale symbolise les jours maigres. Ces périodes d'abstinence (sans viande) ou de jeûne (sans viande et un seul repas quotidien) reposent sur une mortification des corps, ce qui conforte l'idée de légumes « non nourrissants » ; les malades, les femmes enceintes et les enfants sont d'ailleurs dispensés de faire maigre. L'expression elle-même « faire maigre » se définit négativement par rapport à la cuisine des jours gras.

Il en est de même pour la cuisine végétarienne en Occident : les saucisses, les boulettes ou les steaks végétariens soulignent bien que la norme reste la cuisine carnée. Dans un monde contemporain devenu lipophobe, marqué par le diktat de la minceur pour les femmes, légumes et salades annoncent les privations des régimes amincissants. Promus aliments sains, peu caloriques et riches en fibres, les végétaux nourrissent alors un nouveau préjugé lié au genre : une nourriture légère pour les filles, les légumes ; une nourriture rassasiante pour les garçons, la viande. La cuisson par le feu au barbecue, le plein air et les viandes restent des attributs de la masculinité.

Source essentielle de protéines végétales, les légumineuses jouissent d'une place de choix dans les régimes végétariens. Or ces dernières, comme les raves et les choux, ont longtemps pâti d'une association dévalorisante au monde paysan et à une matérialité terreuse : ce sont de vulgaires aliments de garde, roboratifs et, qui plus est, à l'origine de flatulences. Le mépris social en a fait des aliments adaptés aux estomacs supposés grossiers et vigoureux de la paysannerie et du petit peuple urbain. La consommation régulière de ces végétaux était réputée appesantir le cerveau et produire le sang épais des personnes rustres ou mal dégrossies, tels les « pedzouilles », terme péjoratif désignant des mangeurs de pois au début du XIXe siècle. Outre-Atlantique, les Québécois sont encore perçus par les élites canadiennes anglophones comme de rustiques mangeurs de soupe aux pois, une nourriture propre à... des bûcherons. Quant à l'ail, son odeur signe la rusticité et trahirait la basse origine sociale de ses consommateurs : « le mortier sent toujours les aulx », avertit un proverbe du XVe siècle.

De fait, nombre d'expressions proverbiales attestent l'image de pauvreté associée à une alimentation quasi exclusivement végétale, quand elle est la conséquence non d'un choix mais de la contrainte économique. « En faire ses choux gras » (XVe siècle), « cela vient à propos comme lard en pois » (XVIIe siècle), « mettre du beurre dans les épinards » (XIXe siècle) : c'est bien ici la viande ou la graisse d'origine animale ajoutée à des légumes qui marque une aubaine, la chance ou la richesse. Dans un monde occidental lipophile, les rêves de bonne chère ne s'entendaient que carnés. L'évolution sémantique du mot « viande » traduit cette prééminence. Le terme dérive du latin *vivenda*, ce qui entretient la vie. Jusqu'au XVIe siècle, il signifie « nourriture », mais à partir du XVIIe siècle il prend le sens restrictif actuel de chair – une mutation à apprécier dans le contexte d'une culture alimentaire marquée pour le plus grand nombre par les céréales, les légumes et les légumineuses, cette « viande du pauvre ». Et si les traités d'économie domestique de la fin du XIXe siècle, comme *Le Foyer domestique* (1902) d'Augusta Moll-Weiss ou *La Petite Cuisine* (1895) de Marie Delorme, présentent les pois, les haricots, les lentilles et les fèves comme « d'excellents légumes, aussi nourrissants que la viande » (M. Delorme), « d'une valeur nutritive équivalente à celle de la viande » (A. Moll-Weiss), ils ne les préconisent que pour les ménages modestes et les ouvriers, non pour la table des élites.

Autant dire que les légumes sont culturellement peu festifs dans l'imaginaire occidental. « L'homme véritablement digne du titre sacré de Gourmand, ne regarde guère les légumes et les fruits que comme des moyens de se récurer les dents et de se rafraîchir la bouche, et non comme des productions capables d'alimenter un strident appétit », écrira Grimod de La Reynière, l'un des pères du discours gastronomique français, dans l'*Almanach des Gourmands* (1803-1812). Qui plus est, le plat de légumes ne se prête résolument pas au jeu social de la découpe et du partage en fonction des préférences et/ou du rang de chaque convive, contrairement à la pièce de viande, à l'exemple de la dinde rôtie de Thanksgiving ou du réveillon de Noël. Par leur alimentation particulière, les végétariens se soustraient à la communion de la table, au rite du partage quasi sacrificiel de la viande. Leurs goûts et leurs dégoûts priment sur ceux du groupe, et leurs convictions remettent en question le partage en commun de mets carnés des fêtes traditionnelles. Ils en deviennent des rabat-joie aux yeux des omnivores, adeptes d'une commensalité communielle.

Les légumes souffrent, en outre, d'une réputation de mets secondaire. À la différence d'un mezzé oriental, dans l'ordre des mets en Occident, les légumes ne sont qu'un accompagnement du plat principal, la viande ou le poisson. Et si la consommation de certains végétaux a pu être un signe de richesse, par exemple les légumes primeurs, les asperges, les artichauts, les salades, à la table des puissants d'hier, ils ont toujours été servis lors de repas où la séquence principale demeurait celle du rôt (le service des viandes). Ainsi, lorsque le bon vivant Voltaire s'astreint, pour raison de santé, à un régime végétarien, il se décrit, confronté à la bonne chère de ses voisins de table, comme « l'eunuque du sérail, qui voit et qui ne fait rien ».

Et pourtant, nombre de végétaux sont sexuellement connotés, certains sont même supposés être aphrodisiaques : des légumes (artichauts, asperges, cardes, fèves fraîches, pois chiches), des fruits (amandes, châtaignes, figues, grenades), la plupart des épices, au premier rang le gingembre. Au rendez-vous galant de ces végétaux qui excitent le jeu de Vénus, parfois depuis l'Antiquité, est également convié un champignon, la truffe.

Le pouvoir échauffant des épices, classées comme chaudes par la médecine humorale et par le palais des mangeurs, explique les vertus aphrodisiaques prêtées au poivre ou au gingembre. L'analogie entre la figue et le sexe féminin, entre l'asperge ou l'artichaut et le sexe masculin, nourrit les représentations sexuelles de ces végétaux. L'imaginaire érotique de l'artichaut bénéficie également de la parenté entre la plante cultivée et le chardon sauvage, dont raffolent les ânes, par ailleurs réputés... pour la grosseur de leur membre viril ; l'artichaut était même supposé, à la Renaissance, permettre d'engendrer des enfants mâles, d'où sa consommation par Henri VIII Tudor. L'utilisation des pistils de la fleur de chardon comme présure afin de fabriquer des fromages, un usage avéré depuis l'Antiquité, a pu contribuer à cet imaginaire érotique et viril, tant le *fromage*, ce qui donne une *forme* au lait, a servi d'analogie à la grossesse. Aristote fait ainsi un parallèle entre la semence de l'homme qui donne forme au sang des femmes et la présure qui fait cailler le lait, un sang blanchi. Quant aux aliments venteux, ils ont été parés de vertus aphrodisiaques car ils offraient la preuve sonore que la machine corporelle fonctionne : il en va ainsi des châtaignes ou des fèves, d'autant plus que la morphologie de ces dernières rappellerait la forme des testicules...

Mais que les ennemis des végétariens se rassurent, certains végétaux sont supposés être froids et, par conséquent, anaphrodisiaques, telle la laitue. Faut-il y voir une des origines de l'incommensurable tristesse gastronomique de la feuille de salade esseulée traditionnellement placée en accompagnement d'un steak saignant dans les brasseries ?

BIBLIOGRAPHIE

– Julie Amerlynck, *Phraséologie potagère. Les noms de légumes dans les expressions françaises contemporaines*, Louvain-la-Neuve, Peeters, 2006.
– Renan Larue, *Le Végétarisme et ses ennemis*, Paris, PUF, 2015.
– Madeleine Ferrières, *Histoire des peurs alimentaires du Moyen Âge à l'aube du XXe siècle*, Paris, Le Seuil, 2002.
– Claude Fischler (dir.), *Les Alimentations particulières. Mangerons-nous encore ensemble demain ?*, Paris, Odile Jacob, 2013.
– Florent Quellier (dir.), *Histoire de l'alimentation de la Préhistoire à nos jours*, Paris, Belin, 2021.

VOIR ÉGALEMENT

La gastronomie est une affaire d'hommes
Les Japonais sont suicidaires
Les gros manquent de volonté
Les Indiens vivent dans la crasse

MARTIAL POIRSON

Un homme, ça ne pleure pas

LE 15 SEPTEMBRE 1940, LE PHOTOGRAPHE MARCEL de Renzis immortalise, dans un cliché voué à devenir iconique, un passant en larmes à Marseille devant le défilé de régiments français dissous en partance pour Alger. Le 3 mars 1941, le magazine *Life* publie cette photographie, mais retouchée afin de rendre les larmes plus visibles. *Le Français qui pleure* devient l'emblème de l'effondrement moral d'une armée défaite sans avoir combattu. L'ampleur des réactions que suscite cette photo est à l'image du tabou qu'elle transgresse. Depuis l'enfance, le mâle est dressé à refouler toute émotion : bomber le torse, soutenir le regard, garder la face en toute circonstance… Cette injonction à la rétention affective s'est cristallisée dans des expressions misogynes du type « Tu seras un homme, mon fils » ou « Pleurer, c'est pour les filles », des qualificatifs dégradants, voire des injures homophobes.

Les larmes auraient-elles un sexe ? Au « sexe faible », vulnérabilité, tendresse et bienveillance ; au « sexe fort », maîtrise et contrôle de soi. Ce partage est communément admis, à en juger par le succès planétaire du best-seller de John Gray *Les hommes viennent de Mars, les femmes viennent de Vénus*, publié en 1992. Ce manuel de psychologie à l'usage du couple recycle sans filtre les stéréotypes sur l'homme rationnel et la femme émotive. Le spécialiste du développement personnel n'invente rien, puisque dès l'Antiquité le masculin (*vir*) renvoie à un idéal de force physique, de fermeté morale et de puissance sexuelle. La dichotomie entre un masculin chaud et sec et un féminin froid et humide est un invariant anthropologique qui justifie l'opposition binaire des identités de genre. Ainsi, la théorie platonicienne exprimée dans le *Timée*, écrit vers 358 avant notre ère, entérine la séparation entre, d'une part, la tête et le cœur, sièges de l'âme rationnelle et de l'âme irascible, qui prédisposent au courage militaire, et d'autre part le ventre, où se trouve l'âme du désir concupiscent. Aristote va plus loin, affirmant que la femme est un simple réceptacle de la semence du mâle. D'un côté le sperme, de l'autre le sang, le lait et les larmes, dont il faut favoriser l'écoulement. Une conception binaire qu'on retrouve encore au XIXe siècle à travers la théorie des fluides nerveux qui explique l'émotivité féminine et ses pathologies, en particulier l'hystérie.

Le code de conduite de cette masculinité triomphante n'a pourtant pas toujours reposé sur l'interdiction des pleurs. Les larmes, auxquelles on reconnaissait une certaine noblesse, étaient même une arme dans la culture gréco-romaine, en vertu d'un partage rigoureux des émotions : aux chœurs de femmes les lamentations, aux héros l'indignation face à la fatalité du destin. Si l'existence de cortèges de pleureuses accompagnant les cérémonies funéraires est attestée depuis l'Égypte ancienne et s'est perpétuée dans certaines régions jusqu'à nos jours, c'est au héros que revient l'apanage des larmes glorieuses dans la culture hellénique. Dans l'*Iliade*, les héros d'Homère pleurent en signe de résignation face à leur sort ou de supplication des dieux. Le poème évoque à trois reprises les pleurs d'Achille, guerrier invulnérable : devant l'humiliation que lui a infligée Agamemnon en le privant de sa captive Briséis, puis devant la mort de son frère d'armes et ami intime Patrocle, enfin lorsqu'il pressent sa propre mort sous la flèche de Pâris.

Cette démonstration lacrymale de l'énergie virile du héros se manifeste par une gestuelle rigoureusement codifiée : frissons, palpitations du cœur, regard affolé, gémissements, hurlements... Dans l'*Odyssée*, Ulysse pleure de désespoir à de nombreuses reprises, se roule dans la poussière, se traîne dans la fange, se frappe le visage, s'arrache les cheveux et verse des torrents de larmes. Chaudes et fécondes, les larmes sont chez le mâle le signe avant-coureur du passage à l'action, alors que chez la femme elles sont la manifestation de la honte et de l'impuissance à agir. Une expression de l'émotion que perpétueront les grandes tragédies classiques, avec par exemple les fureurs d'Oreste dans *Andromaque* de Racine en 1667.

La tradition latine reprend cet héritage, qu'il s'agisse de célébrer la détermination sans faille du chef militaire ou d'exprimer la sensibilité passionnée et sensuelle de l'amant. Suétone, dans *La Vie des douze Césars*, au IIe siècle apr. J.-C., évoque à plusieurs reprises l'épanchement de Jules César face à ses troupes sur le champ militaire. Plutarque affirme que les Romains ont la larme plus facile que les Grecs, ce qui à ses yeux prouve la supériorité de leur civilisation.

Le christianisme impose, quant à lui, des larmes d'humilité et de piété. Déploration devant la souffrance, repentance pour ses péchés, compassion envers autrui et amour du prochain confortent la supériorité des pleurs sur le rire, considéré comme démoniaque. Adam, le premier homme, pleure la perte du Paradis. Le Christ verse lui aussi de saintes larmes qui seront honorées comme des reliques. « Bienheureux ceux qui pleurent, parce qu'ils riront », garantit le sermon des Béatitudes. Pleurer est signe d'élection, voie vers la rédemption et le salut, et surtout devoir de résignation face aux épreuves de la vie, une « vallée de larmes », à en croire les *Confessions* de saint Augustin. Les larmes sont un gage d'humanité, voire de sainteté, pour les monarques eux-mêmes, qui marquent par là leur soumission à Dieu. Ainsi, Charlemagne est sujet aux commotions les plus vives, qu'il assimile à une grâce divine, selon la *Chanson de Roland*, écrite au XIIe siècle : « L'Empereur reste là, tête baissée ; / Il tourmente sa barbe et tord ses moustaches ; / Il ne peut s'empêcher de pleurer. »

Ces effusions lacrymales se perpétuent jusqu'au XVIIIe siècle, le « siècle des larmes ». La philosophie des Lumières promeut la figure de l'homme sensible. Le roman sentimental vante ses mérites et le théâtre s'en fait une spécialité. Aveux amoureux, retrouvailles, reconnaissances sont autant de prétextes aux « scènes de mouchoir », occasions d'effusions sur commande pour des acteurs à succès. Ce théâtre n'est pas avare en émotions contagieuses qui se transmettent aux spectateurs, dans une sorte de communion avec le public, notamment le parterre, exclusivement masculin. « Je ne vous ai jamais écrit sans attendrissement, et je mouillais de mes larmes ma précédente lettre, mais enfin, la sécheresse des vôtres s'étend jusqu'à moi, mes yeux sont secs et mon cœur se resserre en vous écrivant », reproche Rousseau dans une lettre du 21 mars 1757 à Diderot, qui à son tour en « pleure de douleur ».

Même un roman de la conquête amoureuse conçue comme victoire militaire tel que *Les Liaisons dangereuses*, publié en 1782 par l'artilleur Choderlos de Laclos, ne peut faire l'impasse sur les larmes du séducteur. Valmont, l'homme à femmes, se conduit en habile stratège du pathétique feint. Alors qu'il simule la compassion pour séduire la pieuse Présidente de Tourvel, il se surprend à verser des larmes sincères, ce qu'il considère comme un aveu de faiblesse. Un tel jugement laisse poindre un changement prochain de mentalité.

Par contraste avec cette longue valorisation des larmes masculines, le XIXe siècle marque une franche rupture. Préconisant la retenue des émotions, il exhorte à la pudeur dans les sentiments, au moins en public. Napoléon impose l'idéal de virilité absolue du conquérant, tout en offrant dans sa correspondance avec Joséphine l'image d'un amant passionné et jaloux. Une ligne de partage se dessine alors, pour les hommes de pouvoir, entre un épanchement toléré en privé et un impératif de contrôle de son image sociale. Pleurer en public devient le curieux privilège des femmes. Dans *Lucien Leuwen*, écrit par Stendhal en 1834, le héros exprime sa honte d'avoir pleuré devant son sous-lieutenant, confessant que « c'est la perte de la dignité virile, surtout pour un jeune homme ». Les pleurs sont dès lors l'apanage d'hommes vieillissants : « Il est rare que, dans un âge avancé, où tout s'affaiblit, on ne devienne pas larmoyeux », observe Louis-Sébastien Mercier dans *La Néologie* dès 1802. Les larmes caractérisent les tempéraments « efféminés », expriment un manque de volonté et sont assimilées à la lâcheté, l'impuissance ou l'homosexualité.

Cette dichotomie impose une forme de ségrégation sexuelle des espaces sociaux. Collège, bordel, café, usine, deviennent les lieux d'un entre-soi masculin, cependant que le culte viril trouve sa plus vive illustration à la caserne, à partir de l'institutionnalisation de la conscription dès 1798, puis du service national masculin en 1872. L'armée instaure une discipline corporelle qui traduit une sujétion absolue et procède à l'aguerrissement du combattant, soumis à des exercices qui sont autant de rites de passage vers l'âge d'homme. Peur, froid, douleur, faim, épuisement physique et psychique sont autant d'épreuves destinées à affermir la volonté et à souder le groupe dans une fraternité virile qui repose sur le mépris des femmes et des hommes supposés leur ressembler. Les préjugés racistes se superposent aux préjugés sexistes, les indigènes de l'empire colonial étant décrits comme « efféminés ». Un code d'honneur du soldat infuse ainsi dans toute la société, relayé par l'école républicaine. En Angleterre, Rudyard Kipling, dans son poème « If », traduit en 1910 sous le titre « Tu seras un homme, mon fils », adresse à son jeune garçon un discours sans équivoque : courage, sacrifice et contrôle de soi permettent seuls de « voir détruit l'ouvrage de [s]a vie, / Et sans dire un seul mot [s]e mettre à rebâtir», «sans un geste et sans un soupir».

La barbarie des combats de la Grande Guerre éclipse brutalement l'exaltation du héros. Un million et demi de morts, trois millions de blessés, invalides et mutilés, toute une génération d'hommes brisés par le traumatisme des tranchées, imposent la prise de conscience d'une vulnérabilité masculine. Quel que soit leur milieu social, les lettres de poilus témoignent du retour aux pleurs dans l'expression du désarroi, de la privation et de la frustration. Avec *Guerre*, roman inachevé situé sur le front des Flandres, Louis-Ferdinand Céline fait œuvre littéraire du traumatisme de guerre, arguant que pour faire face au passé, qui «vous revient tout maquillé de pleurs et de repentirs», «il faut demander alors du vif secours à la bite» et «bander un coup féroce», car ainsi, «il est baisé le passé, il se rend un instant». Saisissant raccourci des derniers soubresauts d'une idéologie phallocrate, en pleine déconfiture du mâle dominant.

Bien que les régimes totalitaires marquent l'apogée d'un culte de la virilité comme stéréotype masculin de santé, de vigueur et de sacrifice héroïque, la Seconde Guerre mondiale renchérit sur l'humiliation d'un guerrier défaillant. Les larmes se muent alors en colère et résistance à l'ennemi. Tel est le sens de la rhétorique guerrière d'un Churchill lors de son discours devant la Chambre des communes du 13 mai 1940, promettant au peuple britannique «du sang, du labeur, des larmes et de la sueur». C'est précisément aux larmes d'un Jean Moulin «blême, saisi par l'émotion», que rend hommage André Malraux à l'occasion du transfert au Panthéon des cendres du résistant, le 19 décembre 1964 : « Et pendant que de Gaulle lui donnait l'accolade, une larme, lourde de reconnaissance, de fierté, et de farouche volonté, coulait doucement le long de la joue pâle de notre camarade Moulin. »

La mécanisation progressive du travail ouvrier et le développement d'une société de services fortement féminisée, à la faveur des Trente Glorieuses, accélèrent le déclassement de la figure de l'homme puissant et autorisent une redistribution des identités sexuées. S'opère alors dans la société occidentale un découplage entre virilité et masculinité, sapant les fondements du patriarcat et incitant à davantage de fluidité entre les genres.

Le virilisme est battu en brèche. Il devient source de moquerie, à l'heure où le cinéma, les séries télévisées ou la littérature mettent en scène des hommes qui pleurent. Au sein de nos démocraties compassionnelles, les figures du pouvoir ne sont plus avares en épanchements : l'agenouillement du chancelier Willy Brandt devant le mémorial des victimes du ghetto de Varsovie en décembre 1970, ou les sanglots de Barack Obama, rendant hommage en janvier 2016 aux victimes de la tuerie de l'école primaire Sandy Hook, ont marqué les esprits.

La société relaie cette mise en scène de la sensibilité masculine. Des hommes témoignent plus librement des difficultés de la paternité, du couple, de la sexualité, mais aussi de violences subies telles que l'inceste ou le viol, encore largement tabous. Ironie de l'histoire, ce retour des larmes masculines, censé battre en brèche les stéréotypes sexistes, est parfois instrumentalisé dans un discours victimaire d'hommes blancs hétérosexuels, qui imputent aux avancées du féminisme ou à la visibilité des mouvements homosexuels ou transsexuels une supposée crise de la masculinité, renversant ainsi les logiques d'oppression. Une sorte de sanglot du mâle blanc, lointain écho au « Fardeau de l'homme blanc » publié par Rudyard Kipling en 1899, qui prédisait aux colonisateurs : « Par tous vos pleurs et vos murmures, / Par ce que vous laissez, et par ce que vous faites, / Les peuples boudeurs et silencieux / Jugeront de vos Dieux et de vous. »

BIBLIOGRAPHIE

– Alain Corbin, Jean-Jacques Courtine, Georges Vigarello (dir.), *Histoire de la virilité*, 3 vol., Paris, Le Seuil, 2015.

– Alain Corbin, Jean-Jacques Courtine, Georges Vigarello (dir.), *Histoire des émotions*, 3 vol., Paris, Le Seuil, 2021.

– David D. Gilmore, *Manhood in the Making. Cultural Concepts of Masculinity*, New Haven, Yale University Press, 2011.

– George L. Mosse, *L'Image de l'homme. L'invention de la virilité moderne*, Paris, Pocket, 1999.

– Klaus Theweleit [1977], *Männerphantasien*, Berlin, Matthes & Seitz, 2019.

– Anne Vincent-Buffault, *Histoire des larmes*, Paris, Payot, 2001.

VOIR ÉGALEMENT

La gastronomie est une affaire d'hommes

Les femmes sont hystériques

Les homosexuels sont tous efféminés

Les Italiens ne savent pas se battre

CHARLOTTE THOMAS

Les Indiens vivent dans la crasse

DIRE QUE L'ON TRAVAILLE SUR L'INDE ET QUE L'ON S'Y rend fréquemment, c'est souvent s'exposer à deux types de remarques de la part des interlocuteurs. D'une part, les Indiens sont un peuple « spirituel », sous-entendu « pacifique » ; d'autre part, ils sont « sales ». Ces deux réflexions sont reliées par une troisième, celle de la « pauvreté », en dépit de laquelle les Indiens vivraient heureux, précisément, grâce à leur « spiritualité ». L'image métaphorique de ces clichés est l'intense activité humaine qui se déploie sur les *ghâts*, ces rives du fleuve sacré du Gange. Le triptyque pauvreté-saleté-spiritualité est omniprésent dans les représentations de l'Inde véhiculées en Occident, mais réfléchir au préjugé sur la saleté des Indiens n'est pas, à proprement parler, disserter sur la prétendue spiritualité ontologique des Indiens. Aujourd'hui, en Inde, au nom de la religion hindoue faite politique, chrétiens et musulmans n'ont jamais été autant ciblés par les attaques des milices hindouistes.

Si vous vous rendez en Inde, vous ne manquerez pas de croiser d'himalayens tas de *kachrā* (ordures), tandis qu'une odeur âcre viendra chatouiller vos narines, davantage habituées à la pollution aux hydrocarbures qu'aux émanations rances de poubelles et de fange. Il convient pourtant de rapporter l'omniprésence des ordures aux caractéristiques démographiques de l'Inde. La densité moyenne est de 469 habitants au kilomètre carré et jusqu'à plus de 200 000 habitants au kilomètre carré dans le bidonville de Dharavi (immortalisé dans *Slumdog Millionaire*, film britannique de Danny Boyle adapté, en 2008, d'un roman indien de Vikas Swarup paru en 2005 et traduit en français sous le titre *Les Fabuleuses Aventures d'un Indien malchanceux qui devint milliardaire)*. Au-delà de cet entassement humain réel, les Indiens sont-ils véritablement « *gandā* » (sales) ? Certes, les photos d'enfants jouant gaiement dans des tas d'ordures sont légion, le cheveu en bataille, mais le sourire aux lèvres ; ou encore de femmes pataugeant dans des marécages d'immondices, tout en étant parées d'anneaux de nez et de saris chatoyants qui ravissent l'œil occidental. Les arts ont eux-mêmes largement transmis cette vision de l'Inde. Pour le cinéma, il n'est que de regarder *L'Inde fantôme* de Louis Malle, sorti en 1969, ou *La Cité de la joie* de Roland Joffé, sorti en 1992, pour percevoir ces deux démarches qui sous-tendent cette représentation de l'Inde : l'une, ouvertement méprisante pour cette population infantile, au rapport à l'hygiène douteux, comme le seraient tous les adolescents ; l'autre, bien-pensante et empreinte de bienveillance à l'égard de ce peuple si courageux. La saleté devient alors vertu, et sa proximité met en lumière la résilience des Indiens et leur capacité à vivre « heureux » dans des conditions difficiles. En fait, quoique apparemment opposées, ces représentations sont les deux faces d'une même médaille : l'essentialisation d'une saleté pauvre, ou d'une pauvreté sale, qui serait « naturelle » et inhérente à la population indienne. De façon significative, ces descriptions de la saleté sud-asiatique sont rares sous la plume ou à travers l'œil d'artistes du sous-continent qui, au contraire, dans leur majorité, dénoncent cette situation. Songeons au *Dieu des Petits Riens* d'Arundhati Roy ou au *Mariage des moussons* de Mira Nair.

L'idée d'une souillure « poétique » est principalement le fait de l'Occident, et constitue un cliché éculé et bien confortable. En essentialisant la saleté indienne, elle lui soustrait sa dimension politique... tout en en faisant un usage largement politique. Il suffit de revenir à l'époque coloniale, où l'absence supposée d'hygiène des Indiens était appréhendée plus globalement au prisme d'un peuple « dans l'enfance » qu'il convenait « d'éduquer ». Se trouvait du même coup légitimée la présence des colons, notamment les missionnaires britanniques. En réalité, Londres n'a jamais équipé le sous-continent en sanitaires ou formé un corps de métier prenant en charge les ordures. La seule démarche en ce sens a lieu en 1865, et à destination de l'armée, quand la Couronne dote chaque cantonnement d'une police sanitaire, avec pour objectif le seul maintien du pouvoir colonial.

La raison d'être de cette « saleté extérieure » est, en effet, socioreligieuse. Elle est à rechercher dans l'ancêtre de l'hindouisme, le brahmanisme, qui organise la société hindoue en quatre grands *varnas* endogames et hiérarchisés (plus ou moins les « castes »). Il s'agit des *brahmanes,* les lettrés, des *kshatriyas*, les guerriers, des *vaishyas,* les commerçants, et des *shudras,* les ouvriers et employés agricoles. En dehors de ce système se trouvent les étrangers, les *mlechchas*, et les *dalits*, les opprimés, appelés « intouchables » de façon péjorative. Ils sont statutairement inférieurs à la caste la plus basse. Cette structuration repose sur la pureté supposée de chaque groupe, voilà pourquoi la notion de salissure est primordiale dans cette représentation du monde. Il incombe aux *dalits* de prendre en charge les tâches considérées comme dégradantes, car impures. Sous les effets de la socialisation, la prévalence de la pureté s'est transmise aux groupes religieux musulmans et chrétiens. Aujourd'hui, elle est une réalité sociale et plus strictement religieuse : quand on n'est pas tout en bas de l'échelle sociale indienne (et non « hindoue »), on ne nettoie pas les latrines, on ne ramasse pas les poubelles, on ne jette pas soi-même ses ordures, d'où un espace public jonché d'immondices. À l'exact opposé, l'impératif de pureté explique la propreté des intérieurs indiens : puisque l'on y mange assis par terre et avec la main droite, il est crucial que l'espace privé demeure propre et « pur » afin de ne pas polluer la nourriture qui pourrait souiller le corps. Il est donc possible, à ce stade, de nuancer l'idée de « propreté » en y accolant l'adjectif « occidentale ».

À cette explication sociologique de la saleté dans les espaces publics indiens s'ajoute une dimension politique, au sens de « gouvernement des affaires de la cité », car il y a bien une absence de politique publique de collecte et de traitement des déchets. Gandhi avait essayé, en son temps, de faire évoluer les mentalités indiennes sur ce point. Aussi nettoyait-il lui-même ses toilettes et exigeait-il que les membres de son ashram, son lieu de retraite, fassent de même. Cette démarche paternaliste, par l'exemple du maître charismatique, ne peut fonctionner en l'absence d'une véritable politique éducative d'une part et, d'autre part, d'une prise en charge concrète des ordures, en termes de logistique et d'infrastructures. En octobre 2014, Narendra Modi, alors tout nouveau Premier ministre, avait lancé une grande opération, « *Swachh Bharat Abhiyan* » (« mission Inde propre »), dans laquelle lui-même et ses ministres se mettaient en scène balayant les rues et ramassant les ordures, sous des nuées de caméras, twittos et autres relais d'information. Modi s'était également engagé à ce que chaque foyer soit pourvu de toilettes d'ici à 2030. En dépit des autosatisfecit dont ce gouvernement est friand, ces opérations de communication n'ont pas porté leurs fruits. Le ministre de l'Union a eu beau déclarer en 2019 que l'Inde avait atteint son objectif d'un sanitaire par maison onze ans avant l'échéance qu'il s'était fixée, le bureau en charge de l'enquête nationale de santé familiale (*National Family Health Survey*) indiquait en juin 2022 que 19 % des foyers pratiquent toujours la défécation en plein air, en l'absence de sanitaires. Dans de nombreuses zones rurales, ce chiffre monte à près de 50 % de la population. Parallèlement, les *dalits* demeurent les esclaves modernes de la pureté des castes supérieures. Contraints d'exercer leur métier insalubre dans des conditions inhumaines, ces hommes et ces femmes risquent leur vie quotidiennement, et les morts sont fréquentes mais n'émeuvent pas grand monde.

L'échec de ces opérations hygiénistes n'est guère surprenant, et s'y retrouve la même aporie que dans la démarche gandhienne. Des infrastructures sont construites, ce qui n'est pas le cas partout en Inde, mais l'absence de politique éducative relative à la pureté induit la reproduction des pratiques. En outre, le *Bharatiya Janata Party*, Parti du peuple indien dont est issu Narendra Modi, est, historiquement, un parti dont les membres appartiennent aux hautes castes hindoues. L'émancipation des *dalits*, ainsi que la prise en charge par chacun de sa propre crasse, n'est pas véritablement la priorité politique de ses cadres, en dehors des dynamiques électoralistes ou clientélistes. Pour toutes ces raisons, le chemin qui mènerait à une conception occidentale de la propreté semble encore long. Plus largement, le non-traitement des déchets domestiques, combiné à la politique industrielle mise en œuvre par New Delhi et au rôle de l'Inde dans la chaîne de production internationale, commence à peser très lourdement sur les écosystèmes indiens. Comme partout dans le monde, les plus pauvres en sont les premières victimes – les mêmes « corvées de toilettes » depuis des millénaires. De nos jours, l'œil larmoyant et le cœur charitable à l'égard de la saleté à laquelle seraient astreints les Indiens n'émeuvent plus grand monde lorsqu'il s'agit d'y envoyer nos bateaux rouillés afin de les démanteler ou nos déchets médicaux à retraiter, selon une division internationale des tâches qui est le fruit du capitalisme libéral. Au bout du compte, la dépolitisation de la « saleté » indienne permet à l'Occidental de vivre confortablement son autre cliché de l'Inde, celui de la spiritualité.

Il convient néanmoins de se prémunir de tout orientalisme, selon la notion forgée par l'universitaire palestino-états-unien Edward Said, afin de conceptualiser le regard condescendant et impérialiste que « l'Occident » porte sur

« l'Orient ». Ce que les interlocuteurs béotiens ne demandent jamais est : que pensent les Indiens de notre hygiène occidentale ? La réponse aurait le mérite de remettre les ego à leur place, car, de fait, les Indiens considèrent que les Occidentaux sont sales. Les usages occidentaux sont souvent incompréhensibles pour les Indiens : manger avec des couverts douteux et non pas avec sa propre main ; se moucher à l'air libre et enfermer ce microcosme dans un mouchoir de cellulose, ensuite placé dans une poche et conservé des heures avant de s'en resservir ; ou, summum de l'horreur, préférer du papier toilette au nettoyage systématique à l'eau. Observer la réaction indienne de dégoût face à l'usage occidental des toilettes force à une salutaire humilité. Cette réalité devrait encourager une posture réflexive quant aux critiques occidentalo-centrées portées sur les autres. Dès lors, il est essentiel, pour l'intelligence collective, que la compréhension du monde soit toujours guidée par les mots de Michel de Montaigne : « Chacun appelle barbarie ce qui n'est pas de son usage. » Ce constat œuvre à l'indispensable compréhension mutuelle et à la saine tempérance. En ces temps troublés, ce n'est pas un luxe, ni un cliché.

BIBLIOGRAPHIE

— Banjot Kaur, « In eight years of Modi's rule, eight hits and misses by the Health Ministry », *The Wire*, 15 juin 2022.

— Mathilde Loire, « Le système des castes en Inde en 10 points », *Asialyst*, 2018.

— Michael Safi, « "I'm born to do this" : Condemned by caste, India's sewer cleaners risk death daily », *The Guardian*, 4 mars 2018.

VOIR ÉGALEMENT

Les hommes et les femmes préhistoriques vivaient comme des bêtes

Les barbares sont des vandales

On se croirait revenu au Moyen Âge !

Les pauvres vivent sur le dos des riches

SABINE DULLIN

Les Russes ont besoin d'un homme à poigne

« CE N'EST PAS D'AUJOURD'HUI QUE LES ÉTRANGERS s'étonnent de l'amour de ce peuple pour son esclavage », ces mots du marquis Astolphe de Custine, dans le best-seller que furent au temps du tsar Nicolas Ier ses *Lettres de Russie*, publiées en 1843, pourraient presque provenir d'un article interrogeant le rapport des Russes au président Poutine. Custine lui-même s'étonnait de lire, sous la plume du baron Sigismund von Herberstein, ambassadeur du Saint Empire romain germanique auprès du tsar trois siècles plus tôt, une interrogation similaire à la sienne : « J'ignore si c'est le caractère de la nation russe qui a formé de tels autocrates, ou bien si les autocrates eux-mêmes ont donné ce caractère à la nation. »

Le récit d'Herberstein était peu connu, tant le regard sur la Russie était alors marqué par l'indifférence : une contrée perdue, barbare et lointaine, hors d'Europe. Le récit de Custine, en revanche, fait mouche et contribue à forger une image durable des Russes et de leur gouvernement, née de la conjoncture des années 1830-1855. La Russie, pleinement entrée dans le concert européen depuis Pierre le Grand et Catherine II au XVIIIe siècle, n'est plus une inconnue ; elle est même devenue un pilier de l'équilibre des puissances depuis le congrès de Vienne et la Sainte-Alliance en 1815. En France, la russophobie est alors très forte dans les milieux libéraux et républicains, qui s'enflamment en faveur de la nation polonaise luttant pour son indépendance et violemment réprimée par les troupes du tsar. En Allemagne, Karl Marx reprend le concept de despotisme oriental, utilisé par Montesquieu dans *L'Esprit des lois* en 1748, pour décrire l'Empire tsariste comme une variante d'un mode de production asiatique sur le plan économique et social et une monstruosité byzantino-mongole sur le plan politique, une impasse au regard de l'évolution historique des sociétés. Alexis de Tocqueville, dès 1835 dans *De la démocratie en Amérique*, s'intéresse aux deux peuples en devenir, ceux de l'Amérique et de la Russie, et il fait de la servitude et de la conquête militaire la clé du gouvernement et du dynamisme des Russes, à l'inverse d'un projet américain libéral dont la colonisation se fonde sur l'agriculture. Pour lui, le peuple russe concentre dans un seul homme toute la puissance de la société.

Les faits semblent donner raison à ces penseurs. Prince-dieu, le tsar a tous les pouvoirs. Depuis Pierre le Grand, le siège du patriarche de l'Église orthodoxe est vide et le clergé est mis au service de l'État tsariste. La noblesse n'a aucun droit politique depuis la suppression par ce même souverain de l'assemblée des boyards et l'instauration d'un Conseil d'État. Noblesse terrienne, son obligation de servir le tsar s'organise depuis 1722 dans une table des rangs en quatorze classes. C'est l'état du service universel. Mais le pouvoir d'un seul est aussi, à l'échelle de la communauté agraire, le pouvoir du propriétaire foncier sur ses âmes, les moujiks. Rien n'a plus marqué le regard que l'on porte sur la Russie que le servage installé au XVIe siècle, alors même que l'Europe s'émancipe des liens féodaux. Des hommes et des familles appartiennent à d'autres hommes et femmes qui peuvent les acheter avec la terre, les céder contre de l'argent, les hypothéquer et parfois les affranchir.

On pourrait croire que ce regard souvent négatif et parfois très méprisant sur le peuple russe est purement occidental. Il est à son paroxysme au moment de la guerre de Crimée, qui fait de la Russie, entre 1853 et 1856, l'adversaire de l'Europe coalisée aux côtés de l'Empire ottoman. Toutefois, en Russie même, les détracteurs de l'absolutisme sont nombreux en ce XIXe siècle. Qu'il s'agisse de révolutionner la société comme le prône le philosophe politique Alexandre Herzen ou de dénoncer les travers du temps comme le fait si brillamment l'écrivain Nicolas Gogol, ils fustigent la chaîne de servitude et d'humiliation qui entrave le pays et imprègne le corps et l'esprit des Russes d'une sorte d'amour masochiste pour le tsar, le «petit père» (*batiouchka*), et pour la Puissance russe qui les exalte en les écrasant.

Ce couple, despotisme et servitude, semble se reconfigurer dans le totalitarisme de l'époque soviétique. À la mort prématurée de Lénine, chef incontesté du parti bolchevique, en 1922, ses camarades, et au premier chef Staline, décident la construction d'un mausolée où sera exposé à la vénération du peuple le corps momifié du fondateur de la nouvelle Russie. En 1929, pour les cinquante ans de Staline, secrétaire général du Parti communiste de l'Union soviétique, s'organise autour du guide un culte de la personnalité. Cependant, ce culte ne signifie encore rien au début des années 1930, alors que les paysans sont vent debout contre la collectivisation qui leur reprend les terres données par la révolution de 1917. Alors que l'étau politique se resserre au sein du Parti, les opposants de droite comme Boukharine ne peuvent que dénoncer à demi-mot le nouveau servage des paysans institué par celui qu'ils appellent « le patron ». Serait-ce le retour de la barbarie, avec un nouveau Gengis Khan au Kremlin ? Et pourtant, on chante aussi *L'Internationale* : « Il n'est pas de sauveur suprême, ni Dieu, ni César, ni tribun. »

Ceux qu'il est possible de critiquer, ce sont les bureaucrates. On le faisait déjà avant la révolution. Et Lénine le premier les dénonce après 1917. Ce sont les résidus bourgeois et nobles de l'ancien régime et du chauvinisme grand-russe. Taper sur les intermédiaires permet de sanctuariser le dictateur. Lorsque les gens du peuple écrivent au camarade Staline, comme le faisaient leurs ancêtres dans des suppliques à l'adresse du tsar, ils signalent ce qui ne marche vraiment pas et désignent tel directeur de kolkhoze, tel fonctionnaire du Parti, comme coupables. Le « petit père des peuples » est ainsi interpellé mais épargné. Il est le tout-puissant, une figure intouchable dans son Kremlin et en même temps presque fragile dans son isolement. Il est celui qui peut tout mais aussi celui dont on croit qu'il ne sait pas ce qui se passe.

Il faut cependant attendre l'épreuve du feu de la Grande Guerre patriotique pour que Staline, le généralissime, devienne une figure adulée en URSS. Presque chaque famille a vécu dans sa chair la déportation au goulag, voire les exécutions, mais sur le monticule des vingt-sept millions de morts, de souffrances et de sacrifices de la guerre contre le nazisme se scelle dans le sang une nouvelle alliance entre le tsar rouge et son peuple.

Le consentement au pouvoir absolu d'une grande partie des Russes du passé, des Soviétiques et des Russes aujourd'hui ne peut être dissocié de l'usage de la violence et de l'arbitraire qui orientent les comportements et plaident pour les stratégies d'évitement, d'enfouissement le plus loin possible du politique et du pouvoir. Parfois, la mémoire de cet usage suffit pour maintenir l'obéissance.

« Mille milliards de millions de knouts », s'écrie le tchékiste de la Guépéou sur une planche de *Tintin au pays des soviets*, qui paraît dans *Le Petit Vingtième* en 1929. Le jeune Hergé décrit l'Union soviétique comme le terrain de jeu d'une terrible bande de menteurs et de criminels, prêts à tout pour affamer leur peuple, tromper l'opinion étrangère et supprimer ceux qui veulent savoir. Le knout est associé au pays depuis longtemps. Le tome IX de l'*Encyclopédie*, paru en 1765, lui consacre une notice entière : « Supplice en usage parmi les Russes ; il consiste à recevoir sur le dos un certain nombre de coups d'un fouet fait avec un morceau de cuir fort épais, qui a 2 ou 3 pieds de longueur et taillé de façon qu'il est quarré et que ses côtés sont tranchants. » Tombé en désuétude depuis le milieu du XIXe siècle, il reste comme le symbole du châtiment corporel en Russie et en Union soviétique. L'arbitraire caractérise en effet le système répressif de la Russie dans la longue durée. La justice est aux ordres du pouvoir, qui dispose d'une police politique. La déportation dans l'enfer blanc des étendues glacées de Sibérie peut même se passer de toute procédure judiciaire et se faire par décret (oukase). La lutte contre les ennemis du régime s'inscrit dans une pédagogie fondée sur l'intimidation et la terreur. La Tcheka (puis le KGB), créée après la révolution d'octobre 1917, fait bien pire que l'Okhrana, la police politique du tsar.

Le totalitarisme stalinien va aussi bien plus loin que l'autocratie russe dans l'intériorisation de la contrainte au sein du peuple russe. En témoignent les procès de Moscou de 1936-1938, qui offrent cette mise en scène déconcertante d'un scénario judiciaire où victimes et bourreaux jouent leur partition dans une sorte de réalité alternative. Les anciens compagnons de Lénine et les responsables communistes placés dans le box des accusés avouent ainsi publiquement des crimes contre le peuple, tous plus odieux les uns que les autres, et des actes terroristes au service de Hitler, qu'ils n'ont en rien commis.

Est-ce à dire qu'il y aurait un destin russe, une fatalité qui pousserait à ne révérer chez le tsar, le secrétaire général du Parti ou le président de la Fédération que les hommes à poigne qui vous maltraitent ? Il est vrai que, d'Alexandre II à Mikhail Gorbatchev en passant par Nikita Khrouchtchev, ceux qui tentent de desserrer l'étau et de libéraliser la société par en haut finissent mal, assassinés comme le premier ou contraints de démissionner pour les deux suivants.

Une forme de déterminisme géoculturel a souvent été invoquée. La démocratie serait incompatible avec l'espace immense et ouvert de la steppe, avec la continentalité eurasiatique refermée sur elle et sans rivages.

Pour tenir ensemble une mosaïque discontinue de communautés rurales éloignées les unes des autres, il faudrait une main de fer. Pour gouverner les multiples entités ethno-politiques d'un Empire qui s'est agrandi par une incessante conquête, il faudrait que l'empereur soit craint. La priorité est à la puissance de l'État, le bien-être de la population n'entrant presque jamais en considération. Saint-Pétersbourg, que fait construire Pierre le Grand sur les marécages de la Neva battus par un vent glacé, dit assez combien la grandeur permet tous les sacrifices. L'enjeu est de sortir de l'arriération, dans une émulation permanente avec les grands du monde que sont alors les Européens. Deux siècles et demi plus tard, Staline poursuit cette politique : la construction d'une industrie puissante à n'importe quel prix est la clé pour que la Russie retardataire cesse de se faire battre.

Svetlana Alexievitch, prix Nobel de littérature, a consacré son œuvre à démonter, en s'intéressant aux émotions des femmes et des mères confrontées à la guerre, ce militarisme exacerbé qui pèse sur l'homme soviétique et aujourd'hui russe, lesté de ce devoir d'aller combattre pour la grandeur de la patrie, contre le fascisme, contre le capitalisme, pour l'internationalisme prolétarien et, de nos jours, contre les suppôts de l'Occident.

Le besoin de chefs n'est pourtant pas une spécificité russe. Il se reconfigure dans toutes les sociétés. À l'heure de la révolution industrielle et à l'ère des masses, les formes de légitimité du chef, tantôt charismatique, tantôt bureaucratique, ont été analysées par Max Weber. Gustave Le Bon écrit que « les hommes en foule ne sauraient se passer de maître ». Parue en 1895, sa *Psychologie des foules* est immédiatement traduite en russe et connaît deux éditions en un an. Lénine, dans son *Que faire?*, écrit en 1902, l'a bien compris quand il évoque la nécessité pour faire la révolution de chefs professionnels à l'avant-garde des masses. Le besoin de chefs dictateurs dont l'autorité repose sur un mélange de crainte et d'adulation n'est pas non plus uniquement russe. Les régimes totalitaires qui se développent dans le premier XXe siècle, qu'ils soient fascistes ou communistes, mettent en place une relation d'emprise du chef sur un corps social atomisé. Des années 1930 aux années 1970, les démocraties dans le monde sont très minoritaires.

« Nous n'avons pas besoin d'intelligents, nous avons besoin de fidèles. » Cet adage, qui peut s'appliquer à la ferveur religieuse comme à la politique, provient du récit de science-fiction des frères Strougatski *Il est difficile d'être un dieu*, paru en 1964. Il interroge la place ambivalente de l'intelligence dans un régime autoritaire. Dans le cas russe, l'intelligentsia est un groupe dont l'importance à la fois culturelle, morale et politique, tient au fait d'être en marge. Appartenant aux élites sociales, elle se refuse le plus souvent à servir le pouvoir, entre fréquemment en dissidence et, malgré sa distance à l'égard des classes populaires, veut servir le peuple, tout en ayant peur de ses révoltes dont la violence n'épargne personne. Vu d'Occident, c'est la meilleure part de la Russie. Elle prépare les transitions politiques aussi bien lors des révolutions de 1905 et de février 1917 qu'au moment de la Perestroïka. L'intelligence et la compétence prennent alors le pouvoir pour transformer la société russe. Pourtant, l'intelligentsia n'est pas non plus imperméable aux sirènes du despotisme quand il se fait idéologique, messianique et populiste. De la radicalité bolchevique jusqu'aux accents populistes de Poutine prétendant avoir sorti la Russie du chaos économique et de l'humiliation des années 1990, la fantasmagorie d'une idée qui tient lieu de réalité garde une véritable puissance d'attraction sur le peuple comme sur les élites.

Pour que l'assertion du marquis de Custine et de tant d'autres après lui devienne un préjugé que l'on peut balayer d'un revers de la main, il faut encore que, parmi les élites et le peuple russes réunis, l'emportent ceux qui veulent se passer définitivement de chef suprême.

BIBLIOGRAPHIE

– Svetlana Alexievitch, *La Fin de l'homme rouge ou le Temps du désenchantement*, Arles, Actes Sud, 2013.
– Astolphe de Custine, *Lettres de Russie. La Russie en 1839* (éd. Pierre Nora), Paris, Gallimard, 1975.
– Sabine Dullin, *L'Ironie du destin. Une histoire des Russes et de leur empire (1853-1991)*, Paris, Payot, 2021.
– Nicolas Gogol [1842], *Les Âmes mortes. Les aventures de Tchitchikov*, Paris, Gallimard, 1973.
– Martin Malia, *L'Occident et l'Énigme russe. Du Cavalier de bronze au mausolée de Lénine*, Paris, Le Seuil, 2003.

VOIR ÉGALEMENT

Les Noirs sont serviles par nature
Les musulmans ne peuvent pas vivre sans calife
Les Italiens ne savent pas se battre

BERNARD CERQUIGLINI

La langue française est fichue

ON NE SAURAIT LE CONTESTER : NOS ENFANTS SONT PLUS jeunes que nous. Leur langue n'est donc pas exactement la nôtre ; nous y relevons des erreurs et des audaces que nous corrigeons par réflexe, ignorant que dans cet écart gît parfois la norme de demain. Furtivement infidèle à la mère, usant de la néologie comme affirmation de soi, la langue « maternelle » fait écho au renouvellement des générations. À des rythmes et selon des modalités diverses, tous les idiomes vivants évoluent : comparée à celle de Chrétien de Troyes (XIIe siècle), la langue de Marcel Proust n'est qu'un vaste barbarisme. À l'ardeur innovante des cadets répond le dépit des aînés, trahis par la désinvolture néologique, dépossédés de leur mission de transmission, avides de maintenir un héritage (dont ils oublient qu'ils ont disposé librement). L'évolution naturelle des langues est rarement vue comme un progrès. C'est la source du purisme, mélancolie du langage, défense de l'idiome contre lui-même. Certains en font profession: la grammaire normative (« dites et ne dites pas ») fleurit dans la plupart des grandes langues écrites, avec une opiniâtreté qui n'a d'égale que son impuissance: elle ne peut que freiner un temps le cours de l'idiome.

En français toutefois, les changements affectant le son (depuis peu, on ne distingue plus /in/ et /un/), le sens (« trop », chez les jeunes, ne désigne plus un excès), la forme (nouveauté syntaxique: on s'interroge *sur comment* répondre à la crise), les emprunts (principalement anglais), ces mille petites innovations qui affectent journellement un corps de la langue qui reste robuste, svelte et identique à lui-même sont perçues comme une dégénérescence. En français, la lente métamorphose de l'idiome est vécue comme une catastrophe: « La langue française est fichue. » Le refrain est ancien: « On ne sait plus le français, on ne l'écrit plus, on ne le parle plus », se désolait Félicité de La Mennais, en... 1852. En 1923, André Thérive publiait *Le Français langue morte*.

C'est un trait du français (et de fait, un signe de sa bonne santé) que l'annonce régulière de sa fin. Ou du moins de son péril extrême: la langue française est toujours à défendre. En 1549, quand Joachim du Bellay publie *Défense et illustration de la langue française* (on oublie vite le second terme); contre quoi convient-il de la défendre? Le latin recule comme langue écrite de prestige et d'administration (dix ans auparavant, l'ordonnance de Villers-Cotterêts a bâti une justice royale en français), Ronsard est le plus grand poète européen. Un péril tangible ne pouvait provenir que d'un excès d'emprunts italiens, favorisés par la cour italienne de Catherine de Médicis. En 1578, le philologue Henri Estienne publie un pamphlet contre la fâcheuse italianisation de la langue ; toutefois, des italianismes mondains qu'il dénonce, pas un n'est resté dans la langue. Quatre siècles plus tard, il en fut de même du véhément *Parlez-vous franglais ?* (1964) dirigé par René Étiemble contre l'anglo-américain : les anglicismes à la mode fustigés (*drink*, *footing*, *milk-bar*, etc.) ont pour la plupart disparu. L'apparition d'un mot emprunté est notable, mais sa disparition passe inaperçue : on ignore par suite, en général, que peu d'emprunts s'installent durablement. Le français, comme toutes les langues, adopte les termes qui lui manquent, dont il a besoin, et qui l'enrichissent.

Que l'angoisse d'un déclin, voire la certitude commune que l'idiome est en grave danger, soit singulièrement forte en français tient à des raisons historiques. Il convient tout d'abord de faire la part du Grand Siècle : le thème du déclin de la langue a une histoire, qui commence au XVIIIe siècle. Pour Voltaire, la langue a atteint son sommet avec Jean Racine (et Philippe Quinault, un auteur dramatique oublié !) ; elle ne peut que décroître, il convient de la préserver ; une véritable « défense » de la langue commence alors, ainsi que le succès des grammaires puristes. On regrette un passé glorieux, alors que, pour reprendre l'expression de Marc Fumaroli, « l'Europe parle français » (et s'éclaire de nos philosophes), que la langue, en belle expansion, invente des milliers de termes techniques, comme en témoignent les volumes de l'*Encyclopédie* de d'Alembert et Diderot ; singulier paradoxe.

Il convient également de faire la part de la grammaire, dont la tradition est étonnamment puissante. Peu de langues furent aussi décrites que le français, observé, codifié, normalisé depuis le XVIIe siècle ; aucune ne possède un organisme de prescription aussi officiel que l'Académie française ; depuis le XIXe siècle, l'orthographe est l'emblème de la langue, et la preuve quantifiable de sa maîtrise (dictée). Parler français, c'est être un peu grammairien, rechercher la norme, la rappeler, au besoin avec véhémence : la querelle de langage est le sport national. Toute néologie, par suite, est fautive.

Il convient, enfin, de rappeler la nature politique de la langue française. L'intérêt que l'État français, qu'il fût royal, impérial ou républicain, a porté à la langue est une constante. Au XVIe siècle, avec l'ordonnance de Villers-Cotterêts, François Ier impose le français dans l'administration et dans les actes juridiques ; au XVIIe siècle, la langue du roi reçoit son institution : Richelieu transforme un club d'écrivains en une *Académie françoise*, organisme d'État ; avec la Révolution, nation, langue, État constituent désormais le trépied d'où la République s'élève. Si l'État en France s'est constitué au travers de sa langue, la langue s'est constituée à travers l'État, dont on sait combien il est puissant, centralisé, unique ; il en est de même de sa langue. Le français est ainsi vécu dans un imaginaire de monolinguisme. Pureté, clarté et homogénéité de la langue coïncident, pense-t-on, dans l'unicité partout recherchée. On comprend par suite la fonction identitaire de l'idiome. Quelle est l'identité de la France ? Sa langue.

Dès lors, c'est dans l'idiome qu'émerge le doute identitaire. Les grands moments d'inquiétude sur la vitalité de notre langue scandent le récit national. Ainsi, à feuilleter la presse, on note que la « crise du français » fut d'actualité après 1870 (et la perte de l'Alsace-Moselle), dans les années 1920 (reconstruction d'après-guerre), à la fin des années 1990 (construction européenne), de nos jours (face à la globalisation d'inspiration états-unienne). Regret d'empire, incertitude économique, recul diplomatique : les anxiétés nationales de tous ordres prennent figure d'inquiétude linguistique. À l'inverse, un trouble dans l'idiome touche à l'identité : attenter à l'accent circonflexe met en cause l'unité de la nation.

Certes, les faits sont têtus : la langue française va bien. On ne l'a jamais autant parlée, écrite, apprise ; elle est l'idiome maternel de centaines de millions d'humains dans le monde ; sa créativité lexicale universelle est impressionnante. Mais les faits sont inopérants : pour la France quand elle doute, pour un pays incertain de lui-même aujourd'hui, déchiré au-dedans, minoré au-dehors, la langue est le lieu, l'expression, le symptôme (et le fantasme) d'un malheureux déclin.

BIBLIOGRAPHIE

– Bernard Cerquiglini, *L'Accent du souvenir*, Paris, Minuit, 1995.
– Bernard Cerquiglini, *Parlez-vous tronqué ? Portrait du français d'aujourd'hui*, Paris, Larousse, 2019.
– Marie-Anne Paveau, Laurence Rosier, *La Langue française. Passions et polémiques*, Paris, Vuibert, 2008.
– Jean Pruvost, *La Story de la langue française. Ce que le français doit à l'anglais et vice versa*, Paris, Tallandier, 2020.
– Marina Yaguello, *Catalogue des idées reçues sur la langue*, Paris, Le Seuil, 1988.

VOIR ÉGALEMENT

Les Gaulois sont râleurs et bagarreurs
Les Français sont arrogants et mal élevés
Les intellectuels sont déconnectés du réel
Les immigrés veulent islamiser l'Europe

Biographies des auteurs

MICHKA ASSAYAS est un ancien élève de l'École normale supérieure de Saint-Cloud. Il collabore dès son plus jeune âge, à *Rock & Folk* et *Libération*, comme spécialiste du rock post-punk. Critique littéraire à *Libération* et éditorialiste aux *Inrockuptibles*, il publie en 2000 le *Dictionnaire du rock* dans la collection « Bouquins » (Robert Laffont), qui est réédité en 2014, puis un livre de conversations avec le chanteur Bono du groupe U2 (Grasset, 2005). Il écrit plusieurs récits et romans, dont *Exhibition* (Gallimard, 2003), qui obtient le prix des Deux-Magots, et *Faute d'identité* (Grasset, 2011). Il programme et produit depuis 2015 une émission quotidienne pour France Inter, « Very Good Trip ».

ANTOINE DE BAECQUE est historien des formes culturelles, du XVIIIe siècle à nos jours, et critique de cinéma, notamment aux *Cahiers du cinéma*, dont il a été rédacteur en chef (1997-1999), puis à *Libération*, dont il a dirigé les pages culturelles (2001-2006). Membre du conseil scientifique de la Bibliothèque nationale de France et des « Rendez-vous de l'histoire » de Blois, il fait aussi partie du comité de rédaction du *Monde des Livres*, des revues *Cineaste* (New York) et *L'Histoire*. Après une trilogie des émotions révolutionnaires (*Le Corps de l'Histoire*, Calmann-Lévy, 1993 ; *La Gloire et l'Effroi*, Grasset, 1998 ; *Les Éclats du rire*, Calmann-Lévy, 2001), il a proposé une synthèse sur la culture politique de la Révolution : *La Révolution terrorisée* (2018) aux éditions du CNRS. Antoine de Baecque est professeur à l'École normale supérieure.

JEANNE BARNICAUD est doctorante en histoire contemporaine à l'université Paris 1-Panthéon-Sorbonne, au sein du Centre d'histoire du XIXe siècle (CRHXIX). Ses travaux portent sur les pratiques et imaginaires du tatouage chez les femmes en France aux XIXe et XXe siècles. Elle s'intéresse à l'histoire du genre, du corps et de l'identification des personnes.

KATELL BERTHELOT, directrice de recherche au CNRS et membre du centre Paul-Albert Février (CNRS/Aix-Marseille Université), travaille sur l'histoire des Juifs et du judaïsme à l'époque hellénistique et romaine. Son dernier livre, *Jews and their Roman Rivals : Pagan Rome's Challenge to Israel* (Princeton University Press, 2021), a reçu le National Jewish Book Award du Jewish Book Council (USA) dans la catégorie « Recherche » en 2021. En 2016, elle coécrit avec Vincent Lemire, Julien Loiseau et Yann Potin, *Jérusalem, histoire d'une* *ville-monde* (dir. V. Lemire, Champs Flammarion) et en 2020 codirige *Histoire des Juifs. Un voyage en 80 dates, de l'Antiquité à nos jours* avec Pierre Savy et Audrey Kichelewski (PUF).

PASCAL BLANCHARD est historien, chercheur associé au Centre de recherche d'histoire internationale et d'études politiques de la mondialisation (CRHIM) à l'université de Lausanne (UNIL) et codirecteur du Groupe de recherche Achac (Paris). Il a publié ou codirigé une soixantaine d'ouvrages, notamment *Décolonisations françaises. La chute d'un empire* (La Martinière, 2020), *Le Racisme en images. Déconstruire ensemble* (La Martinière, 2021) et *Colonisation & Propagande. Le pouvoir de l'image* (Le Cherche Midi, 2022). Il est également commissaire d'expositions (notamment pour « Zoos humains », AfricaMuseum, Bruxelles, en 2022) et auteur-réalisateur de documentaires (dont *Décolonisations. Du sang et des larmes*, France 2, 2020).

CATHERINE BRICE est professeure émérite d'histoire contemporaine à l'université Paris-Est Créteil, membre honoraire de l'IUF et fellow d'ICM. Elle est spécialiste du Risorgimento et de l'Italie libérale et travaille sur les aspects économiques de l'exil politique et les confiscations au XIXe siècle. Elle a notamment publié *Histoire de Rome et des Romains de Napoléon Ier à nos jours* (Perrin, 2007 ; rééd. 2019) et *Monarchie et Identité nationale en Italie, 1861-1900* (Éditions de l'EHESS, 2010). Elle a dirigé *Exile and the Circulation of Political Practices (19th century)* (Cambridge Scholars, 2020) et codirigé, avec Gilles Bertrand et Mario Infelise, *Asile-Exil. Du droit aux pratiques (XVIe-XIXe siècle)* (École française de Rome, 2022).

EUGÉNIE BRIOT est responsable des programmes de l'école de parfumerie Givaudan, où elle contribue à former les parfumeurs de demain. Docteure en histoire des techniques (CNAM, 2008), elle est l'autrice de *La Fabrique des parfums* (Vendémaire, 2015), d'une quarantaine de chapitres et articles académiques (dont « From Industry to Luxury: French Perfume in the Nineteenth Century », *Business History Review*, Summer 2011) et elle collabore régulièrement à *Nez, la revue olfactive*. Ses travaux ont été récompensés par plusieurs prix, dont le prix CNRS-Observatoire Nivea.

BERNARD CERQUIGLINI fut professeur aux universités de Paris, Bruxelles et Bâton Rouge et directeur de l'Institut national de la langue française (CNRS). Haut fonctionnaire, il fut notamment délégué général à la langue française et aux langues de France, recteur de l'agence universitaire de la Francophonie. Il est membre de l'Ouvroir de littérature potentielle (Oulipo) et auteur-présentateur de l'émission « Merci Professeur » (TV5Monde). Il est l'auteur d'une quinzaine d'ouvrages, dont *L'Accent du souvenir* (Minuit, 1995), *L'Invention de Nithard* (Éditions de Minuit, 2018), *Le Ministre est enceinte* (Seuil, 2018) et *Un participe qui ne passe pas* (Seuil, 2021).

DIANA COOPER-RICHET est historienne, chercheur-associé au Centre d'histoire culturelle des sociétés contemporaines (CHCSC) de l'université Paris-Saclay et fondatrice du réseau de recherche Transfopress. Elle a publié ou dirigé de nombreux ouvrages et articles sur les relations culturelles franco-britanniques, parmi lesquels : *La France anglaise de la Révolution à nos jours* (Fayard, 2018), *Galignani* (Librairie Galignani, 1999), *Nos meilleurs ennemis. L'entente culturelle franco-britannique revisitée* (codirigé avec Michel Rapoport, Atlande, 2014) et *L'Entente cordiale. Cent ans de relations culturelles franco-britanniques (1904-2004)* (co-dirigé avec Michel Rapoport, Créaphis, 2006).

JEAN-PAUL DEMOULE est professeur émérite d'archéologie à l'université Paris 1-Panthéon-Sorbonne, membre honoraire de l'Institut universitaire de France et ancien président de l'Institut national de recherches archéologiques préventives (Inrap). Il s'est spécialisé sur le néolithique et l'âge du Fer, sur l'histoire et le rôle social de l'archéologie ainsi que sur les rapports entre archéologie et art contemporain. Il a publié environ quatre cents articles et une trentaine d'ouvrages, comme auteur ou directeur, dont *Mais où sont passés les Indo-Européens ?* (Le Seuil, 2014), *Naissance de la figure* (Gallimard, 2017), *Les dix millénaires qui ont fait l'histoire* (Fayard, 2017), *Une histoire des civilisations* (La Découverte, 2018), *L'ascenseur occupe la 501* (avec Sophie Calle, Actes Sud, 2022) et *Homo Migrans* (Payot, 2022).

MYRIAM DENIEL-TERNANT est agrégée d'histoire et docteure en histoire moderne (Paris Nanterre, laboratoire MéMo). Elle est professeure d'histoire en classe préparatoire littéraire à Cherbourg. Après une thèse sous la direction de Monique Cottret, intitulée *Ecclésiastiques en débauche, 1700-1790* (Champ Vallon, 2017), elle a codirigé un ouvrage collectif *Histoires croisées. Politique, religion et culture du Moyen Âge aux Lumières*, avec Olivier Andurand, Caroline Galland, Valérie Guittienne-Mürger (Presses universitaires de Paris Nanterre, 2019), puis publié une *Histoire érotique de l'Église. Quand les hommes de Dieu avaient le diable au corps* (Payot, 2021).

DELPHINE DIAZ est agrégée d'histoire, maîtresse de conférences à l'université de Reims Champagne-Ardenne et membre junior de l'Institut universitaire de France. Elle a publié en 2014 *Un asile pour tous les peuples ? Exilés et réfugiés étrangers dans la France du premier* XIXe *siècle* (Armand Colin, 2015). Elle a coordonné le programme ANR AsileuropeXIX qui a donné lieu à la publication d'un livre codirigé avec Sylvie Aprile, *Les Réprouvés. Sur les routes de l'exil dans l'Europe du* XIX*e* *siècle* (Éditions de la Sorbonne, 2021). Elle est l'autrice d'*En exil. Les réfugiés en Europe, de la fin du* XVIII*e* *siècle à nos jours* (Gallimard, 2021).

SABINE DULLIN est historienne, professeure des universités à Sciences Po et chercheure au centre d'histoire de Sciences Po. Ses recherches portent sur l'Empire russe et soviétique. L'histoire politique, dont elle est spécialiste, est décentrée et transnationale. Elle s'intéresse aux frontières, aux marges, autant qu'au centre. Elle a travaillé dans les archives de Moscou, de Kyiv, Oujhorod, Minsk, Riga, Vyborg et Iakoutsk. Elle a notamment publié une *Histoire de l'URSS* (La Découverte, 2009), *La Frontière épaisse. Aux origines des politiques soviétiques (1920-1940)* (Éditions de l'EHESS, 2014), *Atlas de la guerre froide* (Autrement, 2017). Son dernier ouvrage est *L'Ironie du destin. Une histoire des Russes et de leur Empire (1853-1991)* (Petite Bibliothèque Payot, 2021).

BRUNO DUMÉZIL est professeur d'histoire médiévale à Sorbonne Université et à l'École polytechnique. Il a publié plusieurs ouvrages sur le Haut Moyen Âge, dont *Les Barbares* (PUF, 2016) et *Le Baptême de Clovis* (Gallimard, 2019). Il est également commissaire d'exposition, par exemple pour « Le monde de Clovis » (Musée d'Archéologie nationale de Saint-Germain-en-Laye, 2022). Il a participé à plusieurs ouvrages de vulgarisation, notamment l'« Histoire dessinée de la France » : *Les Temps barbares. De la chute de Rome à Pépin le Bref* (La Découverte, 2018).

JEAN-NOËL FABIANI-SALMON est chirurgien, ancien chef du département de chirurgie cardio-vasculaire et transplantation d'organes de l'hôpital européen Georges-Pompidou. Il est professeur émérite à l'université Paris-Cité et codirecteur de l'enseignement de l'histoire de la médecine. Il est également membre du conseil départemental de l'Ordre des médecins. Il a publié plusieurs ouvrages, notamment *Ces histoires insolites qui ont fait la médecine* (Plon, 2012), *C'est l'hôpital qui se moque de la charité* (Les Arènes, 2016), *L'Incroyable Histoire de la médecine* (Les Arènes BD, 2019).

CLÉMENT FABRE est docteur en histoire contemporaine, rattaché aux laboratoires SIRICE et TELEMMe. Il s'intéresse aux dimensions linguistique, corporelle et matérielle des relations sino-occidentales au XIXe siècle. Sa thèse, dirigée par Anne Carol et Pierre Singaravélou, porte sur les savoirs et savoir-faire pratiques développés par les diplomates, missionnaires et médecins occidentaux autour des corps chinois, des années 1830 aux années 1920. Membre depuis

2020 du comité scientifique de la revue *L'Histoire*, il est également rédacteur du magazine « Faire l'Histoire », diffusé sur Arte depuis 2021.

JEAN-PIERRE FILIU est professeur des universités en histoire du Moyen-Orient à Sciences Po Paris, après avoir été professeur invité dans les universités américaines Columbia et de Georgetown. Il est l'auteur d'une vingtaine d'ouvrages traduits en plus de quinze langues, notamment *Histoire de Gaza* (Fayard, 2012) ; *Les Arabes, leur destin et le nôtre* (La Découverte, 2015) et *Le Milieu des mondes. Une histoire laïque du Moyen-Orient de 395 à nos jours* (Le Seuil, 2021). Il publie chaque dimanche, depuis 2015, la chronique « Un si proche Orient » sur le site du quotidien *Le Monde*.

RUTH FLORACK est professeure de littérature allemande à l'université de Göttingen. Ses domaines de recherche principaux portent sur la littérature du XVIIIe siècle, les tournants 1700, 1800 et 1900, les stéréotypes en littérature, les transferts culturels franco-allemands, les rapports entre sexualité et littérature, la littérature et la culture mémorielle. Elle a notamment publié (avec Rüdiger Singer) : *Die Kunst der Galanterie. Facetten eines Verhaltensmodells in der Literatur der Frühen Neuzeit* (Berlin-Boston, De Gruyter, 2012) ; *Bekannte Fremde. Zu Herkunft und Funktion nationaler Stereotype in der Literatur* (Tübingen, Niemeyer, 2007) ; *Tiefsinnige Deutsche, frivole Franzosen. Nationale Stereotype in deutscher und französischer Literatur* (Stuttgart-Weimar, Metzler, 2001) ; *Nation als Stereotyp. Fremdwahrnehmung und Identität in deutscher und französischer Literatur* (Tübingen, Niemeyer, 2000).

JEANNE GUÉROUT est une historienne et traductrice franco-allemande. Après avoir travaillé pour différents médias à Berlin et à Paris, elle a rejoint France Culture en 2011. Elle collabore actuellement à l'émission « Concordance des temps » et produit à l'occasion des documentaires. Elle a publié, avec Jean-Noël Jeanneney, *Jours de guerre, 1914-1918* (Les Arènes, 2013) et *L'Histoire de France vue d'ailleurs* (Les Arènes, 2016 ; rééd. Le Seuil, 2018) ; avec Aurélie Luneau et Stefan Martens, *Comme un Allemand en France* (L'Iconoclaste, 2016 ; rééd. 2022). Elle a également traduit et édité les *Lettres de guerre (1939-1945)* de Heinrich Böll, inédites en France (L'Iconoclaste, 2018).

FRANÇOIS JARRIGE est historien, maître de conférences en histoire contemporaine à l'université de Bourgogne et membre du LIR3S (UMR 7366 CNRS-uB). Il s'intéresse à l'histoire des techniques, aux mondes du travail, ainsi qu'aux enjeux sociaux et écologiques de l'industrialisation. Il a récemment publié *Face à la puissance. Une histoire des énergies alternatives à l'âge industriel* (dir. avec A. Vrignon, La Découverte, 2020) ; *La Contamination du monde.*

Une histoire des pollutions à l'âge industriel (avec T. Le Roux, Le Seuil, coll. « L'Univers historique », 2017) et *Le Travail en Europe occidentale* (dir. avec M. Fontaine et N. Patin, Atlande, 2020).

JEAN-NOËL JEANNENEY, ancien ministre (1991-1993), est professeur émérite des universités à Sciences Po. Il a présidé Radio France et RFI, la mission du Bicentenaire de la Révolution et la Bibliothèque nationale de France. Il préside le conseil scientifique des « Rendez-vous de l'histoire » de Blois, la Fondation du musée Clemenceau et le jury du prix du Livre d'histoire du Sénat. Il produit chaque samedi l'émission « Concordance des temps » sur France Culture. Il est l'auteur de nombreux ouvrages, documentaires et pièces de théâtre historiques.

ANTOINE MARÈS est professeur émérite à l'université Paris 1-Panthéon-Sorbonne et membre de l'UMR SIRICE. Il a dirigé le département d'Europe centrale et orientale et le Centre d'études de l'Europe médiane de l'Inalco, le CeFRES de Prague, le Centre d'histoire de l'Europe centrale contemporaine (Paris 1), l'Institut d'études slaves de Paris et le GDR « Connaissance de l'Europe médiane » (CNRS). Il a récemment publié à l'Institut d'études slaves : *Savoirs savants sur l'Europe médiane en France. Institutions, disciplines et parcours dans l'enseignement supérieur et la recherche, XIX*e* et XX*e* siècles* (2019) ; *Mémoires et usages de 1918 en Europe médiane* (2020) ; *L'Onde de choc tchécoslovaque. 1968 en Europe médiane et occidentale* (2020).

XAVIER MAUDUIT est agrégé et docteur en histoire. Sa thèse sur la Maison de l'empereur Napoléon III a reçu le prix Mérimée en 2013. Depuis 2015, il est chroniqueur dans l'émission « 28 minutes » sur Arte, il anime « Le Cours de l'histoire » sur France Culture. Il est l'auteur de plusieurs ouvrages sur la langue française et sur le XIXe siècle, dont *La Barbe ! La politique sur le fil du rasoir* (Les Belles Lettres, 2014), *L'Homme qui voulait tout. Napoléon, le faste et la propagande* (Autrement, 2015), *La Dictée, une histoire française*, avec Laure de Chantal (Stock, 2016), *Flamboyant Second Empire*, avec Corinne Ergasse (Armand Colin, 2016), *Crapoussin et Niguedouille*, avec Laure de Chantal (Stock, 2017), *Vidocq. Une vie épique* (Bayard, 2018), *Notre histoire en couleurs* (Les Arènes, 2019), *Histoire de Napoléon cuisiné à la sauce Lavisse* (Armand Colin, 2020), *Notre grammaire est sexy*, avec Laure de Chantal (Stock, 2021), *Napoléon III* (PUF, 2023).

GÉRARD NOIRIEL est agrégé d'histoire, docteur ès lettres. Professeur à l'École normale supérieure (1986-1994), puis directeur d'études à l'École des Hautes Études en sciences sociales. Spécialiste de l'histoire de l'immigration et des classes populaires en France, il a publié une vingtaine d'ouvrages dont *Le Creuset* *français. Histoire de l'immigration en France (XIXe-XXe siècles)* (Le Seuil, 1988), *Chocolat. La véritable histoire d'un homme sans nom* (Bayard, 2016), *Une histoire populaire de la France* (Agone, 2018), *Le Venin dans la plume. Édouard Drumont, Éric Zemmour et la face sombre de la République* (La Découverte, 2019).

MICHEL PASTOUREAU est historien, spécialiste des couleurs, des images, du bestiaire et des symboles. Après des études à l'École des chartes, il est devenu en 1982 professeur à l'École pratique des Hautes Études où il a occupé pendant trente-sept ans la chaire d'histoire de la symbolique occidentale. Il a également enseigné pendant vingt-cinq ans à l'École des Hautes Études en Sciences sociales. Président d'honneur de la Société française d'héraldique, correspondant de l'Institut de France, il est l'auteur d'une soixantaine d'ouvrages dont certains ont été traduits dans plus de trente langues. Son livre autobiographique *Les Couleurs de nos souvenirs* (Le Seuil, 2010) a obtenu le prix Médicis Essai. Son dernier ouvrage, *Blanc. Histoire d'une couleur*, est paru au Seuil en 2022.

EMMANUELLE PEREZ TISSERANT est historienne, maîtresse de conférences en histoire au laboratoire Framespa, université Toulouse Jean-Jaurès. Ses recherches portent sur l'histoire de l'Amérique du Nord, en particulier la zone frontière États-Unis-Mexique au XIXe siècle, dans une perspective d'histoire politique, sociale et environnementale. Elle s'intéresse également à la dimension mémorielle et à l'héritage de la colonisation espagnole et mexicaine dans l'actuel Sud-Ouest des États-Unis. Elle a publié de nombreux articles et chapitres académiques et de vulgarisation. Son livre sur l'histoire politique de la Californie mexicaine, tiré de sa thèse de doctorat, sort en 2023 aux Presses universitaires de Rennes.

MARTIAL POIRSON est professeur d'histoire culturelle à l'université Paris 8, dont il dirige l'équipe « Histoire, politique et socio-économie des arts, de la culture et de la création ». Il est également *visiting professor* en *Cultural Studies* à New York University et à l'ESSEC. Ses recherches portent sur l'histoire des arts et de la littérature, les études de genre et l'économie politique. Il a publié et codirigé une quarantaine d'ouvrages. Parmi ses publications récentes, *Comédie-Française, Une histoire du théâtre* (avec Agathe Sanjuan, Le Seuil, 2018), *Combattantes. Une histoire féminine de la violence* (Le Seuil, 2020), *Molière. La fabrique d'une gloire nationale* (Le Seuil, 2022) et *Le Molière imaginaire. Dix mythes qui ont fait sa légende* (PUF, 2023). Il est également commissaire d'exposition, dramaturge et scénariste de bandes dessinées historiques.

XAVIER PONS est professeur émérite à l'université de Toulouse-Jean Jaurès. Spécialiste d'études post-coloniales, il est l'auteur de nombreux travaux, en français et en anglais, sur la littérature, l'histoire et la société de l'Australie. Ses principaux ouvrages sont *L'Australie et ses populations* (Éditions Complexes, 1992), *Le Géant du Pacifique* (Economica, 1988), *A Sheltered Land* (Allen & Unwin, 1994) et *Messengers of Eros* (Cambridge Scholars Publishing, 2010). Il a participé à nombre d'ouvrages collectifs, tels que *Les Sentiments de la Nature* (dir. D. Bourg, La Découverte, 1993), *Le Dictionnaire des femmes créatrices* (dir. C. Zabus, Éditions des femmes, 2010) ou *La Question du Home Rule (1877-1914)* (dir. P. Brillet, Ellipses, 2018).

FLORENT QUELLIER est professeur d'histoire moderne (XVIe-XVIIIe siècles) à l'université d'Angers et membre du laboratoire TEMOS (Temps, Mondes, Sociétés) UMR 9016. Titulaire de la chaire CNRS histoire de l'alimentation des mondes modernes de 2010 à 2015 et membre du conseil scientifique de l'Institut européen d'Histoire et des Cultures de l'Alimentation (IEHCA), il est spécialiste des cultures de l'alimentation et de l'histoire du végétal. Il a notamment publié *Gourmandise, histoire d'un péché capital* (Armand Colin, 2010), *Festin, ripailles et bonne chère au Grand Siècle* (Belin, 2015) et a dirigé une *Histoire de l'alimentation de la préhistoire à nos jours* (Belin, 2021).

YANNICK RIPA est historienne, spécialiste en histoire des femmes et du genre qu'elle a enseignée, en tant que professeure, à l'université Paris 8. Elle a écrit de nombreux ouvrages sur ce sujet, notamment *Histoire féminine de la France, de la Révolution à la loi Veil (1789-1975)* (Belin, 2020), *Femmes d'exception, les raisons d'un oubli* (Le Cavalier bleu, 2018 ; rééd. 2021), *La Condition des femmes. XIXe-XXIe siècle* (avec Françoise Thébaud, CNRS éditions, 2022), *Cléo de Mérode. Icône de la Belle Époque* (Tallandier, 2022).

BÉNÉDICTE SAVOY, ancienne élève de l'École normale supérieure, est depuis 2009 professeure d'histoire de l'art à l'Université technique de Berlin, où elle est titulaire d'une chaire consacrée à l'histoire de l'art comme histoire culturelle. Elle est l'autrice de nombreux ouvrages, dont *Patrimoine annexé. Les biens culturels saisis par la France en Allemagne autour de 1800* (Éditions de la Maison des Sciences de l'Homme, 2003) et *Restituer le patrimoine africain* (avec Felwine Sarr, Le Seuil/Philippe Rey, 2018). Elle est membre de l'Académie des Sciences de Berlin. Elle a obtenu en 2016 le prix Gottfried Wilhelm Leibniz de la Deutsche Forschungsgemeinschaft.

GÉRARD SIARY est professeur de littérature générale et comparée à l'université Montpellier 3. Ses champs de recherche sont la littérature de voyage, les récits érotiques, les identités nationales. Il est aussi traducteur de littérature japonaise moderne et contemporaine, ainsi que d'œuvres historiques anglaises, allemandes et portugaises. Il est l'auteur d'une *Histoire du Japon* (Texto, 2022).

ADÈLE SUTRE est historienne et géographe, postdoctorante et coordinatrice scientifique au sein de l'institut Convergences Migrations. Ses recherches portent sur les trajectoires migratoires et les dynamiques d'ancrage territorial des sociétés tsiganes. Sa thèse, soutenue en 2017 à l'École des Hautes Études en Sciences sociales, s'intitule *Du parcours du monde à son invention. Géographies tsiganes en Amérique du Nord (1880-1950)*. Elle s'intéresse également au rôle des images dans les représentations. En 2018, elle était commissaire adjointe de l'exposition « Mondes tsiganes. La fabrique des images » qui s'est tenue au Musée de l'Histoire de l'Immigration à Paris. Elle est l'auteur de *Géopolitique des Tsiganes* (Le Cavalier bleu, 2021).

CHRISTELLE TARAUD est historienne et féministe, spécialiste des femmes, du genre et des sexualités en contexte colonial, en particulier au Maghreb. Elle enseigne dans les programmes parisiens de Columbia et de New York University et est membre associée du Centre d'histoire du XIXe siècle des universités Paris 1 et Paris 4. Elle est notamment l'autrice de *La Prostitution coloniale* (Payot & Rivages, 2003 ; rééd. 2009) et de *Amour interdit* (Payot, 2012). Elle a par ailleurs codirigé *Sexe, race et colonies* (La Découverte, 2018) et *Sexualités, identités et corps colonisés* (CNRS Éditions, 2019) et dirigé *Féminicides. Une histoire mondiale* (La Découverte, 2022).

CHARLOTTE THOMAS est docteure en science politique. Elle a dirigé le programme Asie du Sud (SAProg) de réseaux de chercheurs Noria et a coordonné un observatoire Asie du Sud Noria DGRIS-Irsem. Elle a également enseigné la science politique et les études urbaines à Sciences Po Lille et Paris. Elle a été chercheure postdoc au Ceri Sciences Po ainsi que Junior Visiting Fellow à l'IWM de Vienne. Ses recherches portent sur les dynamiques politiques au sein de la minorité musulmane indienne (Gujarat, Cachemire, Hyderabad). Son ouvrage *Pogroms et Violence. Les musulmans dans l'Inde contemporaine* a été publié en septembre 2018 aux éditions Karthala, collection IISMM.

JOHN TOLAN est professeur d'histoire à l'université de Nantes et membre de l'Academia Europæa et de la Reial Acadèmia de Bones Lletres de Barcelona. Il a reçu divers prix et distinctions, dont deux bourses du Conseil européen de la Recherche (ERC) et le prix Diane Potier-Boès de l'Académie française. Il est auteur de nombreux articles et ouvrages, dont *Mahomet l'Européen. Une histoire des représentations du Prophète en Occident* (Albin Michel, 2018) et *Nouvelle Histoire de l'islam* (Tallandier, 2022). Il est un des quatre directeurs du programme du Conseil européen de la Recherche, « The European Qur'an » (2019-2025).

OUSMANE TRAORÉ est un historien chercheur et enseignant associé au département d'Histoire de Pomona College et au département intercollégial des études Africana du consortium des collèges de Claremont en Californie du Sud. Parmi ses récentes publications, il faut noter « La Diplomatie des femmes au cœur des rivalités impériales européennes et dans la traite atlantique en Afrique de l'Ouest. XVIIe-XVIIIe siècles » (*French Colonial History*, Michigan University Press, 2020), *Pedagogies of Empire: Rethinking National and Global Citizenship through Imperial Histories* (Sense Publishers, 2017), *Slave Trade and Racism* (Oxford University Press, à paraître). Son livre *Slavery, Resistance, and Identity in Early Modern West Africa. The Ethnic-State of Gajaaga* est actuellement sous presse chez Cambridge University Press.

LAURENT TURCOT est professeur en histoire à l'université du Québec à Trois-Rivières (Canada). Il s'intéresse à l'histoire sociale et culturelle de l'Europe et du Québec. Il collabore régulièrement avec les médias et a créé la chaîne YouTube « L'Histoire nous le dira », qui compte plus de 400 000 abonnés.

LAURENT VIDAL est historien, professeur à La Rochelle Université, président du Centre Intermondes et du Conseil scientifique de l'ethnopôle Humanités océanes (ministère de la Culture). Ses travaux portent sur l'histoire du Brésil (fondations de villes, migrations France-Brésil) et des sociétés atlantiques américaines (circulations et créations culturelles, déplacements et rythmes). Il a publié ou codirigé une quarantaine d'ouvrages, notamment *Les Hommes lents. Résister à la modernité, XVe-XXe siècle* (Flammarion, 2020), *Ils ont rêvé d'un autre monde* (Flammarion, 2014), *Mazagão, la ville qui traversa l'Atlantique* (Aubier, 2005). Il est également commissaire d'exposition (« Rio de Janeiro en couleurs et en relief, à travers les photos du voyage en Amérique du Sud d'Albert Kahn, 1909 », Musée du Nouveau Monde, 2022).

Table des préjugés

L'exemplaire que vous tenez entre les mains
a été rendu possible grâce au travail de toute une équipe.

Édition : Jean-Baptiste Bourrat
Couverture et conception graphique : Éric Pillault
Révision : Fabrice Émont, Isabelle Paccalet et Vladimir Sichler
Mise en page : Soft Office
Fabrication : Louise Clément
Commercial et marketing : Pierre Bottura
Coordination : Jean-Baptiste Noailhat
Marketing et communication digitale : Clémentine Malgras
Relations libraires : Laura Darmon
Presse et communication : Isabelle Mazzaschi
avec Axelle Vergeade
Les Arènes du savoir : Pierre Bottura avec Marc Blactot,
Adèle Hybre,
Guillaume Lollier et Clémentine Malgras

Rue Jacob diffusion : Élise Lacaze (direction), Katia Berry
(grand Sud-Est), François-Marie Bironneau (Nord et Est),
Charlotte Jeunesse (Paris et région parisienne),
Christelle Guilleminot (grand Sud-Ouest), Laure Sagot
(grand Ouest), Diane Maretheu (coordination), Charlotte Knibiehly
(ventes directes) et Camille Saunier (librairies spécialisées)

Distribution : Interforum

Droits France et juridique : Bertille Comar et Geoffroy
Fauchier-Magnan
Droits étrangers : Sophie Langlais
Accueil et librairie : Laurence Zarra et Lucie Martino
Envois aux journalistes et libraires : Vidal Ruiz Martinez
Comptabilité et droits d'auteur : Christelle Lemonnier,
Camille Breynaert et Christine Blaise
Services généraux : Isadora Monteiro Dos Reis

L’ensemble de cet ouvrage a été réalisé dans le respect
des règles environnementales en vigueur. Il a été imprimé
par un imprimeur certifié Imprim’vert, sur du Munken Print PEFC
pour l’intérieur et une carte MetsäBoard PEFC pour la couverture.

Achevé d’imprimer sur les presses de l’imprimerie Normandie Roto s.a.s.
à Lonrai (Orne) en février 2023.

ISBN : 979-10-375-0839-3
Numéro d’impression : 2300982
Dépôt légal : Janvier 2023

IMPRIM'VERT®

PEFC
10-31-2541
Certifié PEFC
Ce produit est issu de forêts gérées durablement et de sources contrôlées
www.pefc-france.org